**Fifth Generation
Management**

v/d\f
Hochschulverlag AG
an der ETH Zürich

Charles M. Savage

Fifth Generation Management

Kreatives Kooperieren durch virtuelles Unternehmertum, dynamische Teambildung und Vernetzung von Wissen

Mensch **T**echnik **O**rganisation
Band 12
Eine Schriftenreihe herausgegeben von Eberhard Ulich,
Institut für Arbeitspsychologie der ETH Zürich

Originalausgabe:
Charles M. Savage,
Fifth Generation Management
erschienen bei:
Butterworth-Heinemann, 1996

Übersetzung:
Dr. Helga Höhlein, Linnich

Das Werk einschliesslich aller seiner
Teile ist urheberrechtlich geschützt.
Jede Verwertung ausserhalb
der engen Grenzen des Urheber-
rechtsschutzgesetzes ist ohne
Zustimmung des Verlages unzulässig
und strafbar. Das gilt besonders für
Vervielfältigungen, Übersetzungen,
Mikroverfilmungen und die
Einspeicherung und Verarbeitung
in elektronischen Systemen.

ISBN 0 7506 9701 6
ISBN 3 7281 2173 8

© 1996, Butterworth-Heinemann
© 1997, vdf Hochschulverlag AG an der ETH Zürich

Besuchen Sie uns auf dem Internet:
http://vdf.ethz.ch

Inhaltsverzeichnis

Vorbemerkungen von Hans-Jürgen Warnecke — ix

Vorbemerkung von Tom Peters — xi

Vorwort zur ersten Auflage — xv

Vorwort zur zweiten, verbesserten Auflage — xix

Danksagung — xxiii

TEIL I – Fünf Tage, die das Unternehmen auf den Kopf stellen — 1

Montag — 3
- Ein Geschäftsführer macht sich Sorgen — 3
- Die Rechnung geht nicht auf — 5
- Schlaflose Nächte — 6
- In zwei Hälften zerrissen! — 8
- Über den Scherensprung hinaus — 10
- Beim Militär hat man es längst begriffen — 12

Dienstag — 15
- Nichts als triste Zahlen — 15
- Über Verkaufstransaktionen hinaus — 17
- Über die Wertschöpfungskette hinaus — 18
- Aspirationen und Chancen — 20
- Ermutigung der Kunden und Förderung ihrer Fähigkeiten — 21
- Neudefinition von Stab und Linie — 22
- Saatbeet für Marktchancen — 23
- Mehrwert und Wertschöpfung — 26
- Verarbeitung von Rohmaterialien und Rohideen — 30
- Kultivierung des Saatbeets — 32

Mittwoch — 35
    „Entweder/oder-itis" — 35
    Innovative Zusammenarbeit mit den Kunden — 36
    Kästchen und Linien — 37
    Mißtrauen — 40
    Größer als die Kästchen — 41
    Neue Überlegungen zum Organisationsmodell — 42
    „Sowohl/als auch-Denken" — 44
    Arbeitsplätze und Teambildung — 45
    Probleme und Chancen — 47

Donnerstag — 49
    Aufregung — 49
    Zurück zur Realität — 51
    Strategische Planung wie vor 20 Jahren — 52
    Nachhaltige Wettbewerbsvorteile — 53
    Beherrschung der Grundelemente — 56
    Kultur der Wertschätzung — 58
    Entwicklung eines neuen Entlohnungsmodells — 59
    Arbeit ist Gespräch — 61
    Prozeß strategischer Dialogführung — 62
    Arbeit ist nicht neutral — 63
    Willkommen in unseren Reihen — 64

Freitag — 67
    Die Inventur — 67
    Virtuelles Unternehmertum — 69
    Rhythmus — 71
    Aber so weit sind wir noch nicht! — 72
    Wissen als Vermögenswert — 73
    Vernetzung von Wissen — 74
    Zum Meeting-Rhythmus — 75
    Stäbe werden neu definiert — 77
    Wandel auch in der Linie — 80
    Überlappende Kreise — 81
    Verantwortung tragen — 84
    Das Viererkreis-Modell — 86
    Entdeckungsreisen — 89

TEIL II – Kreatives Kooperieren durch virtuelles Unternehmertum, dynamische Teambildung und Vernetzung von Wissen — 93

Vergangenheit und Zukunft — 95
    Das Industriezeitalter steht vor dem Bankrott — 96
    Management- und Führungsaufgaben des nächsten Jahrzehnts — 98
    Schlüsselkonzepte — 100
    Von steilen Hierarchien zur Vernetzung von Wissen — 103

Management-Reichweiten	105
Kapitelhinweise	106

Computer und Management: Fünf Generationen   **109**

Computer-Generationen	109
Management-Generationen	111
Historische Epochen	116
„Jenseits des Flaschenhalses"	120
Fertigung auf neuer intellektueller Basis	123
Holonisches Management	124
Selbstorganisierende und intelligente Unternehmen	138

Computerisierung steiler Hierarchien – und der Erfolg?   **143**

Historische Perspektive	144
Entstehung steiler Hierarchien	145
Die Struktur steiler Hierarchien	148
Computerisierung steiler Hierarchien	151
Unerwartete Konsequenzen	153
Kritische Probleme bei der Computerisierung	155
Wechselbeziehungen zwischen Computerisierungsproblemen	156

Ausbrechen aus den steilen Hierarchien   **159**

Konzepte und Prinzipien aus dem frühen Industriezeitalter	160
Konzepte und Prinzipien im ausgehenden Industriezeitalter	164
Automatisierung und CIM	177
Integration – ein Konzept mit Entwicklungspotential	180
CIM und Mensch	184

Wissensvernetzung   **189**

Steile Hierarchien unter Druck	190
Konzepte und Prinzipien im frühen Wissenszeitalter	194
Virtuelles Unternehmertum und dynamische Teambildung	223
Wechselbeziehung zwischen den fünf Konzepten und Prinzipien	227

Von verwirrend komplexen zu elegant einfachen Unternehmen   **231**

Raum und Zeit als Ausgangsbasis	233
Management-Modelle im Übergang	234
Orientierungspunkte beim Übergang	236
Zwei Beispiele: Management mit Unschärfen	251

Management der Wissensvernetzung   **255**

Zehn praktische Überlegungen	258
1. Vorstellungsvermögen und Aspirationen	*259*
2. Funktionale Leistungszentren	*261*
3. Technische Vernetzungsinfrastruktur	*262*
4. Datenintegrationsstrategie	*263*
5. Management multipler Aufgaben-Teams	*264*
6. Lernen, Umlernen und Verlernen	*265*

7. Werte, Normen, Belohnungen und Beurteilungssysteme	*267*
8. Team-Teamarbeit	*269*
9. Fähigkeiten im Umgang mit Wissen	*271*
10. Unternehmensübergreifende virtuelle Teams mit eigenständiger Aufgabenorientierung	*272*
Abschließende Gedanken	*272*

Nachwort von Dan Burrus — 277

Nachwort von Dr. Arun Gairola — 281

Anmerkungen — 285

Bibliographische Hinweise — 291

Stichwortverzeichnis — 313

Vorbemerkungen von Hans-Jürgen Warnecke

Das Fabrikmodell, wie es vor mehr als 200 Jahren aufgestellt worden ist, hat nicht nur Produktionsbetriebe, sondern auch Dienstleistungsunternehmen und staatliche Organisationen in seinen Bann geschlagen: Seine Werte, Annahmen und Vorstellungen haben die Art und Weise, wie Menschen miteinander arbeiten und leben, nachhaltig beeinflusst. Wie ich in meinem Buch Aufbruch zum Fraktalen Unternehmen feststelle, befinden wir uns erneut inmitten einer grundlegenden Revolution unserer Arbeitswelt. Und wieder ist es der Fertigungsbereich, wo unbequeme Fragen gestellt und kühne Visionen gemeinsam getragen werden.

Bei unserer Arbeit mit zahlreichen Unternehmen in Deutschland haben wir die Erfahrung gemacht, dass ein bahnbrechender Wandel am ehesten durch Veränderungen in der Kultur eines Unternehmens zu erzielen ist. Es bedeutet harte Arbeit, die mentalen Modelle, Motive und Metaphern zu ändern, die einem längst zur vertrauten Gewohnheit geworden sind. In diesem Zusammenhang kommt Fifth Generation Management eine besondere Bedeutung zu.

Charles Savage gibt uns ausgesprochen praktische Hinweise zum Überdenken der betrieblichen Normen in unseren Unternehmen. Die ersten fünf Kapitel seines Buches beinhalten Gespräche und Dialoge, wie sie in vielen unserer heutigen Unternehmen stattfinden. Unter anderem wird auf die wertvolle Arbeit von Arun Gairola und Matthias Bellmann (ABB) hingewiesen. in der Möglichkeiten erkundet werden Wettbewerbsvorteile auf Dauer zu erhöhen. Charles Savage führt auch zwei interessante neue Konzepte ein – das Wertschöpfungscluster und die Rolle der Kunden der Kunden.

Bei sorgfältiger Lektüre ist zu erkennen, wie sehr Charles Savage unter dem Einfluss deutsch-philosophischen Gedankenguts steht, wenn er von „innerem Zeitbewusstsein" und „Arbeit als Dialog" spricht; Der Brückenschlag zur Praxis ist ihm gut gelungen. Sinnvolle Arbeit – und Sinnhaftigkeit streben wir alle an – verleiht der Leinwand menschlicher Zeit Form und Gestalt. Wir entwickeln Fähigkeiten, indem wir unsere Erkenntnisse und Erfahrungen verarbeiten. Charles Savage spricht hier von knowledging – vom Umgang mit Wissen. Wir überlegen sorgfältig, was wir produzieren wollen – wir besitzen Vorstellungsvermögen. Effektives Handeln in der Gegenwart wird möglich, weil wir als Individuen und Unternehmen unser Wissen geordnet haben und zu kühnen Vorstellungen fähig sind. Vergangenheit und Zukunft stellen den Kontext für sinnvolle und zeitgerecht Arbeit bereit. All dies trägt zur Erklärung dessen bei, was wir unter dem „fraktalen Modell" verstehen, denn ein Fraktal ist nicht nur eine räumliche, sondern zugleich eine zeitliche Metapher. Auch findet Arbeit nicht in einem Vakuum statt, sondern ist eingebettet in den Umgang mit Wissen und das Vorstellungsvermögen unserer Mitmenschen.

Es ist faszinierend zu beobachten, wie sich in Asien, auf dem amerikanischen Kontinent und in Europa neue Denkweisen entwickeln, wenngleich solche Überlegungen mit unterschiedlichen Schlagwörtern belegt sind: Holonik in Asien, Agilität in Amerika und Fraktale in Europa. Allen liegt eine sehr ähnliche Thematik zugrunde. Charles Savage gibt eine kurze Einführung zu diesen Entwicklungen und fordert uns zur Fortsetzung unseres internationalen Dialogs auf, um letztlich über das unbotmässig vereinfachende „Kästchen und Linien"-Modell hierarchisch strukturierter Organisationen hinauszugelangen. Er erleichtert uns die Definition von virtuellem Unternehmertum, dynamischer Teambildung und Wissensvernetzung als kontinuierlichen Prozessen, die uns eine bessere Nutzung unseres intellektuellen Kapitals und unserer Wissensgüter ermöglichen. Je besser wir lernen, die Fähigkeiten anderer wertzuschätzen und zu fördern, das unwiderruflich das Zeitalter des Wissens einleitet. Möge Ihnen dieses Buch eine ebensolche Anregung und Herausforderung bedeuten wir mir!

Vorbemerkung von Tom Peters

Alle Organisationsdiagramme vernichten! Taten sprechen lauter als Worte! Leicht gesagt ... *Ich* halte mich ständig daran. Doch viele Unternehmen sträuben sich, die ererbten, alten Bequemlichkeiten aufzugeben.

In *5th Generation Management* zerreißt Frank Giardelli, Geschäftsführer der Firma *Custom Products and Services, Inc.*, sein Organigramm. Für ihn geht es nicht ums Reden schlechthin, sondern um tiefschürfenden Dialog. Er „kommuniziert" nicht, sondern führt ein bemerkenswert folgenreiches Gespräch. Und das ist direkt, offen und ehrlich. Seine Kollegen werden nicht mit *Empowerment* ausgestattet, sondern geradezu mit Energie aufgeladen.

Anstatt immer nur darüber zu reden, wie man aus Worten Taten macht, sollten wir gleich Taten folgen lassen! Es ist dieser von Sherrin Bennett und Juanita Brown (1995) als „strategisch" bezeichnete Dialog, den wir in den Führungsetagen rund um die Welt brauchen. Wir sollten uns nicht mit dem Blick auf Kennzahlen zum Zweck der strategischen Planung begnügen, sondern über die Infrastruktur von Bedeutungsinhalten, Modellen und Metaphern nachdenken, die unsere Organisationen zusammenhalten und sie zu pulsierenden Gemeinschaften machen.

Charles Savage führt uns ein eindrucksvolles Beispiel für diesen *strategischen Dialog* vor: Frank Giardelli und seine Kollegen lösen sich, nicht ohne Bedenken, von den bewährten und vertrauten Strukturen ihrer steil hierarchisch gegliederten Organisation. Wie so mancher unter uns will der Skeptiker Gregory Kasmirian nicht ohne weiteres aufgeben. Marjorie Callahan besitzt die Klugheit, das alte und das neue mentale Modell auf ein Flip-chart zu malen – und damit einen wahrlich denkwürdigen Dialog zu dokumentieren.

Dank des explorativen Dialogs in dieser Führungsrunde wird uns vor Augen geführt, welcher Fluch auf der „*A-B-C*"-Triade, der urbildlichen Metapher für Hierarchie, lastet. Die Dynamik der Triade macht *B* in einer Weise blind, daß die kreativen Talente und Fähigkeiten von *C* nicht erkannt und gefördert werden. Sie führt zu Mißtrauen und Argwohn – den *wirklichen* Kostentreibern in unseren Unternehmen.

Ihr Dialog läßt auch erkennen, wie wichtig die „Kunden der Kunden" sind. Mit Hilfe einer simplen Anordnung von vier sich überlappenden Kreisen und der beiden Begriffe *Fähigkeiten* und *Aspirationen* formt Charles Savage die *Wertschöpfungskette* um in ein *Cluster der Wertschöpfung*, das nicht nur in, sondern auch zwischen Unternehmen zu *strategischem Dialog* anregt.

Die Arbeitsabläufe in unseren Unternehmen sind nicht mehr ausschließlich durch eine lineare Abfolge von Einzelschritten geprägt; weitaus häufiger ist „kreatives Kooperieren" mit anderen Mitgliedern des „Wertschöpfungsclusters" angesagt. Wir sind – gewissermaßen zu Massenproduktionsbedingungen – um die Zufriedenstellung jedes einzelnen Kunden bemüht (*mass customization*), wobei wir nicht nur *für*, sondern vor allem *mit* unseren Kunden arbeiten, damit die Erwartungen *ihrer* Kunden erfüllt werden. So stellte *Boeing* die B 777 in Zusammenarbeit *mit* den Fluggesellschaften *United Airlines*, *Japan Airlines* und anderen her. *Titeflex* in Springfield, Massachusetts, gelingt die Fertigung flexibler Rohrleitungen in Zusammenarbeit *mit* seinen Kunden innerhalb weniger Stunden, da das Unternehmen eine ausgesprochen anpassungsfähige Infrastruktur entwickelt hat. Man hat gelernt, den Kunden zuzuhören und mit ihnen in einen Dialog zu treten, damit diese bei ihren eigenen Kunden um so größeren Erfolg haben.

Was zählt, sind weniger die Bedürfnisse unserer Kunden als vielmehr ihre Absichten und Bestrebungen. Nicht ihre Probleme (Schwächen), sondern ihre Fähigkeiten (Stärken) sollten im Mittelpunkt eines kontinuierlichen Dialogs stehen. Je mehr Wertschätzung die Kunden von uns erfahren, desto vertrauensvoller und offener gestalten sich unsere gegenseitigen Beziehungen; gemeinsam können wir unsere jeweiligen Stärken zur Schaffung einer profitablen, innovativen Zukunft nutzen.

Schlüsselelement in diesem Buch ist die schlichte, zugleich aber überzeugende Untersuchung von Arbeit und menschlichem Zeitbewußtsein. *Arbeit* wird verstanden als Dialog ... als kreativer Dialog, bei dem wir nicht nur Produkte und Dienstleistungen schaffen, sondern kreativ miteinander kooperieren und uns gegenseitig erschaffen. Dies macht nur dann Sinn, wenn wir erkennen, daß es nicht auf *Zufriedenheit*, sondern vielmehr auf *Bedeutungsinhalte* ankommt. Im Hinblick auf das *menschliche Zeitbewußtsein* sind es die Muster und Ressourcen der Vergangenheit und der Zukunft, auf deren Grundlage es die Sinn- und Bedeutungsinhalte zu entdecken gilt, die uns zu Innovation und „Ko-Kreativität" antreiben.

Vorbemerkung von Tom Peters

Im Jahr 1991 habe ich die Erstauflage von *Fifth Generation Management* als „Buch des Jahres" bezeichnet. Nun bleibt mir nur festzustellen, daß der neue Untertitel der jetzt vorliegenden verbesserten Auflage – *Kreatives Kooperieren durch virtuelles Unternehmertum, dynamische Teambildung und Vernetzung von Wissen* – die in den letzten fünf Jahren erfolgte Schwerpunktverlagerung von unternehmensinterner „Integration" zu „Synergie" und „Kollaboration" innerhalb der Unternehmen wie auch zwischen verschiedenen Unternehmen in hervorragender Weise kennzeichnet. Unsere Herausforderung besteht nicht darin, die betrieblichen Abläufe so zu „perfektionieren", daß wir unsere Organisation „auf Automatik" schalten können; vielmehr wird von uns verlangt, daß wir uns aktiv einsetzen und kreativ mit anderen Unternehmenspartnern kooperieren. Verwirrend und chaotisch – aber im Wirbel all der Möglichkeiten gerät der *strategische Dialog* zu einer unglaublich anregenden und belebenden Erfahrung.

Vorwort zur
ersten Auflage

Die Ökologie der Unternehmensumwelt ist in dramatischem Wandel begriffen. Vorbei sind die Zeiten behaglicher, geschützter Marktnischen. Vorbei die Zeiten geographischer Isolation.

Der Wandel macht sich weltweit bemerkbar. Europa versucht unter dem „Binnenmarkt"-Banner von 1992 einen Schulterschluß, wie es ihn seit Karl dem Großen nicht mehr gegeben hat. Japan öffnet sich zunehmend für ausländische Produkte. Die Anrainerstaaten des Stillen Ozeans entwickeln ein immer größeres Wirtschaftspotential. Die Sowjetunion und Osteuropa suchen nach neuen Positionen in der Völkergemeinschaft. Und Afrika, Lateinamerika, Australien, China, Indien, der Mittlere Osten sowie andere Staaten sind um verstärkte Integration in die Weltwirtschaft bemüht.

Auch der technologische Wandel ist unverkennbar. Die Dampfenergie tritt gegenüber der Macht der Computer als Hauptantrieb wirtschaftlichen Lebens immer mehr in den Hintergrund. Telefonanschlüsse entwickeln sich zu kombinierten Stimm- und Datenübertragungsmöglichkeiten. Und bislang isolierte Unternehmen leiten multiple strategische Allianzen ein – mit Hilfe von lokalen Netzwerken wie Fernverkehrsnetzen.

Doch nirgends wird sich der Wandel dramatischer auswirken als in der Art und Weise, in der wir unsere Unternehmen in den 90er Jahren und darüber hinaus führen. Die Logik von Computern und Vernetzung verdrängt so manche liebgewordenen Konzepte der Vergangenheit ins Abseits.

So wie Langstreckenläufer zuweilen die Grenzen ihrer Fähigkeiten und ihrer Ausdauer erfahren, so stoßen auch viele Unternehmen an ihre organisatorischen Grenzen – zumindest sieht es danach aus. Die Unternehmen haben Schwierigkeiten, immer noch mehr computergestützte Technik zu verkraften.

Die Hintergründe dafür sind eher unklar. Könnte es sein, daß wir eine Technologie der fünften Generation in Organisationen der zweiten Generation unterbringen wollen? Könnte es sein, daß wir gar nicht an unsere Grenzen stoßen, sondern vielmehr in einen Engpaß geraten sind? Sehnen wir uns nicht danach, aus den beengten Verhältnissen, aus den Grenzen unserer Organisationsstrukturen und aus den oberflächlichen Management- und Organisationskonzepten ausbrechen zu können?

Das gesamte Industriezeitalter hindurch ist die Organisation in der Lage gewesen, auf jeder neuen Welle mechanischer Technologie sogleich mitzuschwimmen. Doch nun, wo eine Welle nach der anderen unsere traditionellen Arbeitsgewohnheiten mit immer fortschrittlicherer Computertechnologie überschwemmt, sehen wir uns im Haffwasser der Verwirrung und Verunsicherung gestrandet. Wie ist begreiflich zu machen, was hier vor sich geht?

Trotz des vielversprechenden Potentials der neuen Computertechnologie bleiben Flexibilität und Anpassungsfähigkeit für uns unerreichbar, weil wir uns in Ämterpatronage, Kirchturmpolitik und rigiden Kontrollsystemen verfangen. Unsere verwirrend komplexen Organisationen tragen mehr Antikörper in sich, als wir verkraften können. Was ist zu tun?

Viele halten „Integration" für die Lösung – Computer, mehr Computer und noch mehr Computer installieren und untereinander vernetzen. Die Literatur ist voll von Hinweisen auf rechnerintegrierte Fertigung (*computer-integrated manufacturing, CIM*) und rechnerintegrierte Geschäftsabwicklung (*computer-integrated enterprise, CIE*). Warum gerät die Unternehmensintegration zu einer weitaus schwierigeren Herausforderung, als im allgemeinen erwartet worden ist?

Könnte es sein, daß Integration mehr bedeutet als lediglich ein technisches Unterfangen? Die Betroffenen stellen fest, daß sich Integration bis auf die Struktur unserer Organisationen auswirkt. Doch wie das Immunsystem des menschlichen Körpers sperren sich auch unsere Organisationen gegen das Eindringen neuer Betriebsarten – vor allem deshalb, weil diese die herkömmlichen Erwartungen und Machtverhältnisse in Frage stellen. Viele Organisationen werden nur durch ein feinmaschiges Netz gegenseitiger Gefälligkeiten und Verbindlichkeiten zusammengehalten.

Warum machen wir uns dann überhaupt Gedanken über Integration und Vernetzung?

Integration ist wichtig, wenn Unternehmen schnelleres Reaktionsvermögen und größere Beweglichkeit im Umgang mit der Komplexität sich ständig wandelnder globaler Märkte entwickeln sollen. *Vernetzung* ist wichtig, wenn wir in stärkerem Maß funktionsübergreifend arbeiten und Bereiche wie Marketing, Vertrieb, Konstruktion, Fertigung, Finanzen und Kundendienst gleichzeitig erfassen wollen. Sowohl Integration als auch Vernetzung sind unerläßliche Voraussetzungen, wenn wir unsere multiplen strategischen Allianzen mit Lieferanten, Partnern und Kunden auf Dauer in den Griff bekommen möchten.

Sicher fehlt es uns nicht an einer Vision dessen, was wir vorhaben. Doch sind wir in einer Konstellation von Annahmen, Prinzipien und Wertvorstellungen – unserem Erbe aus dem Industriezeitalter – gefangen, die unsere Anstrengungen behindert und uns die Grenzen traditioneller Verhaltensweisen aufzwingt.

Die Unternehmen haben für dieses „Engpaß"-Gefühl verschiedene Metaphern: Ofenröhre, Silo, Besitzstandsdenken, Postenklauberei, funktionale Scheuklappen und Kleinimperien. Häufig wollen sich Konstruktion und Fertigung nicht aus ihrer warmen, gemütlichen Ofenröhre herausbequemen und das Gespräch mit anderen suchen. Die Finanzabteilung schmort im eigenen Silo, unbeeindruckt von dem Druck, der auf dem übrigen Unternehmen lastet. Viele Abteilungen verteidigen eifersüchtig den eigenen Besitzstand, ihre harterkämpften Vorrechte. Und wenn der Wind des Wandels von vorn bläst, klammern sich die Funktionen auf ihrer Suche nach Schutz und Halt gewöhnlich krampfhaft an ihre Posten. Funktionale Scheuklappen verursachen Nacharbeit, weil die eine Funktion nichts von den Zwängen der anderen versteht. Und Kleinimperien sind wohl in den meisten Unternehmen anzutreffen.

In all den Jahren, die ich mit ganz unterschiedlichen Unternehmen zusammengearbeitet habe, ist deutlich geworden, daß unsere steilen Hierarchien – Vermächtnis des Industriezeitalters – nicht in der Lage sind, die heute verfügbare Computer- und Vernetzungstechnologie effektiv aufzunehmen und zu nutzen. Der Grund ist relativ einfach: Die Räumlichkeiten sind zu beengt, und die Mitarbeiter werden zu stark gegängelt. Kein Wunder, daß viele Unternehmen von ihren Investitionen in rechnerintegrierende Systeme enttäuscht sind.

Es macht kaum Sinn, riesige Summen in eine Technologie zu investieren, wenn dabei so wenig für unsere Mitarbeiter und unsere Organisationen herauskommt. Nichts anderes aber tun wir.

In manchen Köpfen spukt die Vorstellung, rechnerintegrierte Fertigung und rechnerintegrierte Geschäftsabwicklung liefen auf Fabriken „ohne Papier und Personal" hinaus. In solchem Zusammenhang wird argumentiert, die Automatisierung – kombiniert mit Computern und einer Handvoll Experten – versetze die Geschäftsführung in die Lage, die Zukunft des Unternehmens aus ihrer „Kommando- und Kontrollzentrale" heraus zu steuern. Schließlich hat man die gesamte Hardware und Software zu einem „automatisierten" und „integrierten" Ganzen vernetzt – von der Vorstandsetage bis zur Fabrikhalle! Diese Vision einer rechnerintegrierten Fertigung erweist sich als Sackgasse, denn sie läßt die Mitarbeiter gewissermaßen „außen vor". Doch gerade die Mitarbeiter sind es, die einer Organisation zu Flexibilität und Kreativität verhelfen!

Nach meiner festen Überzeugung können wir eine effektive Integration nur erreichen, wenn uns der Übergang von steilen Hierarchien zu abgeflachten Netzwerkorganisationen gelingt – der Übergang vom Management der zweiten Generation zum Management der fünften Generation. Sicher wird es in unseren Unternehmen immer eine Hierarchie in der einen oder anderen Form geben. Doch die Art der Geschäftsabwicklung in Netzwerkorganisationen unterscheidet sich qualitativ von unseren Erfahrungen mit den traditionellen Hierarchien des Industriezeitalters. Anstatt unsere Aufmerksamkeit vorrangig auf Computer und Fertigung zu konzentrieren, sollten wir um ein neues Verständnis in bezug auf die Managementanforderungen des nächsten Jahrhunderts bemüht sein.

Vorwort zur zweiten, verbesserten Auflage

Seit der Veröffentlichung der ersten Auflage von *Fifth Generation Management* sind sechs Jahre vergangen. Vieles hat sich seither verändert, und doch ist auch vieles beim alten geblieben. In der vorliegenden aktualisierten, überarbeiteten Auflage sind die ersten fünf Kapitel völlig neu verfaßt worden: Sie erzählen die Geschichte vom Geschäftsführer eines Unternehmens, der sein traditionelles Organigramm kurzerhand zerreißt. Kapitel 7 wurde um einige Hinweise auf neue, spannende Bücher ergänzt, die sich ebenfalls mit der Thematik dieses Buches befassen. Im übrigen sind im Buch verschiedene Änderungen vorgenommen worden, wo immer diese angemessen erschienen.

An die Stelle des alten Untertitels *(Integrating Enterprises through Human Networking)* ist ein neuer getreten: *Kreatives Kooperieren durch virtuelles Unternehmertum, dynamische Teambildung und Vernetzung von Wissen*. Dieser Untertitel bringt das Verständnis vom neuen Umfeld unserer Unternehmen noch deutlicher zum Ausdruck: Anstatt unseren Kunden lediglich ein Produkt verkaufen zu wollen, sind wir bemüht, gemeinsam mit ihnen kreativ an der Entwicklung neuer Produkte und Dienstleistungen zu arbeiten. Wenn *Microsoft* beträchtliche Summen in Beta-Tests für sein Software-Programm *Windows 95* investiert, so ist dies für das Unternehmen ein kreativ-kooperativer Prozeß. Virtuelles Unternehmertum bezeichnet einen Prozeß, der die Talente und Fähigkeiten vieler Unternehmen kombiniert, um ein bestimmtes Produkt- oder Dienstleistungsangebot zu erstellen – so wie *Boeing* Kompetenz, Fachwissen und Erfahrung nicht nur seiner Subunternehmer, sondern auch die von *United Airlines* und *Japan Airlines* bei der Produktion der B 777 zu nutzen verstand. Unter dynamischer Teambildung ist ein Prozeß zu verstehen, bei dem die Ressourcen sowohl innerhalb eines Unternehmens als auch zwischen verschiedenen Unternehmen immer wieder neu zusammengestellt werden, um konkrete Marktchancen zu erfassen und zu nutzen. Die Vernetzung von Wissen schließlich ist ein Prozeß, in dessen Verlauf die vorhandenen Kenntnisse, Erfahrungen, Talente, Fertigkeiten, Fähigkeiten, Erwartungen und Bestrebungen wechselseitig in stets veränderlichen profitablen Mustern zweckdienlich kombiniert werden. Unter anderem setzt dies einen Wandel in unserer Wertschätzung des Wissens anderer voraus. Typischerweise hat das Industriezeitalter eine Kultur des „Abwertens" erzeugt, die uns den gegenseitigen Zugang zu unserem Wissenspotential erschwert.

In vier Jahren beginnt für uns alle ein neues Jahrtausend. Wie gut oder schlecht es dann um uns bestellt sein wird, liegt allein an uns. Die vergangenen Jahrtausende hindurch haben wir uns redlich ernährt und sind durch Nutzung von Land und Boden, Arbeit und Kapital zu einigem Wohlstand gelangt. Wir haben uns der reichen Schätze der Natur bedient. In den letzten zwei Jahrhunderten, im Industriezeitalter, haben wir die Reichtümer der Natur regelrecht ausgebeutet – gleich, ob Öl, Bauxit oder Eisenoxid. Wir haben Maschinen, Autos, Schiffe, Flugzeuge und Gebäude hergestellt; Leitern, Dosen und Tafelsilber; Schreibblöcke, Federhalter und Briefmarken.

In der zweiten Hälfte dieses Jahrhunderts hat uns die Ökologie-Bewegung gelehrt, daß solche Ressourcen knapper sind, als wir bisher dachten. Unsere Abfallprodukte verschandeln nicht nur die Landschaft; der Mikromüll mit seinen chemischen Giftstoffen verursacht sogar Krebs und andere Gesundheitsprobleme.

Wir müssen schnellstens einsehen, daß Land und Boden, Arbeit und Kapital nicht ausreichen, um darauf unsere Zukunft aufzubauen. Zusätzlich zu diesen dreien bedürfen wir einer weiteren Ressource. Worum könnte es sich handeln?

Jahrhundertelang lagen die Reichtümer der Natur unter der Erdoberfläche verborgen. Könnte es sein, daß die neue Quelle des Wohlstands bereits in uns angelegt ist und wir sie nur nicht erkennen? Könnte es sein, daß unsere gewohnten Einstellungen und Annahmen dafür sorgen, daß sie uns verborgen bleiben?

Könnte es sein, daß die Vorstellung der alten Griechen von Arbeit als „Strafe", die Aristotelische Konzeption von der Uhrenzeit, die Theorie eines Descartes von der Trennung zwischen Denker und Objekten wie auch die Lehre eines Frederic Winslow Taylor zur „Trennung von Kopf und Hand" insgesamt die vierte Quelle des Wohlstands „verschüttet" haben?

Könnte es sein, daß wir den Abbau von Bodenschätzen unter Tage gelernt haben, uns nicht aber auf die Nutzung unseres menschlichen Verstands verstehen?

Könnte es sein, daß *Wissen und der wertschöpfende Umgang mit Wissen* insgesamt die vierte Quelle des Wohlstands bedeuten – neben Land und Boden, Arbeit und Kapital? Wertvoll ist nicht das Wissen als solches, sondern die Aktivierung unseres Wissens in immer wieder neuen Kombinationen. Die *Substanz* (Wissen, Fähigkeiten, Fertigkeiten, Erfahrungen, Erwartungen und Bestrebungen usw.) vermag uns erst in Verbindung mit dem *Prozeß* (Denken, Fühlen, Sehen, Hören, Rechnen, Lernen, Integrieren, Erfinden, Schaffen, Vorausahnen usw.) diese vierte Quelle des Wohlstands zu erschließen.

Nun mag argumentiert werden, dies sei an sich nichts Neues; und in gewisser Hinsicht trifft das zu. Wir sind durchaus an Denken, Diskutieren, Planen, Aufzeichnen, Analysieren, Erfinden und Schaffen gewöhnt. Aber könnten wir nicht besser damit umgehen? Durchaus. Voruntersuchungen auf weltweiter Basis lassen erkennen, daß wir das Wissenspotential in unseren Organisationen nur zu fünf bis fünfzehn Prozent nutzen.

Wir haben eine beredte Sprache zur Beschreibung der Verarbeitung von Rohstoffen zu fertigen Endprodukten entwickelt, aber die Verarbeitung von „Rohideen" zu fertigen Produkten und Dienstleistungen wissen wir kaum in Worte zu fassen. Wir können anderen mitteilen, wie effektiv unser Lagerumschlag ist, aber wir haben kaum eine Vorstellung davon, wie gut oder schlecht wir unsere Wissensbestände nutzen. Dennoch: Die Unternehmen haben eine Möglichkeit, Höchstleistungen bei der Entwicklung neuer Ideen und ihrer wechselseitigen Durchdringung zu erzielen. Wir müssen uns nur ständig das Machbare vorstellen, ständig unsere Wissensbestände, Fähigkeiten, Erfahrungen und Kenntnisse überdenken und zum richtigen Zeitpunkt handeln. Diese drei Elemente – kreatives Vorstellungsvermögen, wertschöpfender Umgang mit Wissen und entschlossenes Handeln – ziehen sich wie ein roter Faden durch dieses Buch.

Kernanliegen ist die Erörterung von „Arbeit als Dialog" und „menschlichem Zeitbewußtsein und Zeitplanung" in Kapitel 10. Arbeit ist ein expressiver, kreativer Dialog, und unser inneres Zeitbewußtsein ist der Rahmen, innerhalb dessen wir Bedeutungsinhalte und signifikante Muster erkennen. Wenn wir unser Wissenspotential und unser intellektuelles Kapital wirklich ernst nehmen wollen, müssen wir unweigerlich die Beschaffenheit von Arbeit wie auch unsere Beziehungen zu Vergangenheit, Gegenwart und Zukunft von Grund auf neu überdenken.

Einige Unternehmen geben bereits die Richtung vor. *Dow Chemical* in den Vereinigten Staaten, *Skandia* in Schweden, die *Canadian Imperial Bank of Commerce (CIBC)* in Kanada, *Sharp* in Japan und *Mettler-Toledo* in Deutschland haben jeweils auf ihre Weise den Wert von Wissen, intellektuellem Kapital und kooperativer Intelligenz erkannt. *Dow* betreibt ein innovatives, weltweites Projekt zur Verwaltung seines Patent-Portfolios. *Skandia* nimmt eine Führungsposition in bezug auf die Nutzung von intellektuellem Kapital ein. Die *CIBC* hat eine Arbeitsgruppe gebildet, die sich gezielt mit der Kreditvergabe gegen „Wissensvermögen" befaßt. *Sharp* hat eine leicht zugängliche Wissensbasis entwickelt. Und *Mettler-Toledo* versteht sich hervorragend auf den effektiven Einsatz der Wissensbestände und Fähigkeiten seiner Kunden bei der gemeinsamen Entwicklung neuer Produkte.

Unsere Zukunft ist uns nicht vorbestimmt. Vielmehr liegt es an uns, miteinander kreativ zu kooperieren – als Individuen, als Unternehmen und als Nationen. Wenn wir wirklich imstande sind zu begreifen, daß wir uns durch virtuelles Unternehmertum, dynamische Teambildung und Vernetzung von Wissen zu kreativem Kooperieren zusammenschließen müssen, können wir den Grundstein für die nächste Wirtschaftsära legen. Jeder ist aufgerufen: Unser künftiges Wirtschaftssystem wird um so größeren Wohlstand erzeugen, je besser wir uns darauf verstehen, einander wertzuschätzen und ernst zu nehmen. Tragen auch Sie das Ihre bei – bauen Sie mit am Fundament unserer Zukunft.

Wollen Sie die Themen dieses Buches weiter mit uns diskutieren? Melden Sie sich zu Wort im *Internet*,
World Wide Web: http://vision-nest.com/BTBookCafe.

eMail: cms@kee-Inc.com

Danksagung

Die Aufnahme der ersten Auflage von *Fifth Generation Management* in Englisch, Japanisch und Koreanisch übertraf bei weitem unsere Erwartungen. Die Veröffentlichung des Buches hat Zusammenarbeit und Dialoge mit Menschen aus Indien, der Türkei, Italien, Schweden, Deutschland, Korea, Portugal, Kanada und den Vereinigten Staaten ausgelöst – auf der gemeinsamen Suche nach neuen Möglichkeiten der Organisation und Teambildung. Als Tom Peters mein Buch 1991 zum „Buch des Jahres" wählte, bedeutete dies eine große Ehre für mich; auch schulde ich ihm Dank dafür, daß er die Vorbemerkung zur vorliegenden verbesserten Auflage übernommen hat.

In vielerlei Hinsicht war die Abfassung des Buches ein Gemeinschaftswerk, bereichert durch die Beiträge zahlreicher früherer und derzeitiger Kollegen, die hier nicht einzeln genannt werden können. Ihnen allen gilt mein aufrichtiger Dank für ihre Unterstützung und Erfahrung. Auch die Kommentare und Ideen vieler Leser weiß ich zu schätzen.

Das ganze Unterfangen geht auf Jack Conaway von der *Digital Equipment Corporation* zurück. Zunächst hatte er sich ein Buch über rechnerintegriertes Management vorgestellt. Schon die erste Auflage geriet dann aber doch umfassender, zumal ich die menschliche Komponente einbezog. In dieser zweiten Auflage bin ich über das Konzept der „Integration" noch hinausgegangen: Mich interessiert, wieviel Synergie und kreative Energien sich in und zwischen Unternehmen entfalten können.

Im Hinblick auf die Gestaltung der ersten Auflage bin ich insbesondere den nachstehend Genannten zu Dank verpflichtet: Jan Hopland, Warren Shrensker, Larry Gould, Tony Friscia, Tom Blakely, George Hess, Joe Hurley, Dan Infante, Dan Appleton, Wayne Snodgrass, Kazuto Togino, Dan Shunk, Rolf Lindholm, Debra Rogers, Gerhard Friedrich, Chris Criswell und Robert Hall. Schon frühzeitig begeisterte ich mich für ein Software-Programm mit der Bezeichnung *Netmap*, das von dem Australier John Galloway entwickelt worden war.

Abbildung 12.2 verdeutlicht ein wenig von dem, was *Netmap* zu leisten vermag. John Galloways Kollegen Bob Archibald, Rob Beckman und Leslie Berkes haben mir im Lauf der Jahre zu einem immer besseren Verständnis des *Netmap*-Potentials verholfen.

Nachdem die Erstauflage des Buches erschienen war, machte ich mich zusammen mit Kollegen bei der *Digital Equipment Corporation* und anderswo an die Aufgabe, Möglichkeiten zur konkreten Umsetzung der Ideen in den Unternehmen ausfindig zu machen. Besondere Unterstützung erfuhr ich von Joan Lancourt, Jocelyn Scarborough, Mike Applebee, Bob St. Cyr, Charleen O'Brien und Bruce MacFadden. Jocelyn Scarborough und ich haben erstmals den Prozeß der Wissensvernetzung mit der Führungsriege am *Los Alamos National Laboratory* getestet – mit hervorragendem Ergebnis. Lee Hebert, Leiter des *Monsanto*-Werks in Pensacola, Florida, hat einen Teil der im Buch entwickelten Argumentation mit Erfolg angewendet und seinen gesamten Betrieb mit zwanzig Teams in einer stark verflachten Hierarchie neu strukturiert. Jessica Lipnack und Jeff Stamps verhalfen mir zu einem besseren Verständnis der Dynamik des Vernetzens; Jeff Stamps war es auch, der mich in das Konzept der Holonik einführte. Arun Gairola, Matthias Bellmann, Gösta Lundqvist, Thommy Berglund, Karl Kommissari, Alf Zeumer, Jürgen Schlien und Gerd-Georg Kiessel von der *ABB* waren mir gute Kollegen und Partner bei der Suche nach neuen Möglichkeiten zur Einbeziehung von Kunden und deren Kunden. Bill Lacy und Debbie Twadell von *MGIC Investments* brachten den Mut und die Vision auf, ihr Unternehmen in ein dynamisches Teambildungsmodell umzuwandeln. Norm Wright von der Firma *Martin Lockheed* wußte meine Arbeit nicht nur zu verstehen, sondern auch zu vertiefen. Und Lars Kolind von *Oticon* hat den Mut gehabt, sich selbst einen Weg ins Zeitalter des Wissens zu suchen.

Sehr viele Anregungen verdanke ich den Untersuchungen von Hans-Jürgen Warnecke und seinen Kollegen einschließlich des von Wilfried Sihn geleiteten Teams am Fraunhofer Institut in Deutschland. Ihre Forschungsarbeit zu „fraktalen Unternehmen" ergänzt die an der *Lehigh University* durchgeführten Studien von Steve Goldman, Roger Nagel, Kenneth Preiss und Rick Dove über „Agilität". In Japan gab Ikujiro Nonaka den Anstoß zu neuen Erkenntnissen. All diese Ansätze bieten einen neuen intellektuellen Rahmen zum Verständnis von Fertigungs- wie Dienstleistungsunternehmen.

Auch im Hinblick auf die Gestaltung dieser zweiten, verbesserten Auflage von *Fifth Generation Management* bin ich zahlreichen Kollegen und Freunden für ihre Ideen, Kommentare und Vorschläge zu Dank verpflichtet: Brenda Reicheldorfer, Jack Spurgeon, Iain Duffin, Ron Wade, Lars Bruzelius, Beth Reuthe, Per-Hugo Skärvad, Jeff Smoller, Hubert St.Onge, Michael Staunton, Leif Edvinsson, Kurt Vikersjoe, Jan-Erik Johanson, Jan Lapidoth, Klaus Tschira, Michael McMaster, Paul Kidd, Warner Burckhardt, Karl-Erik Sveiby, Sally-Ann Moore, Sven Atterhed, Jackson Grayson und Gen. Billy Thomas. Gen. Thomas machte mir auch begreiflich, daß manche Teile des Militärs hinsichtlich des

Verständnisses von virtuellem Unternehmertum und dynamischer Teambildung der Industrie um einiges voraus sind. Brian Joiner, Autor von *Forth Generation Management*, stimmte dankenswerterweise der Verwendung der Hochsprung-Metapher zu.

Die Zusammenarbeit mit Karen Speerstra, Stephanie Aronson, Maury Kelly und John Dickson vom Verlag *Butterworth-Heinemann* war mir ein Vergnügen. Sherrin Bennett hat mit großem Geschick die Grafiken in Teil I erstellt. Mein Kollege und Mentor George Por ist derzeit bemüht, Teile des Buches ins *World Wide Web* zu bringen, damit wir am Dialog des Entdeckens nach Erscheinen des Buches unmittelbar teilhaben können.

Dan Burrus, Autor des Bestsellers *Technotrends*, hat es in hervorragender Weise verstanden, den Geist dieser verbesserten Auflage in seinem Nachwort zu erfassen. Seine Begeisterung und Vision werden uns das Verständnis künftiger Entwicklungen und den Übergang ins Zeitalter des Wissens erleichtern.

Ich freue mich, daß mein Buch nun auch in deutscher Übersetzung vorliegt – um so mehr, als meine Urgroßmutter deutschstämmig war und 1857 nach Hawaii übersiedelte. Dieser familiäre Hintergrund hat mir ein ganz besonderes Gefühl für die deutsche Sprache und Kultur vermittelt. So weiß ich das Vorwort von Professor Dr. Hans-Jürgen Warnecke und das Nachwort von Dr. Arun Gairola sehr zu schätzen. Danken möchte ich auch Dr. Max Zuberbühler, Pius Haas sowie Professor Dr. Eberhard Ulich für ihre Anregung zu einer deutschen Übersetzung und für ihr Bemühen, mit dem *vdf Hochschulverlag AG* an der *ETH Zürich* einen guten Verleger zu finden. Besonderen Dank sage ich Dr. Helga Höhlein für die Sorgfalt und Umsicht, mit der Sie die Übersetzung angefertigt hat. So manche Begrifflichkeit im vorliegenden Buch ist auch für die englische Sprache ein *Novum* – die Übersetzerin hat es hervorragend verstanden, die Zusammenhänge dem deutschen Leser zu vermitteln. Jürgen Schlien hat dankenswerterweise die Durchsicht der ersten fünf Kapitel übernommen.

Abschließend bleibt festzustellen, daß diejenigen, die uns am nächsten stehen, das meiste beitragen – auch wenn wir uns dessen nicht bewußt sind. Ohne die Wärme und Beständigkeit eines Zuhauses kann die Einsamkeit des Nachdenkens unerträglich sein. Carl und Sophia waren mir mit ihrem scharfen Verstand eine Herausforderung, unsere Muster des Lernens und Wachsens eingehender zu prüfen. Auch hat Carl zahlreiche Verbesserungsmöglichkeiten in bezug auf die Textgestaltung eingebracht. Lenas Unduldsamkeit gegenüber allem Oberflächlichen hat mir verdeutlicht, wie wichtig ein ehrlicher und offener Umgang mit den Menschen ist – zu Hause wie im Beruf. Und meine Eltern Beatrice und Roy sind mir über all die Jahre eine Quelle stetiger Unterstützung gewesen.

Für Lena, Carl und Sophia

TEIL I

**Fünf Tage, die das Unternehmen
auf den Kopf stellen**

Montag

**Ein Geschäftsführer macht
sich Sorgen**

An einem Montagmorgen kommt Frank Giardelli, Geschäftsführer von *Custom Products and Services, Inc.*, Sparte eines großen Fertigungs- und Dienstleistungsunternehmens, zu seiner regelmäßig anberaumten „Führungsrunde". Die Abteilungsleiter sind bereits versammelt: Wesley Schroeder, Konstruktion; Vincent Gutierrez, Fertigung; Marjorie Callahan, Finanzen; Carol Soo, Vertrieb und Marketing; Gregory Kasmirian, Kundendienst; und Alan Tanaka, Personalwesen. Die zwanglose Unterhaltung geht weiter, als Frank Giardelli den Sitzungsraum betritt.

Schweigend steht er vor ihnen und wartet. Nach und nach wird es still im Raum: Den Mitarbeitern fällt auf, daß der Boß das vertraute Organigramm in Händen hält. Die Namen können sie nicht richtig lesen, aber jeder weiß, wo sein Name steht.

Sie sehen ihn erstaunt an. Die Spannung wächst.

„Sie werden sich fragen, was mich bedrückt", sagt Giardelli.

„Und was bedrückt Sie?" Gregory Kasmirian, Leiter der Kundendienstabteilung, ist um einen möglichst beiläufigen Ton bemüht.

„Danke der Nachfrage. Heute morgen habe ich drei große Investitionsanträge in meinem Posteingang vorgefunden." Er legt das Organigramm auf den Tisch, geht zum Flip-chart hinüber und nimmt sich einen Marker.

„Die Fertigungsabteilung beantragt $ 175.000 für ein Produktionsprogramm." Auf dem Flip-chart notiert er „175".

„Die Informationstechnik will $ 80.000 für Beratung und Software, um eine *e* einzurichten und unserem Unternehmen Zugang zum *World Wide Web* im *Internet* zu verschaffen. Darin sind das Gehalt für einen Netzwerk-Experten sowie die Kosten für den Aufbau eines unternehmensinternen Netzes enthalten." Unter die erste Ziffer setzt er eine „80".

„Und die Konstruktionsabteilung fordert *Workstations* nach neuestem Stand der Technik sowie Vernetzungskapazität für den Austausch von *CAD*-Dateien unter Mitarbeitern, Lieferanten und Kunden. Kostenaufwand: eine halbe Million Dollar." Er fügt eine „500" hinzu und zieht einen Schlußstrich.

Jeder im Raum hat die Summe auf den Lippen: „Siebenhundertfünfundfünfzig". Doch Giardelli wendet sich wieder an seine Mitarbeiter, ohne etwas hinzuschreiben.

„Wie Sie wissen, halten wir viel von fortschrittlichen Informationssystemen. Ich habe jeden von Ihnen aufgefordert, mir ohne falsche Bescheidenheit mitzuteilen, was Sie benötigen, um Ihrer Aufgabe in vollem Umfang gerecht zu werden. In den letzten zehn Jahren habe ich Ihnen mindestens einmal pro Woche gesagt, daß ich es nicht dulde, wenn unser Unternehmen technologisch in die zweite Reihe gedrängt wird. Ich habe Sie alle um Ihre Mithilfe gebeten, damit wir als wettbewerbsüberlegenes Unternehmen in das einundzwanzigste Jahrhundert gehen. Gewiß spielen Präsenz im *Internet* und Aufbau von Vernetzungsmöglichkeiten zur elektronischen Geschäftsabwicklung eine wesentliche Rolle, aber damit allein ist es nicht getan. – Nun, Sie haben Ihre Aufgaben pflichtgemäß erledigt. So weit, so gut."

Montag

Die Rechnung geht nicht auf

Giardelli geht wieder zum Flip-chart und macht ein Fragezeichen unter den Schlußstrich.

Gespannt blicken die Abteilungsleiter zuerst auf das Flip-chart, dann auf Giardellis Miene. Giardelli fährt fort.

„Aber das rechnet sich nicht. Wie bei den meisten Investitionsanträgen zur Informationstechnik in den letzten fünf Jahren ist mir auch jetzt nicht wohl dabei. Und ich weiß nicht, warum. – Also erstens verstehe ich nicht, Herr Gutierrez, warum dieses *RPF-II*-Paket (Ressourcenplanung Fertigung), das uns anderthalb Millionen gekostet hat, ganz zu schweigen von unzähligen Stunden Einarbeitungszeit, nicht den Anforderungen genügt. Sie behaupten, mit diesem Paket sei Ihr stündlicher Planungsbedarf nicht in den Griff zu bekommen."

Vincent Gutierrez, Leiter der Fertigungsabteilung, rutscht unbehaglich auf seinem Stuhl hin und her.

„Und Sie, Herr Schroeder, teilen mir mit, für die Konstruktionsabteilung müßten die neuen *Workstations* unbedingt angeschafft werden, damit Sie Ihre räumlichen Darstellungen und Ihr detailgetreues *CAD*-System verbessern können. Und dann wollen Sie Ihre digitalen Dateien direkt an die Fertigung und an unsere Lieferanten und Kunden schicken – womit ein zusätzlicher Kostenaufwand für Ausrüstungen verbunden ist, damit die Fertigungsabteilung Ihre Dateien auch lesen kann."

Nach einer kurzen Pause fügt Giardelli hinzu: „Das Budget für das Managementinformationssystem ist jetzt schon nicht mehr einzuhalten. Vier Fünftel entfallen auf die Wartung. Unsere Ressourcen gehen drauf bei dem Versuch, all unsere inflexiblen Anwendungen so hinzubiegen, daß wir den Benutzeranforderungen, die sich laufend ändern, gerecht werden können."

Schlaflose Nächte

Giardelli fährt fort: „Da stimmt noch etwas nicht, und das hat nichts mehr mit diesen Zahlen zu tun. Dieses „Etwas" hat mich schon viele schlaflose Nächte gekostet. – Wir haben doch in der Vergangenheit so viel investiert, wir haben uns alle angestrengt, und wir haben gute Leute ... Ich frage Sie, *warum, warum reagieren wir dann trotzdem so schwerfällig auf den Markt?* Warum fällt es uns so schwer, unsere Ressourcen zu mobilisieren, wenn sich günstige Gelegenheiten am Markt bieten? Warum sind wir allem Anschein nach so starr und unbeweglich?"

Wesley Schroeder, Leiter der Konstruktionsabteilung, ringt sich ein Lächeln ab. „Wissen Sie, Herr Giardelli, das braucht eigentlich niemanden zu verwundern; die Leute wissen einfach nicht, wie sie miteinander arbeiten müssen. Wann haben wir denn das letzte Mal ein ‚Teambildungstraining' angeboten? Das ist ganz wichtig, wenn wir einen integrierten Produktentwicklungsprozeß auf der Basis von Parallelarbeit anstreben."

Frank Giardelli verzieht keine Miene; die Sorgen sitzen zu tief. „Ich wollte, es wäre nur das, Herr Schroeder. Wir haben ja seit geraumer Zeit im Rahmen unseres *TQM*-Programms mit Teams gearbeitet. Das hat schon etwas gebracht, aber das ist nicht alles ..."

Vincent Gutierrez sieht seine Chance gekommen: „Also, wenn wir unsere Arbeit zu Ende gebracht haben und uns nach *ISO 9000* qualifizieren können, sind wir schon ein gutes Stück weiter mit der Straffung unserer Prozesse. Außerdem haben wir unsere *Reengineering*-Maßnahmen in bezug auf Produktentwicklung und Auftragsabwicklung so gut wie abgeschlossen. In Kürze werden wir branchenweit *das* Unternehmen für optimierte Fertigungs- und Auslieferungsprozesse sein. Ich sehe schon die Scharen von Journalisten vor mir, die wir abzuwimmeln haben, wenn das erst einmal spruchreif wird."

Marjorie Callahan, Leiterin der Finanzabteilung, bemerkt, daß sich Giardellis Miene in keiner Weise aufhellt. Sie fragt sich, ob der Boß wohl über all die Entlassungen im Zuge der *Reengineering*-Maßnahmen besorgt ist. Sie weiß, daß sich unter seiner harten Schale ein Mensch verbirgt, dem die Mitarbeiter keineswegs gleichgültig sind.

„Bin ich vielleicht bei der Aktualisierung unserer Entlohnungssysteme zu langsam gewesen?", überlegt Alan Tanaka, Abteilungsleiter für Personalwesen. „Sämtliche Befragungen lassen erkennen, daß die Leute mit ihrer Bezahlung unzufrieden sind. Man weiß wirklich nicht, wie man es machen soll."

Giardelli schaut die Herren Schroeder, Gutierrez und Tanaka sowie Frau Callahan an und überrascht seine Mitarbeiter mit dem folgenden Kommentar: „Sind Sie kürzlich mal durch die Werkshallen und über das Fabrikgelände gegangen? Ist Ihnen dabei – wie mir – aufgefallen, daß in der letzten Zeit kaum noch gelacht wird?"

„Dies hier ist ein Industrieunternehmen, und die Leute nehmen ihre Arbeit ernst", erwidert Gregory Kasmirian. „Ich erwarte ausgelassene Fröhlichkeit auf einer Party, aber bei der Arbeit ... eigentlich weniger."

Marjorie Callahan hat schweigend zugehört – nicht den Worten als solchen, sondern dem, was „zwischen den Zeilen" herauszuhören ist. „Herr Giardelli, ich verstehe, was Sie bezüglich der Kapitalaufwendungen für die Informationstechnik gemeint haben, und ich weiß, daß Sie unsere Bemühungen um Qualität und *Reengineering* unterstützen; allerdings – Ihr Kommentar über den Mangel an Arbeitsfreude macht mich wirklich stutzig. Sie haben recht, gelacht wird hier wenig, jedenfalls viel weniger als noch vor acht Jahren, als ich hier neu war. Lachen ... gelacht wird ja meist beim Übergang zwischen Erwartetem und Unerwartetem. Gehen wir unter im Erwarteten? Hat sich Routine bei uns breitgemacht? – Frau Soo wird mir sicher zustimmen: Der Markt ist voller Überraschungen. Bei unseren Kunden tut sich ständig etwas Neues. Der Leiter unseres Managementinformationssystems hat mir gerade einen *Crash*-Kurs in Sachen *Internet* verpaßt, und dabei habe ich gelernt, daß drei unserer Konkurrenten bereits eine *Home Page* besitzen und die Möglichkeit des Direktvertriebs über das *Internet* haben."

Carol Soo, Abteilungsleiterin für Vertrieb und Marketing, nickt zustimmend. „Unsere Konkurrenten sind schon im *Web* aktiv, und wir? Manchmal frage ich mich, für wen wir unsere Dienste erbringen – für unsere Chefs oder für unsere Kunden? Es hat den Anschein, als ob die Regeln der Geschäftsabwicklung in letzter Zeit einer gründlichen Revision unterzogen worden sind und wir dies kaum zur Kenntnis genommen haben. Wir machen uns immer noch Gedanken über Abteilungspolitik, wenn andere Unternehmen ihre Kunden bereits über neue, innovative Wege erreichen."

„So ist es, Frau Soo", antwortet Giardelli. „Wir verbringen derart viel Zeit damit, nach oben und unten Ausschau zu halten, daß die rauhen, turbulenten Entwicklungen auf dem Markt bei uns kaum Beachtung finden. Von Ihren Mitarbeitern in Vertrieb und Marketing, Frau Soo, erwarten wir den Kontakt zur Außenwelt, aber wenn die dann mit neuen Ideen zurückkommen, hören wir nicht einmal hin ... und von Freude keine Spur."

Er deutet auf das Organigramm: „Es ist doch geradezu so, daß sich die Leute zum eigenen Schutz und Wohlbefinden Mauern um ihre Kästchen und Abteilungen hochgezogen haben, aber zu welch einem Preis! – Es gab einmal eine Zeit, da betrachtete ich unser Organigramm mit Ehrfurcht. Alles war so wohlgeordnet und vermittelte einem das Gefühl für Verantwortlichkeit. Unsere Leute waren motiviert, die Karriereleiter zu erklimmen. Jeder wußte, an wen er sich in welcher Angelegenheit zu wenden hatte."

Dann fährt Giardelli fort: „Vor kurzem habe ich das Ganze neu überdacht. Angefangen hat es mit der ungeheuren Flut an Literatur zur ‚lernenden Organisation', ausgelöst durch die Arbeit von Peter Senge. Warum sollten die Leute so viel Spaß am Lernen haben? Dann gelangte ich zu der Erkenntnis, daß unsere derzeitigen hierarchischen Organisationen zum ‚Nicht-Lernen' strukturiert sind. Und dann dachte ich an all das Geld, das wir für externe Berater ausgegeben haben, damit sie uns helfen, unsere Gedanken in Worte zu fassen und einander mitzuteilen. Und dann erkannte ich, daß unser Unternehmen geradezu auf ‚Nicht-Kommunizieren' angelegt ist. Der Anreiz ist viel zu hoch, Neuigkeiten gleich zu ‚vermanagen'. Als ich mir dann unsere jährlichen Qualitätsberichte und deren Auswirkung auf die Einstellung unserer Mitarbeiter ansah, erkannte ich, wie frustriert die Leute sind, weil keine effektiven Entscheidungen getroffen werden. Ist unser Unternehmen etwa auch noch auf ‚Nicht-Entscheiden' ausgerichtet? Lernen ... Kommunizieren ... Entscheiden ... das sind in der Tat entscheidende Kriterien, aber offensichtlich keine selbstverständlichen. Warum?"

„Das habe ich mich auch schon gefragt", pflichtet Vincent Gutierrez bei. „Warum nur?"

Giardelli blickt zu Gutierrez hinüber und sagt: „Irgendwie merkwürdig – ich habe das Gefühl, daß gerade die Art und Weise, wie wir uns selbst darstellen, etwas mit unserem Problem zu tun hat. Kürzlich habe ich in einem Magazin für Führungskräfte einen Artikel über *Eastman Chemical* gelesen; die haben ein ganzes Jahr gebraucht, um ihre Kernkompetenzen zu entdecken. Daraufhin stellten sie fest, daß sie aus ihrem hierarchischen Organisationsdiagramm herausgewachsen waren, und ersetzten es kurzerhand durch ihr rundes ‚Pizza'-Diagramm – einen großen Kreis mit kleineren Kreisen im Inneren."

In zwei Hälften zerrissen!

Giardelli verleiht seinen Worten Nachdruck, indem er das Organigramm in die Höhe hält und es langsam in zwei Hälften zerreißt. „Hiermit soll diese starre Organisationsstruktur ein Ende haben." Und wirft das Organigramm in den nächsten Papierkorb.

Die Anwesenden werfen sich unbehagliche Blicke zu. Keinem ist zum Lachen zumute. Giardelli nimmt die allseitige Betroffenheit zur Kenntnis. Es folgen zwei Schweigeminuten, die einigen wie zwei Stunden vorkommen. Unausgesprochen drängt sich allen die Frage auf: „Was hat dieser Akt für meinen Job zu bedeuten?"

Für Leute, die gewohnt sind, sich am Erwarteten zu orientieren, kommt die unerwartete Wende wie ein Schock.

Montag

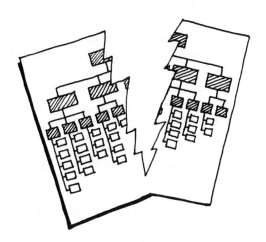

Wesley Schroeder murmelt: „Was haben Sie da gemacht, Giardelli? Warum haben Sie unser Organigramm zerrissen? Was soll ich meinen Leuten denn jetzt sagen?"

Vincent Gutierrez pflichtet seinem Vorredner bei: „Und an wen sollen sich unsere Kunden wenden, wenn die mal ein Problem haben?"

„Also, Sie haben mich ganz schön verunsichert", protestiert Alan Tanaka. „Ich wüßte nicht, wie ich ein Entlohnungssystem aufbauen soll, das nicht an hierarchischen Rängen ausgerichtet ist. Wer soll die Überprüfungen vornehmen? Wir werden in Anarchie verfallen – von der Chefetage bis zur Werkshalle!"

Giardelli blickt nachdenklich in die Runde. „Vielleicht war es eine plötzliche Eingebung, und vielleicht werde ich es auch noch bedauern, aber irgend etwas an unserem Organigramm kommt mir so realitätsfremd vor. Zuhören ... Lernen ... Kommunizieren ... und Entscheiden ... all dies verliert sich im Besitzstandsdenken, in Positionsrangfolgen, in Kompetenzansprüchen, in Fragen der Arbeitsplatzbeschreibung, in Fragen der Anerkennung ... – Und wenn wir dieses kleinkarierte Modell einfach abschaffen? Viele Unternehmen haben ihre Hierarchien bereits verflacht. Und einigen wenigen Unternehmen wie *Eastman Chemical* ist es auch schon gelungen, neue Darstellungsmöglichkeiten für ihre Hierarchien zu finden. – Ich sehe Ihre besorgten Mienen. Sie werden Ihre Arbeitsplätze nicht verlieren ... oder vielleicht schon. Aber langsam, ich möchte dies ausdrücklich festhalten: Ihre Gehälter laufen weiter. Das hierarchische Organisationsdiagramm basiert auf eng definierten rechteckigen ‚Job'-Kästchen, die untereinander mit dünnen horizontalen und vertikalen Linien verbunden sind. Was ich mir aber vorstelle, das sind Menschen mit robusten Fähigkeiten, die sich zu immer neuen Mustern zusammenfinden – je nach den Erfordernissen konkreter Marktgegebenheiten."

Schweigen ... man kann die Stille förmlich hören!

Giardelli fährt fort: „Ich bitte Sie in dieser Woche um Ihre Mithilfe. Es wird ein schweres Stück Arbeit sein, aber wir müssen dies leisten – zum Wohl und für das kontinuierliche Wachstum unseres Unternehmens. Ich brauche Ihre Hilfe, um gemeinsam mit Ihnen von Grund auf neu zu überdenken, wie unsere Arbeit in diesem Unternehmen aussehen soll. Ich möchte, daß Sie sämtliche Termine in dieser Woche verschieben und die Zeit aufbringen, gemeinsam mit mir unser Unternehmen *Custom Products and Services, Inc.* auf ein dynamisches neues Fundament zu stellen."

Alle denken an ihren vollen Terminkalender für die Woche, an ihre Planungen ... aber dann begreifen sie allmählich, daß jetzt etwas noch Wichtigeres ansteht.

Marjorie Callahan gibt zu bedenken: „Ein Bekannter von mir ist bei *General Electric* beschäftigt. Die arbeiten schon seit vierzehn Jahren an der Umstrukturierung ihrer Organisation. Wie sollen wir das denn innerhalb einer einzigen Woche schaffen können?"

„Das können wir vermutlich auch nicht, Frau Callahan", erwidert Frank. „Aber ich habe den leisen Verdacht, daß unsere Einstellungen eine ganze Menge mit unserer Schwerfälligkeit und Trägheit und unserer Unfähigkeit zur Bewältigung kontinuierlichen Wandels zu tun haben. – Ist Ihnen schon einmal aufgefallen, wie schwer es ist, ein Team aus verschiedenen Unternehmensbereichen auf die Beine zu stellen? Die Leute wissen einfach nicht, wo sie nach den Talenten suchen sollen, die sie für eine bestimmte Situation brauchen. Und warum ist das so?"

Wesley Schroeder ist sich nicht ganz sicher, ob seine Antwort richtig ist, unternimmt aber einen Versuch: „Könnte das etwas mit den Vorstellungen zu tun haben, die wir von uns und unseren Beziehungen haben – so, wie sie auf dem Blatt Papier definiert sind, das Sie gerade in zwei Hälften zerrissen haben?"

Über Giardellis Gesicht huscht der Anflug eines Lächelns.

Über den Scherensprung hinaus

Irgend etwas arbeitet in Wesley Schroeder; für ihn scheint es eine Verbindung zu geben. „Ich weiß nicht recht, ob ich das richtig sehe, aber lassen Sie mich versuchen, meine Gedanken in Worte zu fassen. – Unsere Diskussion erinnert mich an das Hochsprungtraining in meiner Schulzeit. Ich gehörte zu den besten Hochspringern und beherrschte den Bauchwälzer meisterhaft. Davor hatte man die Scherensprung-Technik angewendet, aber mit dem Bauchwälzer konnten wir ganz neue Rekorde aufstellen. Dann hörten wir von diesem Burschen aus Oregon, der an den Absprungbereich heransprintete und dann eine leicht Drehung machte, so daß sein Rücken zur Hochsprunganlage gekehrt war – und während er dann rückwärts sprang, mit dem Kopf zuerst, stieß er die Füße beim Überspringen der Latte hoch in die Luft. Wir mußten lachen bei der Vorstellung, daß er jedesmal, wenn er auf dem Kopf landete, eine Gehirnerschütterung haben mußte. Das Lachen verging uns, als er bei den Olympischen Spielen in Mexiko im Jahr 1968 mit einem Hochsprungrekord von 2,24 Metern Sieger wurde. Inzwischen haben fast alle Weltrekordinhaber den *Fosbury Flop* übernommen und den derzeitigen Hochsprungrekord auf 2,44 Meter geschraubt. Das Interessante daran ist, daß Dick Fosbury erkannt hatte, wie man den natürlichen Schwung und den Körperschwerpunkt effektiver ausnutzen kann, um solche neuen Höhen zu springen. Herr Giardelli, mir scheint, Ihre schlaflosen Nächte sind darauf zurückzuführen, daß wir noch beim Scherensprung stehen, während alle anderen in der Branche längst zum Bauchwälzer übergegangen sind und einige wenige bereits den *Fosbury Flop* anwenden."

Frank Giardelli hat aufmerksam zugehört: „Was hat sich denn beim Hochsprung geändert, als man vom Scherensprung zum Bauchwälzer und dann zum *Fosbury Flop* überging? Hat sich da auch konkret etwas geändert – etwa die Beschaffenheit von Meßlatte oder Ständern?"

„Die einzige Veränderung der äußeren Bedingungen bestand in weicher gepolsterten Matten für die Landung", antwortet Wesley Schroeder. „Aber ich nehme an, Sie wollen auf etwas anderes hinaus, oder?"

„Ja, wenn ich Sie richtig verstehe, sind die konkreten Bedingungen im wesentlichen unverändert geblieben; die eigentliche Veränderung hat sich in der mentalen Einstellung der Hochspringer vollzogen. Ihr Verständnis in bezug auf eine optimale Hochsprungtechnik hat sich gewandelt, und dieser Wandel machte es ihnen möglich, neue Rekorde zu erzielen und natürlichere Methoden einzusetzen. Ist das so?" fragt Giardelli.

„Wollen Sie beide damit sagen, daß sich unsere mentale Einstellung ändern muß?" fragt Carol Soo. „Dabei fällt mir auch der Wandel in der Massenkommunikation ein. Erst empfingen wir Globalnachrichten in Radio und Fernsehen über die Antenne, dann bekamen wir per Kabel die Möglichkeit zur gezielten Übermittlung spezifischer Informationen an eindeutig definierte Gruppen. Und mit *Internet* und den Möglichkeiten des *World Wide Web* haben wir es nun mit ‚Cyberkommunikation' zu tun. Nur einige wenige Leute konnten Fernsehnachrichten verbreiten, weil damit ungeheure Kosten verbunden waren; die Ausstrahlung spezifischer Nachrichten über Kabelfernsehen lag schon eher im Bereich des Möglichen, und heute kann sich buchstäblich jedes Unternehmen seine eigene *Home Page* einrichten und mit Produkten, Dienstleistungen und anderen Informationen im *Internet* präsent sein. – Also, wenn unsere traditionelle hierarchische Organisation noch auf der Stufe des Scherensprungs oder Antennenfernsehens steht, dann fordern Sie uns zu Recht auf, unsere mentale Einstellung zu überdenken. Wie nutzen wir eigentlich unsere natürlichen Fähigkeiten und die Schwerkraft unserer Organisation? Vielleicht sind die Konzepte der ‚Verbindungslinien und Kästchen' und ‚Jobs' tatsächlich Artefakte der Vergangenheit, wie dies William Bridges in einem Artikel im *Fortune*-Magazin kürzlich formuliert hat. So weit will mir das einleuchten, aber – ganz wohl ist mir dabei nicht, denn ich weiß ja nicht, was danach kommt. Ich habe eigentlich nicht das Vertrauen, daß uns im Geschäft so etwas wie der *Fosbury Flop* oder die *Cyberkommunikation* gelingen könnte."

Gregory Kasmirian, der bisher kaum etwas gesagt hatte, meldet sich zu Wort: „Das soll einer kapieren ... wir schmeißen einfach das Organisationsdiagramm hin, geben den Scherensprung auf und lernen dann mal eben, mit Hilfe einer neuen Sprungtechnik Kundenmöglichkeiten zu nutzen? Wir springen nicht mehr für unsere Chefs, sondern machen Luftsprünge, sobald sich Geschäftschancen bieten? Ehrlich gesagt, Giardelli, das kommt mir einigermaßen sprunghaft vor!"

Lachen ... endlich ein erlösendes Lachen.

Gregory Kasmirian schaut sich um und fährt fort: „Der Hinweis auf den Hochsprung ist gut und schön, aber Organisationen sind nun einmal weitaus komplexer. Das hierarchische Modell hat sich lange Zeit bewährt. Es hat gut funktioniert. Kirche und Militär könnten ohne ein solches Modell überhaupt nicht existieren. Viele Unternehmen sind mit ihren Hierarchien ausgesprochen gut gefahren. Was soll dann all dies Gerede um *Fosbury Flops* ... wir landen höchstens selbst einen Flop!"

Beim Militär hat man es längst begriffen

Wesley Schroeder zieht eine Grimasse. Er denkt an seine eigene Militärzeit zurück und meint: „Also, Herr Kasmirian, wenn die Leute ans Militär denken, denken sie immer nur an die Hierarchie dort, aber das ist doch längst nicht alles. Als ehemaliger Oberst weiß ich das bürokratische und hierarchische Modell bei den meisten Militärverbänden durchaus zu schätzen. Tatsache ist, daß dies nur zu Friedenszeiten so ist; in Kriegssituationen wären Sie überrascht, wie fließend und flexibel sich die Abläufe gestalten. Genau diese Veränderlichkeit und Beweglichkeit brauchen wir auch in unserem Unternehmen. Und was die Kirche betrifft, so gibt es dort eigentlich weniger Führungsebenen als in einem durchschnittlichen Unternehmen. Wie Sie sehr wohl wissen, ist es zu einfach, sich mit simplifizierten Stereotypen zu begnügen."

Alle horchen auf, als Wesley Schroeder sich ereifert: „Warum ist das Militär denn ständig bemüht, Veränderlichkeit und Flexibilität einzuüben? Wir müssen in der Lage sein, unter ständig wechselnden Bedingungen zu operieren – gerade auch in den Wirren eines Krieges. Wir praktizieren ein sehr anpassungsfähiges Konzept der Teambildung, eine Art ‚konzertierter Aktion', denn Soldatenausbildung und Kriegführung machen die kontinuierliche Schaffung neuer und jeweils unterschiedlicher Kampfverbände – oder eben ‚Teams' – erforderlich. Die Soldaten werden so gut wie täglich einem anderen Team zugeordnet, und manchmal erfolgt ein Wechsel sogar drei- bis viermal am Tag. Die militärische Ausbildung zielt darauf ab, die richtige Einstellung für Teambildung und Teamarbeit zu formen, die im Kampf von so entscheidender Bedeutung ist. Warum können wir dies nicht auch im Wirtschaftsleben erreichen?"

Und dann setzt er noch hinzu: „Sollten Sie, Herr Kasmirian, eine gewisse Verteidigungsbereitschaft heraushören, so hören Sie richtig. Sie haben einen empfindlichen Nerv bei mir getroffen. Und was den *Fosbury Flop* angeht, so ist der alles andere als ein Flop. Der ist vielmehr dazu angetan, das schier Unmögliche zu erreichen – und zu nichts anderem, so meine ich, will uns Herr Giardelli herausfordern."

„Schroeder, ich habe verstanden", entgegnet Gregory Kasmirian. „Bis zum heutigen Tag ist meine Weltsicht recht simpel und bequem gewesen. Ich werde wohl umdenken müssen. Vielen Dank für die Nachhilfe in Sachen *Militär*. Es hört sich ganz danach an, als ob die in ihrem Denken und Handeln großen Teilen der Industrie weit voraus sind."

Carol Soo springt auf. „Denkt doch mal, wie es bisher immer geheißen hat: ‚Achtung, Kunden in Sicht!' Jetzt sind wir es, die auf die Wünsche der Kunden achten müssen, auf ihre Interessen, Fähigkeiten und Erwartungen. Ihren Worten zufolge, Herr Schroeder, muß das Militär mit Sicherheit auf seine ‚Kunden' achtgeben. Welch ein Wandel in der mentalen Einstellung – und obendrein ist das viel natürlicher. Ich war bestimmt keine gute Hochspringerin in der Schule, aber wenn ich Ihren Kommentar richtig verstanden habe, Herr Schroeder, dann ist dieser Wandel genauso tiefgreifend wie der Übergang zum *Fosbury Flop* und erfordert genauso viel Übung, bevor sich Erfolg einstellt."

Frank Giardelli schaut zur Uhr. Inzwischen sind mehrere Stunden intensiver Diskussion vergangen. Er spürt, daß er seinen Kollegen Zeit zum Nachdenken geben muß.

„Wir treffen uns morgen früh um 8:30 Uhr wieder und setzen dann unsere Diskussion fort", schlägt Giardelli vor. „Ich weiß, wie schnell sich Dinge bei uns herumsprechen; nutzen Sie also die Gelegenheit, mit Ihren Kollegen zu reden. Fordern Sie die Leute auf, eigene Ideen und Anregungen vorzubringen. Wenn wir uns mit Veränderungen in der mentalen Einstellung befassen wollen, tun wir das am besten in aller Offenheit, auch wenn einige Mitarbeiter dadurch verunsichert sind. – Das Gespräch morgen soll uns helfen, Möglichkeiten einer verbesserten Interaktion mit unseren multiplen Märkten zu finden. Wie läßt sich aus Ihrer Sicht unsere Fähigkeit steigern, auf unsere Kunden angemessen zu reagieren? Wie können wir die Fähigkeiten unserer Kunden fördern und damit ihnen wie uns helfen? Wie können wir neue Effektivitätsrekorde aufstellen?"

Es herrscht eine gewisse Ratlosigkeit, als die Führungsriege den Raum im Gänsemarsch verläßt.

Dienstag

Nichts als triste Zahlen

Noch vor 8:30 Uhr sind alle mit ihrer Kaffeetasse an Ort und Stelle, außer Carol Soo. Mit fünf Minuten Verspätung betritt sie energischen Schritts den Raum – sie sieht etwas mitgenommen aus.

Bevor Frank Giardelli Gelegenheit hat, etwas zu sagen, eilt Carol nach vorn. „Mein Team und ich haben die Nacht größtenteils damit verbracht, eine Reihe von Kundenprofilen aufzustellen. Ich möchte Ihnen unsere Folien zeigen – gewissermaßen als Hintergrund für unsere Sitzung", sagt Carol Soo. Das ist ihre Chance, die Kollegen zu "aufzuklären".

Nach etwa 20 Minuten endloser Tabellen mit Verkaufszahlen, aufgeschlüsselt nach Produkt und Kundentyp, wirft Wesley Schroeder ein: „Frau Soo, das ist eine wunderbare Zusammenfassung dessen, was wir vor zwei Monaten bei unserer strategischen Planung erarbeitet haben, aber ich sehe nicht, was dies mit der Frage unseres Chefs von gestern zu tun hat. Die lautete nämlich: ‚Warum reagieren wir so schwerfällig, wenn sich uns sichtlich günstige Gelegenheiten bieten?'"

„Also, wie ich eben schon sagte ... hm, vielleicht haben Sie recht", erwidert Carol Soo. „Diese Aufstellungen ... vielleicht sind sie wirklich langweilig. Aber warum?"

„Na gut, daß Sie selbst darauf gekommen sind", meint Gregory Kasmirian. „Ich werde ganz nervös, wenn ich immer nur Zahlen vor Augen habe. Trotzdem – das hier sind die Zahlen, die uns zeigen, wie erfolgreich wir auf dem Markt sind und von welcher Marktgeltung wir ausgehen dürfen; entsprechend sind sie wohl auch wichtig."

„Ich arbeite den ganzen Tag lang mit Zahlen", fügt Marjorie Callahan hinzu, „und ich stimme Herrn Kasmirian zu, daß diese Zahlen tatsächlich wichtig sind – aber da fehlt etwas. Es hört sich vielleicht seltsam an, aber diese Zahlen erfassen lediglich die bisherigen und die potentiellen Verkaufstransaktionen mit unseren Kunden. Frau Soo, ich frage mich langsam, ob Sie mit dieser langweiligen Präsentation vielleicht eine ganz bestimmte Absicht verfolgt haben."

Mit einem nachdenklichen Lächeln erwidert Carol Soo: „Schon möglich ... Sie haben recht, als wir diese ganzen Zahlen zusammenstellten, merkte ich natürlich auch, wie sehr wir auf *Verkaufstransaktionen* ausgerichtet sind. Sicher sind die wichtig, denn wie Frau Callahan nur zu gut weiß, gibt es ohne Verkaufsgeschäfte auch keine Rechnungen. Wir haben aber auch erkannt, daß diese Zahlen uns nur verraten, *wer* was kauft, nicht aber *warum* ein bestimmtes Produkt gekauft wird. – Als wir nämlich in den frühen Morgenstunden mit unseren Aufstellungen fast fertig waren, brachte einer meiner Marketing-Kollegen die Frage nach dem *Warum* bei der Kaufentscheidung eines Kunden auf. Daraufhin entstand eine faszinierende Diskussion darüber, wo wir eigentlich unsere Interaktion mit unseren Kunden beginnen lassen. Zwei Mitarbeiter meinten spontan, die Frage sei doch irrelevant; ganz offensichtlich seien die Bedürfnisse der Kunden beziehungsweise deren Probleme ausschlaggebend. Doch irgendwie war ich damit nicht zufrieden. Die *Warum*-Fragen ließen mir keine Ruhe: Warum kaufen unsere Kunden unsere Produkte und Dienstleistungen? Was haben sie mit ihren eigenen Kunden vor? Welche Rolle spielen wir in der Vorstellungswelt unserer Kunden?"

Wesley Schroeder rutscht auf seinem Stuhl hin und her. „Ich besitze keine besonderen Marketing-Kenntnisse, Frau Soo, aber ich selbst habe – wie übrigens auch einige meiner Mitarbeiter – gelegentlich mit Ihren Leuten vom Vertrieb bei wichtigen Initiativen zusammengearbeitet. Normalerweise reagieren wir doch auf eine Kundenanfrage oder auf irgendwelche detaillierten Arbeitsberichte, aus denen die Bedürfnisse der Kunden ersichtlich werden. Und da haben Sie wirklich recht – wir scheinen immer nur auf Kundenprobleme zu warten, schließlich sind wir *die* Problemlösungsexperten. Es ist schon merkwürdig, wie leicht es uns fällt, die Probleme unserer Kunden zu lösen, aber bei unseren eigenen Problemen tun wir uns unendlich schwer; auch eine *Warum*-Frage für uns, nicht wahr, Frau Soo?"

Über Verkaufstransaktionen hinaus

Marjorie Callahan sieht Carol Soo an und blickt dann in die Runde: „Wir haben diesen Morgen mit tristen Zahlenaufstellungen begonnen. Ich bin auch der Meinung, daß Verkaufsgeschäfte erforderlich sind, damit unsere Rechnungen bezahlt werden; doch diesen *Warum*-Fragen, von denen Frau Soo gesprochen hat, kommt auch einige Relevanz zu."

An Frank Giardelli und Wesley Schroeder gewendet, fährt sie fort: „Vielleicht sind wir, was *unsere* Hochsprungtechnik betrifft, tatsächlich noch beim simplen Scherensprung. Wir sollten unsere Technik ändern und uns auf eine umfassendere Fragestellung konzentrieren. *Warum* entscheiden sich unsere Kunden so und nicht anders? – Viele von ihnen haben ihrerseits Kunden, und normalerweise ist ihnen doch daran gelegen, es diesen Kunden recht zu machen. Sie haben ihre eigenen Vorstellungen und eine bestimmte Sichtweise von ihrer Marktsituation. Sie haben Erwartungen und Bestrebungen, die sie erfüllt sehen möchten. Wie können sie diese Erwartungen realisieren? Vielleicht geht es in bezug auf unsere Kunden um mehr als lediglich um Verkaufsgeschäfte. Können wir zuhören? Nehmen wir die Aspirationen unserer Kunden wahr? Können wir ihre Erwartungen und Bestrebungen in irgendwelchen Zahlenreihen erfassen?"

Carol Soo strahlt. „Danke, Frau Callahan, das haben Sie viel besser gesagt, als ich es hätte tun können. Schon länger hatte ich ein ungutes Gefühl, wußte aber nicht, wie ich mich aus der alten Vorstellungswelt lösen könnte. Unser Marketing ist ausgesprochen kompetent im Mitteilen, aber Sie haben recht, wir verstehen uns nicht eben gut auf effektives Zuhören. Und die einzige Möglichkeit, den Erwartungen und Bestrebungen unserer Kunden auf die Spur zu kommen, ist höchst aufmerksames Zuhören."

Frank Giardelli, in Gedanken versunken, ergreift das Wort: „Vielen Dank für Ihre Initiative heute morgen. Interessanterweise haben wir uns nicht an den Zahlen festgefressen, sondern sind mit unserer Diskussion auf einer anderen Ebene gelandet. Ich frage mich, ob es zwischen der kleinen Heiterkeit und den langweiligen Marktstatistiken irgendeinen Zusammenhang gibt."

„Wieso?" fragt Gregory Kasmirian. Er hat offensichtlich Verständnisschwierigkeiten.

„Wie sieht denn Ihre Kundendienststrategie aus, Herr Kasmirian? Verfolgen Sie einen *SOS*-Ansatz, oder bemühen Sie sich, potentielle Serviceprobleme im voraus zu erkennen und vorbeugend zu handeln?"

„Früher haben wir eigentlich immer nur auf ‚Abruf' reagiert, aber dann stellten wir fest, daß wir von unseren Kunden ständig nur hin und her gescheucht wurden. Also haben wir uns die mängelbehafteten Leistungen angesehen und zweierlei unternommen. Zum einen beschweren wir uns gegebenenfalls bei der Konstruktionsabteilung wegen nachlässiger Arbeit, und zum anderen setzen wir uns mit unseren Kunden zusammen und zeigen ihnen, wie sie die Probleme, die wir schon im voraus erkennen, selbst bewältigen können. Die sind froh, daß sie nicht vier bis sechs Stunden auf einen Kundendiensttechniker zu warten brauchen, und wir sind froh, weil wir unsere Ressourcen effektiver planen können", erklärt Gregory Kasmirian.

„Das ist aber interessant; Sie suchen also aktiv nach Verhaltensmustern", stellt Frank Giardelli fest. „Und Sie erkennen, wie Ihnen das bei Ihrer Kundendienstabwicklung hilft. Diese Muster sind schon immer dagewesen, aber bisher haben wir uns eben nie die Zeit genommen, auch nur danach zu suchen. Carol Soo und Marjorie Callahan haben sich um Möglichkeiten bemüht, über unsere Konzentration auf Verkaufstransaktionen hinauszukommen und Aspirationsmuster bei unseren Kunden zu erkennen. Herr Kasmirian, meinen Sie nicht, daß der Ansatz, den Sie mittlerweile bei Ihrem Kundendienst verfolgen, auch für die Interaktion mit unseren Kunden aus der Marketing-Perspektive heraus nützlich sein könnte?"

Ein breites Grinsen – Gregory Kasmirian hat verstanden. „Alles klar, ich sehe jetzt den Zusammenhang. Und auch die Argumentation von Wesley Schroeder mit seinem Hochsprung wird mir allmählich klarer. Tut mir leid, Herr Schroeder, daß ich das nicht gleich kapiert habe."

Und zu Giardelli gewendet, fährt er fort: „Wie Sie schon sagten, wenn wir bei unseren *SOS*-Einsätzen bleiben, werden wir nie neue Rekorde erzielen. Wir müssen unsere Einstellungen ändern, wenn wir lernen wollen, unseren Kunden zuzuhören und in anderer Form mit ihnen zusammenzuarbeiten. Schroeder, allmählich finde ich Gefallen am Hochsprung!"

„Für Sie scheint das alles schon sonnenklar zu sein, aber ich denke eben gern in Bildern. Ich bin mehr einer von der konkreten Sorte", wendet Vincent Gutierrez ein. „Kann mir mal einer bildlich darstellen, was hier diskutiert wird?"

Einer schaut den anderen an. Mit besonderen Zeichenkünsten kann keiner aufwarten. Marjorie Callahan erfaßt die Situation und bietet sich in Ermanglung graphischer Talente an, die Diskussion auf einem Flip-chart festzuhalten.

Über die Wertschöpfungskette hinaus

„Das traditionelle Modell der Wertschöpfungskette wird oft als Abfolge horizontaler Kästchen dargestellt", erläutert Carol Soo. „Frau Callahan, könnten Sie das mal auf dem Flip-chart notieren?"

Marjorie Callahan zeichnet das Modell an. „Haben Sie das so gemeint, Frau Soo?"

„Genau. Vor allem wird sehr schön deutlich, daß der Schwerpunkt auf den *Verkaufstransaktionen* liegt und wie sehr dieses Modell auf die *Kundenbedürfnisse* ausgerichtet ist."

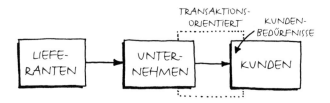

Wesley Schroeder nutzt die Chance, sich ins rechte Licht zu rücken. „Bei uns in der Konstruktionsabteilung haben wir ein umfangreiches Training durchgeführt, um Kundenbedürfnisse zu erkennen und daraus konkrete konstruktionsspezifische Details abzuleiten. Alle meine Leute sind in bezug auf die *TQM*-Techniken geschult worden. Da geht es um strikte Verfahren, bei denen Konstruktionsspezifikationen auf der Basis von Kundenbedürfnissen definiert, getestet und im Detail ausgearbeitet werden. Und dann bilden wir funktionsübergreifende ‚Teams zur integrierten Produktentwicklung'– unter Beteiligung von Konstrukteuren, Testingenieuren, Produktionsexperten, Kundendienstlern und anderen, um die Produzierbarkeit und Wartungsfreundlichkeit unserer Produkte durch den gesamten Lebenszyklus hindurch sicherzustellen."

Vincent Gutierrez und Gregory Kasmirian nicken zustimmend. Gregory Kasmirian fügt noch hinzu: „Das hat schon eine Menge gebracht, denn so können wir die Ingenieure und Techniker dazu bringen, daß sie bei ihren Konstruktionen unsere Interessen von Anfang an berücksichtigen. Das ist vor allem deshalb wichtig, weil wir doch bemüht sind, die ursächlichen Zusammenhänge bei Serviceproblemen zu erkennen."

„Genauso muß das laufen", merkt Vincent Gutierrez an, „aber die Arroganz der Leute aus der Konstruktionsabteilung stört uns nach wie vor. Wir sollen zwar bei diesen Teams mitarbeiten, aber wir stehen ziemlich unter der Fuchtel der Konstrukteure, und, offen gesagt, die hören immer noch nicht gut genug hin, um wirklich von unserer Erfahrung und unserem Wissen zu profitieren." Bei diesen Worten kommt Vincent Gutierrez der Verdacht, er spiele vielleicht doch wieder das alte Machtspiel – bestrebt, beim Boß Punkte zu sammeln.

Aspirationen und Chancen

Carol Soo beschäftigt sich mit dem Wertschöpfungsmodell. „Frau Callahan, bei diesem Modell fällt mir auf, wie schwer es für Unternehmen – für unser Unternehmen – ist, über unsere Kunden hinauszublicken. Als ob man hinter einem schweren Laster fährt, der einem den Blick nach vorn versperrt. Wie wir festgestellt haben, ist es ja häufig zu spät, wenn wir warten, bis die Kunden uns ihre Bedürfnisse mitteilen. Könnten Sie dieses Modell nicht nach rechts hin erweitern und noch die Kunden unserer Kunden hinzufügen? Und läßt sich irgendwie erfassen, welche Erwartungen unsere Kunden haben?"

Marjorie Callahan malt ein weiteres Kästchen hinzu und deutet einen Bereich *Aspirationen und Chancen* an.

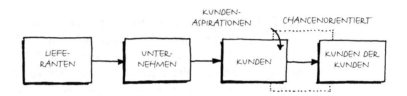

„Moment mal, wir in der Konstruktion gehen aber nicht so weit, auch die Erwartungen unserer Kunden zu erfassen. Die sind überhaupt nicht konkret genug. Wir brauchen konkrete Spezifikationen, die wir direkt in unsere *CAD*-Systeme eingeben können. Wie soll man denn Erwartungen und Bestrebungen darstellen, so was Vages und Mehrdeutiges?" gibt Wesley Schroeder zu bedenken.

Wenn Wesley Schroeder für seine Konstruktionsabteilung konkrete Daten fordert, dann trifft dies für Vincent Gutierrez und seine Fertigungsabteilung erst recht zu. So können die Kollegen mit der Bemerkung von Vincent Gutierrez auch noch wenig anfangen: „Können wir denn signifikante Muster in den Erwartungen unserer Kunden erkennen? Wissen unsere Kunden überhaupt, was wirklich machbar ist, wenn sie nicht wissen, wie wir ihnen zur Realisierung ihrer Träume in Form von spezifischen Produkten und Dienstleistungen verhelfen können?"

„Sagen Sie das bitte noch einmal, Herr Gutierrez", ruft Marjorie Callahan aus. „Meinen Sie tatsächlich, daß wir durch aufmerksames Zuhören Muster in den Aspirationen unserer Kunden entdecken können? Mehr noch, daß wir unseren Kunden mit unseren Interaktionen helfen können, die eigenen Vorstellungen über das ‚Machbare' herauszufinden?"

Alan Tanaka hat sich bisher so zurückgehalten, daß ihn die meisten kaum noch bemerkt haben. Er hat gemeint, nicht so recht mitreden zu können, aber jetzt sagt er: „Herr Gutierrez, Sie wissen, wie sehr wir uns für ein *Empowerment* unserer Mitarbeiter eingesetzt haben. Ob wir hier vielleicht von ‚Kunden-Ermächtigung' sprechen können?"

Ermutigung der Kunden und Förderung ihrer Fähigkeiten

„Das ist eine interessante Formulierung, Herr Tanaka, denn viele unserer Kunden haben keine Ahnung, wie sie ihre Erwartungen überhaupt je realisieren können. Häufig wissen sie nicht einmal, welche Ressourcen außerhalb ihrer Unternehmen verfügbar sind, und entsprechend können sie auch kaum wissen, welche konkreten Maßnahmen sie ergreifen müssen, um eine günstige Marktsituation in bezug auf ihre Kunden zu nutzen. Vielleicht ist es nicht nur eine Frage der ‚Ermächtigung', sondern der ‚Ermutigung': Wir müssen unseren Kunden helfen, in bezug auf ihre Erwartungen und Bestrebungen mutiger zu werden", erwidert Vincent Gutierrez.

„Während Ihres Gedankenaustauschs über Kundenaspirationen, Herr Gutierrez und Herr Tanaka, sind mir unsere typischen Verkäuferschulungen eingefallen", meint Carol Soo daraufhin. „Wir bringen unseren Leuten bei, daß sie Kundenbedürfnisse und Kundenprobleme zu ermitteln haben, um dann unsere Lösungen anbieten zu können. Bisher haben wir unsere Verkäufer aber nicht darin geschult, die Erwartungen und Bestrebungen der Kunden herauszuhören und die Muster von Marktchancen zu erkennen, die sich zwischen unseren Kunden und deren Kunden abzeichnen. Sie stellen erhebliche Anforderungen an mein Abstraktionsvermögen – aber warum auch nicht!"

„Sie nicht minder", wirft Wesley Schroeder ein. „Bisher ist es uns von der Konstruktion in funktionsübergreifender Teamarbeit mit dem Vertrieb besser als in den meisten anderen Unternehmen gelungen, die Bedürfnisse der Kunden zu ermitteln und rasch Produkte zu entwickeln. Wie aber sollen wir Aspirationen in Entwicklung und Konstruktion verarbeiten?

Marjorie Callahan strahlt. An Wesley Schroeder und Carol Soo gewendet, sagt sie: „Wissen Sie, wenn wir im Rahmen von Transaktionen denken, sehen wir die Kunden ständig aus der Perspektive unserer Produkte und Dienstleistungen. Wenn wir aber erst einmal nach Kundenerwartungen Ausschau halten, müssen wir mehr über Fähigkeiten und Kompetenzen nachdenken."

„Wie meinen Sie das?" fragt Wesley Schroeder. „Heutzutage ist ja häufig die Rede von Kernkompetenzen, aber ich habe eigentlich nie richtig verstanden, was davon Rauch und was wirklich Feuer ist. Was für Kompetenzen denn – und wessen Fähigkeiten?"

Marjorie Callahan hilft nach: „Denken Sie doch daran, was Herr Gutierrez vorhin gesagt hat. Kaufen unsere Kunden unsere Produkte, oder kaufen sie unsere Fähigkeiten und Kompetenzen?"

„Natürlich kaufen die unsere Produkte", antwortet Wesley Schroeder spontan.

„Moment mal – entwickeln sich unsere Produkte nicht im Lauf der Zeit weiter, Herr Schroeder? Wenn ein Kunde bei uns kauft – kauft er dann nicht eher eine gesamte Beziehung als lediglich ein spezifisches Produkt? Sicher, ich weiß, daß es je nach Produkt oder Dienstleistung in vielen Fällen auch um eine einmalige Verkaufstransaktion geht, aber im Zuge des erhöhten Interesses an Qualität und *Kunde/Lieferant*-Beziehungen kaufen die Kunden auch Beziehungsqualität. Deshalb möchten sie doch davon ausgehen können, daß sie auch vom Nachfolgeprodukt profitieren, oder?" entgegnet Marjorie Callahan.

„Sicher ... das ist schon wahr", gibt Wesley Schroeder zu. „Aber wie können unsere Kunden unsere Kompetenzen kennen, wenn wir sie selbst nicht richtig begreifen? Wir haben uns derart auf das *Reengineering* einzelner Prozesse konzentriert, daß wir uns nicht die Zeit genommen haben, unsere Kompetenzen schlechthin unter die Lupe zu nehmen."

„Herr Tanaka, Sie haben uns vorhin auf ein noch wichtigeres Belohnungssystem hingewiesen – auf das System nämlich, mit dem uns unsere Kunden für unsere Kompetenzen belohnen." Frank Giardelli will Alan Tanaka einbeziehen.

„Wie können wir denn unsere Kompetenzen richtig nutzen, wenn wir die Kompetenzen unserer Kunden nicht kennen?" fragt Marjorie Callahan. „Unsere Vertriebsstrategie war bisher darauf ausgerichtet, die Bedürfnisse, Probleme und Schwächen unserer Kunden zu erkennen, damit wir mit unseren wunderbaren Produkten und Dienstleistungen in die Bresche springen können. Wie gut sind wir, wenn es darum geht, ihre Stärken, ihre Kernkompetenzen und ihre Fähigkeiten zu erkennen? Haben Sie das gemeint, Herr Tanaka, als Sie davon sprachen, unsere Kunden müßten ermächtigt oder ermutigt werden?"

Neudefinition von *Stab* und *Linie*

„Ja, ich glaube schon, aber ganz sicher bin ich mir nicht, das ist alles ziemlich neu für mich", antwortet Alan Tanaka. „Vor allem fühle ich mich einigermaßen unbehaglich, weil wir in der Personalabteilung immer nur unsere eigenen Mitarbeiter und unsere eigenen Arbeitsplätze im Blickfeld haben. Unsere Aufgabe hat doch immer darin bestanden, die richtigen Leute in die richtigen

Kästchen beziehungsweise Jobs zu setzen und uns dann um ihre Motivation zu kümmern. Wenn wir nun aber unser Modell erweitern wollen und nach Möglichkeiten Ausschau halten, wie wir die Fähigkeiten unserer Kunden mit unseren eigenen Fähigkeiten fördern können, dann brauchen wir in der Tat ein anderes Modell. Unser derzeitiges Selbstverständnis ist viel zu eng. Ich begreife allmählich, warum so viele Leute die Personalabteilung am liebsten meiden – sie verkennen unsere betriebliche Relevanz."

Frank Giardelli, der gestern noch die Organisationshierarchie in zwei Hälften zerrissen hatte, zeigt sich heute nachdenklicher. „Vielleicht haben wir Sie etwas nervös gemacht. Üblicherweise gehört das Personalwesen ja zum Stab und nicht zur Linie. Aktionen finden im Linienbereich statt, aber dennoch brauchen wir Ihre Hilfe bei der Entwicklung von Kompetenzen. Liegen wir falsch mit unserer Unterscheidung zwischen *Stab* und *Linie*? Und wenn Sie sich als Linieneinheit betrachten würden? Würden Sie dann anders denken?"

„In meinem Kopf dreht sich alles", gibt Alan Tanaka zu, „aber ich gewinne so langsam eine Vorstellung davon. Man darf vielleicht nicht nur auf Arbeitsplätze schauen – auf die Arbeitsplätze innerhalb unserer eigenen organisatorischen vier Wände, sondern müßte vielmehr nach relevanten Kompetenzen Ausschau halten, und das nicht nur im eigenen Unternehmen, sondern auch bei unseren Lieferanten und Kunden."

„Und wenn wir Kompetenzen erst einmal definiert haben, was machen wir dann?" fragt Gregory Kasmirian.

Vincent Gutierrez greift ein: „Also, Herr Kasmirian, Kompetenzen als solche helfen uns nicht weiter, solange wir sie nicht organisieren können. Aber wie sollen wir sie organisieren – und warum so und nicht anders?"

Saatbeet für Marktchancen

„Genau", wirft Carol Soo ein, „wir brauchen einen Kern, um den herum wir unsere Kompetenzen bündeln können – die Kompetenzen unseres Unternehmens, unserer Lieferanten und unserer Kunden. Könnte nicht die eine oder andere Marktchance, die wir durch unsere neue Ausrichtung auf die Interaktion zwischen unseren Kunden und deren Kunden ausfindig machen, das Sandkorn oder Stimulans abgeben, um das wir unsere Kompetenzen gruppieren?"

„Was für ein seltsames Modell!" bemerkt Wesley Schroeder. „Das Stimulans oder Sandkorn ist eine Marktchance, etwas Konkretes, Inhaltliches. So wie eine Auster aus einem Fremdkörper eine Perle macht, so müßten wir unsere nächste Generation von Produkten und Dienstleistungen auf solchen Marktchancen aufbauen? Und was hält uns dann davon ab, nicht hin und her zu springen und allen möglichen realen wie eingebildeten Chancen nachzujagen? Da besteht doch die Gefahr, daß wir uns verzetteln und unsere Mitte und unsere Schwungkraft verlieren. Und außerdem, wie lassen sich solche Chancen überhaupt ermitteln – und kommunizieren?"

„Kommunikation ist ein interessantes Wort", überlegt Marjorie Callahan. „Wir hören es überall, aber was heißt eigentlich *kommunizieren*? Gewöhnlich bedeutet das so viel wie ‚mitteilen'. Wir sprechen gern von *Kommunikation*, wenn wir anderen mitteilen wollen, daß sie etwas tun sollen. Also ehrlich, das klingt irgendwie hohl. Ich finde, wir sollten eher ein *Gespräch* oder einen *Dialog* führen. Kommuniziert wird allenthalben bei unseren Besprechungen, wo wir dann in U-Formation sitzen und reden. Wir sagen, was uns gerade wichtig erscheint. Dann kommt der Nächste dran und redet über das, was ihn beschäftigt – meist, ohne Bezug auf unsere vorherige Bemerkung zu nehmen. Und das geht immer so weiter; man redet aneinander vorbei. Ist das Kommunikation?"

„Frau Callahan, Sie lösen schon wieder Unbehagen bei mir aus." Gregory Kasmirian ist nicht einverstanden. „*Kommunikation*, *Gespräch*, *Diskussion* und *Dialog* ... ist das nicht alles dasselbe? ... Vielleicht aber doch nicht, wenn ich es so recht bedenke. Ein guter Dialog besteht aus Geben und Nehmen, wobei wir unsere Gedanken gegenseitig befruchten. Dagegen bekomme ich nur allzu oft Kopfschmerzen bei zu viel Kommunikation, zu viel Diskussion. *Diskussion* scheint aus derselben Wortwurzel zu stammen wie ‚*Perkussion*' (Stoß, Erschütterung), wie Peter Senge zu sagen pflegt. Haben Sie das vielleicht auch so gemeint, Frau Callahan?"

„Durchaus", antwortet Marjorie Callahan. „Oft sprechen wir von Kommunikation, weil wir Disziplin und Ordnung in unserer Organisation wünschen. Doch offen gesagt, ein Dialog verlangt weitaus mehr Disziplin, weil wir zuhören und antworten müssen und nicht einfach nur reden können."

Sie steht noch am Flip-chart und fügt hinzu: „Es scheint, daß wir noch viel mehr Disziplin und Zucht und Ordnung brauchen als in unserer Organisation mit all ihren Kästchen und Linien. Wir brauchen die Disziplin qualitativ hochwertiger Dialoge in und zwischen unseren Funktionsbereichen, und wir brauchen dieselbe Disziplin solcher Qualitätsdialoge mit unseren Lieferanten und Kunden. Wenn wir nicht die Ideen, Ahnungen, Intuitionen und Möglichkeiten rigoros testen und immer wieder neu testen, wird es uns nie gelingen, den Weizen von der Spreu zu trennen. Und dabei könnte uns das Personalwesen erheblich helfen – durch die Anregung und Förderung von Qualitätsdialogen zwischen allen Betroffenen. Wir müssen die Lernbereitschaft der Leute, ihre Erfahrungen, ihre Gedanken und Gefühle, ihr Wissen, ihre Erwartungen und Bestrebungen auf neue Weise aktivieren."

„Man sachte – Dialoge können endlos sein, und sie können in albernen Gefühlen schwelgen", kommentiert Gregory Kasmirian eher skeptisch. „Wo bleibt die Kürze, wo die Entschiedenheit, wo die Aktion im Dialog?"

„Aber, Herr Kasmirian", entgegnet Wesley Schroeder, „denken Sie doch nur an unsere endlosen Kommunikationen. Führen die etwa zu entschlossenem Handeln? Auch nicht unbedingt. Und warum nicht? Könnte es sein, daß wir uns allzu oft gegenseitig abkanzeln, anstatt auf den Einsichten des anderen aufzubauen? Wie erkennen Sie denn Ihre Verhaltensmuster im Kundendienst? Hat da ein einziger sämtliche Antworten parat, oder ist es nicht vielmehr so, daß Sie von den Gedanken aller profitieren?"

Der Skeptiker gibt sich geschlagen. „Herr Schroeder, Sie und Frau Callahan machen mir wirklich zu schaffen. Zuerst dachte ich, Sie vergnügten sich mit semantischen Spielereien, aber allmählich erkenne ich, warum ich mit der Scherensprung-Technik nicht höher komme", gesteht Gregory Kasmirian.

„Da sehen Sie, was Sie gestern angerichtet haben, Herr Giardelli, als Sie unser Organigramm in zwei Hälften zerrissen", wirft Carol Soo ein. „Sie haben unser Denken freigesetzt. Eine so ehrliche und offene Diskussion – *pardon*, ich meine, Dialog – haben wir meines Wissens schon lange nicht mehr geführt. War das etwa Ihre Absicht?"

Frank Giardelli stutzt; er hatte sich so gewünscht, über die kleinen Spielchen hinauszukommen. „Ja – und was bleibt uns ohne die Möglichkeit eines Rückzugs in unsere gemütlichen Kästchen? Nichts als unser Verstand, unsere Erfahrungen, unsere Visionen. Und wenn wir einen solchen Dialog auch mit unseren Lieferanten und Kunden führen könnten? Denken Sie nur, was da alles zu entdecken wäre!"

Frank Giardelli spricht noch, während Marjorie Callahan in aller Ruhe vier große überlappende Kreise auf das Flip-chart malt.

Frank Giardelli sieht Marjorie Callahan an: „Und was soll das werden?"

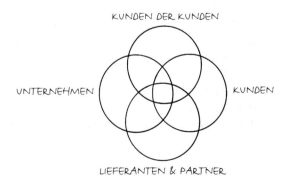

„Unser Modell von der Wertschöpfungskette hat mir nicht so recht gefallen", erwidert Marjorie Callahan. „In einer horizontalen Abfolge von Kästchen können wir die Kunden unserer Kunden nicht richtig sehen. Aber wenn wir das Ganze in Form von überlappenden Kreisen darstellen, dann können wir uns einen ‚Qualitätsdialog' mit den drei Schlüsselelementen unserer Welt vorstellen: unseren Lieferanten (und Partnern), unseren Kunden und den Kunden unserer Kunden."

„Interessant", bemerkt Alan Tanaka. „Das bedeutet doch, daß unsere Organisation, unser Unternehmen, nur ein Viertel vom Ganzen ist. Ich werde unser Modell im Personalwesen überdenken müssen, denn allmählich wird mir klar, daß wir die Menschen und ihre Fähigkeiten in allen vier Kreisen einbeziehen müssen. Interessanterweise sind unsere herkömmlichen Entlohnungssysteme für die Mitarbeiter der anderen drei Kreise kaum relevant. Vielleicht können wir da einen besseren Ansatz finden."

Mehrwert und Wertschöpfung

Frank wirft einen langen, prüfenden Blick auf das Modell und fragt, zur Gruppe gewendet: „Wir sind davon ausgegangen, daß unsere unternehmerische Aufgabe darin besteht, den Ausgangsmaterialien, die wir von unseren Lieferanten bezogen haben, Mehrwert hinzuzufügen. Das ist es doch, was die Wertschöpfungskette ausmacht – eine Abfolge von Schritten, bei denen Mehrwert hinzugefügt wird. Aber wie mir scheint, umfaßt unsere Aufgabe darüber hinaus eine ‚Wertschöpfung' in solchen Bereichen, in denen sich die Beteiligten in diesem Modell überlappen. Gibt es vielleicht einen Unterschied zwischen Mehrwert und Wertschöpfung?"

Und dann stellt er die rhetorische Frage: „Was heißt das eigentlich – *Wertschöpfung*? Wie erkennen wir die Erwartungen der Kunden unserer Kunden? Durch aufmerksames Zuhören lernen wir besser verstehen, welche Anforderungen sie an unsere Kunden – ihre Lieferanten – stellen. Durch Einbeziehung der Kunden unserer Kunden können wir zur Wertschöpfung für unsere Kunden beitragen. Und indem wir unseren Kunden die Werkzeuge an die Hand geben, ihren Kunden gegenüber ihre Produkte und Dienstleistungen zu erläutern, tragen wir zu deren Wertschöpfung bei. Häufig ergibt sich auch eine Interaktion zwischen unseren Kunden und unseren Lieferanten. Anstatt als Hindernis im Weg zu stehen, können wir diese Interaktion zwischen ihnen fördern und auch auf diese Weise zur Wertschöpfung beitragen."

„Dazu ein Beispiel", fährt er fort. „Nehmen wir einmal an, wir produzieren einen variablen Antriebsmotor für die Werkzeugmaschinen unserer Kunden. Wenn wir die Erwartungen ihrer Kunden kennen, können wir die Eigenschaften unseres Produkts besser anpassen. Entsprechend können wir unseren Kunden Unterlagen mitliefern, aus denen ersichtlich wird, wie unser Motor ihre eigene Produktion verbessert. Dies wiederum ist vorteilhaft für den Verkauf ihrer Produkte. Unsere Motoren werden von komplexen Mikroprozessoren geregelt. Wenn wir nun auch unsere Lieferanten in die Diskussion mit unseren Kunden einbeziehen, können wir auf die raschen Veränderungen am Markt viel flexibler reagieren. Und durch intensive Pflege unserer Lieferantenbasis sind wir einmal mehr in der Lage, unseren Kunden ein Motorenangebot zu unterbreiten, das den Anforderungen entspricht. Wie können wir all dies richtig erkennen?"

„Hört sich vielleicht albern an", meint Gregory Kasmirian, „aber vermutlich sehen wir mit den Ohren besser als mit den Augen!"

Einer schaut den anderen an. Jetzt ist es Gregory Kasmirian, der das Vorstellungsvermögen der anderen strapaziert.

„Mit den Ohren sehen ... wie ist das denn zu verstehen?" Vincent Gutierrez blickt verständnislos.

„Ihr werdet's mir nicht glauben", grinst Gregory Kasmirian, „aber so langsam erkenne ich da einen Zusammenhang. *Sehen* ist so etwas wie ‚das Offensichtliche tun': Scherensprung-Technik, nichts weiter; aber mit unseren Augen sehen wir so wenig! *Hören* ist wie der *Fosbury Flop*: Wir bringen uns in eine andere Position und erreichen damit sehr viel mehr. Aspirationen sind noch nichts Konkretes, also kann man sie auch nicht sehen. Man kann sie nur hören. Wenn wir uns nicht auf das Zuhören verstehen, werden wir die Erwartungen und Bestrebungen von Kunden nie erkennen. Und genau diese Kundenaspirationen sind die Knotenpunkte, die wir bei der Entwicklung eines Musters für die Zukunft miteinander verbinden müssen. Nicht die Kommunikation, sondern der Dialog offenbart das Mögliche."

Frank Giardelli staunt und kratzt sich hinter dem Ohr. „Mann, Herr Kasmirian, wer hätte das gedacht? Gerade habe ich etwas an Ihnen entdeckt, was ich dort nie vermutet hätte."

„Mir geht das nicht anders", sagt Gregory Kasmirian, „ich habe immer gedacht, ich würde mich kennen – bis Sie uns auf diese Fährte gebracht haben, Herr Giardelli. Jetzt sehe ich die Zusammenhänge etwas anders. Frau Callahan, Sie haben vorhin von einem Wandel in der mentalen Einstellung gesprochen. Vermutlich war ich derart in meinen eigenen Vorstellungen eingerostet, daß ich Ihren Gedanken kaum zu folgen vermochte. Aber allmählich klickt es."

„Ganz sicher", bestätigt Marjorie Callahan und nickt Gregory Kasmirian anerkennend zu. „Ihr Satz ‚Aber mit den Augen sehen wir so wenig' will mir gar nicht aus dem Kopf gehen. Mit wenigen Worten haben Sie so viel gesagt."

Und dann fährt sie fort: „Ich muß auch ein Geständnis machen. Zuerst, als Herr Giardelli zwischen Mehrwert und Wertschöpfung unterscheiden wollte, verstand ich gar nichts. Da konnte ich keinen Sinn drin sehen. Als Finanzfrau verstehe ich mich auf die Kalkulation der Schritte, mit denen wir Rohmaterialien einen Mehrwert hinzufügen. Ansonsten geht es mir wie Alan Tanaka – ich weiß überhaupt nicht, wo ich mit der Berechnung der ‚Wertschöpfungsprozesse' anfangen soll. Aber ob Sie es glauben oder nicht, Herr Kasmirian, Sie haben meinen Blick geschärft, denn ich habe Ihnen gut zugehört. Durch aufmerksames Zuhören erkennen wir Möglichkeiten, die wir in unsere konkreten Produkte und Dienstleistungen aufnehmen können. So erkenne *ich* jetzt, wie das Ganze zu unserer eigenen Wertschöpfung wie auch zur Wertschöpfung für unsere Kunden und Lieferanten beiträgt. Durch Zuhören und Dialoge an den Schnittstellen zwischen unseren Welten – uns, unseren Kunden und deren Kunden sowie unseren Lieferanten – erschließt sich uns in der Tat ein Wertschöpfungspotential. Aber wie können wir das nutzen?"

Carol Soo ist begeistert: „Meine Welt in Vertrieb und Marketing steht Kopf, aber wie gut das tut! Lassen Sie mich einen Gedanken ausspinnen ... unser Unternehmen verarbeitet nicht nur Rohmaterialien, wir verarbeiten auch Rohideen."

„Nur weiter", ermuntert sie Frank Giardelli.

„Wenn wir über das Transaktionsmodell hinausgehen, wenn wir beginnen, auf Erwartungen und Bestrebungen unserer Kunden zu hören, dann werden diese Kundenaspirationen, diese Ideen, zu einer Art Rohressource – genauso wie unsere Rohmaterialien", fährt Carol Soo fort. „Unsere Herausforderung besteht dann darin, diese Rohideen, diese Träume, diese Aspirationen und Pläne in etwas Konkretes umzuwandeln, was wir dann auch in Rechnung stellen können."

„Aber das wird uns nie gelingen, wenn wir uns nur auf Aspirationen und nicht auf Transaktionen konzentrieren", kommentiert Vincent Gutierrez, der wohl von Gregory Kasmirian die Rolle des Skeptikers übernommen hat.

Dieser aber gibt in aller Freundlichkeit zu bedenken: „Herr Gutierrez, vielleicht stecken wir zu tief in unseren gewohnten Denkbahnen. Zu häufig gibt es für uns nur ein *Entweder/oder*, wenn wir eigentlich zu einem *Sowohl/als auch*-Modell übergehen sollten. Wir müssen *sowohl* Transaktionen *als auch* Aspirationen unsere Aufmerksamkeit schenken. Wir müssen *sowohl* Rohmaterialien *als auch* Rohideen verarbeiten. Wir müssen sowohl reden als auch zuhören. Wir müssen sowohl kommunizieren als auch Dialoge führen."

„Das hilft uns wirklich weiter, Herr Kasmirian. So werden die Zusammenhänge viel deutlicher", sagt Frank Giardelli. „Das gefällt mir sehr, was Sie da gerade gesagt haben."

Frank Giardelli blickt zu Marjorie Callahan hinüber, die immer noch am Flipchart steht. „Was haben Sie inzwischen gemalt?"

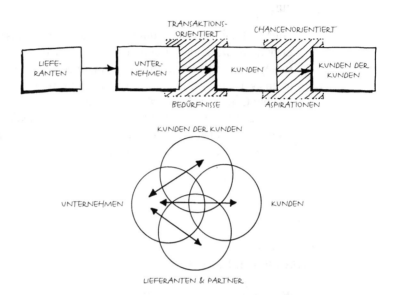

„Herr Giardelli, vorhin hatten wir die traditionelle Wertschöpfungskette so erweitert, daß auch die Kunden der Kunden einbezogen sind; jetzt habe ich das Modell noch einmal neu gezeichnet – vier überlappende Kreise", antwortet Marjorie Callahan. „Dieses Modell hat den Vorteil, daß unser Unternehmen in alle drei Richtungen zugleich schauen kann. Jetzt können wir mit diesen drei Partnergruppen wirklich in einen Dialog treten. Wir können auf ihre Erwartungen und Bestrebungen hören. Wir können Fähigkeiten erkennen. Wir können beginnen, an den Nahtstellen zur Wertschöpfung beizutragen. Könnten wir diese vier überlappenden Kreise nicht als *Wertschöpfungscluster* bezeichnen? – Allerdings kann ich mir selbst noch nicht so recht vorstellen, wie das konkret gehen soll. Ich finde diese Vorstellung wirklich gut, aber wie Sie wissen, bin ich auch mehr für das Konkrete, und das hier ist mir noch zu diffus. Wie soll das funktionieren? Herr Schroeder, Herr Gutierrez, können Sie uns weiterhelfen?"

„Wie interessant, Frau Callahan. Ich nehme an, Sie sprechen mich als Ingenieur an", erwidert Wesley Schroeder. „Normalerweise legen wir die Kundenbedürfnisse zugrunde und bestimmen, welche Materialien wir für unsere Arbeit brauchen. Dann entwickeln wir ein Produkt, wobei wir die Materialeigenschaften berücksichtigen. Aber Sie haben ganz recht, wir müssen auch an die Machbarkeit bei Herstellung und Kundendienst denken und das Design des Produkts, sein äußeres Erscheinungsbild, mit in Betracht ziehen. Und neuerdings müssen wir das Produkt auch so auslegen, daß es am Ende seines

Lebenszyklus zerlegt und umweltverantwortlich entsorgt werden kann. Ganz sicher sind heute mehr Faktoren zu berücksichtigen als zu Beginn meines Berufslebens. Und nun auch noch dieses neue Modell – wann hört das jemals auf?"

„Herr Schroeder, woher kennen Sie denn die Eigenschaften Ihres Materials beziehungsweise der Einzelteile? Woher wissen Sie, wie Sie mit unseren Lieferanten oder anderen Partnern umgehen müssen? Es bedarf schon eines intensiven Dialogs, um das alles zu klären. Und wie ich das jetzt sehe", fügt Vincent Gutierrez hinzu, „sind wir doch sehr hellhörig, wenn es um Kundenerwartungen in bezug auf Entwicklung und Konstruktion geht. Ohne recht darüber nachzudenken, haben wir auch bereits ein Gespür dafür entwickelt, was unsere Kunden mit ihren Kunden vorhaben. So ist das doch ..."

Verarbeitung von Rohmaterialien und Rohideen

Wesley Schroeder hat ein *Aha*-Erlebnis. „Wenn wir so die Dinge abklären, tragen wir tatsächlich eine Menge Ideen, Einsichten, Eigenschaften, Fähigkeiten, Vorstellungen, Erwartungen und Bestrebungen zusammen und bringen sie in unsere Produkte und Dienstleistungen ein. Es stimmt – wir arbeiten genauso viel mit Rohideen wie mit Rohmaterialien oder Einzelteilen. Und trotzdem haben wir uns immer nur auf die Schritte der Wertschöpfung konzentriert und nicht auf den wertschöpfenden Dialog, der diese Schritte erst ermöglicht."

„Heißt das, Herr Schroeder und Herr Gutierrez, daß die Qualität der Interaktion zwischen allen vier Kreisen genauso wichtig ist wie die Qualität unserer internen Produkte und Prozesse?" fragt Marjorie Callahan.

„Wo Sie das so sagen, klar", antwortet Wesley Schroeder. „Hm, mentale Einstellung, Hochsprung, *World Wide Web*, Organigramm ... vielleicht ist das eine Eselsbrücke. Vielleicht sind wir in unserer mentalen Einstellung – einem Paradigma, einer bestimmten Sichtweise – derart gefangen, daß wir für manche anderen Vorgänge in unserer Umgebung blind waren."

Noch während Wesley Schroeder spricht, trägt Marjorie Callahan drei Linien in die Kreise ein, wobei jede dieser Linien mit zwei Pfeilen versehen ist. „Diese Linien sollen die Dialoge darstellen, die notwendig sind, damit wir lernen, unsere jeweiligen Fähigkeiten und Erwartungen zu verstehen. Unsere Aufgabe besteht nun darin, die Muster in diesen Dialogen zu erkennen: Welche Chancen bieten sich, und wie passen die zueinander? Wenn man die biologischen *DNA*-Strukturen und ihr ‚Strickmuster' erkennen will, geht man auch nicht anders vor. Für uns ist das aber neu, so daß wir uns aktiv bemühen müssen, unseren Lieferanten, unseren Kunden und den Kunden dieser Kunden genauso aufmerksam zuzuhören wie unseren eigenen Kollegen. Sind wir dazu wirklich in der Lage?"

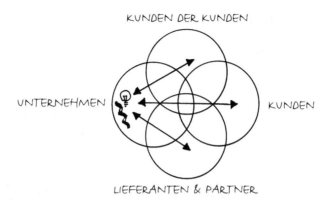

„Frau Callahan, das ist ein sehr nützlicher Beitrag", antwortet Frank Giardelli. „Wir haben es nicht mit einer Wertschöpfungskette, sondern vielmehr mit einem *Wertschöpfungscluster* zu tun, denn wenn wir unseren Lieferanten, unseren Kunden und deren Kunden aktiv unsere Wertschätzung entgegenbringen, werden wir feststellen, daß diese in weitaus höherem Maß zum Dialog mit uns bereit sind und mehr von ihren Fähigkeiten und Aspirationen zu erkennen geben. Gestern noch fragten Sie, wem wir dienen – unseren Chefs oder unseren Kunden. Also, jetzt sieht es doch so aus, daß unsere Aufgabe eigentlich nicht im Dienen, sondern im Führen von Dialogen besteht, und dies wiederum setzt ehrliche und vertrauensvolle Beziehungen voraus. Das habe ich gestern noch nicht erkannt, aber heute ist es mir klar geworden: Respekt vor der Wahrheit und eine Kultur des gegenseitigen Vertrauens sind absolute Voraussetzung, wenn wir in unserer Branche erfolgreich sein wollen."

„Selbst wenn so ein Sprung eher komisch wirkt – der *Fosbury Flop* ist tatsächlich eine natürlichere Sprungtechnik, weil die körpereigene Schwungkraft des Hochspringers effektiver genutzt wird. Ich beginne zu begreifen", sagt Wesley Schroeder, „daß wir durch eine ehrliche Entschlüsselung der Strukturmuster in unserem Umfeld nicht nur unsere eigenen Fähigkeiten viel effektiver nutzen können, sondern auch die unserer Lieferanten und Kunden. In der Vergangenheit haben uns unsere Berater gesagt, wir brauchten eine Vision, aber ich sehe immer deutlicher, daß wir *Vorstellungsvermögen* – die Fähigkeit zum Erkennen von Visionen – brauchen. Das ist ein Unterschied. Zu häufig umfaßte unsere Vision nichts weiter als eine Aussage darüber, wie wir von anderen gesehen werden wollen. Es bringt uns nur gar nichts ein, wenn wir die anderen mit ihren Visionen und Aspirationen ‚außen vor' lassen. Wenn wir aber bewußt hinschauen und den anderen zuhören, können wir doch auch etwas von ihrer Schwungkraft nutzen, oder?"

„Das ist ebenso eigenartig wie faszinierend", bemerkt Carol Soo. „Statt des Bemühens um Vermarktung und Verkauf unserer Produkte und Dienstleistungen wollen Sie, Herr Schroeder, offensichtlich vorschlagen, wir sollten die Schwungkraft unserer Kunden bei ihrem Kundeneinsatz für uns nutzen. Ganz sicher wird uns dies nicht gelingen, wenn wir weiterhin ausschließlich von einem transaktionsorientierten Mehrwert-Modell ausgehen. Ich bin fasziniert vom Konzept des Marktdialogs, obgleich ich nicht sicher bin, was das konkret bedeutet. Wo ist die Saat, aus der ein Dialog erwächst?"

Kultivierung des Saatbeets

„Frau Soo, die liegt direkt vor unserer Nase", sagt Marjorie Callahan. „Die Saatkörner sind angelegt in der Interaktion zwischen unseren Kunden und deren Kunden. Wie kleine Eicheln besitzen diese Saatkörner das Potential, zu signifikanten Marktchancen heranzuwachsen, wenn wir ihr Wachstum fördern und pflegen. Doch schon das Wissen um ihre Existenz erfordert besonderes Geschick in bezug auf Zuhören und Vorstellungsvermögen. Unsere Rohstoffe sind nicht nur physischer Natur, sondern umfassen auch Ideen, die aus aufmerksamem Zuhören erwachsen. Typischerweise haben wir *so* weit noch nie über unseren Kästchenrand hinausgeblickt!"

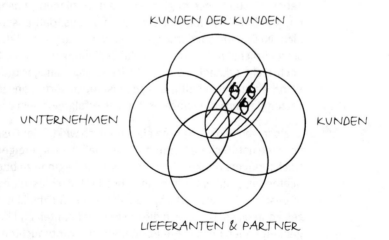

Gregory Kasmirian, der bisher immer als letzter die Zusammenhänge zu begreifen schien, strahlt: „Ich habe eben nicht richtig zugehört, aber ich glaube, ich erkenne das Muster. Durch geschickten Dialog mit unseren Lieferanten, Kunden und deren Kunden entdecken wir gegenseitig unsere Fähigkeiten und Aspirationen. Zugleich entdecken wir die Saatkörner für Marktchancen, um die herum wir unsere Fähigkeiten gruppieren und gemeinsam nutzen können. Dies gelingt uns aber nur, wenn wir unsere Bemühungen auf Chancen und nicht nur auf Probleme und Bedürfnisse ausrichten. Außerdem muß es uns gelingen, Fähigkeiten in verschiedenen Unternehmen in dynamischem Teameinsatz zu kombinieren. Hm ... ich begreife immer mehr, warum Organisationen, die auf ihre Kästchen und Linien fixiert sind, so langsam ... nein, bestenfalls lethargisch reagieren. Frau Callahan, worin unterscheidet sich die Figur, die Sie gerade angezeichnet haben, von dem Modell mit der erweiterten Wertschöpfungskette?"

Marjorie Callahan blättert zu einem der früheren Bilder auf dem Flip-chart zurück und malt ein paar Eicheln ein. „Wie Sie sehen, unterscheiden sich die Darstellungen nicht wesentlich: Bei der einen sehen Sie vier überlappende Kreise; die andere ist mehr linear angeordnet. Beide Modelle zielen auf die Interaktion zwischen unseren Kunden und deren Kunden ab, um die Saatkörner für Marktchancen zu entdecken. Bisher haben wir uns nur auf die Bedürfnisse unserer Kunden konzentriert. Jetzt müssen wir darüber hinaus auch ihren Erwartungen und Bestrebungen Aufmerksamkeit widmen. Und bei unseren Überlegungen stellen wir fest, daß wir eigentlich nicht so recht wissen, wie wir solche Chancen erkennen oder gar in ihrer Bedeutung einschätzen und nach Prioritäten ordnen können. Offen gesagt, ich finde es geradezu erstaunlich, wie viel uns noch fehlt."

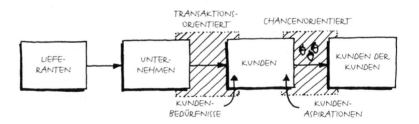

„Da haben Sie völlig recht, Frau Callahan", erwidert Frank Giardelli, „wir müssen uns ganz sicher in den nächsten Tagen daran machen, einen Ansatz zu erarbeiten, wie wir solchen Marktchancen auf die Spur kommen und entsprechend Prioritäten bilden. Überhaupt kommen mir bei reiflicherem Überlegen Zweifel bezüglich unserer bisherigen Vorgehensweise bei der strategischen Planung, aber das sollten wir vielleicht besser zu einem späteren Zeitpunkt aufgreifen."

„Ich verstehe durchaus, was Sie meinen, Frau Callahan", ergänzt Gregory Kasmirian, „aber was ist mit unseren normalen Alltagsprodukten – wo fügen die sich ein?"

„Das bringt uns auf den Boden der Realität zurück", bemerkt Vincent Gutierrez. „Wir jagen ja nicht immer nur neuen Marktchancen nach; 70 bis 80 Prozent unseres Geschäfts erzielen wir doch mit demselben alten Kram. Ich möchte Herrn Kasmirian unterstützen: Wie fügen sich unsere altbewährten Produkte in dieses Modell ein? – Hm ... vielleicht kann ich mir die Frage selbst beantworten. Sie haben mit Ihrem Diagramm ja auch nicht gemeint, daß wir unser transaktionsorientiertes Geschäft gänzlich aufgeben; wir haben unser Modell lediglich dahingehend erweitert, daß es auch ein besseres Verständnis der Marktchancen einschließt. Man fühlt sich ja sofort angegriffen, wenn irgendeine neue Idee auftaucht – scheinbar wird dadurch das bisher gewohnte Vorgehen in Frage gestellt."

Marjorie Callahan schaut Vincent Gutierrez an und sagt: „Tappt man nicht auch leicht in die *Entweder/oder*-Falle, wie Herr Kasmirian meinte? *Entweder* Ihr Ansatz *oder* mein Ansatz, *entweder* dies *oder* das. Aber ich erkenne an Ihrer Frage, daß wir in unseren Überlegungen allmählich zu einem *Sowohl/als auch*-Ansatz gelangen. Wie Herr Kasmirian gesagt hat: Wir setzen unsere Verkaufstransaktionen auf der Basis der Kundenbedürfnisse fort, *und* wir müssen unsere Fähigkeiten beim frühzeitigen Ermitteln von Marktchancen verbessern. Wir haben nach wie vor Verkaufskataloge mit unseren Standardprodukten, aber wir müssen auch Geschick darin entwickeln, neue Chancen wachsen zu lassen, damit wir unser Angebot ständig erneuern können."

Frank Giardelli blickt in die Runde und spürt, wie stark jetzt alle motiviert sind – ein günstiger Zeitpunkt für eine Unterbrechung. „Machen wir Schluß für heute. Und morgen beginnen wir unseren Dialog sofort mit Ihren Fragen, Herr Gutierrez und Herr Kasmirian, wobei wir auch die Unterscheidung zwischen dem *Entweder/oder*-Denken und dem *Sowohl/als auch*-Denken aufgreifen wollen, wie sie von Herrn Kasmirian und Frau Callahan angeregt wurde. – Übrigens, Herr Gutierrez, Sie brauchen sich keineswegs mit einem Haufen Schaubilder zu rüsten; wir haben alle erlebt, was aus der Präsentation von Frau Soo heute morgen geworden ist. Wir haben unseren Gedanken heute freien Lauf gelassen – wenn man bedenkt, daß wir jetzt nicht mehr nur einen, sondern vier Kreise berücksichtigen müssen. Außerdem sieht es ganz so aus, als ob Herr Tanaka mit dem Personalbereich eine immer wichtigere Rolle zu übernehmen hat. Vermutlich gilt das auch für die übrigen Stabsfunktionen – einschließlich Finanzabteilung, Rechtsabteilung, Informationstechnik, Aus- und Weiterbildung, Qualitätssicherung und allgemeine Organisation. Es würde mich nicht wundern, wenn wir letztlich Mittel und Wege finden, sie alle wieder in die Linie zu integrieren. Und abschließend möchte ich noch einmal wiederholen: Es ist ein wunderbares Gefühl, einen derart gehaltvollen Dialog zu führen, bei dem sich jeder frei fühlt, die Wahrheit zu erkennen und auch unbequeme Fragen zu stellen. Wir machen in der Tat Fortschritte. Wer weiß, wohin uns der morgige Tag führt!"

Mittwoch

„Entweder/oder-itis"

Es herrscht rege Betriebsamkeit im Sitzungsraum, obgleich es noch vor 8:30 Uhr ist. Die Sonne scheint, und der Tag ist angenehm warm. Als Frank Giardelli forsch den Raum betritt, eröffnet Vincent Gutierrez sofort die Diskussion.

„Gestern haben Sie eine faszinierende Unterscheidung getroffen, Frau Callahan", sagt Vincent Gutierrez, „das ging mir überhaupt nicht mehr aus dem Kopf: die Unterscheidung zwischen dem *Entweder/oder*-Denken und dem *Sowohl/als auch*-Denken. Kein Wunder, daß ich so empfindlich und abwehrend reagiert habe; ich muß eingestehen, daß mich die ‚*Entweder/oder*-itis' ganz schön gepackt hatte."

Gelächter ... und zugleich Erleichterung. Alle spüren die Aufrichtigkeit in diesem Bekenntnis.

„Vielleicht hat das etwas mit meiner mentalen Einstellung aus der Perspektive der Fertigung zu tun. Wir wollen Routine. Wir wollen lange Fertigungsreihen ohne Produktwechsel. Wir wollen stabile, dauerhafte Produktionsverfahren. Wir wollen – wie Sie, Frau Callahan, schon am ersten Tag sagten – das ‚Erwartete' fördern und Abweichungen von der Norm vermeiden. Alles, was nicht in unsere kleine, geordnete Welt paßt, gilt als ‚Problem'. Probleme sind geradezu der Ruin der Fertigung, und doch leben wir merkwürdigerweise recht gut mit Problemen. Das läßt wohl den *Macho* in uns erkennen, wenn ich es recht bedenke."

Und dann setzt er hinzu: „So gesehen, habe ich bereits mit dem *Sowohl/als auch*-Denken begonnen. Ich habe unsere Fertigungsprozesse neu definiert, so daß wir uns auch mit unerwarteten Ereignissen und Abweichungen von der Routine zurechtfinden können. Wir haben unsere Mitarbeiter in Teams eingeteilt, wobei jedes Team für ein ganzes Produkt oder eine Produktfamilie verantwortlich ist. Wir produzieren nahezu ausschließlich nach Kundenauftrag und nicht nur auf Lager. Wir hatten viel Mühe, unseren Lieferanten diesen Prozeß begreiflich zu machen, aber jetzt sind auch sie bereit, auftragsbezogen zu liefern. Es war ein herrliches Erlebnis, als wir unsere Hochregallager abschaffen konnten, denn die brauchen wir nicht mehr."

„Herr Gutierrez, ich wußte gar nicht, daß sich in der Fertigung so viel getan hat", bemerkt Wesley Schroeder. „Allerdings habe ich festgestellt, daß meine Ingenieure mit Prototypen weniger Schwierigkeiten in der Fertigung haben. Bei dieser Art von Fertigungskapazität kann ich mir auch vorstellen, wie wir vorgehen müssen, um Teams für eine integrierte Produktentwicklung zu bilden, an der auch unsere Kunden aktiv beteiligt sind."

Innovative Zusammenarbeit mit den Kunden[1]

„Interessant", ruft Frank Giardelli aus. „Bedeutet dies, daß wir unser Innovationsprogramm neu gestalten könnten – unter Einbeziehung unserer Kunden? Wenn wir mit ihnen innovativ zusammenarbeiten, lassen sich unsere Produkte noch wettbewerbsorientierter und gezielter fertigen. Das paßt sehr schön in das Diagramm, das Frau Callahan gestern abend gezeichnet hat. Je mehr wir darüber reden, desto sinnvoller erscheint mir das Ganze – besonders unter dem Aspekt der Unterscheidung zwischen dem *Entweder/oder*-Denken und dem *Sowohl/als auch*-Denken. Frau Callahan, könnten Sie vielleicht mal eine lange horizontale Linie anzeichnen? An das eine Ende schreiben Sie ‚Erwartetes' und ‚Routine', und an das andere ‚Unerwartetes' und ‚Nicht-Routine'."

Während Marjorie Callahan zum Flip-chart geht, fährt Frank Giardelli fort: „Wir sollten uns noch einmal klarmachen, daß wir bisher immer zum einen oder anderen Pol tendiert haben – konditioniert durch *Entweder/oder*-Denken. Wenn wir uns nun aber einen *Sowohl/als auch*-Ansatz zu eigen machen, können wir viel leichter verstehen, wie wir unsere Ressourcen einsetzen und bewirtschaften müssen."

Marjorie Callahan ist inzwischen fertig.

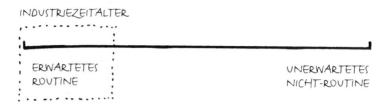

„An diesem Diagramm ist viel Wahres, Herr Giardelli", meint Vincent Gutierrez. „Als wir gestern davon sprachen, habe ich erst richtig begriffen, weshalb wir hier zusammensitzen. So wie ich das jetzt verstehe, war das Industriezeitalter voll und ganz durch Routine und Erwartetes geprägt. Abweichungen von der Norm haben wir stets als ‚feindliches' Problem betrachtet."

Währenddessen zeichnet Marjorie Callahan ein gestricheltes Kästchen um das linke Ende der Linie und schreibt ‚Industriezeitalter' darüber.

Alan Tanaka schüttelt wieder verständnislos den Kopf. „Bitte, hier müssen Sie mir weiterhelfen. Wir können Arbeitsplätze für Routine-Aufgaben und erwartete Arbeiten definieren, aber wie sollen wir Arbeitsplatzbeschreibungen für Unvorhersehbares erstellen? Wir können den Leuten Gehälter zahlen für die Erbringung geplanter Leistungen, aber wie sollen wir Mitarbeiter für die Durchführung unerwarteter Arbeiten vergüten? Nach welchen Kriterien?"

„Herr Tanaka, als ich am Montag das Organigramm in zwei Hälften zerriß, wußte ich selbst nicht, was daraus werden würde", lautet Giardellis Kommentar. „Zum ersten Mal seit langer Zeit tat ich etwas, für das ich keine Antwort parat hatte. Ich weiß, dies ist schwer zu begreifen, und Sie fühlen sich angegriffen, weil Ihnen die Personalarbeit sehr am Herzen liegt, aber vielleicht finden wir noch eine Antwort in bezug auf unser Entlohnungssystem, wenn wir den neuen Ansatz erst einmal besser verstehen."

Kästchen und Linien

„Das ist ein guter Vorschlag, Herr Giardelli", meint Carol Soo. „Vielleicht sollten wir uns noch ein bißchen Zeit lassen, bis wir besser erkannt haben, welche Wirkung die Denkweise des Industriezeitalters auf uns gehabt hat. Herr Giardelli, als Sie feststellten, wie schwer uns das Lernen, Kommunizieren und Entscheiden fällt, ging mir das wirklich unter die Haut. Das ist ja so wahr. So wahr, daß ich gestern abend noch ganz allein ein paar Skizzen gemacht habe – ein einfaches Hierarchiemodell. Vielleicht zeichnen Sie das gerade mal auf, Frau Callahan: ein Kästchen, mittig über zwei anderen Kästchen, mit der Beschriftung A, B und C."

Carol Soo hat kaum zu Ende ausgesprochen, als die Figur schon auf dem Flipchart steht.

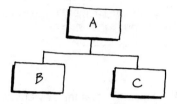

Dann fährt sie fort: „Während ich so über dieses Modell nachdachte, habe ich mir mehrere Fragen gestellt. Könnten wir den Fragen vielleicht gemeinsam nachgehen? Also: Wo sind die starken Beziehungen?"

Wesley Schroeder denkt eine Minute lang nach und sagt dann: „Zwischen A und B und A und C."

Alle stimmen zu.

Carol fragt weiter: „Und wo ist die schwache Beziehung?"

Diesmal hat Gregory Kasmirian eine Antwort: „Meiner Meinung nach zwischen B und C."

„Zu diesen Ergebnissen bin ich auch gekommen", sagt Carol Soo. „Kommt Ihnen das nicht merkwürdig vor?"

Einer schielt zum andern; einige ziehen ratlos die Augenbrauen hoch: Worauf will Carol Soo wohl hinaus?

Dann meint Alan Tanaka: „Nein, das ist gar nicht merkwürdig; das ist vielmehr die Basis unseres gesamten Systems. A trägt die Verantwortung dafür, daß B die ihm übertragenen Aufgaben erfüllt, und dafür wird er auch bezahlt. Aus diesem Grund sind wir so bemüht, alle Arbeitsplätze sorgfältig zu definieren und entsprechende Kontrolle sicherzustellen. Außerdem schafft A gewöhnlich eine Art Wettbewerbssituation, so daß B und C um Anerkennung konkurrieren."

Marjorie Callahan denkt an die Bemerkung ihres Chefs, das Unternehmen sei unfähig zum Lernen, Kommunizieren und Entscheiden. Sie schaut zu Alan Tanaka hinüber, dann zu den anderen: „Sie haben völlig recht, Herr Tanaka; genauso denken wir gewöhnlich über diese Beziehungen, aber ich sehe das jetzt in einem neuen Licht. Als ich mir die Figur anschaute, fragte ich mich unwillkürlich: ‚Ob B wohl die Stärken von C kennt? Interessiert sich B dafür?' "

Und dann setzt sie hinzu: „Die Antwort auf diese beiden Fragen lautet typischerweise *Nein*. Tut A etwas, um B die Stärken und Talente von C verständlich zu machen? Typischerweise nicht. Und warum nicht? Weil A daran interessiert ist, daß *C* den *B* kontrolliert – und umgekehrt. Und was dann? Was geschieht wohl, wenn sich plötzlich die Notwendigkeit ergibt, die Fähigkeiten und Kompetenzen von mehr als einem Kästchen zu nutzen?"

Vincent Gutierrez fängt an zu begreifen, worauf Marjorie Callahan abzielt. „Unter solchen Bedingungen geht vieles im Niemandsland zwischen den Kästchen verloren. Wenn eine anspruchsvolle Aufgabe den kombinierten Einsatz der Fähigkeiten von *B* und *C* erfordert, bleibt sie vielfach unerledigt, weil sich *A* nicht um eine echte kooperative Beziehung zwischen *B* und *C* bemüht hat. Nach meinem Verständnis können diese Buchstaben sowohl Einzelpersonen als auch verschiedene funktionale Abteilungen wie Konstruktion und Fertigung darstellen. Auch wenn wir inzwischen enger mit den Ingenieuren aus der Konstruktionsabteilung zusammenarbeiten – ich möchte nicht wissen, wie oft wichtige Informationen einfach untergegangen sind; dann können meine Leute die Konstruktionszeichnungen nur noch mit dem Rotstift korrigieren."

Carol Soo schaltet sich wieder in die Diskussion ein. „Sie sprechen hier Dinge an, die mir gestern abend ebenfalls durch den Kopf gegangen sind. Zum einen besteht im Modell mit den drei Kästchen überhaupt keine Lernbeziehung zwischen *B* und *C* – und erst recht nicht zwischen *B*, *C* und *A*. *B* achtet auf die Schwächen und Schrullen von *C* – und umgekehrt; jeweilige Talente, auf denen man aufbauen könnte, bleiben unerkannt. *A* fördert ein derartiges Verhalten, weil eine Wettbewerbssituation mutmaßlich das Beste aus beiden herausholt. In Wirklichkeit sieht es aber so aus, daß die Beteiligten ihre Fähigkeiten durch Gleichgültigkeit und Ignoranz abwerten."

Und dann fährt sie fort: „Sowohl *B* als auch *C* achten sorgfältig darauf, was *A* zu Ohren kommt. Sie wollen ihr neues Wissen intern vermarkten. So überrascht kaum, daß *A* über die Vorgänge in der Organisation häufig schlecht informiert ist. Dieses Modell ist in keiner Weise dazu angetan, eine offene Kommunikation zu fördern – weder vertikal noch horizontal. Doch ohne ein klares, ehrliches Bild von den Abläufen lassen sich schwerlich Entscheidungen treffen – zumindest nicht auf der Basis der richtigen Informationen. Ich weiß, ich übertreibe jetzt vermutlich, aber wenn wir diese Beziehungen einmal bloßlegen, können wir besser verstehen, welche Emotionen sich bei unserem Boß am Montag aufgestaut hatten, als er unser Organigramm in zwei Hälften zerriß. Sie, Herr Giardelli, waren frustriert, weil wir so schwerfällig reagieren und organisatorisch unfähig sind, schnell zu lernen, zu kommunizieren und zu entscheiden."

„Wirklich bemerkenswert", ruft Vincent Gutierrez. „Damit haben wir im Prinzip eine Organisation, die strukturell auf Mißtrauen und einer Kultur des Abwertens basiert. Oh je!"

„Das soll einer verstehen", sagt Gregory Kasmirian.

Mißtrauen

Vincent Gutierrez sieht, wie es Gregory Kasmirian schwerfällt, der Diskussion zu folgen. „*A fördert häufig eine Beziehung des Mißtrauens zwischen B und C. Da C weiß, daß B darauf aus ist, seine Schwächen zu entdecken, verbirgt er nicht nur seine Schwächen, sondern auch viele seiner Talente. Das nährt Mißtrauen. Und wenn man gegenseitig Schwächen entdecken will, neigt man auch zu gegenseitiger Abwertung."*

Marjorie Callahan erkennt plötzlich etwas, was sie vorher nicht gesehen hat. „Ich habe mich oft gefragt, warum wir bei so viel hochbezahlten Fachkräften nicht bessere Resultate erzielen. Wenn die eigenen Kollegen deren Talente nicht erkennen, ist es nicht weiter verwunderlich, daß solche Talente nicht effektiv genutzt werden. Diese Wissensbasis, dieser Talentpool, diese Erfahrungsressourcen ... all dies wird einfach nicht effektiv genutzt. An solche Kosten habe ich nie gedacht, aber das *sind* reale Kosten – die Kosten unzureichend genutzter Vermögenswerte in Form von Wissen und Erfahrungen."

„Herr Giardelli, könnte es sein, daß dieses *Mißtrauen* der Ballast ist, der uns in unseren Reaktionen so behindert?" fragt Marjorie Callahan.

„Wenn Sie so wollen, ja – das scheint wirklich so zu sein", erwidert Frank Giardelli.

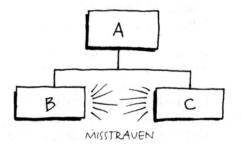

Alan Tanaka starrt wieder auf das Flip-chart. Langsam wendet er sich seinen Kollegen zu. „Mir ist das bisher nicht aufgefallen, aber ich sehe nun, daß unser Entlohnungssystem nahezu ausschließlich darauf ausgerichtet ist, was die Leute *in* ihren Kästchen tun; eigentlich wird die Zusammenarbeit *zwischen* den Kästchen überhaupt nicht berücksichtigt. Habe ich etwa unwissentlich mit dieser traditionellen Verfahrensweise das Klima des Mißtrauens noch geschürt?"

Carol Soo sieht Alan Tanaka an und meint nach einer Pause: „Das war eine mutige Aussage, sehr ehrlich und offen. Danke, Herr Tanaka. Ja, ich glaube schon, daß dies zutrifft. Aber es ist nicht Ihre Schuld; so haben wir doch alle gedacht. Wir haben alle dazu beigetragen, ohne uns dessen bewußt zu sein."

Wesley Schroeder denkt noch einmal an seine Hochsprung-Analogie: „Könnte es sein, daß wir derart auf unser *Entweder/oder*-Denken fixiert waren, daß es für uns außer dem Scherensprung nichts geben konnte? Irgendwann früher einmal schien dies die natürlichste Sache der Welt zu sein. Aber kann man die Beziehung zwischen A, B und C vielleicht auch anders sehen?"

Größer als die Kästchen

Wesley Schroeder fährt fort: „Wenn das, was Frau Callahan und Herr Tanaka sagen, wahr ist, schöpfen wir die Fülle der Talente unserer Mitarbeiter nicht richtig aus – weder individuell noch in den verschiedenen Arbeitsgruppen. Wir verfügen über Ressourcen, die in beträchtlichem Maß ungenutzt bleiben. Das ist gerade so, als ob Vincent Gutierrez seine Produktionskapazität nur zu 30 Prozent auslastet. Ich habe schon immer den Eindruck gehabt, daß unsere Leute größer sind als ihre Kästchen. Sie haben mehr Talente, als ihnen in unseren vergröberten Arbeitsplatzbeschreibungen abverlangt werden. Und bei Licht betrachtet, ist es doch so: Nicht unsere individuellen Talente als solche, sondern die Art und Weise, wie wir diese miteinander kombinieren, ist maßgeblich für unsere Kernkompetenzen. Ich begreife allmählich, was Tom Peters schon seit geraumer Zeit predigt."

Marjorie Callahan hat offensichtlich nie das Bedürfnis, sich zu setzen. Sie steht immer noch am Flip-chart, und jetzt ergänzt sie etwas auf dem Diagramm mit den drei Kästchen.

„Sind wir alle der Meinung, daß unsere Mitarbeiter größer sind als ihre Kästchen?" fragt sie. „Und daß es die Aufgabe von A ist, B und C bei der Kombination ihrer Talente im Sinne einer Stärkung der Organisation behilflich zu sein? Mit anderen Worten: A ist Berater und Mentor, und es liegt in seiner Verantwortung, daß die individuellen Talente ermittelt und so kombiniert werden, daß im Gegensatz zu einer konkurrenzgeprägten Arbeitsatmosphäre eine Atmosphäre der Zusammenarbeit geschaffen wird."

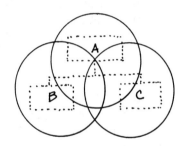

„Frau Callahan, fällt Ihnen auf, daß bei diesem Ansatz aller Wahrscheinlichkeit nach mehr Vertrauen zwischen B und C entsteht?" fragt Wesley Schroeder. „Was hat sich denn eigentlich verändert – die Beziehungen zwischen den drei Beteiligten oder die Einstellung von A? Indem wir die Rolle von A neu definieren, können wir eine deutliche Veränderung in der Beziehung zwischen B und C bewirken. Unter der Betreuung von A lernen die beiden, sich auf die Talente, Fähigkeiten, Erfahrungen und Erwartungen des anderen positiv einzustellen. B und C werden in eine Wechselbeziehung gestellt, in der sie lernen, die Talente des anderen zu entdecken, wertzuschätzen und zu fördern. Dies ist eine Beziehung der Wertschätzung."

„Faszinierend ... wir haben die hierarchischen Beziehungen beibehalten, aber auf höchst verblüffende Weise neu definiert", bemerkt Vincent Gutierrez. „Herr Giardelli, das Problem ist vielleicht weniger das traditionelle Organigramm, sondern vielmehr unsere Vorstellung von seiner Funktionsweise. Allmählich glaube ich, daß an Wesley Schroeders Hochsprung-Analogie tatsächlich etwas dran ist. Durch einen Wandel in unseren Einstellungen sind wir in der Lage, auf der Basis der natürlichen Energie und der Talente unserer Leute und Funktionen effektivere Leistungen zu erzielen. Mit einem solchen Wandel werden wir die Produktivität steigern und neue Marktrekorde vorweisen können. Unter Bezugnahme auf Scherensprung, Bauchwälzer und *Fosbury Flop* erscheint es recht unwahrscheinlich, daß wir – wie bisher – Flops landen!"

Gelächter ... Gregory Kasmirian schüttelt belustigt den Kopf über dieses gelungene Wortspiel.

Neue Überlegungen zum Organisationsmodell

„Vielen Dank", wirft Frank Giardelli ein. „Sie haben mir zu einer neuen Interpretation unseres Organisationsmodells verholfen. Das macht wirklich Sinn. Wir werden immer eine Hierarchie brauchen, aber ich war mir nicht darüber im klaren, wie wir die Herausforderung in bezug auf die alte Denkweise lösen können. Vermutlich wird selbst *Eastman Chemical* mit seiner flachen ‚Pizza' - Organisation nicht ohne ein Minimum an Hierarchie auskommen. Ich habe jedoch den Eindruck, daß sich die Spitzenführungskräfte dort als Team verstehen, und das hat den Teambildungsprozeß in der gesamten Organisation gefördert."

Carol Soo, die diese Diskussion über das Drei-Kästchen-Modell ausgelöst hatte, ist ganz aufgeregt: „Sie haben verstanden, was mir gestern abend durch den Kopf gegangen ist, Sie haben nur noch weiter gedacht. Jetzt wird mir klar, daß dabei auch ein Zusammenhang mit unserer Diskussion über *Ent-*

weder/oder- und *Sowohl/als auch*-Denken besteht. Wir können nämlich unsere Hierarchie beibehalten – wir müssen lediglich ihre Anwendung natürlicher gestalten. Herr Tanaka, könnten wir unsere Entlohnungsstrategie unter dieser neuen Perspektive überdenken?"

„Tja ... hm ... vielleicht ...", Alan Tanaka sucht nach Worten. „Sie müssen wissen, ich habe manchmal ein Brett vor dem Kopf ... es braucht eben seine Zeit, bis das alles verarbeitet ist. Was wir brauchen, ist kein Entlohnungssystem, das die Leute an ihre Kästchen fesselt, sondern eines, das Zusammenarbeit unterstützt und belohnt. Langsam erkenne ich, wie künstlich unser traditioneller Entlohnungsansatz ist. Dieses System ist ausgesprochen manipulativ und beruht auf der Vorstellung, daß die Leute nur das tun, was gemessen wird. Das stimmt auch – ist aber eben nicht alles!"

Alan Tanaka macht eine Pause; keiner sagt etwas. „Überlappende Kreise, motivierte Mitarbeiter, die bei ihren Kollegen nach Talenten, Fähigkeiten und Visionen suchen ... Mir kommt es fast so vor, als ob in einer solchen Unternehmenskultur bereits die gegenseitige Wertschätzung und Anerkennung als solche eine reale Belohnung darstellt. Schließlich möchten wir doch alle von unseren Kollegen ernstgenommen werden. Welch eine Ironie – unser derzeitiges Modell erreicht genau das Gegenteil: Es bringt die Mitarbeiter dazu, die Talente des anderen zu unterlaufen, herabzusetzen und zu entwerten. Das ist kein Entlohnungssystem – das ist ein Bestrafungssystem unter dem Deckmäntelchen der Vergütung. Das tut richtig weh, wenn ich darüber nachdenke. Kein Wunder, daß ich zu Beginn unserer Diskussion so verwirrt war; es gab derart viele Zusammenhänge, die ich gar nicht sah, geschweige denn durchschaute."

Alan Tanaka merkt, wie ihm die anderen zustimmend zunicken. Er fühlt sich dieser Gruppe in einer Weise zugehörig, wie er es nie zuvor gespürt hat. Und das ist ein schönes Gefühl.

Gregory Kasmirian, der oft erst als letzter einen Zusammenhang begreift und akzeptiert, wendet sich an Marjorie Callahan. „Sehen Sie die Ähnlichkeit zwischen den drei überlappenden Kreisen, die Sie gerade gemalt haben, und den vier überlappenden Kreisen, die wir gestern diskutiert haben? Als Ingenieur fühle ich mich an die sogenannten *Venn*-Diagramme erinnert – mathematische Mengen, die Schlüsselbeziehungen erkennen lassen. Mir fällt nämlich auf, daß es die Beziehung ist, die zählt, nicht die Abgrenzung und der weiße Zwischenraum zwischen den Kästchen. Deswegen war es mir vermutlich gleich so sympathisch, als Sie während unserer gestrigen Diskussion die horizontale Wertschöpfungskette in Form von vier überlappenden Kreisen dargestellt haben."

„Sowohl/als auch-Denken"

„Ich bin kein Ingenieur", meint Carol Soo, „aber es leuchtet auch mir ein, daß die überlappenden Kreise tatsächlich einen *Sowohl/als auch*-Ansatz darstellen – im Gegensatz zur *Entweder/oder*-Denkweise, die unser Industriezeitalter beherrscht hat. – Wir haben noch ein paar Minuten Zeit bis zur Mittagspause; vielleicht können wir noch einmal auf Ihr Diagramm mit dem *Sowohl/als auch*-Ansatz zurückkommen, Frau Callahan?"

Marjorie Callahan blättert zurück zur gewünschten Zeichnung.

Carol Soo fragt in die Runde: „Können wir da noch etwas ergänzen? Gibt es noch andere gegensätzliche Pole?"

Jeder der Anwesenden greift die Herausforderung auf und schlägt Gegensätze vor, die Marjorie Callahan auf dem Flip-chart vermerken soll.

Während die Gegensatzpaare genannt werden, wird nicht diskutiert. Marjorie Callahan schreibt alles auf – so schnell, daß keine Zeit bleibt, Fragen zu stellen. Nach einer knappen Viertelstunde tritt sie einen Schritt zurück und schaut auf das Flip-chart.

INDUSTRIEZEITALTER

Routine	Nicht-Routine
Bekannt	Unbekannt
Linear	Nicht-linear
Bürokratisch	Unbürokratisch
Hierarchisch	Nicht-hierarchisch
Vorgegeben	Selbstorganisierend
Feste Arbeitsplätze	Teambildung
Kontrolle	Kooperation
Mißtrauen	Vertrauen
Probleme	Chancen
Diskussion	Dialog
Mehrwert	Wertschöpfung

„Eine ganz schön lange Liste", meint sie. „Was bedeutet das alles? Unter manchem kann ich mir etwas vorstellen. So haben wir bereits über den Gegensatz zwischen Routine und Nicht-Routine gesprochen. Das erinnert mich an unsere Bemerkungen vom Montag über Erwartetes und Unerwartetes. Ich meine auch zu wissen, was die Gegensätze *bekannt/unbekannt* und *bürokratisch/unbürokratisch* bedeuten, aber mit *linear/nicht-linear* habe ich Schwierigkeiten; könnte mir das einer erklären?"

Wesley Schroeder hat Physik studiert und ist auch über einige der neuesten Entwicklungen in seinem Fach informiert. Er hat eine Antwort: ‚Linear' läßt auf eine hübsch geordnete Progression schließen, während ein nicht-lineares Ereignis von einem Zustand in den nächsten springt. Wenn wir Wasser erhitzen, wird es auf lineare Weise heißer und heißer, um schließlich – auf nicht-lineare Weise – den Zustand zu wechseln und dampfförmig zu werden. Vielleicht habe ich mich durch Entdeckungen in der Chaos-Theorie inspirieren lassen. Wir haben festgestellt, daß bereits eine geringfügige Störung in einer Anfangsbedingung signifikante Veränderungen zu einem späteren Zeitpunkt bewirken kann. Das ist der sogenannte ‚Schmetterlingseffekt': Der Flügelschlag eines Schmetterlings in Hongkong kann einen Gewittersturm in New York auslösen. Es mag ja ein bißchen an den Haaren herbeigezogen sein, aber denken Sie nur daran, wie ein Banker in Singapore mit seinen Entscheidungen eine führende britische Bank, *Barings* nämlich, zu Fall bringen konnte."

Wesley Schroeder hält inne. „Mir ist gerade der Zusammenhang zwischen diesem Phänomen und unserer Diskussion über die Saat für Marktchancen deutlich geworden. Diese Saatkörner sind die winzigen Anfangsbedingungen, aber wenn wir sie gemeinsam mit unseren Kunden hegen und pflegen, können sie sich zu bedeutenden Geschäftschancen entwickeln. Zuerst sind es nur kleine Saatkörner; doch bevor wir uns recht versehen, springen sie auf und katapultieren uns in ein neues Geschäftsgebiet, in dem wir ganz neu starten können."

Frank Giardelli strahlt.

„Danke, Herr Schroeder, das hört sich wirklich vernünftig an, ganz besonders aus der Perspektive von Marketing und Vertrieb. Das bringt mich auf neue Ideen", sagt Carol. „Schauen wir uns doch die nächsten Wortpaare an. Was meinen wir denn mit ‚vorgegeben' und ‚selbstorganisierend'?"

Arbeitsplätze und Teambildung

„Dazu möchte ich etwas sagen", bietet sich Alan Tanaka an, der zusehends an Selbstvertrauen gewinnt. „Lange Zeit haben wir einen vorherbestimmten Ansatz für unsere Arbeitsplätze verwendet. Erst ermitteln wir, was getan werden muß, und dann suchen wir einen Mitarbeiter, der mehr oder weniger die Lücke füllen kann. Unser Schwerpunkt hat immer auf den Anforderungen und weniger auf den Fähigkeiten der Leute gelegen. Und diesen Ansatz haben wir auch als Strukturierungsprinzip für unsere Abteilungen verwendet. Wir haben unsere Aufgabe darin gesehen, Überschneidungen und Redundanzen zu vermeiden. Wir wollten Aufgaben und Verantwortungen eindeutig zuweisen, um die Leistung der Mitarbeiter effektiv bewerten zu können – so lautet zumindest die Theorie. Jetzt wird mir in bezug auf das Personalwesen immer deutlicher bewußt, daß wir ‚selbstorganisierende' Teams brauchen, die in der Lage sind, die jeweiligen Fähigkeiten der Teammitglieder flexibler zu nutzen. Die Entwicklung schreitet zu rasch voran, als daß man alles im voraus festlegen könnte. Die einzige Möglichkeit sehe ich darin, der Organisation die Festlegung und Zuordnung ihrer Aktivitäten im Abwicklungsprozeß zu überlassen. Nach meinem jetzigen Verständnis erkenne ich auch die Notwendigkeit, weitere Überlegungen zum Konzept *Arbeitsplatz* anzustellen. Wir müssen uns verstärkt darum bemühen, daß wir die Prozesse dynamischer Teambildung sowohl innerhalb unseres Unternehmens als auch zwischen den Unternehmen beherrschen."

„Also", fährt Alan Tanaka fort, „ich habe gerade etwas entdeckt, was mich schon eine ganze Weile beschäftigt. Ich habe Ihnen soeben den Eindruck vermittelt, wir wollten unsere festen Arbeitsplätze aufgeben und voll auf dem Prozeß der dynamischen Teambildung abfahren. Das stimmt aber nur zum Teil. Ich habe gerade erkannt, wie ich selbst im *Entweder/oder*-Denken gefangen war – *entweder* Arbeitsplätze *oder* Teambildung. Wenn wir aber den *Sowohl/als auch*-Ansatz verfolgen, stellen wir fest, daß wir *sowohl* feste Arbeitsplätze *als auch* Teambildung haben: feste Arbeitsplätze für die Routine-Arbeiten und Teameinsatz für alle Arbeiten, die von der Routine abweichen. Solche Routine-Arbeiten wird es immer geben, und wir brauchen exakt beschriebene Arbeitsplätze und Prozesse, um ihnen gerecht zu werden. Darüber hinaus ergeben sich aber auch Aufgaben, die den Einsatz immer neu zu kombinierender Talente erfordern. Folglich brauchen wir ein Entlohnungssystem, das sowohl Arbeitsplätze als auch Teams erfaßt und einen Mittelweg zwischen beiden Extremen findet."

„Ein guter Kommentar, Herr Tanaka", sagt Frank Giardelli. „Aus Ihren Ausführungen entnehme ich auch den Unterschied zwischen Kontrolle und Kooperation. Wir waren schon einmal nahe daran, als wir das Drei-Kästchen-Modell diskutierten. *A* sollte nicht *B* und *C* kontrollieren, sondern vielmehr Berater und Mentor für die ihm unterstellten Mitarbeiter sein und eine eher kooperative Beziehung herstellen. Dies erleichtert der Organisation den Übergang von einer Kultur des Mißtrauens und der Abwertung zu einer Kultur verdienten Vertrauens, in der sich die Mitarbeiter in ihrer Integrität und ihren Talenten anerkannt und geschätzt fühlen."

Probleme und Chancen

Frank Giardelli führt den Gedanken weiter: „Jetzt verstehe ich auch die Unterscheidung zwischen Problemen und Chancen. Wir werden immer Probleme haben, aber wenn wir diese unter dem Aspekt potentieller Gelegenheiten sehen, können wir sogar daraus lernen. Und je besser wir unsere gegenseitigen Fähigkeiten erkennen können, desto größeres Geschick werden wir bei der Kombination der richtigen Kompetenzen in einem Team entwickeln, das letztlich konkrete Marktchancen zu nutzen versteht. Dazu aber bedarf es vieler Qualitätsdialoge mit unseren Kunden und Lieferanten, und dies wird dazu führen, daß wir nicht nur *Mehrwert* hinzufügen, sondern bei unserer Zusammenarbeit zur *Wertschöpfung* beitragen können. Das alles macht wirklich Sinn, aber ich bin mir nicht so sicher, was sich einer bei der Unterscheidung zwischen ‚Zufriedenheit' und ‚Bedeutung' gedacht haben mag."

„Diese Wörter habe ich selbst ergänzt", gesteht Marjorie Callahan. „Als ich mir so die Liste anschaute, wurde mir klar, wie sehr wir im Industriezeitalter auf die Zufriedenheit unserer Mitarbeiter und unserer Kunden ausgerichtet waren. Doch Zufriedenheit ist eine flüchtige Angelegenheit – gerade noch da und schon wieder verflogen. Ich habe den Eindruck, daß die Leute nach einer tieferen Bedeutung suchen; sie wollen das Gefühl haben, daß das, was sie tun, einen Wert hat. In einer motivierten Organisation gilt es ein tiefgründiges Verlangen nach Sinn und Zweck einer jeden Aktivität zu berücksichtigen – eine positive Zweckgerichtetheit. Das ist mehr als nur eine Vision. Wissen Sie, was ich meine?"

Gregory Kasmirian greift die Fragen auf, zum Erstaunen aller – oder auch nicht; alle haben an Gregory Kasmirian eine Seite erkannt, die ihnen bislang verborgen geblieben war. „Bedeutung, Signifikanz, Muster ... das hängt doch irgendwie zusammen. Wenn wir uns die Muster bei Garantieproblemen ansehen, entdecken wir signifikante Zusammenhänge – Einsichten, die sowohl uns als auch die Konstruktion betreffen. Und das hat unsere Beziehung zur Konstruktionsabteilung verändert. Früher sahen die in uns nur die Meckerer vom Kundendienst; jetzt hören sie uns auch mal zu, wenn wir etwas zu sagen haben. Das gibt meinen Leuten ein Gefühl von Wert und Bedeutung, und das tut ihnen gut."

Wesley Schroeder schaut auf die Uhr und stellt fest, daß es schon längst Zeit für die Mittagspause ist. Er ist erstaunt, wie energiegeladen der morgendliche Dialog war und wie sehr sich die Stimmung von der Beklommenheit am Montag unterscheidet. Frank Giardelli sieht Wesley Schroeder die Gedanken an und sagt, zur Gruppe gewendet: „Herr Schroeder hat soeben festgestellt, wie schnell die Zeit vergeht, wenn alle engagiert sind. Wir wollen jetzt Mittagspause machen und uns morgen wieder treffen. Heute sind wir wieder ein gutes Stück vorangekommen. Wir machen deutlich erkennbare Fortschritte beim Überdenken unseres Organisationsmodells. Die Unterscheidung zwischen *Entweder/oder* und *Sowohl/als auch* ist äußerst wichtig. – Außerdem haben wir die Mängel in der traditionellen, hierarchischen Denkweise erkannt und dennoch einen Weg gefunden, wie wir unsere Hierarchie im Sinne von Beratung und Mentorenschaft nutzen und zugleich ihre inhärenten Schwächen überwinden können – wahrlich ein Beispiel für *Sowohl/als auch*-Denken. Unsere Diskussionen zeigen uns, wie wichtig Talente, Wissen, Erfahrungen und Erwartungen unserer Mitarbeiter sind. In der Tat: Hier haben wir die ersten Anzeichen für unseren Übergang zum Zeitalter des Wissens, in dem wir diese Talente nutzen können. Mir wird einmal mehr bewußt, daß uns das Industriezeitalter an das *Entweder/oder*-Denken fesselte, während das Wissenszeitalter *Sowohl/als auch*-Möglichkeiten eröffnet. Das verdeutlicht auch, wie wichtig Effektivität bei Routine-Arbeiten ist, denn wie Vincent Gutierrez uns gestern in Erinnerung gerufen hat, handelt es sich bei 70 bis 80 Prozent unseres Geschäftsvolumens um eingeführte Produkte. Aber wir können auch zu unseren Kunden gehen und gemeinsam mit ihnen die Saatkörner für Marktchancen entdecken, um sie dann in gemeinsamer innovativer Teamarbeit zu kultivieren. Ich hoffe, daß wir mit diesem neuen Verständnis beweglicher werden – daß wir auf unseren Erfahrungen aufbauen, den Dialog verbessern und zu entschlossenem Handeln kommen."

Und abschließend fügt er hinzu: „Letztlich hoffe ich auch, Herr Gutierrez, daß Sie mittlerweile Ihre ‚*Entweder/oder*-itis' überwunden haben."

Allseits Gelächter!

Während die anderen den Sitzungsraum verlassen, ist Marjorie Callahan noch dabei, ihre Auflistung zu verbessern.

Donnerstag

Aufregung

Die meisten sind um 8:00 Uhr pünktlich zur Stelle. Frank Giardelli kommt um 8:18, blickt in die Runde und schlägt vor, mit der Diskussion zu beginnen. Er spürt eine gewisse Spannung, kann sich aber keinen Reim darauf machen.

„Was ist los?" fragt er in aller Ruhe.

„Herr Giardelli, wissen Sie noch, wie dieser ganze Prozeß begonnen hat? Ihre schlaflosen Nächte ... Ihre Frustration über unsere Lethargie ... Ihr Unbehagen in Anbetracht eines einengenden Organigramms ... also, jetzt haben einige von uns eine schlaflose Nacht verbracht, und wir haben gerade darüber gesprochen, bevor Sie hereinkamen", sagt Marjorie Callahan.

„Und was beunruhigt Sie?" erkundigt sich Frank Giardelli.

Wesley Schroeder wirft ein: „Wir sind nicht beunruhigt, sondern erregt! Einige von uns sind geradezu erschüttert, wie sehr wir uns an das *Entweder/oder*-Denken gewöhnt hatten. Das ist ja so auf Konfrontation angelegt, und dabei muß es immer einen Gewinner und einen Verlierer geben. *Sowohl/als auch* eröffnet uns ganz neue Möglichkeiten zum Überdenken unserer Ressourcen. Ich beispielsweise habe ein viel besseres Gefühl jetzt: Viele unserer Routine-Prozesse funktionieren ausgesprochen gut, auch wenn sie bürokratischer Natur sind; zugleich sind unsere funktionsübergreifenden Teams zur integrierten Produktentwicklung alles andere als bürokratisch. Und damit sind wir weitaus flexibler. Zum Beispiel legen wir zunächst eine Produktfamilie konstruktionstechnisch aus und gehen dann zu einer ‚kundenspezifischen Serienfertigung' über; auf diese Weise können wir sowohl die Kundenwünsche berücksichtigen als auch die Routine-Vorteile nutzen."

Und auf dem Weg zum Flip-chart fügt er hinzu: „Ich habe mir ein kleines Diagramm gemacht, um diese Abläufe zu verdeutlichen."

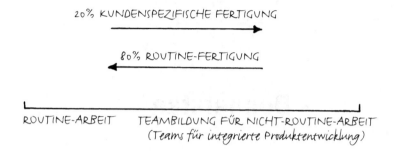

Wesley Schroeder erläutert seinen Ansatz: „Unter Anwendung der *80/20*-Regel kann ich meine *IPE*-Teams veranlassen, die Erwartungen, Spezifikationen und Bedürfnisse unserer Kunden zu konkretisieren. Wenn wir erst einmal die Muster erkennen, bekommen wir die Routine-Abläufe in den Griff. Zugleich können wir uns Routine-Produkte herausgreifen und sie auf spezifischen Kundenwunsch hin weiter entwickeln, so daß sich die Rentabilität der vorhandenen Anlagen erhöht. Das ist doch aufregend – ich habe schon deutlich vor Augen, wie ich unser Unternehmen profitabler machen kann."

„Also, Herr Schroeder", ruft Carol Soo aus, „Sie haben mir soeben bei der Lösung des ewigen Marketing-Dilemmas geholfen: Wie können wir uns kontinuierlich auf die sich laufend ändernden Kundenbedürfnisse einstellen? Unsere Leute im Vertrieb sind stets bemüht, die Wünsche unserer Kunden zu erfüllen, selbst wenn die nicht im Angebot stehen, aber dafür beziehen sie von der Konstruktion und der Fertigung ihre Prügel, weil sie mit so ‚eigenartigen' Anfragen kommen, wie Sie das nennen. Wenn meine Leute Ihre Fähigkeiten besser kennenlernen und wir uns zu engerer Teamarbeit zusammenschließen, können wir letztlich viel besser verstehen, was machbar ist und was nicht."

Und dann setzt sie hinzu: „Frau Callahans Zeichnungen mit den vier überlappenden Kreisen haben mir zu einer neuen Sichtweise für unsere Aufgaben in Vertrieb und Marketing verholfen. Warum sollen wir immer nur Berge versetzen, um nach Kundenproblemen zu suchen? Warum sollen wir die Kunden ständig nach ihren Bedürfnissen fragen, zumal die ihre Wünsche gewöhnlich nur unzureichend formulieren können? Ich erkenne jetzt, daß viele Kunden gar nicht so sehr daran interessiert sind, nur über ihre Probleme zu sprechen. Die zeigen viel mehr Energie, wenn es darum geht, was sie in Zukunft vorhaben – genauso wie wir. Es wäre doch viel anregender, nach Erwartungen Ausschau zu halten, so daß wir gemeinsam neue Möglichkeiten finden. Und wenn ich dann noch unsere Kollegen von der Konstruktion, der Fertigung und dem Kundendienst einbeziehen kann, dann können wir doch alle gewinnen, unsere Lieferanten und Kunden eingeschlossen."

Zurück zur Realität

„Ich verstehe ja Ihre Erregung", meint Frank Giardelli. „Wir sind bei unseren Überlegungen gemeinsam zu weiterführenden Einsichten gelangt, wir haben substantielle Gespräche geführt, und wir haben neue Möglichkeiten erkannt – aber reicht dies als Grundlage für eine solide Zukunft? Ich glaube kaum. Wir beschäftigen in unserem Unternehmen 2760 Mitarbeiter, wir verkaufen unsere Produkte bei 215 Großkunden und zahlreichen kleineren Kunden, und wir haben einen Lieferantenstamm von 47 bis 98 Unternehmen – je nach Zählweise. Sich über neue Einsichten zu freuen, ist das eine; das andere ist, wie wir unseren Kollegen die Auswirkung der neuen Arbeitsweisen auf ihren täglichen Job begreiflich machen."

Die Aufregung vom frühen Morgen scheint sich ein wenig zu legen. Einer sieht den anderen an und macht sich so seine Gedanken über die reale Lage.

Marjorie Callahan wagt einen Kommentar: „Sie haben ganz recht, Herr Giardelli, es ist nicht damit getan, daß wir hier anregende Gespräche führen; eine weitaus größere Herausforderung besteht in der Einleitung eines Prozesses, bei dem jeder Mitarbeiter im Unternehmen einbezogen wird, damit auch alle anderen von diesen Einsichten profitieren können. Doch ohne einen umfassenden Systemwandel, von dem jeder von uns in der einen oder anderen Weise betroffen ist, werden wir nie neue Höhenrekorde aufstellen – um bei Wesley Schroeders Hochsprung-Analogie zu bleiben. Ich habe mal nachgeprüft und erfahren, daß die Unternehmensleitung von *Eastman Chemical* achtzehn Monate gebraucht hat, um ihr ‚Pizza'-Organisationsmodell richtig zu durchdenken – das haben die nämlich schon Anfang der 90er Jahre eingeführt. Und an der Umsetzung innerhalb der Organisation wird nach wie vor gearbeitet. Es gibt immer noch Bereiche in der Organisation, die sich nicht an den neuen Denkansatz gewöhnen können."

Der Ultrarealist Gregory Kasmirian nickt: „Ich weiß auch noch nicht, wie ich meinen 310 Kundendiensttechnikern unser Gespräch verklickern soll. Das ist nämlich ein ausgesprochen praktisch orientierter Haufen; viele meiner Leute waren früher beim Militär – erstklassige Reparaturspezialisten."

„Herr Kasmirian", wirft Marjorie Callahan ein, „Sie haben irgendwann mal gesagt, Sie gingen zunehmend von einem *SOS*-Reparaturmodell zu einem

Modell über, bei dem Sie vorbeugend nach Reklamationsmustern suchen und entweder unsere Ingenieure veranlassen, die erforderlichen Veränderungen vorzunehmen, oder unsere Kunden in die Lage versetzen, selbst Korrekturmaßnahmen durchzuführen. Wäre es denn für einige Ihrer Techniker wirklich so schwer, sich mit unseren Kunden zusammenzusetzen und gemeinsam eine umfassendere Servicestrategie zu erarbeiten?"

„Frau Callahan, Sie können Gedanken lesen." Gregory Kasmirian nickt zustimmend. „Genau das haben wir vor. Interessant ist das auch deswegen, weil wir unser Vorgehen bei der strategischen Planung überdenken wollen. Es ist doch immer so gewesen: Wir sitzen hier zusammen, sprechen über Vision, Unternehmensauftrag, Stärken, Gefahren und Möglichkeiten, ziehen dann in Betracht, welche Maßnahmen wir seitens unserer Konkurrenz erwarten, und *voilà*, fertig ist der strategische Plan. Das ist doch gerade so, als ob wir in der Badewanne sitzen und unser eigenes Badewasser trinken. Jetzt aber sehe ich immer mehr die Möglichkeit, unsere strategische Planung zusammen mit ausgewählten Kunden vorzunehmen – nach der *80/20*-Regel ..."

Strategische Planung wie vor 20 Jahren

„Herr Kasmirian, da denke ich genauso wie Sie", unterbricht ihn Frank Giardelli. „Genauso geht unser traditioneller Unternehmensplanungsprozeß vonstatten. Schließlich haben wir alle in den 70er und 80er Jahren denselben Ansatz zur strategischen Planung gelernt – aus denselben Büchern. So eine lahme Planung! Ich möchte Sie darin ermutigen, Ihre Lieferanten und Kunden anzusprechen und gemeinsam mit ihnen Pläne zu erarbeiten. Wirklich, wir müssen uns ganz aktiv um eine solche Zusammenarbeit bemühen – jetzt bin ich es wohl, der sich in Erregung redet. Herr Schroeder und Herr Gutierrenz, wie viel Zeit verbringen Ihre Leute aus Konstruktion und Fertigung mit unseren Kunden und Lieferanten?"

Wesley Schroeder denkt eine Minute nach. „Ein bißchen, aber eigentlich nicht so viel. Ich habe für so etwas einfach nicht die Ressourcen – wir haben allesamt zu viel zu tun."

„Sicher haben Sie viel zu tun, wenn Sie alles selbst entwickeln wollen", spöttelt Frank Giardelli, „aber wenn Sie die Ideen, Erfahrungen und Erwartungen unserer Lieferanten und Kunden besser nutzen würden – könnte das nicht auch zur Straffung des Prozesses unserer Prototypentwicklung beitragen?"

„Ja ... vielleicht schon, aber ...", murmelt Wesley Schroeder.

„Aber, aber, Herr Schroeder – haben wir es hier mit einem ganz hartnäckigen Fall von ‚*Stammt nicht von uns*'-Syndrom zu tun?" schmunzelt Frank Giardelli.

„Warum hacken Sie immer auf mir herum, Herr Giardelli? Sie wissen genau, wie wir Ingenieure sind. Die werkeln doch viel lieber an ihrem Arbeitsplatz, als daß sie sich in Schlips und Kragen mit einem Kunden an den Tisch setzen."

Allgemeines Gelächter.

„Herr Schroeder, meinen Sie etwa, *Internet* und das *World Wide Web* mit seinem Multimedia-Sound und seinen Graphiken könnten euch Ingenieure davor bewahren, daß ihr euch persönlich mit unseren Kunden auseinandersetzt?" Marjorie Callahan weiß, daß ihre Frage provokativ ist, aber sie sieht auch, daß ein Unternehmen, das sich hinter der Technologie – und sei diese noch so fortschrittlich – versteckt, nicht die feinen Signale des Marktes zu erfassen vermag, die erste Anzeichen für aufkommende Trends sind.

„Sie haben wirklich eine sehr direkte Art, Frau Callahan, aber trotzdem danke, Sie haben natürlich recht", gibt Wesley Schroeder zu. „Gestern haben wir darüber gesprochen, daß man in der Lage sein muß, die Saatkörner für Marktchancen zu erkennen oder gar Ideen zu pflanzen, die dann zu echten Chancen heranwachsen. Wir müssen in der Tat interaktiver werden – unsere ‚*Stammt nicht von uns*'-Haltung versperrt uns den Zugang zu neuen Quellen der Inspiration. Allerdings erkenne ich noch nicht, wie all dies zusammenhängt. Wo führt uns unser Bemühen um ein neues Verständnis letztlich hin? Was verschafft uns heute und in Zukunft nachhaltige Wettbewerbsvorteile?"

Nachhaltige Wettbewerbsvorteile

Vincent Gutierrez, der bis dahin ausgesprochen ruhig geblieben ist, sagt: „Herr Schroeder, Sie haben wirklich ein Händchen dafür, die richtigen Fragen zum richtigen Zeitpunkt zu stellen. ‚Was verschafft uns nachhaltige Wettbewerbsvorteile?' Eine ausgezeichnete Frage. Freunde bei *ABB* (*Asea Brown Boveri*) haben dazu eine recht aufschlußreiche Graphik ausgearbeitet.[1] Frau Callahan, könnten Sie vielleicht mal fünf Kästchen anzeichnen, treppenförmig von links unten nach rechts oben? Die y-Achse bezeichnen Sie mit ‚Wettbewerbsstärke', und an die x-Achse schreiben Sie ‚Absicherung gegen Imitation'."

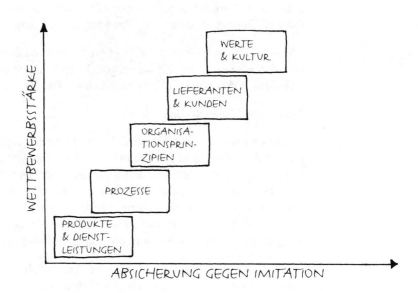

„Wenn man sich ein bißchen mit dem Modell beschäftigt, erkennt man die Aussage recht deutlich", sagt Vincent Gutierrez. „Die Bereitstellung hervorragender Produkte und Dienstleistungen verschafft uns einen gewissen Vorteil, aber andere können unser Angebot direkt kopieren oder ähnliche Produkte herstellen, so daß uns das allein nicht viel bringt. Wohlstrukturierte Prozesse vermitteln uns ein wenig mehr Stärke, und für die Konkurrenz ist es schon schwieriger, uns das nachzumachen. Fortschrittliche Organisationsprinzipien bieten uns einmalige Möglichkeiten, unsere Kunden und Lieferanten anzusprechen und mit ihnen zusammenzuarbeiten, und wenn wir schließlich innovativ an unseren Unternehmenswerten und unserer Unternehmenskultur arbeiten, besitzen wir die größte Stärke – und die läßt sich am schwersten kopieren. *Oticon* zum Beispiel, ein dänischer Hörgeräte-Hersteller mit weltweit 1200 Mitarbeitern, hat eine so einzigartige Kultur entwickelt, daß Lars Kolind als Vorsitzender bereit ist, *Siemens* und andere Konkurrenten zu einem Besuch einzuladen – er ist sich sicher, daß seine Unternehmenskultur nicht ohne weiteres nachzuahmen ist. Ich habe die Fertigungsanlagen besichtigt – eine wunderbare Kombination aus *High-Tech* und *High-Touch*: einerseits fortschrittliche Technologie insoweit, als sämtliche Papiervorgänge elektronisch gescanned werden und jeder mit *Groupware* arbeitet, und andererseits hochsensitive Kontaktgespräche bei Tee oder Kaffee – als dänisches Gegenstück zu Mineralwasser."

„Sie preschen ganz schön voran, Herr Gutierrez", bemerkt Gregory Kasmirian. „Könnten Sie Ihr Tempo bitte ein bißchen drosseln und mir das noch einmal erklären? Das scheint wichtig zu sein, und ich möchte es auf jeden Fall verstehen. Vielleicht könnten Sie Ihr Beispiel an jedem der fünf Schritte erläutern?"

„Danke, Herr Kasmirian, Sie haben ganz recht, das *ist* auch wichtig", antwortet Vincent Gutierrez. „*Oticon* wurde in den 8oer Jahren gewissermaßen im Schlaf überrascht, als die Hörhilfen von der Tasche ins Ohr gelangten. Mit Miniaturisierungstechnologien entwickelten sich einige Unternehmen zu Pionieren auf dem Gebiet der Hörgeräte im Ohr. *Oticon* mußte sich eine solche Technologie aneignen, um auf dem Markt mithalten zu können, und genau das gelang dem Unternehmen. *Oticon* vermochte Produkte zu entwickeln, die den Konkurrenzprodukten in nichts nachstanden. Kolind erkannte nicht nur die Notwendigkeit fortschrittlicher Produkte und Verfahren, sondern auch, daß ein Wandel in der Unternehmenskultur erforderlich war. Die hochmodernen Büros und die protzigen Wagen in der Garage vermittelten den Leuten ein falsches Selbstverständnis. Als erstes zog er mit seinem Unternehmen aus dem angenehmen, aber teuren Viertel im Stadtzentrum Kopenhagens aus und renovierte ein zweistöckiges saniertes Bürogebäude neben einer alten *Tuborg*-Brauereianlage im Norden der Stadt. Er beauftragte seine Informationssystem-Experten mit der technischen Ausgestaltung eines Großraums, wo jeder Mitarbeiter Zugang zu einem robusten lokalen Netz und einem dem Stand der Technik entsprechenden *Groupware*-Computersystem hatte. Er stellte sich eine auf Teamarbeit aufgebaute Geschäftsabwicklung vor, bei der sich die Teams flexibel an anspruchsvolle Projekte anpassen ließen. Darüber hinaus sorgte er dafür, daß seine Informationssysteme über das *Internet* Zugang zu den Info-Systemen der Audiologen (seiner Kunden) erhielten."

Und dann fährt er fort: „Wenn wir die *Oticon*-Erfahrungen auf das *A-B-C*-Modell übertragen, so stellen wir fest, daß die es sehr schnell geschafft haben, sich mit *Reengineering*-Maßnahmen auf ihre Miniaturprodukte einzustellen. Das Unternehmen bündelt seine Prozesse im Hinblick auf ein robustes Informationssystem. Auf organisatorischem Gebiet ist ein Modell entwickelt worden, das die dynamische Teambildung und die Vernetzung von Wissen vorsieht. Das Unternehmen wird von einem Gremium aus zehn Spitzenmanagern geleitet, von denen jeder für die Betreuung von mindestens einem Projekt verantwortlich ist. Man pflegt enge Kontakte zu den Kunden, den Audiologen – sowohl direkt als auch über *Internet*. Und das Unternehmen hat eine Unternehmenskultur auf der Basis eigenverantwortlicher Teambildung und Selbstorganisation entwickelt. Die Mitarbeiter haben erkannt, daß sie ihre Fähigkeiten und Erwartungen gegenseitig kennenlernen müssen, weil das für Teamarbeit unerläßlich ist. Für das Personalwesen gibt es keinen Verantwortlichen; statt dessen betreut eine Teilzeit-Sekretärin die Personalakten, und zwei Sekretärinnen sind für die Gehaltsabrechnung der 265 Mitarbeiter in der Unternehmenszentrale zuständig."

Vincent Gutierrez ergänzt in Marjorie Callahans Diagramm die Maßnahmen, die *Oticon* auf jeder Ebene durchgeführt hat.

„Herr Gutierrez, haben die bei *Oticon* einen Schritt nach dem anderen gemacht?" fragt Gregory Kasmirian.

„Nein, alle fünf Bereiche wurden gleichzeitig gestartet", erwidert Vincent Gutierrez. „Kolind erkannte, daß tiefgreifende Veränderungen nur durch das Zusammenwirken von kulturellem Wandel, neuen partnerschaftlichen Arbeitsbeziehungen zu Kunden und Lieferanten, einem robusten Teambildungsansatz, gut strukturierten Prozessen sowie Qualitätsprodukten und -dienstleistungen zustande kommen. Sobald eines dieser Elemente fehlt, werden alle Anstrengungen zunichte. Das hat sich erst kürzlich bei Forschungsarbeiten am *Fraunhofer*-Institut in Deutschland bestätigt."

Beherrschung der Grundelemente

„Hm ... vielleicht ist das der Grund, warum Unternehmen wie *GE* und *Xerox* so lange gebraucht haben, um die angestrebten Veränderungen in den Griff zu bekommen", meint Marjorie Callahan. „Wenn wir lediglich dem Managementtrend des Monats folgen, kommen wir auf keinen grünen Zweig. Ich verstehe Ihre Argumentation, Herr Gutierrez; wir müssen nicht nur unsere eigenen Mitarbeiter, sondern auch unsere Kunden und Lieferanten in unsere Veränderungsbemühungen einbeziehen, und zwar auf verschiedenen Ebenen. Wir brauchen eine gute Warendisposition, um die Qualität unserer Produkte und Dienstleistungen sicherzustellen. Wir brauchen eine hervorragende Logistik, um nicht nur unsere Produkte bereitzustellen, sondern auch Schlüsselinformationen zwischen uns, unseren Kunden und deren Kunden austauschen zu können. Wir brauchen eine gesunde, offene und motivierte Unternehmenskultur, in der Fähigkeiten und Erwartungen gegenseitig anerkannt werden – individuell, auf Abteilungsebene und zwischen den Unternehmen. Kurzum, wir müssen die Grundelemente beherrschen und zugleich für Unerwartetes offen bleiben. Vor dem Hintergrund der Ausführungen von Vincent Gutierrez sollten wir ein wenig in uns gehen."

„Ich weiß schon, wie man an überlegene Produkte kommt, Herr Gutierrez", bemerkt Wesley Schroeder. „Man muß sich kontinuierlich auf Qualität konzentrieren. Und außerdem haben wir verschiedene grundlegende Prozesse einem *Reengineering* unterzogen; wir hatten vor zwei Tagen schon kurz darüber gesprochen. Ich bin nicht ganz sicher, wo wir in bezug auf unsere Organisationsprinzipien stehen, zumal wir so mitten in unseren Überlegungen stecken. Und die Kunden – also, meines Erachtens verschaffen wir uns ein ganz zutreffendes Bild von unseren Kunden mit all ihren Fähigkeiten und Erwartungen. Und schließlich haben wir festgestellt, daß wir Teil jener Unternehmenskultur sind, die häufig zu gegenseitigen Abwertungen führt und größtenteils auf Mißtrauen basiert. Das ist weniger angenehm."

„Faszinierend", ruft Frank Giardelli aus. „Halten wir das doch noch einmal fest. Wir haben uns auf *Total Quality Management*, *ISO 9000* und den *Baldrige*-Preis konzentriert, um die Qualität unserer Produkte und Dienstleistungen zu verbessern. Wir haben wirklich gute Fortschritte in diesen Bereichen erzielt. Wir haben unsere Dispositions- und Lieferprozesse mit gutem Erfolg einem *Reengineering* unterzogen. Aber was unsere Organisationsstruktur betrifft, so tappen wir da wirklich noch im dunkeln. Als ich am Montag impulsiv das Organigramm zerriß, erkannte ich, wie dringend hier eine Klärung erforderlich ist. Immerhin machen wir signifikante Fortschritte, wenn wir an die Zeichnungen und Diagramme von Frau Callahan und Herrn Gutierrez denken. Wir begreifen, daß wir eine Organisation brauchen, die in Qualitätsdialoge mit unseren Lieferanten, Kunden und deren Kunden zu treten vermag, eine Organisation, der die Ermittlung der Saatkörner für Marktchancen zwischen unseren Kunden und deren Kunden gelingt, und schließlich eine Organisation, die die Fähigkeiten unserer Kunden so zu fördern versteht, daß diese den eigenen Aspirationen um so besser gerecht werden. Sicher bleiben noch viele Fragen offen, aber immerhin – die Richtung stimmt."

Und dann setzt er noch hinzu: „Wir begreifen auch, daß wir hervorragende Leistungen nicht nur auf der Basis von Transaktionsbeziehungen zu unseren Kunden erzielen können, sondern auch durch innovative Allianzen, die uns die

Entdeckung unserer gegenseitigen Fähigkeiten und Erwartungen in größerer Offenheit ermöglichen. Auch das weist in die richtige Richtung."

Frank Giardelli hält inne und überlegt ...

Kultur der Wertschätzung

„Herr Giardelli", sagt Marjorie Callahan, „während Sie sprachen, ist mir aufgefallen, daß sich der Bereich *Werte und Kultur* auf alle anderen Bereiche auswirkt. Gestern stolperten wir über die Tatsache, daß die hierarchische Triade *A*, *B* und *C* Mißtrauen zwischen *B* und *C* schürt. Als wir darüber nachdachten, erkannten wir die weitreichenden Auswirkungen des Abwertens bei uns und in vergleichbaren Unternehmen. Gestern abend habe ich noch einmal überlegt, wie leicht dieser Prozeß Verstärkung findet. Wir schauen ständig nur auf unsere gegenseitigen Schwächen, um uns Wettbewerbsvorteile zu verschaffen. Darin haben wir wirklich Geschick entwickelt."

Und nach einer kurzen Pause fährt sie fort: „Mir ist aber auch aufgefallen, daß wir unsere wechselseitigen Talente nie richtig verwerten können, wenn uns nicht der Übergang zu einer Kultur der gegenseitigen Wertschätzung gelingt. Dabei geht es nicht um die abstrakten Konzepte *Wert*e und *Kultur*. Was wirklich zählt, ist, daß Sie mich ernst nehmen, daß Sie sich die Zeit nehmen, meine Stärken, meine Talente, meine Fähigkeiten und meine Aspirationen kennenzulernen – und auch, wie ich mit diesen Kompetenzen umgehen möchte. Umgekehrt ist es meine Aufgabe, mir Zeit zu nehmen und Ihre Stärken kennenzulernen. Herr Gutierrez, vielen Dank, daß Sie uns das *ABB*-Modell vorgestellt haben; es veranschaulicht sehr schön die Wechselbeziehungen zwischen den fünf Elementen. Alle sind in dieses Beziehungsgeflecht eingebunden."

„Frau Callahan, das läßt wirklich einiges deutlich werden", entgegnet Frank Giardelli. „Wenn wir eine solche Unternehmenskultur des Abwertens bei uns hatten, dann ist es kein Wunder, daß wir im Lernen, Kommunizieren und Entscheiden – geschweige denn, im Teambilden – so wenig erfolgreich waren. Ich erkenne allmählich das Subtile und Heimtückische an einer solchen Kultur des Abwertens. Die ist derart in unserem Denken versponnen, daß wir ihre Auswirkungen nicht einmal erkennen. Wenn man es richtig bedenkt, beruhte das Industriezeitalter doch auf Adam Smiths *Nadelfabrik*-Modell. Lange Prozesse wurden in kleine Schritte unterteilt, damit man die Leute leichter anlernen und zu größerer manueller Geschicklichkeit ausbilden konnte. Das Industriezeitalter war auf Handfertigkeiten, nicht auf Kopfarbeit, angelegt. Wir werden uns wohl bewußt bemühen müssen, einige der Annahmen, die dem Industriezeitalter zugrunde liegen, wieder zu verlernen."

„Sie haben recht, Herr Giardelli", fügt Carol Soo hinzu. „Mir ist während Ihrer Ausführungen ein neuer Kontext für das Verständnis von Vertrieb und Marketing aufgefallen. Wir sind keine Einbahn-Redner, sondern müssen aktive Zuhörer werden. Ich frage mich wirklich, ob man die Marketing-Abteilung nicht umbenennen sollte in ‚Horch-Abteilung'. Vielleicht sollte ich das informell so machen, denn es sind doch die Rohideen unserer Kunden, ihre Aspirationen, die unsere Ingenieure vor anspruchsvolle Herausforderungen stellen. Anstatt die nächste Produktidee anwärmen zu müssen, sollten wir mittels strategischer Dialoge um engere Zusammenarbeit zwischen Vertrieb, Marketing, Konstruktion, Fertigung und Kundendienst bemüht sein, um so die Saat für Marktchancen zu nutzen, die andere oder auch wir selbst gesät haben. Das sind dann die kleinen Anfangsbedingungen, die potentiell unerwartete Chancen auslösen können. Herr Schroeder und Herr Gutierrez, war das verständlich?"

„Moment", wirft Alan Tanaka ein. „Jetzt fühle ich mich wieder ausgeschlossen. Eine Zeitlang dachte ich, daß es auch für uns Stabsleute einen Platz in der Linie gäbe."

Entwicklung eines neuen Entlohnungsmodells

Alan Tanaka fährt fort: „Aber warum stehe ich hier als Bittsteller? Vielleicht ist das Ausdruck des Minderwertigkeitsgefühls unter uns Stabsleuten. Wie albern! Sie müssen mich nämlich integrieren, denn Sie werden Hilfe brauchen, wenn es um die Neudefinition unserer organisatorischen Beziehungen, unserer Entlohnungssysteme, unserer Lernansätze und unserer Fähigkeit zur gegenseitigen Nutzung von Kenntnissen und Erfahrungen geht."

Und dann setzt er hinzu: „Ich habe zwar nicht so viel geredet, wie Sie vielleicht bemerkt haben. Aber ich bin dem Dialog gefolgt, und ich erkenne jetzt auch, warum die Entwicklung von Entlohnungssystemen eine so verzwickte Aufgabe ist. Typischerweise bezahlen wir die Mitarbeiter dafür, daß sie das tun, was wir von ihnen erwarten. Sie sollen nach unserer Pfeife tanzen, auch wenn wir dieser nur ein paar Töne entlocken. Ein solcher Ansatz greift hoffnungslos zu kurz, wenn es um die Bildung und den Einsatz erfolgreicher Teams geht. Eine auf Teambildung ausgerichtete Unternehmenskultur setzt voraus, daß die Teammitglieder in der Lage sind, ihre Talente gegenseitig zu erkennen und zu nutzen. Gute Teambildung ist eigentlich schon an sich eine Belohnung. – Das wird aber so nicht verstanden. Vielmehr befürchten die einzelnen Mitarbeiter allzu häufig, als Teammitglieder müßten sie ihre Individualität aufgeben; sie hätten sich der Minihierarchie zu unterwerfen, die sich im Team – wenngleich informell – ausbildet; sie würden mit denselben Ungereimtheiten konfrontiert wie in der formalen Hierarchie. All dies ist bestimmt nicht angenehm; entsprechend braucht es einen auch nicht zu wundern, wenn sich viele Mitarbeiter dem Übergang zu einer auf Teameinsatz basierenden Unternehmenskultur ausdrücklich oder stillschweigend widersetzen. Dank unserer Diskussion über die Unterscheidung zwischen *Entweder/oder*-Denken und *Sowohl/als auch*-Denken begreife ich jetzt, daß gute Teambildung dem einzelnen Mitarbeiter wirklich zu Höchstleistungen verhelfen kann. Es geht nicht mehr um die Konstellation *Individuum kontra Team*; statt dessen können wir ein Modell entwickeln, bei dem die Mitarbeiter aufgrund der Dynamik der Teambildung im Rahmen einer Unternehmenskultur der gegenseitigen Wertschätzung individuelle Höchstleistungen erzielen. Bei unserer Zusammenarbeit erkennen wir gegenseitig unsere Talente und Fähigkeiten – Talente, von denen wir vielleicht selbst nicht recht gewußt haben. Gewiß machen *wir* derartige Erfahrungen in einer Woche, aber Sie wissen so gut wie ich, daß dies für unsere Unternehmenskultur nicht typisch ist. Was können wir tun, um unseren Kollegen im gesamten Unternehmen beizubringen, ihre Talente gegenseitig anzuerkennen und zu nutzen?"

„Eine gute Frage, Herr Tanaka", meint Wesley Schroeder. „Ich meine, wir könnten mehrere Dinge tun. Erstens ist ja jeder von uns für seine Abteilung verantwortlich – vorausgesetzt, wir wollen auch weiterhin Abteilungen beibehalten; und das ist ja nicht selbstverständlich, nachdem Herr Giardelli das Organigramm in zwei Hälften zerrissen hat. Aber nehmen wir einmal an, wir brechen aus der Engstirnigkeit der *A-B-C*-Triade aus und setzen uns aktiv dafür ein, daß unsere Leute ihre Stärken gegenseitig zu schätzen wissen. Dies setzt mit Sicherheit einen Wandel in unserer mentalen Einstellung voraus; wird uns der gelingen?"

Wesley blickt in die Runde und spürt Zustimmung. Dann fährt er fort: „Zweitens müssen wir unseren Mitarbeitern systematischer als bisher die Möglichkeit geben, den Prozeß der Ermittlung gegenseitiger Fähigkeiten und Erwartungen selbst zu erleben. Vielleicht könnten Sie, Herr Tanaka, ein Verfahren entwickeln, das dann jeder durchläuft?"

„Das will ich gern versuchen, aber dazu müssen Sie alle einen aktiven Beitrag leisten. Es wäre schön, wenn dies ein unternehmensinterner Prozeß wäre, bei dem wir mit unseren eigenen Stabsleuten im Team arbeiten, anstatt jemanden von außen heranzuziehen. Ich werde darüber nachdenken."

Arbeit ist Gespräch

Carol Soo sieht Alan Tanaka an. „Während Sie sprachen, Herr Tanaka, habe ich darüber nachgedacht, was Arbeit eigentlich ist. Wir haben Arbeit immer im Zusammenhang mit Arbeitsplätzen gesehen. Man investiert seine Zeit, um seinem Job gerecht zu werden, und dann wird man für seinen Einsatz in Form von Gehältern, Prämien oder anderweitigen Vergütungen entlohnt. Was für eine grobe Vereinfachung! Arbeit ist doch viel mehr. Haben wir in dieser Woche denn die Funktionen wahrgenommen, die uns unser Job abverlangt? Eigentlich nicht. Haben wir überhaupt gearbeitet? Eigentlich schon ... vielleicht ist Arbeit als *Gespräch* aufzufassen – als realer Gedankenaustausch mit Geben und Nehmen. Bei unseren typischen Sitzungen sagt erst der eine was, dann der andere – aber auf den Vorredner wird dabei kaum Bezug genommen. Das ist in dieser Woche ganz anders gewesen. Wieso eigentlich?"

Wesley Schroeder denkt laut nach. „Das ist schon was Komisches, Frau Soo, aber irgendwie fühle ich mich sicher. Ich fühle, daß das, was ich sage, auch ernst genommen wird. Und die Ironie an der Geschichte ist doch, daß wir vermutlich gar nicht an diesem Punkt angelangt wären, wenn uns Frank Giardelli mit dem Zerreißen des Organigramms nicht total verunsichert hätte. Wir haben das Rollenspiel aufgegeben. Wir sind offen und aufrichtig zueinander. Ich bin bestimmt nicht für Gefühlsduselei, aber ehrlich – so ist das viel schöner. Überhaupt bin ich es leid, immer die analytische Rolle des Ingenieurs zu spielen."

„Frau Soo, haben Sie nicht eben die Formulierung *Arbeit ist Gespräch* benutzt?" fragt Vincent Gutierrez. „Was hat das zu bedeuten? In der Fertigung wird Arbeit verstanden als Umformen von Materialien – Verfeinern, Biegen, Schneiden, Mahlen; oder vielleicht auch als Standortverlagern – Transportieren, Stapeln, Zurückholen. Das hat herzlich wenig mit Gespräch zu tun; vielmehr herrscht so viel Lärm in den Fabrikhallen, daß viele Gespräche nur unter Aufbietung höchster Stimmkraft stattfinden."

Carol Soo entgegnet, an Vincent Gutierrez gewendet: „Wir haben doch vorhin darüber gesprochen, daß wir mit unseren Kunden in einen Dialog treten müssen, um ihre Fähigkeiten und Aspirationen zu begreifen. Erinnern Sie sich? Dabei geht es doch auch nicht um Umformung eines konkreten Materials oder um Standortverlagerung eines Produkts. Worum geht es dann? Das ist doch auch Arbeit? Oder etwa nicht?"

Leicht verwirrt antwortet Vincent Gutierrez: „Ja, vermutlich ist das auch Arbeit – zumal wir es ja während unserer Arbeitszeit tun."

„Heißt das, daß Arbeit das ist, wofür wir bezahlt werden?" fragt Carol Soo.

„Klar, so sehen wir das auch", bestätigt Vincent Gutierrez.

„Aber das sagt noch nichts aus über das Wesentliche an Arbeit. Wenn ich an diese Woche zurückdenke, so haben wir ganz sicher gearbeitet, aber eine konkrete Umformung haben wir nicht vorgenommen – außer der Tatsache vielleicht, daß Frau Callahan ein paar Notizen auf dem Flip-chart festgehalten hat. Wohl wahr, dafür werden wir immer noch bezahlt. Aber es geht doch um mehr. Wir haben Sätze, Ideen, Gedanken, Gefühle, Intuitionen produziert. Wir haben diese Ideen umgeformt, verschmolzen und verfeinert. Ihre Antwort auf meinen Kommentar ist wichtig für mich, weil sie darauf Einfluß nimmt, was ich als nächstes sage. Was als nächstes kommt, weiß ich erst dann, wenn ich Ihre Antwort höre. Wir haben unsere Zeit hier nicht mit einer Abfolge von Monologen verbracht, sondern vielmehr fruchtbare Dialoge geführt. Unsere Gespräche und Dialoge sind Arbeit gewesen. Unsere Gespräche und Dialoge sind der Amboß, auf dem wir neue mentale Einstellungen, neue Einsichten in betriebliches Funktionieren hämmern." Carol Soo möchte weitersprechen, aber Gregory Kasmirian kann sich nicht mehr zurückhalten.

Prozeß strategischer Dialogführung

„Vorhin habe ich angedeutet, wie ich den Prozeß meiner strategischen Planung verändern will. Jetzt stelle ich mir das Ganze mehr als einen Prozeß strategischer Dialogführung vor. Ohne ein aktives Gespräch mit unseren Kunden zu führen, ohne ihren Erwartungen wirklich genau zuzuhören, werde ich nicht richtig reagieren können. Was bekommen wir von unseren Kunden geliefert? Ganz sicher keine Rohmaterialien. Hm ... Rohideen?" Gregory Kasmirian macht eine Pause.

„Herr Kasmirian und Herr Gutierrez, ich sehe allmählich, was Herr Tanaka und Frau Soo gemeint haben", fügt Marjorie Callahan hinzu. „Typischerweise meinen wir, mit Materie zu arbeiten, aber wir arbeiten auch mit Ideen. Arbeit ist der Ausdruck von Ideen. Diese Ideen lassen sich genauso umformen wie unsere Rohmaterialien. Genau genommen, bringen wir ständig unsere Ideen, unsere Erfahrungen und unsere Einsichten in Konstruktionszeichnungen, Prozeßkontrollen und Materialauswahl ein. Jedes Produkt und jede Dienstleistung verkörpert ein ganzes Bündel von Ideen, wie sie im Lauf der Zeit geformt worden sind. Arbeit ist somit weit mehr als das, wofür wir bezahlt werden. Arbeit ist ein Prozeß der Formgebung – gleich, ob es sich um ein Stück Stahl, einen Schreibblock oder eine mündliche Äußerung handelt. Indem wir somit gegenseitig auf unsere Ausdrucksformen reagieren, tragen wir entweder zum Aufbau, zur Formung und zur Ausgestaltung der Ideen bei, oder wir verbiegen, mißachten und zerstören sie."

„Frau Callahan", unterbricht Gregory Kasmirian, „bedeutet dies, daß die Art und Weise, in der wir aufeinander reagieren, ausschlaggebend ist? Sie machen einen Vorschlag, und ich sage entweder: ‚Mensch ... das funktioniert so doch nicht' – und bringe Sie zum Schweigen; oder ich könnte sagen: ‚Bitte, führen Sie das noch etwas weiter aus, das hört sich interessant an.' Ich habe gerade festgestellt, daß die *A-B-C*-Triade die erste dieser beiden Reaktionsweisen verstärkt. Wenn *B* ständig den Eindruck hat, daß *C* nach Schwächen bei seinen Aktivitäten sucht, ist dies einem guten Gespräch beziehungsweise Qualitätsdialog sicher nicht zuträglich. Wenn unsere Kunden nicht den Eindruck gewinnen, daß wir ihren Aspirationen zuhören, werden sie uns kaum Wichtiges mitteilen wollen. Moment mal ... heißt das ... heißt das dann auch, daß die Art und Weise, in der wir aufeinander reagieren, uns entweder aufbaut oder aber zerstört? Daß die Art und Weise, in der wir auf unsere Teamkollegen reagieren, uns aufbaut oder aber zerstört? Daß die Art und Weise, in der unser Team auf ein anderes Team reagiert, uns aufbaut oder aber zerstört? Daß die Art und Weise, in der wir auf unsere Kunden reagieren, unseren Geschäftserfolg aufbaut oder aber zerstört? Und ... daß die Art und Weise, in der die Konstruktion auf die Fertigung reagiert, unsere Ausrichtung und unser Bemühen ums Detail aufbaut oder aber zerstört?"

Arbeit ist nicht neutral

Marjorie Callahan lächelt. „Ja, Herr Kasmirian, Arbeit ist eben nicht neutral. Wenn ich arbeite, so ist dies Ausdruck meiner selbst. Ihre Reaktion ist für mich wichtig. Sie können das, was ich tue, unterstützen und verbessern helfen, aber Sie können mir auch eine kalte Dusche verpassen und meine Bemühungen zunichte machen. Wenn ich arbeite, teste ich Ideen, Möglichkeiten und Erwartungen. Ihre Reaktion als Mitarbeiter, Kunde oder Lieferant ist wichtig. Ich bringe mich persönlich ein mit dem, was ich tue. Sie bauen mich mit Ihrer Reaktion auf ... oder Sie zerstören mich mit Ihrem Zynismus, Ihren voreiligen Bemerkungen oder Ihrer Unaufmerksamkeit. Ich erkenne allmählich, wie klug es ist, wenn Frau Soo Arbeit als Gespräch auffaßt – *Arbeit ist Dialog*. Herr Gutierrez, Sie konzentrieren sich auf das Umformen von Rohmaterialien zu Endprodukten, aber Sie greifen dabei zurück auf Ideen, Zeichnungen und Prozeßspezifikationen, wie sie von den Konstruktionsingenieuren und in Ihrem eigenen Fertigungsbereich erarbeitet worden sind. Und dabei handelt es sich um nichts anderes als um Ideen. Ist es nicht doch so, daß wir in unserem Unternehmen sowohl Rohmaterialien als auch Rohideen verarbeiten und umformen?"

„So habe ich das noch nie gesehen, Frau Callahan", gibt Vincent Gutierrez zurück, „eigentlich arbeiten wir viel mehr mit Rohideen als mit Rohmaterialien. Es ist schon leichter, einen Stapel Rohmaterial vor sich zu haben, aber ohne ausgefeilte Ideen könnten wir kaum einen Wertbeitrag leisten. Vorhin haben wir über den Mehrwert-Prozeß bei Rohmaterialien und den Prozeß der Wertschöpfung durch Qualitätsinteraktion gesprochen ... Qualitätsinteraktion zwischen uns als Individuen, Qualitätsinteraktion zwischen Funktionen, Qualitätsinteraktion innerhalb von Teams, Qualitätsinteraktion zwischen Teams und Qualitätsinteraktion mit unseren Kunden, deren Kunden und unseren Lieferanten. Mir dämmert allmählich, daß ohne Qualitätsgespräch, ohne Qualitätsdialog und ohne Qualitätszuhören viele Ideen-Saatkörner die Kruste der Mißachtung, die doch hier für uns so typisch ist, niemals werden durchbrechen können."

„Oh je ... jetzt verstehe ich, warum wir im Personalwesen so viele Sprossen in die Hierarchieleiter haben einbauen müssen", ruft Alan Tanaka aus. „Wir sind vielleicht gut, wenn es um den Mehrwert bei konkreten Materialien geht, aber wir beweisen nicht gerade Geschick auf dem Gebiet der gegenseitigen Wertschätzung – gleich, ob unter Individuen oder in Teams. Kein Wunder, daß die Leute die Sprossenleiter erklimmen wollen, damit ihre Untergebenen sie auch wirklich ernst nehmen. Macht durch Position! Die aber ist in einer rasch fortschreitenden, fließenden Umwelt nur von begrenztem Wert. Ich säge mir selbst den Ast ab, auf dem ich sitze! Unser derzeitiges Entlohnungs- und Beurteilungssystem stellt ein erhebliches Hindernis dar. Wir brauchen ein System, in dem die Mitarbeiter Anerkennung finden in ihrem Bemühen und ihrer Kapazität, ihre Ideen, Einsichten, Lernerfahrungen und Visionen gegenseitig zu fördern. Nein, wir brauchen kein System, wir brauchen Leute, die sich außergewöhnlich gut darauf verstehen, gegenseitig ihre Fähigkeiten zu erkennen. Ich habe heute abend noch viel Stoff zum Nachdenken, aber ich hoffe weiterhin auf Ihre Unterstützung! Das hilft ungemein."

Willkommen in unseren Reihen

Wesley Schroeder streckt Alan Tanaka die Hand entgegen mit den Worten: „Willkommen in unseren Reihen! Die Linie ist ein rauher, wirrer Haufen, aber in Anbetracht unserer neuen Ansätze sollten Sie ein wichtiges Teammitglied werden. Und auch die übrigen Stabsmitarbeiter werden ihre Funktionen überdenken und uns Hilfestellung geben müssen. Wir sollten uns wirklich die Zeit nehmen und darüber nachdenken, wie wir den Stab wieder in die Linie integrieren können."

„Herr Tanaka, Sie sind es nicht allein", sagt Marjorie Callahan. „Unser Kostenrechnungssystem eignet sich hervorragend zur Ermittlung und Verfolgung der Kosten und Werte von Rohmaterialien im Verlauf ihrer Umformung und Verarbeitung zu Endprodukten. Wir belegen sämtliche Kapitalanlagen mit Vermögenswerten. Aber leider verfügen wir über keinerlei Möglichkeit, unseren Ideen Vermögenswerte zuzuordnen – mit Ausnahme einiger weniger Patente und Warenzeichen. Wir verstehen uns auf die Bewertung von Kapitalgütern, nicht aber auf die Bewertung von Wissensgütern. Auch ich habe heute abend noch über vieles nachzudenken."

Frank Giardelli, der sich kaum zu Wort gemeldet hatte, steht auf und sagt, an alle Anwesenden gewendet: „Es ist schon spät, und wir haben sehr vieles besprochen. Machen wir Schluß für heute. Wir sollten eine Nacht über alle diese Ideen schlafen, wenn uns das gelingt. Unter Schlaflosigkeit scheinen wir alle mehr oder weniger zu leiden – dann können wir auch ebensogut produktiv Gedanken wälzen."

Erneut Gelächter.

„Ist es nicht schön zu sehen, wie uns die gute Laune packt?" meint Vincent Gutierrez. „Dann bis morgen – ich muß zum Tennis."

5

Freitag

Die Inventur

Es ist kurz vor 8:00 Uhr; Frank Giardelli stellt fest, daß schon alle vollzählig versammelt sind.

Er fragt: „Könnte einer von Ihnen zusammenfassen, was wir erreicht haben, seit ich von meinen schlaflosen Nächten berichtete und den verruchten Entschluß faßte, unser Organigramm in zwei Hälften zu zerreißen?"

„Eigentlich sollten Sie das selbst übernehmen, Herr Giardelli. Bei unseren Zusammenkünften haben Sie sich schon geraume Zeit ziemlich zurückgehalten", entgegnet Gregory Kasmirian.

„Gut. Vielleicht ist es angebracht, wenn ich kurz alle Ideen zusammenfasse, auf die wir inzwischen gekommen sind. Wie Sie sich erinnern werden, war ich wegen der Nachfrage nach zusätzlicher Informationstechnologie besorgt. Noch mehr Sorgen bereitete mir die Trägheit, mit der unsere Organisation auf neue Möglichkeiten und Chancen reagiert. Auch fiel es uns schwer, zuzuhören, zu lernen, zu kommunizieren und Entscheidungen herbeizuführen. Und dann erkannten wir, daß ein gerüttelt Maß an Mißtrauen geschürt wird – sowohl durch die *A-B-C*-Triade als auch durch die *Entweder/oder*-Denkweise, ein Vermächtnis des Industriezeitalters. Kein Wunder, daß wir uns so versteinert vorkommen. Mit unserer alten Scherensprung-Technik kommen wir nicht mal über die niedrigste Meßlatte."

Nach einer kurzen Pause fährt er fort: „Wir haben erkannt, wie wichtig es ist, daß wir den Erwartungen und Bestrebungen unserer Kunden zuhören und die kleinen Gelegenheiten ausfindig machen, die sich zwischen unseren Kunden und deren Kunden abzeichnen; und wir haben die Macht der *Sowohl/als auch-*

Denkweise erkannt. Wir fügen unseren Produkten nicht nur Mehrwert hinzu, sondern tragen mit qualitativ hochwertigen Gesprächen zur Wertschöpfung bei. Wir unterziehen nicht nur Rohmaterialien, sondern auch Rohideen einer Umformung. Wir müssen nicht nur unsere Produkte und Prozesse verbessern, sondern auch die dynamische Teambildung beherrschen, unsere Beziehungen zu unseren Kunden und deren Kunden sowie zu unseren Lieferanten neu definieren und unsere Unternehmenskultur verändern. Was letzteres betrifft, so müssen wir den Übergang von einer Kultur des Abwertens zu einer Kultur gegenseitiger Wertschätzung schaffen. Dabei können wir auf unseren gegenseitigen Fähigkeiten und Erwartungen aufbauen und kreative Energien und Einsichten freisetzen. Diese Einsichten führen zu größerer Wertschätzung von Ideen und Wissen. Aber wie wir selbst erfahren haben, ist es alles andere als leicht, sich von den zugrunde liegenden Annahmen und der allgegenwärtigen mentalen Einstellung des Industriezeitalters zu lösen. Wie bringen wir das trotzdem fertig? Wie bewerkstelligen wir die Reintegration der Stabsfunktionen in die Linie? Wie machen wir unseren Kollegen im Unternehmen den Wandel begreiflich? Und wie können wir unsere Kunden und Lieferanten für die neue Art der Zusammenarbeit begeistern? Wir haben eine großen Schritt vorwärts getan, aber nun beginnt die harte Arbeit."

Frank Giardelli wendet sich an Marjorie Callahan. „Könnten Sie bitte das Flipchart an der Stelle aufschlagen, wo Sie uns von der Wertschöpfungskette zu den vier überlappenden Kreisen – dem *Wertschöpfungscluster* – geführt haben?"

Marjorie Callahan blättert die Seiten durch und findet das gewünschte Diagramm.

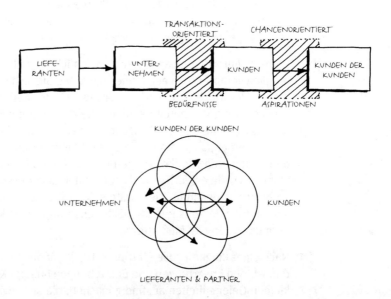

„Frau Callahan, zwei wichtige Aspekte werden an Ihren vier Kreisen, dem *Wertschöpfungscluster*, deutlich", fährt Frank Giardelli fort. „Das eine ist der intensive Dialog, wie er durch die Pfeile symbolisiert wird, und das andere ist der ‚Bereich der Marktchancen' dort, wo sich der Kreis unserer Kunden mit dem Kreis ihrer Kunden überschneidet. Das wirft zwei Fragen auf: Was können wir als Organisation tun, um Fähigkeiten zu erkennen, Anregungen aufzunehmen und Geschäftsmöglichkeiten schon im Keim zu erkennen? Und zweitens: Wie können wir unsere Ressourcen und die Ressourcen unserer Lieferanten und Kunden möglichst schnell mobilisieren, damit wir günstige Gelegenheiten ergreifen und nutzen können? – Kurzum: Wie gelingt es uns, aktiv zuzuhören und schnell die richtigen Ressourcen zusammenzubringen?"

Virtuelles Unternehmertum

„Auch wenn das Gerede von Bring- und Holschuld eine alte, abgedroschene Phrase ist – ich möchte es trotzdem sagen", meint Wesley Schroeder. „Wir müssen aufhören, lediglich unsere Produkte auf den Markt zu bringen; wir müssen den Markt zu uns heranholen! Ich verstehe jetzt, daß unser *TQM*-Programm auch nicht annähernd ausreicht. Und ich begreife allmählich, daß wir zwanzig bis dreißig Prozent unseres *Engineering* in Zusammenarbeit mit unseren Kunden leisten können, wenn wir uns in Form von Qualitätsdialogen entsprechend positionieren. Und bei sorgfältiger Auswahl können wir dreißig bis fünfzig Prozent unseres *Detail-Engineering* von unseren Lieferanten bekommen – aber auch dazu bedarf es weitaus engerer Arbeitsbeziehungen."

Und dann fährt er fort: „Jetzt verstehe ich, was die Leute mit ‚virtuellem Unternehmertum' meinen. Wenn wir die Marktchancen als Triebkraft für unsere Prozesse begreifen und spezifische Möglichkeiten durch effektives *Teaming* im eigenen Unternehmen wie auch mit unseren Partnerunternehmen gemeinsam nutzen, dann sind wir für den Kunden des Kunden gewissermaßen *ein* Unternehmen. Unser ‚virtuelles Unternehmen' existiert nur so lange, wie wir gemeinsam an dieser Möglichkeit arbeiten. Sobald sich eine andere Gelegenheit abzeichnet, bilden wir von neuem eine zweckdienliche Unternehmenskoalition. In vielerlei Hinsicht ist dies nichts Neues. Luft- und Raumfahrtunternehmen haben schon seit Jahren mit gemeinsamen Teams gearbeitet, um bestimmte Flugzeugmodelle zu bauen. Auch die Computerindustrie bildet immer neue Allianzen zur Durchführung spezifischer Projekte – zum Beispiel das virtuelle Team von *IBM*, *Apple* und *Motorola* in Sachen *Power PC*."

„Dieses Modell schafft noch weitere Implikationen, Herr Schroeder", sagt Marjorie Callahan. „Es zwingt uns, über unseren Kästchenrand hinauszudenken. Wer steht auf der Gehaltsliste eines virtuellen Unternehmens? Wie sehen die juristischen Vereinbarungen aus? Wie werden die Finanzen geregelt? Und wie steht es mit der Anpassung der Informationssysteme? Wenn ich mir das richtig überlege, zwingt virtuelles Unternehmertum die Stabsfunktionen zur Überprüfung unserer Modelle. Ich bin sicher, Alan Tanaka und ich würden Ihre Hilfe beim Überdenken unserer Rollen in den Geschäftsabläufen eines virtuellen Unternehmens sehr begrüßen. Sie wollten etwas sagen, Herr Gutierrez?"

„Also, Herr Schroeder, wenn ich Ihrer Logik in bezug auf virtuelles Unternehmertum folge", antwortet Vincent Gutierrez, „ließe sich unser Produktionsmodell so ändern, daß wir ebenfalls dreißig bis fünfzig Prozent unserer Ressourcen außerhalb des Unternehmens gewinnen könnten."

Und dann setzt er hinzu: „Wissen Sie was? Wenn ich mir die vier überlappenden Kreise anschaue, erkenne ich, daß wir auf die Vorstellung, alles in Eigenregie zu tun, durchaus verzichten können ... Komisch, aber das entspannt richtig. Ich habe mich immer genötigt gesehen, auf alle Eventualitäten vorbereitet zu sein, was immer auch geschehen könnte, und entsprechend habe ich eine Betriebskapazität aufgebaut, die wir gar nicht immer brauchen."

Marjorie Callahan erkennt sofort die Konsequenzen. „Heißt das, Herr Gutierrez, daß unser Modell Kosten verursacht hat, die nicht nötig gewesen wären?"

Vincent Gutierrez antwortet: „Jetzt sehe ich das auch viel deutlicher; ja, in der Tat. Ich muß also nicht nur unseren gesamten Produktionsprozeß einem *Reengineering* unterziehen, sondern auch den Prozeß der Beschaffung externer Kapazitäten für spezifische Projekte überprüfen. Und dafür brauche ich natürlich mehr Stabsunterstützung – Personalverträge, Erarbeitung der juristischen Abmachungen, Klärung der Finanzierung und so weiter. Ich erkenne jetzt, daß die Fähigkeit, gute Partner auszuwählen, von kritischer Bedeutung ist."

Carol Soo erkennt noch weitere Konsequenzen. „Heißt das auch, Herr Schroeder und Herr Gutierrez, daß wir gegenüber unseren Kunden in eine bessere Position kommen, wenn unsere Leute in Vertrieb und Marketing besseren Einblick hätten in das, was intern zu leisten beziehungsweise ohne weiteres extern zu beschaffen ist?"

Auch Gregory Kasmirian meldet sich zu Wort. „Frau Soo, was Sie sagen, trifft zu, wenn auch unsere Leute im Vertrieb uns helfen können, die Fähigkeiten und Erwartungen unserer Kunden zu ermitteln. Es gibt überhaupt keinen Grund, warum wir diese Ressourcen nicht stärker aktivieren sollten. Aber meiner Ansicht nach reicht das nicht aus. Wir brauchen ein Maß an Verhaltensdisziplin, wie ich es in dieser Organisation noch nicht erlebt habe. Wir müssen weitaus konsequenter in unserem Verhalten gegenüber unseren Kunden und deren Kunden sowie unseren Lieferanten sein."

„Herr Kasmirian, bitte sprechen Sie weiter", wirft Frank Giardelli ein.

Rhythmus

„Herr Giardelli, Sie haben mir an früherer Stelle dazu verholfen, vom *SOS*-Modell zu einem weitaus proaktiveren Modell überzugehen, bei dem wir nach Strukturmustern für unsere Kundendienstprobleme Ausschau halten", erwidert Gregory Kasmirian. „Genauso systematisch müssen wir uns im Umgang mit unseren Partnern in den anderen drei Kreisen verhalten. Sicher können wir nicht alle gleichzeitig ansprechen. Wie wäre es aber, wenn wir eine gewisse Regelmäßigkeit – einen Rhythmus – für wöchentliche *Meetings* erarbeiten würden, zum Beispiel vier Stunden Freitag nachmittags? Dann ..."

Vincent Gutierrez unterbricht. „Das wären vier Stunden von vierzig, also 10 % unserer Arbeitszeit; viel zu viel Zeitaufwand für so etwas. Die Produkte müssen vom Hof, und die Zeit ist schon ohnedies immer zu knapp."

Marjorie Callahan sieht Vincent Gutierrez an: „Sie sind darauf fixiert, den Rohmaterialien, die wir einkaufen, Mehrwert hinzuzufügen, nicht wahr? Ich nehme an, daß Herr Kasmirian gerade darüber nachdenkt, wie wir aus den Ideen, die wir vom Markt bekommen, Wert schöpfen können. Ist es nicht so, Herr Kasmirian?"

„Ich habe so noch nicht daran gedacht, Frau Callahan, aber eigentlich – ja", antwortet Gregory Kasmirian. „Wenn wir 90 Prozent unserer Zeit für die Umformung von Rohmaterialien und nur 10 Prozent für die Umformung von Rohideen aufwenden, stimmt die Relation immer noch nicht. In Anbetracht der Art und Weise, wie heute Geschäfte ablaufen, müssen wir den Zeitaufwand für die Verarbeitung von Rohideen zu marktgängigen Produkten und Dienstleistungen eindeutig erhöhen. Vielleicht sollten wir 20 bis 40 Prozent unserer Zeit auf die Verarbeitung von Rohideen verwenden."

„Dann, Herr Kasmirian", fügt Vincent Gutierrez hinzu, „dann wären mir 10 Prozent schon lieber. Einverstanden bin ich nicht, aber nehmen wir einmal an, wir würden 10 Prozent unserer Zeit dafür aufbringen; wie würden wir denn vorgehen, und wer wäre beteiligt?"

„Ich habe darüber auch noch nicht weiter nachgedacht, aber wir können ja mal einen solchen Prozeß theoretisch durchspielen", bietet sich Wesley Schroeder freiwillig an. „Wir müssen also Zeit für unsere Kunden und deren Kunden sowie für unsere Lieferanten aufbringen, um deren Fähigkeiten und Aspirationen in Erfahrung zu bringen. Wir können nicht alle erfassen. Beginnen könnten wir aber vielleicht mit einem kleinen Querschnitt von, sagen wir, 5 Prozent unserer Spitzenkunden, weiteren 5 Prozent unserer Kunden aus dem mittleren Bereich und noch einmal 5 Prozent solcher Kunden, deren einziges Kaufmotiv der Preis ist. Darüber hinaus brauchen wir auch Zeit, um unsere eigenen Fähigkeiten, Erwartungen und Bestrebungen besser kennenzulernen."

„Bitte fahren Sie fort", ermutigt Frank Giardelli.

Wesley Schroeder schaut in die Runde und sagt: „Sehen Sie, ein Blick auf den Kalender zeigt, daß wir in den meisten Monaten vier Freitage haben, und vier Monate haben sogar fünf Freitage. Wir könnten ja so vorgehen: Jeweils am ersten und dritten Freitag nachmittag arbeiten wir hier unter uns, am zweiten Freitag eines jeden Monats ziehen wir mindestens einen unserer Kunden hinzu, und unsere Lieferanten kommen am vierten Freitag. Wenn der Monat dann fünf Freitage hat, befassen wir uns an diesem Nachmittag gezielt mit den Kunden unserer Kunden."

Aber so weit sind wir noch nicht!

„Unsere Leute sind aber noch nicht bereit für eine Begegnung mit unseren Kunden, Herr Schroeder", wendet Vincent Gutierrez ein. „Wir müssen noch viel zu viel intern klären. Wenn die jetzt schon hinzugezogen werden, stellen die schnell fest, daß wir uns selbst noch gar nicht einig sind. Das ist sehr riskant, was Sie da vorschlagen."

„Herr Gutierrez, diese Bemerkung habe ich schon oft zu hören bekommen. Damit kann man leicht die Bremsen anziehen", erwidert Marjorie Callahan. „Ich habe bereits in mehreren Unternehmen gearbeitet, und wissen Sie was? Bei den meisten Unternehmen ist es so, daß man sich nicht einig ist. Ich vermute, daß sich unsere Lieferanten und Kunden bei uns durchaus wohl fühlen, weil sie sich selbst wiedererkennen. Außerdem werden wir nie zu einer Einigung gelangen, wenn wir nicht lernen, den Prozeß der Dialogführung und den Prozeß der dynamischen Teambildung wirklich zu beherrschen. Wir sollten die Anregungen von Herrn Schroeder noch etwas weiterspinnen. Herr Schroeder, wer sollte Ihrer Ansicht nach an diesem Prozeß beteiligt sein – nur wir Führungskräfte?"

„Nein, nicht nur wir; das wäre zu eng", antwortet Wesley Schroeder. „Könnten solche *Meetings* nicht für jeden offen sein, der kommen möchte? Vor allem die rein internen Zusammenkünfte?"

„Einwand – das könnte effektiv das Ende unserer Produktion bedeuten", ruft Vincent Gutierrez aus. „Wir müssen diesen Kooperationsprozeß unter Kontrolle behalten."

Wissen als Vermögenswert

Marjorie Callahan sagt: „Ich erinnere mich, daß wir vor gar nicht langer Zeit über unser Wissensvermögen, unsere Erfahrungen, unsere Lektionen, unsere Schulungen und unsere Fähigkeiten gesprochen haben; anders formuliert, über die *Wie*s, *Wer*s, *Wann*s, *Wo*s und *Warum*s. Die grammatisch falsche Pluralbildung bitte ich einstweilen zu entschuldigen, aber ganz sicher ist bei unseren verschiedenen Berufsgruppen und Funktionen jeweils mehr als nur eine Version davon anzutreffen."

Und dann fährt sie fort: „Neulich haben wir begonnen, dem Wert unseres Kapitalvermögens den Wert unseres Wissensvermögens gegenüberzustellen. Wesley Schroeder, Carol Soo und ich haben ein paar Überschlagsrechnungen angestellt. Wir haben abgeschätzt, wie lange es dauert, einen Mitarbeiter voll einzuarbeiten, wie viel Zeit mit Kundenwerbung und Kundengewinnung verbracht wird, was unsere verschiedenen Prozesse und Informationssysteme wert sind, wie die Fähigkeiten unserer Techniker und Ingenieure zu bewerten sind und so weiter. Unsere Bilanz weist ein Kapitalvermögen von gut 200 Millionen Dollar aus. Unseren Schätzungen zufolge ist unser Wissensvermögen fünf- bis zehnmal so viel wert – nämlich 1 bis 2 Milliarden Dollar. Jedermann weiß, wie sorgfältig wir die Rentabilität unseres Kapitalvermögens beobachten, und wer von uns kümmert sich um den Einsatz unseres Wissensvermögens?"

Keiner rührt sich.

Wesley Schroeder fügt hinzu: „Erinnern Sie sich, wie wir am Dienstag zwischen *Entweder/oder*-Denken und *Sowohl/als auch*-Denken unterschieden haben? Ganz eindeutig müssen wir *sowohl* unser Kapitalvermögen *als auch* unser Wissensvermögen sorgfältig verwalten. Ich bin überzeugt – je besser wir mit unserem Wissen umgehen, desto größer ist unser Kapitalertrag!"

Frank Giardelli nickt zustimmend, während er die Kommentare von Marjorie Callahan und Wesley Schroeder auf sich wirken läßt. „Wie mobilisieren wir diese Wissensbasis?"

„Herr Giardelli, die mobilisiert sich vielleicht von selbst!" wirft Carol Soo ein. „Überlegen wir doch einmal – wir meinen immer, wir müssen den Leuten externe Leistungsanreize geben, indem wir ihnen Sondervergütungen zahlen oder Druck ausüben. Und wenn wir ihnen nun die Freiheit zugestehen würden, sich selbst einzubringen und ihre Interessen, Fähigkeiten und Erwartungen selbst zu definieren? Mir gefällt der Vorschlag von Wesley Schroeder, daß jeder Interessent Zugang zu unseren *Meetings* haben soll. Ich weiß, daß könnte riskant sein, und vermutlich verfügen wir weder über die Räumlichkeiten noch über entsprechendes *Know-how*, um ein produktives *Meeting* mit einer großen Gruppe durchzuführen. Vielleicht weiß Herr Tanaka, wie man bei einem solchen *Meeting* am besten vorgeht?"

Alan Tanaka lächelt. „Da bin ich gern behilflich. Wir im Personalbereich haben Erfahrung mit solchen Prozessen. Übrigens bin ich erstaunt darüber, wie wir hier im Raum gegenseitig Talente entdecken, die weit über unsere funktionalen Rollen hinausgehen. Und ich bin sicher, daß wir auch innerhalb unserer Funktionsbereiche Talente finden, die unser Unternehmen beträchtlich vorwärts bringen könnten. Aber zurück zu Ihrer Frage ..."

Vernetzung von Wissen

Alan Tanaka fährt fort: „Im letzten Jahr haben wir einen Prozeß der Wissensvernetzung entwickelt, bei dem Gruppen jedweder Größe in Teams mit jeweils vier Mitgliedern eingeteilt werden. Das hat sich hervorragend als Methode zur Anregung von ‚Qualitätsdialogen' bewährt – jeder ist einbezogen, und Übereinstimmung wird schneller erzielt als bei den meisten anderen Diskussionsmethoden. Zudem sind die Teams in Teamarbeit eingebunden, so daß über die Dialoge auch eine gegenseitige Bereicherung der Mitglieder verschiedener Teams erfolgt. Nehmen wir beispielsweise an, wir haben ein *Meeting* von zwanzig Leuten. Normalerweise sitzen diese zwanzig Teilnehmer in Hufeisenformation zusammen. In Anbetracht des ständigen Zeitdrucks wollen die Anwesenden gleich alles loswerden, wenn sie das Wort erhalten haben, und dann reagieren sie gar nicht mehr auf die Äußerungen ihres Vorredners. Im Grunde reden alle aneinander vorbei."

Und weiter sagt er: „Nehmen wir nun einmal an, daß wir anstelle einer U-Form mit zwanzig Leuten fünf Tische aufstellen, an denen jeweils vier Teilnehmer sitzen. Sobald ein Thema vorgestellt worden ist, beginnt jede Tischrunde mit eigenen Überlegungen. Auf diese Weise haben alle Teilnehmer die Möglichkeit, Ideen auszuprobieren, zuzuhören und die Gedanken eines anderen aufzugreifen. Nach einer Weile setzen sich zwei Teilnehmer von jedem Tisch an die nächsten zwei Tische, wo sie ihren Dialog fortsetzen. Zuletzt kann über die Ergebnisse berichtet werden, und ein allgemeiner Dialog innerhalb der gesamten Gruppe schließt das *Meeting* ab. Normalerweise sind die Teilnehmer erstaunt, wie sehr sie in ihren Schlußfolgerungen übereinstimmen. Auch die Mathematik dieses Prozesses ist beeindruckend. In einer Stunde kommen die zwanzig Leute in Hufeisenformation in den Genuß eines allenfalls 60-minütigen inhaltsvollen Gesprächs. Im Viererteam vermag dieselbe Gruppe fünf Stunden Gespräch in einer einzigen Stunde unterzubringen, weil parallel gearbeitet wird."

Zum *Meeting*-Rhythmus

„Eindrucksvoll ist auch Harrison Owens ‚*Open Space Technology*', bei der eine Gruppe zu Beginn der Sitzung eine eigene Tagesordnung aufstellt und die Teilnehmer die Themen auswählen können, mit denen sie sich eingehender befassen möchten. Ich bin sicher, daß meine Kollegen aus dem Personalwesen für diese Freitagssitzungen einen Ablauf entwickeln können, bei dem jeder Teilnehmer aktiv einbezogen wird. Gehen wir mal von dem freitäglichen *Meeting*-Rhythmus aus, den Herr Schroeder vorgeschlagen hat. Das sähe dann folgendermaßen aus: (Alan Tanaka faßt die Anregungen von Wesley Schroeder zusammen, und Marjorie Callahan notiert die wichtigsten Punkte auf dem Flip-chart.)

- *Erster Freitag*: Interne Teamarbeit unter den Projektteams, um Fähigkeiten und Erwartungen zu entdecken, Erfahrungen auszutauschen, Wechselbeziehungen zu erkennen, Verbesserungsmöglichkeiten zu ermitteln und neue Geschäftschancen zu finden.

- *Zweiter Freitag*: Treffen mit ausgewählten Kunden aus drei Kundenkategorien: Spitzenkunden, Kunden aus dem mittleren Bereich und ausschließlich preisorientierte Kunden.

- *Dritter Freitag*: Interne Ermittlung von ‚Mustern' an Marktchancen und Bildung geeigneter Teams zur Bearbeitung und Nutzung der sich bietenden Möglichkeiten.

- *Vierter Freitag*: *Meeting* mit ausgewählten Lieferanten zur Ermittlung von Fähigkeiten und Erwartungen und zur Klärung der Frage, inwieweit laufende Projekte unterstützt beziehungsweise neue Projekte entwickelt werden können.

- *Fünfter Freitag*: Ausrichtung auf die Kunden der Kunden mit dem Ziel, die Erwartungen und Aspirationen zu ermitteln, die deren Beziehung zu unseren Kunden bestimmen (vier Monate im Jahr haben einen fünften Freitag)."

Und dann fährt Alan Tanaka fort: „Auch dies habe ich noch nicht richtig durchdacht, aber wir könnten doch auch den Ablauf der jeweiligen Zusammenkünfte festlegen: (Marjorie Callahan beginnt wieder zu schreiben.)

- *Tagesordnung*: Die versammelte Gruppe stellt die Fragen, Themen und Gelegenheiten zusammen, über die gesprochen werden soll (15 Minuten).

- *Kontext*: In den nächsten 15 Minuten erläutert das Führungskräfte-Team den geschäftlichen Zusammenhang.

- *Viererteams*: Die Teilnehmer befassen sich mit den Themen, wobei jeweils vier Teilnehmer als Team zusammenarbeiten (45 Minuten).

- *Teamarbeit der Teams*: Zwei Teilnehmer stehen von jedem Tisch auf und gehen zu den nächsten beiden Tischen innerhalb eines Tisch-Clusters oder auch zu ganz anderen Tischen und setzen ihre thematische Arbeit am neuen Tisch fort. Auf diese Weise lassen sich neue Perspektiven und Tendenzen in die Dialoge der verschiedenen Teams einbringen (30 Minuten).

- *Ausgangsteams*: Die Teilnehmer kehren zu ihren Ausgangsteams zurück und erstatten kurz Bericht, so daß die verschiedenen Ideen, Einsichten, Erfahrungen und Erwartungen noch einmal verdichtet werden (15 Minuten).

- Kurze Pause.

- *Allgemeiner Dialog*: In Abhängigkeit von der Teilnehmerzahl nimmt die Gruppe als Ganzes oder in mehreren Team-Clusters kurz Stellung zu den Ergebnissen, Themen, Fragen und insbesondere zu den Marktchancen. Letztere stehen dann im Mittelpunkt der nächsten Arbeitsrunde in kleinen Teams (30 Minuten).

- *Teams für Marktchancen*: Auf der Grundlage der vorangegangenen Dialoge bilden sich Viererteams, um konkrete Gelegenheiten zu ermitteln, den geschäftlichen Kontext, die vorhandenen Fähigkeiten und die zugrunde liegenden Erwartungen zu klären und die zur Bearbeitung und Nutzung dieser Chancen verfügbaren Ressourcen zu erfassen (30 Minuten).

- *Teamarbeit der Teams*: Wieder wechseln zwei Teilnehmer von jedem Tisch zu den nächsten beiden Tischen, um gemeinsame Einflußbereiche, gemeinsame Fähigkeiten sowie Möglichkeiten zum Ausgleich der verschiedenen Erwartungen und Bestrebungen zu ermitteln (30 Minuten).

- *Allgemeiner Dialog*: Die wichtigsten Projekte, Themen, Fragen und Chancen werden noch einmal zusammengefaßt und dokumentiert (30 Minuten)."

„Herr Tanaka, wenn Ihnen das alles mal eben so durch den Kopf gegangen ist, dann möchte ich erleben, wie Sie sich anstellen, wenn Sie wirklich ernsthaft über etwas nachdenken", bemerkt Gregory Kasmirian.

Anerkennendes Gelächter.

„Herr Schroeder und Herr Tanaka, ich hatte ein bißchen die Sorge, diese Freitag-*Meetings* könnten zu Zeitfüllern ausarten, aber ich stelle fest, daß wir auf diese Weise recht grundlegende Fragestellungen erkennen und bearbeiten können", kommentiert Carol Soo. „Und ich sehe auch eine Menge weiterer Vorteile. Wenn unsere Kunden merken, daß wir ihre Erwartungen ernst nehmen, sind sie uns gegenüber wahrscheinlich auch viel offener. Wenn die erst einmal sehen, welch weitreichende Fähigkeiten vorhanden sind, raffen sie sich vermutlich ihrerseits zu viel gewagterem Denken auf. Und dies kann in der Tat potentielle Marktchancen für uns bedeuten. Wenn wir uns dann erst einmal in den Rhythmus hineingefunden haben, sollten wir auch die wichtigsten Muster erkennen können und hervorragendes Geschick bei Teambildung und Teameinsatz entwickeln. Aber eine Frage noch: Sollen die *Meetings* an allen Freitagen in der gleichen Form ablaufen?"

„Sehr wahrscheinlich stellen sich im Lauf der Zeit Variationen ein, die jeweils besser für Gespräche mit Kunden, mit Lieferanten beziehungsweise mit den Kunden der Kunden geeignet sind. Sicher ist Herr Schroeder einer Meinung mit mir, daß dies nur Anregungen sind", fügt Alan Tanaka hinzu. „Wir möchten zeigen, daß virtuelles Unternehmertum, dynamische Teambildung und Vernetzung von Wissen keine vagen, abstrakten Konzepte sind, sondern ganz konkrete, machbare Optionen darstellen. Das hat alles Hand und Fuß."

„Herr Tanaka, Sie machen so gar nicht den Eindruck eines konventionellen Personalmanns", beglückwünscht ihn Gregory Kasmirian. „Willkommen in unseren Reihen."

Alan Tanaka lacht kurz auf – erleichtert.

Dann meldet sich Marjorie Callahan zu Wort: „Herr Schroeder und Herr Tanaka, während Ihrer Ausführungen habe ich über die Dynamik der Prozesse nachgedacht. Wenn jeder teilnehmen kann, werden wir sehr schnell die Art von Talenten erkennen, über die wir hier bei uns verfügen beziehungsweise die uns unsere Kunden und unsere Lieferanten zu bieten haben. Zudem werden wir zur Vertrauensbildung beitragen, sowohl intern als auch extern. Und wenn wir in kleinen Teams arbeiten, wird den Leuten auch das Gefühl vermittelt, daß ihre Beiträge anerkannt werden. All dies verhilft uns auf ganz konkrete Weise zu einer Kultur gegenseitiger Wertschätzung im Unternehmen. Das ist ein mächtiger Motivator. Und außerdem werden die Leute schnell herausfinden, wie sich ihre eigene Arbeit in den größeren geschäftlichen Zusammenhang einfügt. Die gründliche Auseinandersetzung mit Problemen wird ihnen um so leichter fallen, als sie dann die größeren Zusammenhänge kennen. Sie können gezielter und effektiver arbeiten. Warum haben wir nicht früher an einen solchen Ansatz gedacht?"

Stäbe werden neu definiert

„Könnte es sein, daß wir zu sehr in unserer Kästchen- und Linien-Organisation verstrickt waren?" fragt Gregory Kasmirian. „Allerdings – die *Meetings* als solche werden wohl nicht so viel ändern. Nach wie vor sind die kaufmännischen Funktionen bei uns ziemlich verkrustet – das soll kein Angriff gegen Sie sein, Frau Callahan. Und unsere Vorgehensweise im Personalbereich und in der

Rechtsabteilung, die Aus- und Weiterbildung, die allgemeine Verwaltung und die Informationssysteme sind doch noch allesamt auf das Industriezeitalter ausgerichtet. Sie wissen, wie skeptisch ich sein kann, aber Sie haben auch festgestellt, daß ich für Wandel aufgeschlossen bin. Ich möchte jetzt den härtesten Test machen, den ich mir vorstellen kann. Gelingt es uns, zehn konkrete Maßnahmen zusammenzustellen, wie unsere Stabsfunktionen ihre Vorgehensweisen – individuell und kollektiv – so definieren können, daß unsere neue Richtung unterstützt wird?"

Marjorie Callahan steht schon wieder am Flip-chart und schreibt die wichtigsten Stabsfunktionen auf. So, wie die Vorschläge kommen, hält sie diese jeweils unter der zugehörigen Funktion fest:

Finanzen:

- Bilanzmäßige Erfassung von Vermögenswerten an Wissen und intellektuellem Kapital;

- Bestimmung einer „Wissensumschlagsquote", analog zur Lagerumschlagsquote;

- Einführung einer Budgetierung, bei der den Funktionen nicht mehr als 40 % der Finanzmittel zugeteilt werden – die restlichen 60 % stehen als „Wagniskapital" für Teams zur Verfügung, die an neuen Ideen arbeiten;

- Aufstellung einer Kostenstruktur unter Berücksichtigung solcher Kosten, die durch unzureichende Nutzung von Fähigkeiten und Erwartungen verursacht werden;

- Verbesserung des Systems zur „Verwertung von Denkschrott", wobei gute Ideen, die voreilig oder gleichgültig verworfen wurden, wieder neu bewertet werden.

Personal:

- Entwicklung eines alle vier Monate zu aktualisierenden Systems zur Erfassung von Fähigkeiten und Erwartungen auf individueller, funktionsbezogener und unternehmensweiter Basis, analog den „Gelben Seiten";

- Erarbeitung eines neuen Entlohnungssystems, bei dem jeder im Unternehmen zehn Kreditkärtchen an Kollegen vergeben kann, die rundum einen besonders effektiven Beitrag zur Nutzung gegenseitiger Fähigkeiten im Interesse unserer Kunden geleistet haben. Auf der Rückseite der Kärtchen müssen die Beitragsleistungen angegeben werden, wobei der Wortlaut den betreffenden Kollegen mitzuteilen ist (diese Kärtchen können, müssen aber nicht mit einer Unterschrift versehen werden);

- Belohnung von Flexibilität, funktionsübergreifender Teambildung, Offenheit und Fähigkeit zur Unterstützung von Wachstum;
- Bezeichnung der Beschäftigten als „Kollegen", „Firmenangehörige" oder „Mitarbeiter", nicht aber als „Arbeiter" oder „Angestellter";
- Unterstützung der Mittelmanager bei der Erschließung neuer Aufgabenbereiche im Projekt- und Programm-Management;
- Entwicklung von Methoden der dynamischen Teambildung, damit jedes Kleinteam bei der Bearbeitung von Marktchancen bedarfsgerecht mit Ressourcen versorgt werden kann.

Rechtsbereich:

- Erarbeitung von Modellverträgen zur Teambildung mit Kunden und Lieferanten – mit dem Ziel, virtuelles Unternehmertum zu fördern;
- Ermittlung einer Methode zur Beurteilung der geschäftlichen Tragfähigkeit solcher virtuellen Unternehmungen in Zusammenarbeit mit dem Finanzbereich.

Aus- und Weiterbildung:

- Gestaltung des Lernens als natürlichen Unternehmensprozeß – zum Beispiel im Rahmen der freitäglichen *Meetings*;
- Entwicklung von Methoden, die den Austausch von Erfahrungen, Fähigkeiten und neuerworbenen Kenntnissen unter den Teammitgliedern erleichtern;
- Erarbeitung von Methoden zur Realisierung latenten Wissens.

Informationstechnik:

- Entwicklung einer robusten informationstechnischen Infrastruktur für dynamische Teambildung, auf der Basis von *Groupware* wie *Lotus Notes* oder einem das gesamte Unternehmen erfassenden *Corporate-Wide-Web*-Ansatz;
- Erarbeitung einer *World-Wide-Web-Home-Page*, mit der sich die verschiedenen Projekte des Unternehmens unter dem Schutz eines elektronischen *Firewall*-Systems leicht koordinieren lassen.

Infrastruktur-Dienste:

- Schaffung variabler Flächen für Büros und Sitzungen.

„Wenn ich mir das alles anschaue", meint Frank Giardelli, „dann kann ich mir richtig vorstellen, wie die verschiedenen Funktionsbereiche gemeinsam an der praktischen Umsetzung der Veränderungen arbeiten. Die Finanzabteilung und das Personalwesen müssen sich im Team um das Entlohnungssystem kümmern. Finanzabteilung und Rechtsabteilung können gemeinsam juristische und finanzielle Modelle für ein virtuelles Unternehmertum vorbereiten. Personalwesen und Aus- und Weiterbildung sind bemüht, eine wirklich ‚lernende Organisation' aus uns zu machen. Personalwesen, Infrastruktur-Dienste und die Informationstechnik verhelfen uns zu einem Arbeitsumfeld wie bei *Oticon*. Das sind die *Starts*. Wenn wir noch andere beteiligen können, läßt sich die Liste mit Sicherheit noch erheblich erweitern."

Wandel auch in der Linie

„Ich meine aber, nicht nur der Stab, sondern auch die Linie muß die Denkweise ändern, um unsere neue Realität zu verwirklichen", bemerkt Wesley Schroeder. „So müssen unsere Ingenieure ganz bestimmt mehr Aufgeschlossenheit für die Zusammenarbeit mit Ingenieuren aus unseren Lieferanten- und Kundenunternehmen entwickeln. Und wenn wir uns erst einmal besser darauf verstehen, den Aspirationen unserer Kunden zuzuhören, dann erkennen wir auch die Saatkörner für neue Produkte und komplementäre Dienstleistungen. Außerdem können wir ergänzendes verfahrenstechnisches Wissen von überall her nutzen. Ich habe kürzlich darüber gelesen, wie eine japanische Konstruktions- und Baufirma Ingenieure in Indien einsetzt, die über Satellitenkommunikation und fortschrittliche *CAD*-Systeme beim *Detail-Engineering* mitwirken."

Vincent Gutierrez blickt in die Runde. „Wesley Schroeder hat recht. Wenn unsere integrierten Produktentwicklungsteams gegenseitig Gebrauch von ihren Fähigkeiten machen, dann können wir auch variablere Ressourcen von unseren Lieferanten heranziehen; auf diese Weise verkürzen wir letztlich die Zeitspanne bis zur Vermarktung, weil wir Wissen und Erfahrung der Produktion schon in der Konstruktionsphase als Restriktionen berücksichtigen können."

„Die Veränderungen in Marketing und Vertrieb könnten möglicherweise noch einschneidender sein", bemerkt Carol Soo. „Es gibt eine Menge, was wir aktiv *verlernen* müssen, wenn es ums Mitteilen und Zuhören geht. Ich sehe uns schon, wie wir gemeinsam mit den Leuten aus dem Personalbereich diese Freitagsnachmittagssitzungen gestalten und durchführen. Das wäre eine wunderbare Methode, unseren Vertriebsleuten die Schlüsselthemen begreiflich zu machen, die unsere Kunden und Lieferanten bewegen. Dann können die nämlich die Fähigkeiten, zu denen wir intern wie extern Zugang haben, in ihrer ganzen Bandbreite erkennen. Ich könnte mir vorstellen, daß wir dann ein weitaus effektiveres, motivierteres und gezielter arbeitendes Vertriebspersonal haben. Wir haben bisher immer nur Standardprodukte aus unserem Produktkatalog verkauft; jetzt aber werden wir unsere Kunden daran gewöhnen, unsere CD-ROM-Verkaufskataloge zu nutzen, um ihre Bestellungen selbst zu tätigen – worauf wir einen Nachlaß geben. Das wiederum gibt unseren Vertretern die Möglichkeit, sich verstärkt der Spitzenkundschaft zu widmen."

„Wirklich bemerkenswert", bemerkt Frank Giardelli, „daß unsere gemeinsame Woche diese Richtung genommen hat. Als ich das Organigramm zerriß, erwartete ich, daß Sie alle Ihre Positionen verteidigen und um neudefinierte Besitzansprüche kämpfen würden. Das haben Sie aber nicht getan. Vielmehr haben Sie Ihre Ideen gegenseitig aufgegriffen und weitergeführt. Was meinen Sie?"

„Herr Giardelli, Sie wissen, wie stur ich sein kann", erwidert Vincent Gutierrez. „Also, ich bin von unserem Vorgehen regelrecht angetan. Ich finde, wir sind viel offener miteinander. Das ist ganz anders als sonst. Das gibt mir richtig Schwung."

Die anderen nicken Vincent Gutierrez zustimmend zu.

„Wie schön, daß wir wieder lachen können", bemerkt Marjorie Callahan.

Überlappende Kreise

„Frau Callahan, könnten Sie die vier überlappenden Kreise noch einmal auf das Flip-chart malen? Diesmal sollten es am besten zwei Kreisgebilde sein. Bei der oberen Figur könnten Sie vielleicht auf die Fähigkeiten und Erwartungen hinweisen und bei der unteren lediglich die verschiedenen Segmente nummerieren", bittet Frank Giardelli.

Marjorie Callahan zeichnet die Kreisbilder an.

„Herr Giardelli, es ist interessant, daß Sie gerade Frau Callahan gebeten haben, die Kreise so zu zeichnen", kommentiert Wesley Schroeder. „Ich hatte auch schon an so etwas gedacht. Wie wäre es denn, wenn wir die obere Figur benutzen, um für die Spitzenkunden oder andere wichtige Kundengruppen ein Modell von den jeweiligen Fähigkeiten und Erwartungen zu erstellen? Wir könnten dieses Modell sogar auf unseren Freitag-*Meetings* heranziehen – es würde uns helfen, die Dynamik und die Energie in den Beziehungen zu erkennen. Und was haben Sie mit dem unteren Bild vor, Herr Giardelli?"

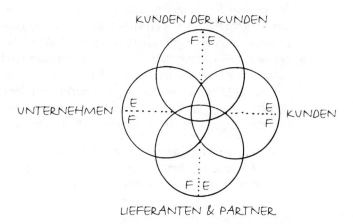

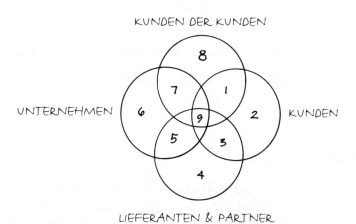

„Sobald wir die Fähigkeiten und Erwartungen ermittelt haben, müssen wir uns auch um die Muster an den Schnittstellen kümmern", antwortet Frank Giardelli. „Gehen wir einmal genauso vor, wie ich mir das gerade gedacht habe. Wir sind übereinstimmend der Meinung, daß wir gut darin werden müssen, die Möglichkeiten an der Schnittstelle zwischen unseren Kunden und ihren Kunden zu erkennen (1). Dann ermitteln wir die Fähigkeiten unserer Kunden (2), die wir fördern können, damit diese den Wünschen ihrer Kunden besser gerecht werden. Das könnte auch bedeuten, daß wir unsere Lieferanten und Kunden in einer virtuellen Unternehmung zusammenbringen müssen (3). Außerdem müssen wir die Fähigkeiten und Erwartungen unserer Lieferanten und unserer anderen Partner in Erfahrung bringen (4). Deshalb ist besonders unser Auswahlprozeß (5) von entscheidender Bedeutung. Wir selbst müssen hervorragende *Teaming*-Fähigkeiten entwickeln (6). Außerdem brauchen wir eine klare Vorstellung davon, wie wir unsere vielseitigen Fähigkeiten optimal bündeln können. Der Schlüssel zum Erfolg könnte unsere Fähigkeit sein, signifikante Erwartungsmuster bei den Kunden unserer Kunden (7) zu erkennen. Deshalb müssen wir sehr clever vorgehen, wenn wir die Kunden unserer Kunden kennenlernen wollen (8)."

„Herr Giardelli, wie viele schlaflose Nächte haben Sie verbracht, um diese Modelle in den Griff zu bekommen", fragt Gregory Kasmirian. „Übrigens, da ist noch eine Zahl, die Sie nicht erwähnt haben – die 9. Hat das etwas zu bedeuten?"

„Herr Gutierrez, haben Sie eine Idee?" fragt Frank Giardelli.

Vincent Gutierrez blickt leicht verwirrt.

„Herr Gutierrez, Sie spielen doch gern Tennis, oder?" meint Frank Giardelli.

„Ja."

„Also, wenn's mal nicht so richtig läuft, was tun Sie dann?" fragt Frank Giardelli.

„Ich überlege ... Reaktion schnell genug, Fußstellung richtig, und der Schläger, na ja, der will manchmal nicht so richtig ... Idealpunkt, Idealpunkt ... wollen Sie darauf hinaus? Der ist mitten im Schläger. Der ist mitten im Mittelpunkt der überlappenden Kreise (9). Dort kommen alle vier Kreise zusammen. Schön – das macht Sinn, aber wie beim Tennis ist dieser Punkt nur sehr schwer zu treffen."

Frank Giardelli lächelt.

„Faszinierend ... wie bekommen wir diesen ,Idealpunkt' zu fassen?" fragt sich Gregory Kasmirian, für alle hörbar. „Gibt es den einfach so, oder ist der etwa davon abhängig, wie wir unsere Beziehungen zu unseren Lieferanten und Kunden und deren Kunden gestalten? Ich beginne zu erkennen, daß alle diese Elemente zusammenwirken. Deshalb müssen wir unsere Stäbe wieder in die Linie integrieren; deshalb müssen wir uns anstrengen, durch aufmerksames Zuhören Muster zu erkennen; deshalb müssen wir uns ein *Sowohl/als auch*-Denken angewöhnen; und deshalb müssen wir die Erwartungen unserer Kunden auch wirklich ernst nehmen."

„All dies hätten wir aus der Perspektive unseres Industriezeitalter-Modells überhaupt nicht erkennen können", meint Vincent Gutierrez. „Da ist alles derart in kleine Teile, kleine Kästchen und kleine Herrschaftsgebiete zerstückelt, daß der größere Zusammenhang völlig unsichtbar bleibt. Oh je! Und unser Erfolg wurde nur durch einen brutalen Kraftakt möglich. Nicht gerade elegant.

Vielleicht haben wir die Lektionen des Industriezeitalters zu gut gelernt. Wir sehen *etwas*, aber *viel* ist das nicht. Und oft hören wir gar nicht erst hin, weil wir so viel mitzuteilen haben. Herr Giardelli, wollten Sie uns zu dieser Erkenntnis bringen, als Sie das Organigramm in zwei Hälften rissen?"

Verantwortung tragen

Frank Giardelli erwidert: „Nein, ich habe rein aus dem Gefühl heraus gehandelt. Ich habe nicht richtig erkannt, wie sehr wir gefangen waren. Meine Augen und Ohren sind erst durch unseren Dialog geöffnet worden. Sie alle haben meine Erwartungen eindeutig übertroffen. Und ich persönlich habe sehr viel gelernt. So fühlt man sich schon viel wohler. Ich möchte, daß Sie alle in Ihren bisherigen Bereichen verbleiben. Aber wäre es möglich, daß Sie sich nicht mehr als Chef verstehen, sondern zu echten Mentoren entwickeln – untereinander wie auch in Ihren jeweiligen Funktionsbereichen? Sie merken, ich möchte die alten Begriffe *Macht* und *Kontrolle* vermeiden. Und ich habe auch nicht von ‚Ihren Leuten' gesprochen, weil die eigentlich nicht uns gehören. Und ich bezeichne sie auch nicht mehr als ‚Angestellte', eben weil sie mehr als das sind."

Dann setzt er hinzu: „Jeder einzelne von uns sollte Verantwortung dafür übernehmen, daß in unseren jeweiligen Bereichen die Fähigkeiten bestmöglich entwickelt werden – und dies in einer Weise, daß Zusammenarbeit intern wie extern zu einer Art Lebensstil wird. Wenn wir uns nicht nur bemühen, die Saatkörner für Marktchancen zu finden, sondern sie auch richtig wurzeln lassen, werden wir Begeisterung schaffen, und Begeisterung ist ein mächtiger Motivator. Ich hoffe, daß wir den Prozeß der Teambildung so gut meistern, daß wir diese Saatkörner einpflanzen, kultivieren und letztlich ernten können. Mit anderen Worten: Unsere Rolle besteht darin, das Umfeld zu gestalten, den Einsatz unserer Ressourcen beratend zu steuern, die Verbindungen zu unseren Kunden und Lieferanten zu unterstützen und aktiv an unseren Freitagssitzungen teilzunehmen. Belohnt werden wir letztlich durch unsere Kunden und unsere Geldgeber. Wir müssen ihnen zeigen, daß wir nicht nur die besten Produkte und Dienstleistungen anbieten, sondern einen Weg gefunden haben, auf Dauer die Standards in unserer Branche zu setzen. Dies ist unsere Version vom *Fosbury Flop*; wir werden fähig sein, die Meßlatte höher zu legen und unerwartete, nicht-lineare, noch unbekannte Marktchancen zu ergreifen."

„Herr Giardelli, das ist eine wunderbare Vision, eine wunderbare Herausforderung", kommentiert Wesley Schroeder. „Als praktisch denkender Ingenieur habe ich mir ein neues Organisationsmodell vorgestellt, auf dem wir unsere Fähigkeiten als kreisförmig vernetzte Knotenpunkte erkennen können. Und was uns dann beflügelt, das ist unsere Fähigkeit, uns Zugang zu den Vorstellungen und Aspirationen unserer Kunden und auf dem Markt zu verschaffen. Auf diese Weise können wir unsere Kunden zu kühneren Überlegungen herausfordern, weil wir ihre Visionen wertschätzen. Wir können entsprechend reagieren, weil wir den richtigen *Umgang mit Wissen* beherrschen – den Prozeß der kontinuierlichen Kombination und Neukombination unseres Wissens zum *Wie, Wann, Wo, Warum* und *Was*. Daran ist nichts Statisches, so wie auch im Unternehmensalltag nichts statisch ist. Darum habe ich auch nicht von Wissen als solchem, sondern vom *Umgang mit Wissen* gesprochen. Wirklich, alles im Unternehmen ist dynamisch und fließend. Das ist eine aufregende Erkenntnis."

„Sie haben recht, Herr Schroeder", meint Alan Tanaka. „Der Ansatz, den wir jetzt erarbeitet haben, macht viel mehr Sinn als das herkömmliche Modell vom Wandel. Anstatt ‚aufzutauen, zu verändern und wieder einzufrieren', entdecken wir eine Möglichkeit, wie wir unsere Ressourcen nie wieder einfrieren, sondern ständig flexibel einsetzen und wieder neu kombinieren können – so wie sich die Geschäfte gerade bieten. Herr Schroeder, könnten Sie Ihr Modell in die vier Kreise einbauen?"

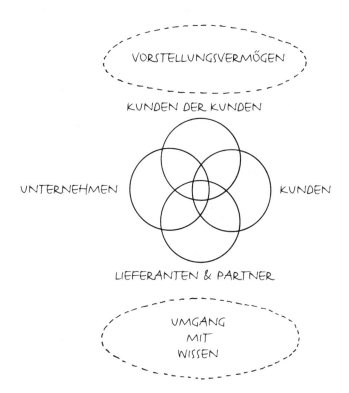

Das Viererkreis-Modell

„Herr Giardelli, jetzt bekommen Sie Ersatz für unser altes Organigramm", sagt Alan Tanaka. „Wir können die unterschiedlichen Ressourcen, über die wir in unseren Unternehmen verfügen, aus diesem Diagramm erkennen und immer wieder neu anordnen. In diesem Modell gibt es auch kein Oben und Unten; vielmehr hat ein jeder seinen ‚Kreis-Platz'. Von jedem wird erwartet, daß er die mit dem Unternehmen getroffenen Vereinbarungen erfüllt, aber darüber hinaus – und das ist wirklich wichtig – muß er bereit sein, Verantwortung zu übernehmen und sich neuen Situationen zu stellen. Auf diese Weise können wir ein sehr lockeres Modell aufbauen, das dennoch seine Mitte und seine Regelhaftigkeit hat. Unser *Vorstellungsvermögen* wird zum Generator der Umfeldgestaltung, und unser *Umgang mit Wissen* stellt die entsprechenden Ressourcen bereit. Auf diese Weise wird alles so viel klarer. Ich kann auf frühere Anregungen zurückgreifen und ein neues Entlohnungssystem aufbauen. Die Leute müssen einfach lernen, ihre Fähigkeiten gegenseitig zu erkennen und zu nutzen, und das ist das denkbar beste Entlohnungssystem für eine Organisation, denn es bindet die Menschen – Menschen mit Ideen, Gedanken, Gefühlen und Leidenschaften – in eine aktive Gemeinschaft ein. Das ist so aufregend, weil wir unser intellektuelles Kapital in ganz neuer Weise nutzen können. Herr Giardelli, ich bin dabei!"

„Eigentlich hielten wir ja Gregory Kasmirian und Vincent Gutierrez für unsere größten Skeptiker, aber ehrlich, ich hätte wirklich nicht gedacht, daß wir jemals so weit kommen würden", kommentiert Marjorie Callahan. „Ich lerne, daß die Veränderung einer Organisation nicht nur eine Funktion der Zeit ist, sondern auch von der Bereitschaft der Leute abhängt, Risiken einzugehen, aufgeschlossen zu sein, ein Umfeld des Vertrauens zu schaffen und vor allem anderen aufmerksam zuzuhören. Wir haben in dieser Woche wirklich an vielen Rohideen gearbeitet, und das ist ein gutes Gefühl. Schauen wir uns *General Electric* an! Schauen wir uns *Xerox* an! Wir erneuern uns selbst, weil wir Interesse zeigen, weil wir zuhören, weil wir unbequeme Fragen stellen, weil wir bereit sind, unsere Ideen in Vorstellungsmodelle einzubringen."

Und dann fügt sie noch hinzu: „Herr Giardelli, mir ist gerade noch etwas aufgefallen. Wir haben eine solch breite Mischung bei den Mitarbeitern – Leute mit ganz unterschiedlichem Hintergrund aus aller Welt. Unsere Geschäftsaktivitäten werden zunehmend globaler. Sind Sie bei der Auswahl der Mitarbeiter gezielt unter diesem Aspekt vorgegangen?"

Frank Giardelli lächelt. „Ja, das schon. Ich habe das eigentlich niemandem gegenüber erwähnt, aber ich habe schon länger das Gefühl, daß es wichtig ist, andere Kulturen zu verstehen. Jetzt macht das einmal mehr Sinn. Wenn Arbeit als Dialog aufgefaßt wird, dann brauchen wir Leute, die einen tieferen Einblick in die Kulturen haben, mit denen wir zusammenarbeiten. Ich habe überdies festgestellt, und diese Woche hat das auch bestätigt, daß wir bei unterschiedlichem beruflichem Hintergrund noch aufmerksamer zuhören müssen: Wir müssen uns gegenseitig aufmerksamer zuhören, und wir müssen den Aspirationen unserer Kunden und unserer Lieferanten aufmerksamer zuhören."

„Herr Giardelli, Sie sind uns wieder einmal voraus", kommentiert Carol Soo. „Aber wissen Sie, was uns am Montag wirklich wachgerüttelt hat?"

„Was meinen Sie?" fragt Frank Giardelli.

„Sie, Herr Giardelli, sind nicht der ‚Boß' alten Schlags", fährt Carol Soo fort. „Ich glaube, am Montag wußten Sie selbst nicht, wohin wir uns entwickeln würden. Sie hörten einfach nur auf Ihre Gefühle, als Sie das Organigramm zerrissen. Sie waren uns gegenüber offen und vertrauten darauf, daß wir alle miteinander nach einer Lösung suchen würden. Die meisten Führungskräfte meinen, sie müßten immer für alles eine Antwort haben. Sie aber haben Ihre Empfindlichkeit zu erkennen gegeben. Wie erfrischend und herausfordernd!"

„Danke, Frau Soo, und Dank Ihnen allen, daß Sie so offen und aufrichtig miteinander umgegangen sind", sagt Frank Giardelli mit einem Lächeln. „Frau Soo, als Sie die Triadenkästchen mit *A*, *B* und *C* aufzeichnen ließen, habe ich zum erstenmal richtig verstanden, was mir an unserem traditionellen Hierarchie-Verständnis noch nie gefallen hat. Wenn Sie sich vorstellen, daß ich *A* bin, dann bestand doch meine Rolle darin, daß ich den einen gegen den anderen ausspielte. Das wollte ich auf keinen Fall fortsetzen. In dieser Woche habe ich eingesehen, daß wir nach wie vor eine Hierarchie haben können, doch diese Hierarchie funktioniert jetzt in völlig veränderter Weise. Ich habe Ihnen vertraut, und ich bin belohnt worden durch gehaltvolle Diskussionen, wie ich sie noch nie erlebt habe. Stellen Sie sich vor, wir könnten diese Art von Dialog auch mit unseren Lieferanten, Partnern und Kunden führen! Unsere Risiken werden sich entscheidend reduzieren, wir werden um ein Vielfaches belohnt werden. Und warum? Weil wir in der Lage sein werden, unsere Ressourcen, unser Kapitalvermögen und unser Wissensvermögen auf Schlüsselprojekte zu konzentrieren. Das ist in der Tat aufregend. Vermutlich werden wir noch mehr schlaflose Nächte verbringen, aber aus anderen Gründen als bisher!"

„Herr Giardelli, bei Ihren Worten hatte ich ein *Aha*-Erlebnis", meint Wesley Schroeder nachdenklich. „Normalerweise wollen wir ja unsere Kunden zufriedenstellen, aber das ist kurzsichtig. Unsere Kunden wollen, daß man ihnen zuhört und sie ernst nimmt. Sie wünschen eine sinnvolle Beziehung, die über längere Zeit hinweg Bestand hat. Dazu gelangen wir nur, wenn wir ‚Qualitätsdialoge' führen. Arbeit ist Gespräch. Arbeit ist Dialog. Arbeit ist Suche nach Bedeutung. Das sind reale Kriterien, selbst für einen Ingenieur. Ich kann kaum abwarten, bis unsere Freitagsnachmittagssitzungen beginnen. Und je besser wir lernen, unseren Kunden zuzuhören, desto schneller werden wir auch lernen, uns gegenseitig zuzuhören. Ein Wandel ist von außen leichter zu bewirken als von innen. Herr Giardelli hat diese Woche den Anfang gemacht, als er uns seine Unsicherheit, seine Verletzlichkeit und seine Offenheit zu erkennen gab. Wir haben beschlossen, uns im Umgang mit unseren Kunden genauso zu verhalten. Ich weiß, es wird seine Zeit brauchen, bis wir die Leute wirklich überzeugt haben, aber wenn es uns gelingt, die Unterschiede innerhalb unseres Unternehmens wie auch am Markt zu nutzen, liegen in der Tat aufregende Zeiten vor uns."

„Herr Schroeder, Sie haben mit Ihren Worten viel von dem, was wir gedacht und gefühlt haben, erfaßt", meint Gregory Kasmirian. „Ich weiß, Sie alle konnten diese Woche einen deutlichen Wandel in meinem Denken miterleben, und wirklich, ich fühle mich so richtig energiegeladen. Wenn ich mit meinen Worten diese Woche zusammenfassen darf, dann verstehe ich unseren Kreis jetzt nur noch als ein Viertel unserer Welt – die anderen drei Viertel umfassen unsere Lieferanten, unsere Kunden und die Kunden unserer Kunden. Was uns zusammenhält, ist im Prinzip unsere Fähigkeit, gegenseitig unsere Erwartungen und Visionen zu nutzen, unsere Fähigkeit, gemeinsame Vorstellungen zu entwickeln. Außerdem besitzt jeder von uns Talente, die wir – je nach Marktchance – immer wieder neu kombinieren können. Wir haben gelernt, daß dieser Prozeß als wertschöpfender Umgang mit Wissen zu bezeichnen ist: Wir nutzen gemeinschaftlich unser Wissen und unsere Fähigkeiten. Frau Callahan, wenn Sie noch einmal so nett wären: Zeichnen Sie bitte ein Kreisbild mit unseren Funktionen, um das herum Sie Einzelkreise für unsere verschiedenen Kunden beziehungsweise Partner und Projekte anordnen, und darüber ein Oval für *Vorstellungsvermögen* und unten ein Oval für den *Umgang mit Wissen* ... Ja, das ist es, elegant und einfach, und doch so dynamisch."

Und zu Frank Giardelli gewendet, sagt Gregory Kasmirian: „Ich schlage vor, wir betrachten dieses Modell als Ersatz für das Organigramm, das Sie am Montag in zwei Hälften zerrissen haben." Mit breitem Grinsen setzt er hinzu: „Ich kann in diesem neuen Organisationsmodell keine Kästchen und Linien entdecken ... und ich vermisse sie auch gar nicht, weil ich den Eindruck habe, daß wir uns auf einer viel tieferen Ebene getroffen haben. Unsere gegenseitige Wertschätzung und unsere Dialoge haben mir einen völlig neuen Horizont eröffnet, und ich weiß sehr wohl, daß ich zu Beginn unseres Prozesses ein eher hoffnungsloser Fall für Sie war."

Die anderen nicken und bekräftigen diese ehrliche Bemerkung mit einem anerkennden Lächeln.

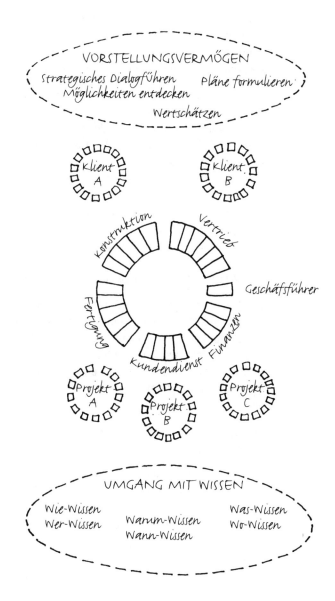

Entdeckungsreisen

Frank Giardelli wendet sich mit sichtbarer Erleichterung an die Gruppe. „Worauf warten wir? Fangen wir gleich nächste Woche mit unseren Freitagsnachmittag-*Meetings* an. Eigentlich sind das gar keine Sitzungen, keine Seminare – das sind geradezu *Entdeckungsreisen*. Herr Tanaka, könnten Sie sich zusammen mit Herrn Schroeder und Frau Soo eine Route überlegen? Und übrigens, willkommen in unseren Reihen, Herr Tanaka und Frau Callahan; es ist wirklich schön, daß wir die alte Trennung zwischen Stab und Linie überwunden haben. Vor uns liegt eine Menge Arbeit."

„Oh, und noch etwas", fügt Frank Giardelli hinzu. „Ich war nicht ganz so kühn, wie Sie vielleicht gedacht haben. Nach unserer Sitzung am Montag habe ich die Organigramm-Hälften wieder aus dem Papierkorb geholt und aufbewahrt – für den Fall, daß ein so großes Durcheinander entsteht, daß wir wieder hätten darauf zurückgreifen müssen. Also – wir haben immer noch eine Hierarchie, aber die wird völlig anders arbeiten. Durch dieses Astloch haben wir uns die Woche hindurchgequält! Das Leben wird weitergehen, aber wir werden in sehr viel größerer Nähe zu den Fähigkeiten und Aspirationen unserer Kunden, unserer Lieferanten und der Kunden unserer Kunden leben. Ich meine fast, das Wort *Kunde* ist gar nicht mehr zutreffend; vielleicht sollten wir besser von ‚kreativen Kooperationspartnern' sprechen, denn in der Tat: Wir werden unsere Zukunft durch kreatives Kooperieren gemeinsam gestalten."

Frank Giardelli zieht die Organigramm-Hälften hervor, hält ein Feuerzeug daran und läßt sie sachte verbrennen. Nun wird sich jeder an die Kreissymbolik halten, wie sie Marjorie Callahan zuletzt angezeichnet hat. Was nunmehr zählt, ist nicht, wer wem unterstellt ist, sondern wie Leute ein Team bilden und im Team zusammenarbeiten, um den Kunden zur Verwirklichung ihrer Träume und Aspirationen zu verhelfen. Der Prozeß ist genauso wichtig wie die Form.

Lächelnde Gesichter, Fröhlichkeit. Neue Höhenmarken, neue Visionen, neue Fähigkeiten!

> *Dem Stimmungshoch vom Freitag nachmittag folgte die Realität des kommenden Montags – und vieler weiterer Montage. Das Team hielt durch, und dank zäher, harter Arbeit konnte allmählich eine Unternehmenskultur der gegenseitigen Wertschätzung entstehen. Erleichtert wurden die Bemühungen des Teams durch die Tatsache, daß die Leute in der gesamten Organisation schon vorbereitet waren. So hatte Vincent Gutierrez seinen Kollegen den ungeheuren Erfahrungsschatz bei Meistern und Arbeitern aus dem Produktionsbereich klargemacht. Die Gewerkschaftsvertreter spielten eine große Rolle bei der Mobilisierung der Ressourcen. Das Mittelmanagement gewann ein neues Aufgabenverständnis. Die Projekt- und Programmleiter beschlossen von sich aus, sich zwecks Erfahrungsaustausch zu treffen.*

> *Die Lieferanten und Kunden wurden aufgeschlossener – zögernd zunächst, aber dann mit einer Kraft und Energie, daß sich das Unternehmen* Custom Products and Services *in seinem Kern herausgefordert sah. Die Freitagnachmittag-Meetings entwickelten sich zu einem signifikanten Wettbewerbsvorteil, weil sie die Bereitschaft zur Kooperation noch weiter ausbauten.*

Bald war das Unternehmen in sechs größere virtuelle Unternehmungen eingebunden. Das Unternehmen beherrschte schließlich auch die Prozesse der dynamischen Teambildung, so daß es nicht nur das eigene Wissensvermögen ausschöpfen konnte, sondern auch die Wissenspotentiale anderer Marktteilnehmer kreativ zu nutzen verstand. In den nächsten zwei Jahren und danach stiegen die Gewinne ständig an.

Es gab auch Rückschläge und Mißerfolge. Einige bekannten sich nach außen hin zu den neuen Bedingungen, hielten aber dennoch an ihren alten Vorgehensweisen fest; doch auch bei ihnen fand letztlich eine Entwicklung statt. Überhaupt stellten die Leute fest, daß sie in verschiedener Hinsicht einen Prozeß des persönlichen Wachstums durchmachten – insbesondere deshalb, weil sie am Wachstum der anderen teilnahmen. Der genetische Code der alten Hierarchie war gebrochen: Das Unternehmen befreite sich allmählich aus den Fesseln der A-B-C-Triade. Die größte Belohnung bot die tagtägliche Erfahrung, von den Kollegen ernst genommen zu werden. Das Unternehmen entwickelte eine gänzlich unerwartete Flexibilität und Anpassungsfähigkeit, weil es seine Stärke in der Vernetzung und Verbindung von Chancen entdeckte. Das Internet Web *war letztlich nur einer von vielen Wegen, aber es erwies sich als machtvolle Metapher für den neuen Arbeitsstil: Unternehmertum im Zeitalter des Wissens.*

TEIL II

Kreatives Kooperieren durch virtuelles Unternehmertum, dynamische Teambildung und Vernetzung von Wissen

Vergangenheit und Zukunft

Die Fallstudie des Unternehmens *Custom Products and Services* in Teil I verdeutlicht die vor uns liegenden Herausforderungen: Frank Giardelli erkennt, daß es keinen Sinn macht, immer noch mehr Computer in die vorhandene Organisation zu stopfen – in der Erwartung, die Investitionen würden sich bezahlt machen. Im Rückblick auf die vergangenen fünf Jahre wird ihm bewußt, daß es mit dem Unternehmen nur vorwärts gehen kann, wenn er die Organisation umstrukturiert und ihre Marktflexibilität erhöht.

Giardelli und seine Abteilungsleiter begreifen, daß ihre größte Herausforderung weniger in der Optimierung von Kosten- und Zeitaufwand, sondern vielmehr in der Bewältigung von Komplexität zu sehen ist. Die multiplen internen und externen Wechselbeziehungen zu Lieferanten, Kunden und deren Kunden entwickeln sich häufig eher chaotisch als in geordneten Bahnen. Nur unter Freisetzung der kreativen Fähigkeiten von Mitarbeitern, Experten und Führungskräften im Unternehmen selbst wie auch in der Zusammenarbeit zwischen Unternehmen ist den multiplen Herausforderungen des Marktes effektiv Rechnung zu tragen. Bis ins Detail abgestimmte Bürokratien mit sorgfältig definierten Richtlinien, Abläufen und Arbeitsplatzbeschreibungen können mit dem Markt im nächsten Jahrtausend nicht harmonieren: Sie sind zu restriktiv und rigide – unfähig, in einen kreativen Dialog mit ihren Lieferanten, Kunden und deren Kunden zu treten. Giardelli und seine Führungskräfte erkennen, daß sie lernen müssen, die Prozesse des virtuellen Unternehmertums, der dynamischen Teambildung und der Vernetzung von Wissen, wie sie sich aus einem lebendigen, gehaltvollen Dialog mit Lieferanten, Kunden und deren Kunden ergeben, zu meistern. Und sie brauchen eine Kultur der gegenseitigen Wertschätzung im Unternehmen, so daß kompetente Mitarbeiter aus dem eigenen Unternehmen im Team mit Lieferanten und Kunden profitable Marktchancen spontan nutzen können.

Giardelli weiß, daß es nicht mit einer hoffnungsvollen Vision von der „Traumorganisation" der Zukunft getan ist, denn das Vermächtnis der bisherigen Annahmen, Einstellungen und Entscheidungen lassen Träume zu Alpträumen geraten. Fortschritt ist nur möglich, wenn die Unternehmen Zukunft und Vergangenheit gleichzeitig im Blickfeld behalten und ihre Kenntnisse, Erwartungen und Bestrebungen wie auch die ihrer Lieferanten, Kunden und deren Kunden optimal nutzen.

In Teil II erkunden wir die Management-Herausforderungen des nächsten Jahrtausends, ohne die Vergangenheit – die Vorstellungen und Annahmen des frühen wie des ausgehenden Industriezeitalters – aus dem Blickfeld zu verlieren. Dieser Vergangenheit sind wir in unserem Denken immer noch verhaftet; sie prägt unser technisches und unser unternehmerisches Verhalten. Wir können die von uns angestrebte Zukunft nur realisieren, wenn es uns gelingt, unsere Vergangenheit zu ordnen. Die Vorstellungen und Annahmen dieser Vergangenheit, die uns auf Schritt und Tritt begleitet, sind weitgehend unhaltbar.

Das Industriezeitalter steht vor dem Bankrott

Die traditionellen Annahmen, Prinzipien und Wertvorstellungen des Industriezeitalters haben ausgedient. Und dieser Bankrott läßt sich nicht einfach durch Einverleibung neuer Computertechnologie überwinden.

Ebenso wenig waren die Prinzipien des Agrarzeitalters dem Ansturm der maschinellen Technologie gewachsen. Neue Formen der Unternehmensführung und der Arbeitsgestaltung wurden entwickelt, um das Potential der Dampfmaschine und ihrer Abkömmlinge zu nutzen. Das Industriezeitalter bediente sich neuer Prinzipien zur Arbeitsteilung, Vergütung von Mitarbeitern und Kontrolle der Aktivitäten im Unternehmen.

Steile Hierarchien, eine Schöpfung des ausgehenden Industriezeitalters, sind höchstem Druck ausgesetzt. Sie können die Flexibilität und Reaktionsfähigkeit, die wir auf unseren zunehmend wettbewerbsorientierten und auf Kooperation angewiesenen globalen Märkten brauchen, nicht bieten. Vielmehr zeigt sich immer deutlicher die Notwendigkeit einer effektiven Integration und Teambildung sowohl innerhalb der Unternehmen als auch zwischen den Unternehmen und ihren Lieferanten, Partnern und Kunden.

Abgeflachte Netzwerkunternehmen treten allmählich an die Stelle steiler Hierarchien. Diese Vernetzung weist zwei Dimensionen auf: (1) die technische Infrastruktur, die Computersysteme und Menschen miteinander verbindet, und (2) den menschlichen Prozeß des Austauschs mit anderen Kollegen – der Verknüpfung von Wissen und Aspirationen.

Wir sind fasziniert von den technologischen Wundern der Nah- und Fernvernetzung, einschließlich *Internet* und *World Wide Web*. Diese Technologien ermöglichen es uns, Anwendungsprozesse, Datenbanken und Menschen auf völlig neue Weise miteinander zu verbinden. So ist die Vernetzungstechnologie absolute Voraussetzung, wenn wir agile Unternehmen schaffen wollen; aber sie allein reicht nicht aus.

Kernpunkt des integrativen Prozesses ist vielmehr die Vernetzung von Menschen und ihrem Wissen. Es geht um einen ständigen Prozeß gegenseitiger Kontaktaufnahme zur Bildung multipler funktionsübergreifender Arbeitsteams innerhalb der Unternehmen wie auch zwischen verschiedenen Unternehmen. Wir brauchen nicht nur Teams, sondern „Teamarbeit von Teams" und „Team-Netzwerke". Das sind neue Herausforderungen, die voller Überraschungen stecken. Doch auch in den Anfängen des Industriezeitalters kam es immer wieder zu unvorhergesehenen Ereignissen, als die Menschen versuchten, die neuen Technologien nutzbar zu machen.

In steilen Hierarchien werden Arbeitsabläufe in viele kleine Schritte unterteilt, wobei verschiedene Leute mit der Durchführung der einzelnen Aktivitäten beauftragt sind. Solche Hierarchien sind nach disziplinarischen *„Vorgesetzter/ Untergebener"*-Beziehungen strukturiert: Jeder untersteht einem Vorgesetzten, der bestimmt, welche Aktivitäten auf welche Weise auszuführen sind.

In einem vernetzten Arbeitsumfeld nehmen die Menschen untereinander Kontakt auf, um ganze Pakete anspruchsvoller Aufgaben in Teams und Team-Clustern ortsunabhängig über alle funktionalen und organisatorischen Grenzen hinweg zu lösen. Netzwerkunternehmen bauen auf kollegialen Beziehungen auf. Von den Mitarbeitern wird erwartet, daß sie im Rahmen eines vereinbarten Kontexts selbst die Initiative ergreifen.

Vielfach ist die Rede davon, es sei nur eine Frage der Zeit, bis Computer-Netzwerke den größten Teil der Mitarbeiter in unseren Unternehmen verdrängt hätten – als ob Menschen Verbrauchsgüter wären. Zwar werden weniger Leute gebraucht, um unsere Unternehmen zu leiten – diese Erfahrung haben wir beim *Downsizing* bereits gemacht; aber die Annahme, die menschliche Komponente sei gänzlich verzichtbar, ist abwegig.

Nüchterner Realismus tritt an die Stelle unserer naiven Computer-Faszination. Wir lernen allmählich die Grenzen der Computer kennen und wissen menschliche Fähigkeiten um so mehr zu schätzen. So haben künstliche Intelligenz und Expertensysteme nicht alle Erwartungen erfüllt – vor allem, weil auf Regeln basierende Systeme nur schwer den größeren *Kontext* erfassen können, in dem die einzelnen Aktivitäten zu verstehen sind.

Das wiedererwachte Interesse an neuronaler Vernetzung weist darauf hin, daß unsere menschliche Fähigkeit zur spontanen Erfassung und Verarbeitung *multipler Strukturen* gesteigerte Wertschätzung erfährt. Anstatt sich das Gehirn als Maschine oder gar als Computer vorzustellen, gibt sich die neuronale Vernetzung bescheidener in Anbetracht des Wunders, daß im menschlichen Gehirn Milliarden von Neuronen vernetzt werden. Unser menschliches Gehirn ist in der Lage, multipel strukturierte Eindrücke wahrzunehmen, zu deuten, einzuordnen und entsprechend zu reagieren [Grossberg 1988: 17-61]. Je deutlicher wir erkennen, daß die besten Datenbanken in den Köpfen der Leute lagern, desto stärker sehen wir uns herausgefordert, unsere Visionen und unser Wissen auf neue und kreative Weise zu vernetzen.

Welch eine Ironie, daß gerade mit unserem Streben nach neuen Formen der Computertechnologie die menschlichen Fähigkeiten und Teampotentiale eine gesteigerte Wertschätzung erfahren! Die Menschen sind zwar in der Lage, dank der Computer-Netzwerke im eigenen Unternehmen wie auch rund um die Welt mit Lichtgeschwindigkeit zu kommunizieren – aber das gegenseitige Mißtrauen der Menschen reduziert die reale Kommunikation auf ein Schneckentempo. Computeranwendungen sind überall im Netz vorhanden – aber die verschiedenen Abteilungen arbeiten mit unterschiedlichen Materiallisten. Wie können wir die zunehmende Kluft zwischen unseren technologischen Fähigkeiten und unserer organisatorischen Trägheit überwinden?

So wie der fallende Apfel Newton schlagartig die Gesetzlichkeit der Schwerkraft erkennen ließ – einer Kraft, mit der die Menschheit seit Anbeginn aller Zeiten gelebt hat –, so erschüttern unsere technologischen Fortschritte die Grundlagen unserer Annahmen über das Wesen der Arbeit und ihre Organisation. In all den Wirren entdecken wir ganz neue Management- und Führungsaufgaben.

Management- und Führungsaufgaben des nächsten Jahrzehnts

Wie Giardelli und seine Führungskräfte erkennen, ist das herkömmliche Repertoire an Führungstechniken, wie sie während des Industriezeitalters entwickelt und verfeinert wurden, dem Zeitalter des Wissens nicht mehr angemessen. Mit dieser Erkenntnis stehen sie nicht allein, denn allerorts sehen sich die Führungskräfte in Europa, Asien, Afrika und Australien sowie auf dem amerikanischen Kontinent mit neuen Management-Herausforderungen konfrontiert:

1. Wie überwinden wir die extreme *Fragmentierung* in den Unternehmen des Industriezeitalters?
2. Wie ist in flachen, dynamischen Netzwerkorganisationen die Frage nach den *Zuständigkeiten* zu lösen?

3. Wie sichern wir *Ausrichtung und Koordination* multipler interdisziplinärer Teams?

4. Wie läßt sich die Fähigkeit zu *kontinuierlichem Lernen* und *schneller Marktanpassung* in der Organisationsstruktur verankern?

Wir alle kennen Beispiele für eine organisatorische Fragmentierung, bei der funktional strukturierte Abteilungen ausschließlich auf die eigenen Aufgaben ausgerichtet sind und an den Belangen der übrigen Abteilungen keinerlei Interesse zeigen. Diese Fragmentierung gilt es eindeutig zu überwinden, denn fragmentierte Unternehmen werden der reichen Komplexität globaler Wirtschaftszusammenhänge nicht gerecht.

Je flacher eine Organisation strukturiert ist, desto größer wird die Leistungsspanne. Inzwischen ist es schon gar nicht mehr leicht, sich um alle unterstellten Mitarbeiter zu kümmern. Aus diesem Grund bedarf es einer neuen Strategie zur Lösung der Zuständigkeitsfrage – vor allem in technisch vernetzten Unternehmen. Ohne eine verbindliche Zuständigkeitsstrategie tendieren einzelne Mitarbeiter wie auch ganze Gruppen leicht in unterschiedliche Richtungen oder versumpfen in „Gruppenunschlüssigkeit".

Entwicklung und Konstruktion, Fertigung, Finanzwesen, Marketing, Vertrieb und Kundendienst sind gefordert, parallel zu arbeiten. So stellt die Paralleltechnik in Fertigungsbetrieben die Konstruktionsingenieure und die Fertigungsingenieure vor die anspruchsvolle Aufgabe, Produkte und Prozesse gemeinsam zu entwickeln – und dies nicht nur innerhalb des eigenen Unternehmens, sondern auch in Zusammenarbeit mit anderen Unternehmen. Ähnliche Trends zeichnen sich in den Dienstleistungsbereichen ab; die derzeitigen Veränderungen im Anlagegeschäft weisen in diese Richtung [Eccles/Crane 1988]. Und je mehr die Mitarbeiter in multiplen interdisziplinären Teams arbeiten, desto selbstbestimmter und eigenverantwortlicher müssen sie vorgehen [Wheatley 1922; Helgesen 1995b]. Zugleich ist es wichtig, daß sie ihre Aktivitäten mit anderen Teams abstimmen und gegenseitig ihre Einsichten und Erfahrungen austauschen.

Die Einführung derartiger Teamaktivitäten löst einen gewaltigen Lernprozeß aus [Nonaka/Takeuchi 1995].[1] Doch allzu häufig verflüchtigen sich solche Lernerfahrungen, weil sie nicht aufgefangen werden. Dabei sind sie für das Unternehmen von unschätzbarem Wert. So besteht eine wichtige Herausforderung des Wissenszeitalters darin, die Lernerfahrungen von Individuen und Teams kontinuierlich zu erfassen und anderen im Unternehmen mitzuteilen. Lernen erfolgt großenteils implizit, so daß es häufig gezielter Anstrengungen bedarf, um dieses Wissen explizit und anderen zugänglich zu machen [Nonaka/Takeuchi 1995]. Die Zeitspanne bis zur Kommunikation von Lernerfahrungen wirkt sich genauso entscheidend aus wie die Zeitspanne bis zur Vermarktung neuer Produkte.

Schlüsselkonzepte

Vor einigen Jahren spielte die Presse die japanische Initiative *Computer der fünften Generation* [Feigenbaum/McCorduck 1983] hoch. Man befürchtete, die Japaner könnten die *High-Tech*-Führung an sich reißen, indem sie das Potential des Mikrochips in Parallelverarbeitungssystemen entfesselten. Doch diese Diskussion lenkte nur von der eigentlichen Herausforderung ab – der Entfesselung des Potentials unseres menschlichen Gehirns, so daß wir in Kooperation miteinander die ständigem Wandel unterliegenden Marktchancen erkennen und nutzen können.

Beim Management der fünften Generation geht es nicht darum, unterstellte Mitarbeiter eigennützig zu kommandieren. Vielmehr sehen wir uns aufgefordert, unsere Ausgangsbasis zu überdenken: unsere Werte, Einstellungen und Auffassungen zu Führungsstil, Arbeit und Zeit. Wir werden zu einem elegant einfachen Verständnis geführt: Wir müssen uns selbst kennen lernen – unsere Visionen, unser Wissen, unsere Gedanken und Gefühle – und mit anderen auf neue und kreative Weise in Kontakt treten.[2] Voraussetzung ist, daß die verschiedenen Funktionsbereiche und Unternehmen in der Lage sind, in virtuellen aufgabenorientierten Teams parallel zu arbeiten. Kurzum: Management der fünften Generation ist eine Frage des Führungsstils. Es geht nicht um die eigenen Machtbefugnisse, sondern darum, wie wir uns gegenseitig *ermächtigen*, *mit Energie aufladen* und *befähigen*. Dazu bedarf es eines integrativen Umfelds, in das Mitarbeiter und Unternehmen ihre besten Fähigkeiten einbringen.

Das Wort *Integration* hat etwas Mystisches an sich – besonders in Anbetracht der Faszination, die rechnerintegrierte Fertigung (*computer-integrated manufacturing, CIM*) und rechnerintegrierte Geschäftsabwicklung (*computer-integrated enterprise, CIE*) auf uns ausüben. In manchen Köpfen spukt seither die Vorstellung, *CIM* und *CIE* bescherten uns „Fabriken ohne Papier und Personal" [Teicholz/Orr 1987: 1.4-1.5]. So wird argumentiert, die Automatisierung werde in Kombination mit Computern dazu führen, daß nur noch einige wenige Spitzenführungskräfte in ihren „Kommando- und Kontrollzentralen" sitzen und mit Hilfe einiger weniger Experten die alltäglichen Betriebsabläufe steuern. Schließlich hat man Hardware und Software zu einem *automatisierten* und *integrierten* Ganzen zusammengefügt – von der Vorstandsetage bis zur Werkshalle! Die strategische Planung wird unterstützt durch Expertensysteme in Verbindung mit der Betriebsplanung, wobei Aufträge über computergestützte Konstruktionssysteme zur Terminplanung und numerischen Steuerung in der Werkshalle weitergeleitet werden. Diese Vision von *CIM* und *CIE* führt in eine Sackgasse, denn sie läßt die menschliche Komponente unberücksichtigt. Doch gerade die Menschen sind es, die einer Organisation zu Flexibilität, Agilität und Kreativität verhelfen.

Wir wollen die Bedeutung von *Integration* aus einer anderen Perspektive heraus klären. Integration scheint für alles und jedes zu stehen. So wird das Wort auch häufig als Synonym für *Konnektivität* (einschließlich der Möglichkeit einer *Interoperabilität*) und *Interface* verwendet. Wenn diese Begriffe durcheinander gebracht werden, kommt es unweigerlich zu Verwirrung. Wie Abbildung 6.1 zeigt, sind die drei Termini eindeutig voneinander zu unterscheiden.

Abb. 6.1:
Unterscheidung
zwischen Konnektivität, Interface *und* Integration

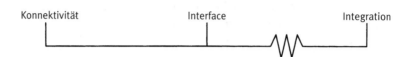

Die Verbindung von Büros oder Standorten über Telefoncomputer-Netzwerke und der Anschluß verschiedener Anwendungen über Schnittstellen ist das eine; etwas gänzlich anderes ist die Integration von Organisationen. Verbindungsmöglichkeiten und Schnittstellenanschlüsse belassen die Organisation in ihrer bisherigen Form, während Integration die Funktionsweise von Organisationen verändert.

Integration leitet sich von der Wurzel *integer* her – was soviel wie ‚ganze Zahl' (im Gegensatz zu ‚Fraktion' oder ‚Bruchteil') bedeutet. Das Wort *integer* wiederum stammt von den lateinischen Wurzeln *in* = in und *tangere* = berühren. Wenn etwas *integer* ist, dann ist es ‚in Berührung mit sich selbst'. Vielfach wird unter Integration nur die physische Konnektivität oder Verbindungsmöglichkeit verstanden. Doch das ist nur ein Teil der Herausforderung.

Das Problem vieler Unternehmen besteht darin, daß sie gewissermaßen eine „Kollektion von Fraktionen" darstellen. So sieht die Konstruktionsabteilung nur einen Bruchteil der Zwänge, unter denen die Fertigungsabteilung arbeitet. Die Fertigungsabteilung weiß die Probleme des Kundendienstes im Außendienst nicht einzuschätzen. Die Finanzabteilung erkennt nicht, wie künstlich die Beibehaltung von Fertigungslöhnen als Kostenrechnungsbasis ist. Und nur zu häufig hat die Unternehmensleitung allenfalls ein „fraktioniertes" Verständnis von den realen Abläufen in den Werkshallen. Die wahre Aufgabe der Integration besteht darin, kreatives Denken innerhalb des Unternehmens wie auch von Unternehmen zu Unternehmen zusammenzuführen (‚in Berührung zu bringen'), um *ganzheitlich* an Herausforderungen und Chancen zu arbeiten. Integration beruht auf der Synergie zwischen Experten und Unternehmen. Konnektivität und *Interface*-Anschlüsse vermögen dieses Problem nicht zu lösen.

Viele Unternehmen haben recht fragmentierte Sichtweisen von ihrer Zukunft. Zwischen den verschiedenen Funktionsbereichen und im Umgang mit den wichtigsten Lieferanten und Kunden kommt es kaum zu gegenseitiger Abstimmung. Viele Führungskräfte finden keinen Zugang zu den Talenten in ihren eigenen Abteilungen.[3] Überhaupt sehen sich zu viele Mitarbeiter aufgefordert, Feuer zu löschen, Kleinkram zu erledigen und Anweisungen zu befolgen – anstatt so zu handeln, wie sie es selbst für richtig halten. Überall nichts als Fragmente.

Hierarchien hat es schon immer in irgendeiner Form gegeben, aber steile Unternehmenshierarchien sind erst um 1880 als eine Schöpfung des ausgehenden Industriezeitalters entstanden. Diese Strukturen verkörpern ein fraktioniertes Denken: Jeder übernimmt eng begrenzte, sich gegenseitig ausschließende Verantwortungsbereiche – ganz so, wie die Gänge eines Motors auf die ihnen zugewiesenen Funktionen beschränkt sind.

Vernetzung wird in zwei Zusammenhängen verwendet: (1) Das Substantiv *Vernetzung* bezeichnet ein konkretes System zur Verbindung von Elementen (Computer-Netzknoten und Menschen) über elektronische Geräte; (2) das Verb *vernetzen* soll nichts anderes bedeuten als die Aktivität, mit uns selbst, unseren Visionen und unserem Wissen sowie mit unseren Kollegen Kontakt aufzunehmen, um Probleme ganzheitlich anzugehen.

In der Diktion dieses Buches ergänzen sich die beiden Begriffe *Integration* und *Vernetzung*. Sie bezeichnen kontinuierliche Prozesse – nicht etwa statische Zustände. Ich vermeide nach Möglichkeit das Wort *vernetzt*, weil dadurch der Eindruck entsteht, man könne ein für allemal ein ‚vernetztes Umfeld' schaffen. Vielmehr bevorzuge ich die Begriffe *Vernetz*en, *Integrieren* und *integrativ*: Sie verdeutlichen den Kontinuitätsaspekt von Integration – die ständige Zusammenführung und Kombination von Menschen und Ressourcen. Der *integrative Prozeß* bringt uns in Kontakt mit dem Ganzen, mit unseren Kollegen, mit Kunden, mit den Kunden der Kunden und mit unseren Lieferanten, und dies in ständig wechselnden Beziehungsmustern. Er bringt uns auch in Kontakt mit unseren eigenen Willenskräften, mit unseren Emotionen und mit unserem Wissen. Der integrative Prozeß ist ein Prozeß menschlicher Vernetzung: Wir vernetzen unsere Vorstellungen und unser Wissen, damit wir auf konkrete Möglichkeiten angemessen reagieren und entschlossen handeln können. Virtuelles Unternehmertum, dynamische Teambildung und Vernetzung von Wissen sind spezifische Ausprägungen von Vernetzung. Sie alle beruhen auf Synergie, die immer dann entsteht, wenn Menschen und Unternehmen mit ihren gegenseitigen Talenten und Aspirationen „Berührung aufnehmen".

Eine gute technisch vernetzte Infrastruktur entwickelt sich zusehends als unabdingbare Voraussetzung für Markterfolg – einschließlich eines internen Unternehmensnetzes sowie Zugang zum *World Wide Web*. Noch wichtiger aber ist unsere menschliche Fähigkeit, uns mit unseren Kollegen zwecks Nutzung realer geschäftlicher wie technischer Möglichkeiten zu vernetzen. Je besser wir uns auf diese Art von Vernetzung verstehen, desto weniger bedürfen wir der starren „Kommando-Superstruktur" steiler Hierarchien. Und je mehr Leute Erfahrungen mit dem *World Wide Web* sammeln, desto besser werden sie das Potential gegenseitiger Verknüpfungen verstehen und die Fähigkeit erlernen, ihre Interessensfäden überall im *Web* zu verspinnen. *„Web weaving"* wird sich bald als gemeinhin anerkannte Form der Vernetzung zusammenhängender Interessen und Ideen durchsetzen: Die Unternehmen werden erkennen, daß sie ihre Interessen mit denen ihrer Lieferanten und Kunden um so sachkundiger „verweben" können.

Von steilen Hierarchien zur Vernetzung von Wissen

Wohl alle haben wir unter denen gelitten, die das offizielle Organigramm mit seinen Kästchen und Linien zu ernst nehmen. Diese traditionellen Führungskräfte meinen, ihren Hoheitsbereich (Imperium, Territorium, Ofenröhre, Verantwortungs- oder Zuständigkeitsbereich) verteidigen zu müssen. Die Verfolgung ihrer Kirchturminteressen führt häufig zu schwächenden politischen Auseinandersetzungen. Vor diesem Hintergrund sieht sich Giardelli veranlaßt, sein Organigramm in zwei Hälften zu reißen.

Die auf „Kommando und Kontrolle" basierende Strategie weicht einem Führungsstil, der auf die „Fokussierung und Koordinierung" multipler Teams in und zwischen Unternehmen abzielt. Je nachhaltiger die Menschen lernen, sich als eine bewußt um Mitarbeit in „multiplen aufgabenorientierten Teams" [Drucker 1988: 47] bemühte und kompetente „Ressource" zu begreifen, desto besser wird es uns gelingen, unsere Unternehmensressourcen effektiv zu fokussieren und zu koordinieren.[4]

Ken Olsen, Gründer und ehemaliger Geschäftsführer der *Digital Equipment Corporation*, stellte sich einen solchen Wandel folgendermaßen vor [Olsen 1987: 4]:

Vor allem sind wir überzeugt, daß wir an der Veränderung der Funktionsweise unserer Organisationen mitwirken. Aus unserer Sicht werden die überlebenden Unternehmen von einem durch Managementkontrolle geprägten Umfeld übergehen müssen zu einem Umfeld, in das zahlreiche Mitarbeiter eine Vielfalt an kreativer Fähigkeit, Bildung und Motivation einbringen.

Dieser Wandel wird nicht einfach sein. Aber er wird stattfinden. Und wir sind überzeugt, daß der Computervernetzung bei all den Veränderungen eine zentrale Bedeutung zukommt ... als dem Instrument, mit dessen Hilfe die Veränderungen herbeigeführt werden.

Olsen hatte begriffen, wie notwendig es war, die kreativen Fähigkeiten, Talente und Motivationen der Mitarbeiter zu hegen und zu pflegen und diese aus den restriktiven Kontrollsystemen der Vergangenheit zu befreien. Er wußte: Die Computervernetzung würde die Integration ganzer Organisationen rund um die Welt ermöglichen und die Unternehmen in die Lage versetzen, qualitativ hochwertige Produkte und Dienstleistungen rechtzeitiger und gezielter bereitzustellen. Dies zählt um so mehr, als sich die Kombination von „Vermarktungszeit" und „Lernzeit" (Zeitspanne bis zur Vermarktung von Produkten beziehungsweise Kommunikation von Wissen) zu einem entscheidenden Wettbewerbsfaktor entwickeln wird. Ein Gefühl für den richtigen Zeitpunkt, nicht nur die Zeit als solche, gewinnt für die Gewährleistung von Markterfolgen zunehmend an Bedeutung. Ein schnelles Marktangebot nützt niemandem, wenn die falschen Produkte oder Dienstleistungen angeboten werden!

Die Erkenntnis, daß die menschliche Komponente im Unternehmen immer wichtiger wird, scheint vielerorts spontan zutage zu treten. Europäer wie Professor Paul Kidd veröffentlichen Artikel über „Mensch-zentrierte CIM-Systeme" [Kidd 1988; 1994]. In Japan hat Kazuto Togino, vormals Präsident der *Komatsu Electronic Metals*, das Konzept der „Mensch-integrierten Fertigung" [Togino 1988] eingeführt – aus ganz ähnlichen Gründen wie denen, die in Europa die Diskussion über die „Mensch-zentrierten CIM-Systeme" ausgelöst haben.

Wie Olsen betont, ermöglicht die Vernetzung die Entwicklung neuer Organisationsformen und neuer Managementansätze, damit wir mit anderen wie auch mit uns selbst auf neue, bedeutungsvolle Weise in Kontakt treten. Die Aufgabe in den 90er Jahren und den Anfängen des nächsten Jahrtausends besteht darin, vernetzte Infrastrukturen aufzubauen und unsere mentalen Einstellungen so anzupassen, daß wir – in kooperativem Bemühen – Flexibilität im Denken und Agilität im Handeln erlernen. Olsen hat die Vision von einem „elegant einfachen" Unternehmen.

Demgegenüber setzt der Automatisierungsansatz die „Computerisierung" steiler Hierarchien voraus. Die Kommunikation in diesen steilen Hierarchien ist *per definitionem* „verwirrend komplex" – aufgrund all der Kleinimperien, die es zu durchlaufen gilt, um ein Problem zu lösen. Die Automatisierung und Computerisierung von Organisationen mit ihrem immanent herrschenden Mißtrauen, ihrer Kirchturmpolitik und ihrer funktionalen Zergliederung trägt allenfalls zur Beschleunigung, nicht aber zur Linderung der allgemeinen Verwirrung bei.

Netzwerkorganisationen folgen einer andersgearteten Dynamik. Sie können sich in der Tat zu „elegant einfachen" Unternehmen entwickeln. Auf den ersten Blick sieht es so aus, als ob *elegante Einfachheit* ein Widerspruch in sich wäre. „Eleganz" impliziert ein gutes Maß an Komplexität, während „Einfachheit" genau das Gegenteil zu sein scheint. Doch halten wir uns folgende Analogie vor Augen: Als beim Auto anstelle der manuell zu schaltenden Gänge ein automatisches Schaltgetriebe eingeführt wurde, galt dies als elegant einfache Fahrer-Schnittstelle – die Automatik ist elegant und komplex, aber die Schnittstelle zum Benutzer ist einfach.

Elegant einfach ist eine Organisation immer dann, wenn Kunden, Lieferanten und Händler mit dieser Organisation gerade aufgrund ihrer Komplexität leicht in Interaktion treten können. Ganz selten gehen Zusammenhänge verloren. Man steht sich nicht Weg. Gehandelt wird schnell und entschlossen. Man reagiert flexibel auf den Markt. Und Integrität ist gewährleistet, weil es sich als geradezu unerläßlich erweist, daß sich die Leute auf ihr Wort verlassen können.

Management-Reichweiten

Traditionsgemäß ist die Managementtheorie vorrangig mit unternehmensinternen Beziehungen befaßt: Sämtliche Arbeitsplätze sind eindeutig zu beschreiben; die disziplinarischen Unterstellungsverhältnisse sind geklärt. Mit dem Übergang zu einer umfassenderen Sichtweise vom Unternehmen kommt eine gänzlich neue Dynamik zum Tragen.

Die Beziehungen zwischen den Unternehmen und ihren Partnern, Lieferanten, Kunden und deren Kunden sind kollegialer Art (Abbildung 6.2). Solche Beziehungen unterscheiden sich deutlich von den *„Vorgesetzten/Untergebenen"*-Verhältnissen in steilen Hierarchien. Statt dessen basieren die externen Beziehungen auf gegenseitigem Vertrauen und Nutzen. Allerseits bedarf es sorgfältigen Zuhörens, gegenseitiger Anerkennung und bedingungsloser Integrität. (Abbildung 6.2 läßt sich auch – in Analogie zu dem in Teil I, Kapitel 2, erarbeiteten Konzept – in vier überlappenden Kreisen darstellen.)

Abb. 6.2: CIM- und CIE-Reichweite

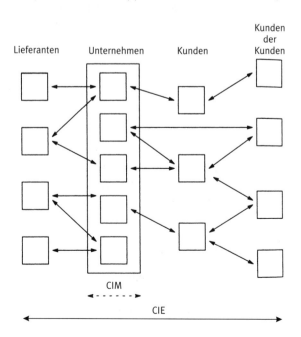

Ganz sicher können Beziehungen, die durch Konzepte wie *Just-in-Time (JIT)* und *Total Quality* geprägt sind, nur Bestand haben, wenn die kooperierenden Partner ein erhebliches Maß an Offenheit und gegenseitiger Anerkennung zeigen. Wenn Unternehmen über den elektronischen Datenaustausch, den Austausch technischer Daten und das *Internet* miteinander in Verbindung treten, so ist dies der Beginn einer gemeinsamen langfristigen Planung und Beschaffungsabsicht – eine Entwicklung, von der noch vor wenigen Jahren keine Rede sein konnte.

Diese neuen Perspektiven machen eine Neueinschätzung der traditionellen „*Kommando/Kontroll*"-Theorie erforderlich. Externe Ressourcen lassen sich nun einmal nicht in derselben Weise steuern wie interne Ressourcen. Statt dessen entwickelt sich die Kunst der Allianzbildung zwischen kollegialen Partnern zum entscheidenden Kriterium.

Die rechnerintegrierte Fertigung *(CIM)* ist vorrangig auf die Interaktion der Funktionsbereiche innerhalb eines Unternehmen ausgerichtet. Die rechnerintegrierte Geschäftsabwicklung *(CIE)* dehnt diese Interaktion auf den größeren Kontext der externen Beziehungen des Unternehmens aus; sie kennzeichnet gewissermaßen das erweiterte Unternehmen. Die Vernetzung über Computer ermöglicht und verlangt den Austausch von Informationen innerhalb des Unternehmens wie auch zwischen Unternehmen. So verbinden sich beispielsweise Raumfahrtunternehmen über multiple Vernetzungen nicht nur mit anderen wichtigen Unternehmen und deren Lieferanten, sondern auch mit der Regierung.

Im *CIE*-Umfeld hängt Geschäftserfolg zunehmend von den Wissensressourcen der Unternehmen und weniger von ihrem Anlagekapital ab. Wir erleben derzeit, wie sich die Quellen des Reichtums beim Übergang zwischen zwei Zeitaltern – dem Industriezeitalter und dem Wissenszeitalter – verlagern.

Kapitelhinweise

Um diesen Übergang zu begreifen, müssen wir die Diskussion in einen größeren historischen Kontext stellen und erörtern, welche Quellen des Reichtums, welche Organisationstypen und welche Konzepte und Prinzipien dem Industriezeitalter beziehungsweise dem Wissenszeitalter zugrunde liegen. All diese Elemente sollen in den nachfolgenden Kapiteln ausführlicher behandelt werden; die Kapitelhinweise in Abbildung 6.3 lassen den jeweiligen Schwerpunkt erkennen.

Kapitel 7 beschreibt die fünf Generationen in bezug auf Computer und Managementsysteme in ihrem historischen Kontext. Darüber hinaus werden verschiedene Visionen von der strukturellen Beschaffenheit der Unternehmen

„jenseits des organisatorischen Flaschenhalses" erörtert. Kapitel 8 geht den Versuchen nach, bestehende steile Hierarchien zu computerisieren. Kapitel 9 beleuchtet die Konzepte und Prinzipien des frühen und des ausgehenden Industriezeitalters, während Kapitel 10 diejenigen des angehenden Wissenszeitalters diskutiert. Schwerpunkt von Kapitel 11 ist der Übergang vom Industriezeitalter zum Wissenszeitalter. Kapitel 12 schließt das Buch mit zehn praktischen Überlegungen zum Management von Unternehmen im Zeitalter des Wissens ab.

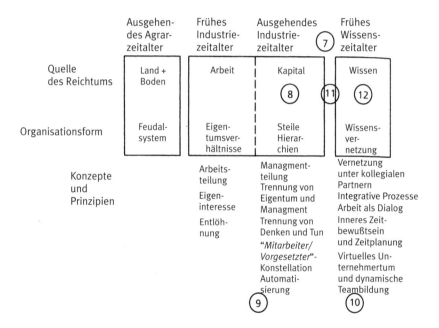

Abb. 6.3: Kapitelschwerpunkte

Die Diskussion greift viele der im Dialog in Teil I bereits angesprochenen Themen auf. Diese thematische Wiederholung beziehungsweise gedankliche Fortführung gehört integrativ zum Prozeß des Verlernens, Erlernens und Wiedererlernens grundlegender Beziehungen. Der Übergang vom Industriezeitalter zum Zeitalter des Wissens bedeutet in erster Linie einen Wandel in Einstellungen, Werten und Normen. Ein solcher Übergang kann nur Ergebnis bemühter gedanklicher Auseinandersetzungen sein, denn die meisten Veränderungen sind intuitiv nicht nachvollziehbar. Wir sind durch den Sprachgebrauch des Industriezeitalters derart geprägt, daß es uns vielfach schwer fällt, in neuen Bahnen zu denken. Wir müssen die Vergangenheit und die Zukunft gleichermaßen im Blickfeld haben – bemüht, unser Wissen immer wieder zu überprüfen und unser Vorstellungsvermögen zu erweitern.

Computer und Management: Fünf Generationen

Die Evolution der Computer bietet eine interessante Parallele zu dem, was in den Unternehmensorganisationen auf uns zukommt.[1] Die Computer befreien sich aus dem Flaschenhals, in den sie durch die Architekturvorgaben des angehenden Computerzeitalters gedrängt worden waren. Auch die Unternehmensorganisationen stecken in einem Flaschenhals – teilweise ein Erfolg des Industriezeitalters. Wie können wir uns befreien?

Computer-Generationen

Anfang der 80er Jahre begannen die Japaner im Auftrag des Ministeriums für Außenhandel und Industrie (*Ministry for International Trade and Industry, MITI*) ihr Computerprojekt der fünften Generation. Dieses Projekt sorgte für einigen Aufruhr und löste vergleichbare Initiativen in den Vereinigten Staaten und in Europa aus: *MCC (Microelectronic Computer Center)* und *ESPRIT (European Strategic Program for Research and Development in Information Technology)*. Die fünf Generationen der Computertechnologie sind in Abbildung 7.1 beschrieben [Feigenbaum/McCorduck 1983: 17].

Abb. 7.1:
Fünf Generationen Computertechnologie

Die Computer der ersten vier Generationen leiten sämtliche Informationen über eine einzige Zentraleinheit (*central processing unit, CPU*). Diese Zentraleinheit ist nach dem Mathematiker und Computer-Pionier John von Neumann als der *„von Neumann bottleneck"* – als *„von-Neumann*-Flaschenhals" – bezeichnet worden.

Mit seiner Veröffentlichung *„First Draft of a Report on EDVAC (Electronic Discrete Variable Computer)"* aus dem Jahr 1945 hat von Neumann eine Ausarbeitung vorgelegt, derzufolge ein Computer fünf Grundeinheiten benötigt: ein zentrales Rechenwerk, ein zentrales Steuerwerk zur Koordinierung der Betriebsabläufe, einen Speicher, eine Eingabeeinheit und eine Ausgabeeinheit.[2] Der Computer sollte binäre Zahlen verwenden, elektronisch arbeiten und seine Operationen nacheinander abwickeln. *COBOL, FORTRAN, BASIC, C* und andere Computersprachen sind dieser Strategie der sequentiellen Programmbearbeitung gefolgt; allerdings werden derzeit einige Sprachen der Parallelverarbeitung angepaßt.

Der Schlüssel zum Computer der fünften Generation mit seiner Parallelverarbeitung ist die Vernetzung von Mehrprozessoreinheiten. In einem Parallelprozessorsystem verarbeiten zwei oder mehr Prozessoren gleichzeitig verschiedene Teile ein und derselben Anwendung. Diese Betriebsart bedeutet eine neue Herausforderung: Das Problem muß so aufgeteilt werden, daß die verschiedenen Prozessoren gleichzeitig Teile ein und desselben Problems bearbeiten und dann die Lösung zusammenstellen können. Die Parallelverarbeitung eröffnet aufgrund ihrer Geschwindigkeit gänzlich neue Forschungshorizonte.

Erfolgt zusätzlich zur Parallelverarbeitung eine Vernetzung, können multiple Anwendungen auf verschiedenen Prozessoren durch Verknüpfung dezentraler Datenbanken in einem Netzwerk parallel bearbeitet werden. Nicht nur Computer, sondern auch Menschen und Anwendungen arbeiten dann im Parallelbetrieb, zumal laufend effektivere Benutzeroberflächen entwickelt werden.

Die Computerindustrie arbeitet zur Zeit an *Interfaces* mit Fenstertechnik, die den Benutzern die Eröffnung von Mehrfachfenstern und die gleichzeitige Interaktion mit verschiedenen Anwendungen ermöglichen, wo immer diese im Computernetz lokalisiert sind. Damit können die verschiedenen Abteilungen im Unternehmen parallel arbeiten: Konstruktionsingenieure, Fertigungsingenieure und Marketing-Spezialisten prüfen gleichzeitig dieselben Zeichnungen, Prozeßpläne und Marktprojekte, auch wenn sie räumlich und geographisch weit voneinander entfernt sind. Genauso ist eine effektive Zusammenarbeit zwischen verschiedenen Unternehmen möglich. Zum Beispiel arbeitet die Firma *Ingersol Milling Machine* gleichzeitig mit ihren Kunden an der Konstruktion neuer Auto-Fertigungsstraßen. Oder ein japanisches Ingenieur- und Konstruktionsunternehmen beschäftigt in Indien einheimische Ingenieure für die Erarbeitung von Detailkonstruktionen. Über Telefon, *E-Mail* und *Internet* können iterativ wie auch interaktiv Alternativen zu Konstruktionszeichnungen, Prozeßplänen und Marketing-Strategien diskutiert werden.

Management-Generationen

Die Computertechnologie der fünften Generation und die Computervernetzung erschließen neue Möglichkeiten der Zusammenarbeit, doch allzu häufig lassen die organisatorischen Gegebenheiten eine effektive Nutzung dieser Technologie nicht zu. Wir sind immer noch an Organisationsformen gebunden, die im Zuge der industriellen Revolution entstanden sind.

Zu Beginn des Industriezeitalters galten die Eigentumsverhältnisse als angemessene Form zur Organisation von Leuten, Ressourcen und Technologie. Rund hundert Jahre später entwickelten sich steile Hierarchien. Dann haben wir den Versuch unternommen, die Prinzipien der Matrixorganisation auf diese Hierarchien anzuwenden, um die funktionsübergreifende Kommunikation zu verbessern. In jüngster Zeit unterziehen wir unsere Geschäftsprozesse einem *Reengineering*. Und nach wie vor sind wir dabei, Menschen und Anwendungen über Computervernetzung miteinander zu verbinden.

Die Computer sind aus ihrer anfänglichen sequentiellen Architektur mit einer einzigen Zentraleinheit herausgewachsen; das Management steckt nach wie vor in der Enge des eigenen Flaschenhalses. Erst wenn uns der Durchbruch gelingt, werden wir imstande sein, nicht nur unsere eigenen Mitarbeiter, sondern auch unsere Lieferanten und Kunden zu befähigen, zu ermächtigen und in ihrer Kreativität zu fördern.

Abbildung 7.2 stellt die fünf Management-Generationen dar [Savage 1987: 3]; es verdeutlicht das Dilemma, in dem wir stecken.

Abb. 7.2:
Fünf Generationen Managementstruktur

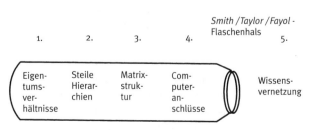

Im Unternehmensmanagement der ersten vier Generationen wurden Rohmaterialien und Informationen *sequentiell* von einer Abteilung oder Funktion zur nächsten weitergereicht. Die Managementstruktur der fünften Generation versetzt die funktionalen Abteilungen in die Lage, durch Einsatz multipler, sich eigenständig an Aufgaben orientierender Teams in und zwischen Unternehmen *parallel* zu arbeiten. Doch diese Parallelität können wir nur erreichen, wenn wir den Flaschenhals durchbrechen, der uns seit Übernahme der Konzepte eines Adam Smith, eines Frederic Winslow Taylor und eines Henri Fayol einengt: Adam Smith mit seiner Nadelfabrik verkündete die Prinzipien der Arbeitsteilung [Smith 1776/1987]; Frederic Winslow Taylor bekräftigte diese mit seinen Theorien von der wissenschaftlichen Betriebsführung [Taylor 1911/1947: 24]; und Henri Fayol [1916/1949: 24] vertrat vierzehn Organisationsprinzipien, mit denen die Einheit der Auftragserteilung, die Lenkungsspanne und die in unseren heutigen Organisationen vom Industriezeitalter übernommenen skalaren Prinzipien begründet wurden.[3]

Das vierte Fayolsche Organisationsprinzip, die Einheit der Auftragserteilung, besagt, daß Funktionsträger eine duale Auftragserteilung nicht verkraften können. Diese Annahme ist von grundlegender Bedeutung für den sequentiellen Betriebsablauf in steilen Hierarchien. Desgleichen betonte Fayol die Arbeitsteilung, Autorität und Verantwortung, einheitliche Ausrichtung, Zentralisation, die skalare Kette sowie Ordnung (ein Platz für jeden, jeder an seinem Platz); all dies sind Elemente, welche die Rigidität und Bürokratie unserer steilen Hierarchien unterstützen. Die den Fayolschen Organisationsprinzipien zugrunde liegenden Annahmen haben zu einem einfachen Bedeutungskalkül geführt: Je höher ein Funktionsträger in der Hierarchie steht, desto bedeutender oder wichtiger muß er sein. Abbildung 7.3 veranschaulicht diesen Zusammenhang.

Abb. 7.3:
Hierarchie und
Bedeutungskalkül

Diesem Modell zur Einschätzung der Bedeutung von Funktionsträgern liegt die Annahme zugrunde, daß die „Denkarbeit" oben im Unternehmen, die „praktische Arbeit" hingegen unten geleistet wird. Man holt entsprechende Informationen ein und erfaßt sie systematisch in Management-Informationssystemen, damit die Unternehmensleitung die richtigen Entscheidungen treffen kann. Dabei erfahren ausgerechnet diejenigen Mitarbeiter, die dem Produkt einen Mehrwert hinzufügen, gewöhnlich die geringste Wertschätzung in der Organisation.

Zudem unterstützt das Modell die Vorstellung, alle Macht sei an der Spitze der Hierarchie konzentriert und die betrieblichen Funktionen müßten wie bisher sequentiell abgewickelt werden. Wie Forschungsarbeiten gezeigt haben, ist diese Vorstellung vom hierarchischen Modell in den meisten Unternehmen reine Phantasie.[4] Viele Produkte und Dienstleistungen – vor allem in der Raumfahrt, in der Automobilindustrie und auf dem Finanzdienstleistungssektor – machen ein hohes Maß an Koordination unter verschiedenen Funktionen (oder kompetenten Leistungszentren) erforderlich. Reale Geschäftsprobleme lassen sich nicht so leicht in funktionalen Hierarchien unter Dach und Fach bringen!

Diese Erkenntnis war eine der Kräfte, die zur anfänglich breiten Akzeptanz des Matrix-Modells führten. Das Management der dritten Generation, die Matrixstruktur, sucht einen Teil der Probleme des Managements der zweiten Generation zu überwinden, indem es sich von Fayols Einheit der Auftragserteilung und der damit verbundenen Vorstellung, jeder Mitarbeiter könne nur einen Vorgesetzten haben, befreit. In einer Matrixorganisation teilen sich zwei oder mehr Führungskräfte die Macht über einen einzigen Mitarbeiter. Auf diese Weise kann die Organisation multiple Dimensionen zur gleichen Zeit erfassen – gleich, ob es sich um Funktionen, Produkte, geographische Bereiche, Märkte oder auch eine Kombination dieser Faktoren handelt. In so manchen Unternehmen ist von Matrixstrukturen intensiv Gebrauch gemacht worden, aber das zugrunde liegende Fayolsche Modell von der steilen Hierarchie war dennoch nicht in den Griff zu bekommen.

Stanley Davis, der 1977 zusammen mit Paul Lawrence eine grundlegende Veröffentlichung zur Matrixorganisation verfaßt hatte, erkennt mittlerweile die Unzulänglichkeit dieses Ansatzes und meint, die Matrixstruktur habe „nie das gehalten, was sie versprochen hat" [1987: 86].[5] Zwar findet die Matrixorganisation in begrenzter Form auch weiterhin Anwendung, aber die Machtfrage hat sie nie zufriedenstellend klären können. Meist wird die Matrixstruktur der hierarchischen Struktur einfach „übergestülpt" – ohne Veränderung des vorhandenen Vergütungssystems, des Kostenrechnungsansatzes oder der Machtverteilung im Unternehmen.

Wie Davis erkennt, konnte deshalb kein Managementansatz als Ersatz für die steile Hierarchie des Industriezeitalters entwickelt werden, weil wir keine Möglichkeit sehen, Konflikte zwischen zwei oder mehr „Chefs" zu lösen. Damit verweist Davis eindeutig auf das Dilemma, in dem wir uns befinden: Die singuläre *„Mitarbeiter/Vorgesetzter"*-Konstellation ist unzureichend, aber wenn dieser Ansatz aufgegeben wird – wie regeln wir dann die Frage der Zuständigkeiten? Was hält die Organisation zusammen? Wie wird Verantwortung zugewiesen?

Davis zufolge ist *Vernetzung* der beste Ersatz für die hierarchische Managementstruktur, weil sie „nicht auf einem informellen Netz persönlicher Kontakte, sondern auf einem technologischen Netzwerk informationsverarbeitender Systeme" [1987: 87] beruht. Verweist Davis damit auf die Organisation der vierten oder fünften Generation? Sind es wirklich die Informationsverarbeitungssysteme, die wir brauchen? Müssen wir nicht vielmehr die multiplen funktionsübergreifenden, aufgabenorientierten Teams, die sowohl innerhalb des Unternehmens als auch zwischen Unternehmen die eigentliche Arbeit leisten, in den sichtbaren Vordergrund rücken?

Im Management der vierten Generation werden Computer eingesetzt und Vernetzungen hergestellt, um die verschiedenen Funktionen sowohl horizontal als auch vertikal miteinander zu verbinden. Dies wird häufig – fälschlicherweise – als „Integration" bezeichnet, weil die einzelnen Teile des Unternehmens miteinander verbunden werden. Doch meistensteils bleibt die formale Organisationsstruktur unverändert; es werden lediglich Verbindungsmöglichkeiten und Schnittstellen zwischen den Kästchen (Funktionen und Abteilungen) geschaffen und Translatoren (Software) eingesetzt, um erforderlichenfalls Kommunikation und Interoperabilität der jeweiligen Anwendungsprogramme zu erleichtern.

Wie schon erwähnt, sind wir eilfertig dabei, Computer der dritten, vierten und fünften Generation in Organisationen der zweiten Generation mit ihren steilen Hierarchien zu stopfen (Abbildung 7.4). Sicher, ein Teil dieser Technologie wird in Organisationen mit Matrixstruktur und Schnittstellenstruktur eingesetzt, aber leider sind selbst diese Organisationsformen in ihrem Kern nach wie vor hierarchisch strukturiert. Ein *Reengineering* wichtiger Geschäftsprozesse allein vermag noch nicht die dynamische Teambildung und die virtuellen Unternehmensstrukturen zu schaffen, wie sie für dauerhaften Erfolg unerläßlich sind.

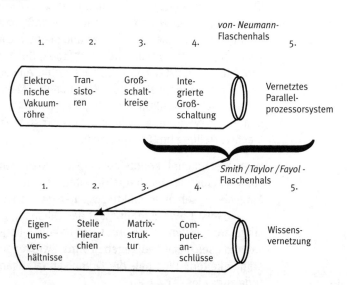

Abb. 7.4: Computertechnologie der dritten, vierten und fünften Generation im Management der zweiten Generation

Wenn wir eine fortschrittliche computerunterstützte Technologie in die Managementstrukturen der fünften Generation einbringen wollen, müssen wir den besonderen Merkmalen integrativer Unternehmungen auf Basis der Wissensvernetzung mehr Aufmerksamkeit widmen. Wir müssen eine Möglichkeit finden, den *Smith/Taylor/Fayol*-Flaschenhals zu sprengen. Wir müssen durch virtuelles Unternehmertum, dynamische Teambildung und Vernetzung der vorhandenen Fähigkeiten in unseren Unternehmen ein Managementpotential der fünften Generation entwickeln, damit wir unser Wissen effektiver einsetzen und nutzen können, als dies derzeit der Fall ist.[6]

Das Problem bei der Befreiung aus den hierarchischen Managementstrukturen der zweiten Generation ist zum Teil durch unsere Einstellungen und Denkweisen bedingt. Wir setzen zu viel Vertrauen in den Computer, aber nicht genug Vertrauen in uns selbst. Wirkliche Integration steht und fällt mit den Menschen. Es ist schlicht unmöglich, „integrative Unternehmen" auf Automatik zu schalten und deren Eigensteuerung vorauszusetzen.

Echte Integration ist ein kontinuierlicher, eher zerbrechlicher und ständiger Pflege bedürftiger Prozeß. Ausschlaggebend sind weniger die Qualitäten der gewählten Computersysteme als vielmehr die Werte des Unternehmens und die Integrität seiner Mitarbeiter. Bei der ständig wechselnden Zusammensetzung funktionsübergreifender Teams sind gegenseitige Achtung, Vertrauen und Ehrlichkeit von entscheidender Bedeutung. Machtspiele blockieren effektive Teamarbeit.

Weder haben wir unsere eigene Geschichte ernst genug genommen, noch haben wir die entscheidenden Übergänge zwischen den historischen Epochen wirklich begriffen. Doch Management und Führungsstil der fünften Generation werden uns dazu verhelfen, unser individuelles wie kollektives Wissen in das neue Wissenszeitalter einzubringen.

Die ersten vier Management-Generationen sind eine Schöpfung des Industriezeitalters. Erst wenn wir sie hinter uns gelassen haben, können wir das Potential unserer Systeme mit seinen Mitarbeitern und Computern voll zum Tragen bringen. Aller Wahrscheinlichkeit nach werden die Unternehmen bei Einführung interner Kommunikationsnetze (*Corporate Wide Webs*) allmählich aus erster Hand die Macht einer dynamischen Verknüpfung von Interessen, Themen und Fähigkeiten erfahren. Diese unternehmensinternen Kommunikationsnetze werden dazu beitragen, daß wir uns wieder auf die Kunst der Gesprächs- und Dialogführung besinnen; sie werden uns einen weitaus effektiveren Wissenszugang ermöglichen.

Historische Epochen

Jede geschichtliche Epoche hat ihre dominante Quelle des Reichtums und eine ihr gemäße Form der Organisation (Abbildung 7.5). Im Westen beruhte der Wohlstand des ausgehenden Agrarzeitalters auf Land und Boden. Menschen und Ressourcen waren unter dem Feudalsystem organisiert. Mit Beginn des Industriezeitalters um 1780 und der Erfindung der Dampfmaschine verlagerte sich die Quelle des Reichtums auf die Arbeit, wobei Eigentumsverhältnisse die Organisationsform bestimmten. In den 80er Jahren des 19. Jahrhunderts mit seinen ersten Eisenbahn-, Telefon- und Telegraph-Unternehmen basierte Wohlstand zunehmend auf dem Kapital. Und mit dem Entstehen großer nationaler Konzerne traten steile Hierarchien an die Stelle von Eigenbesitz.

Der Übergang vom Agrarzeitalter auf das Industriezeitalter war durch eine deutliche Diskontinuität geprägt: Die Menschen mußten die alten Denkweisen verlernen und neue Interaktionsmöglichkeiten erlernen. Ein neues Verständnis von Funktionen und Verantwortungen verdrängte die alten Feudalmodelle. Heute, in den 90 Jahren, erleben wir den Beginn einer weiteren Epoche – den Beginn des Wissenszeitalters. Wieder entsteht eine Zeit der Diskontinuität, auch wenn wir uns mit der Erkenntnis schwer tun, daß wir die Werte und Annahmen des Industriezeitalters erst noch verlernen müssen. Wir stehen nach wie vor unter dem magischen Einfluß des ausgehenden Industriezeitalters; es erweist sich als schwierig, die Enge des Flaschenhalses zu sprengen (vgl. Abbildung 7.4).

Abb. 7.5:
Quellen des Reichtums und Organisationsformen

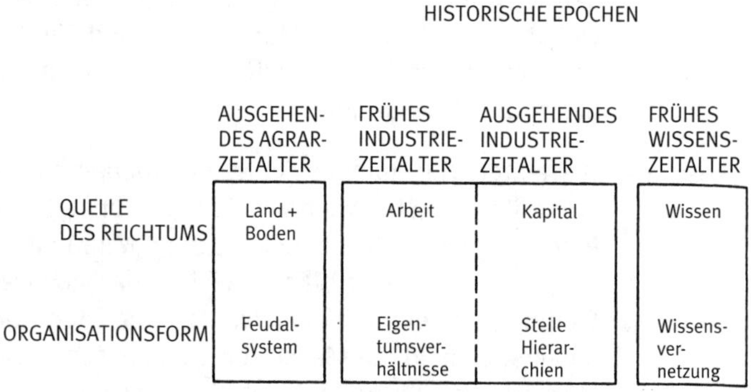

HISTORISCHE EPOCHEN

	AUSGEHENDES AGRARZEITALTER	FRÜHES INDUSTRIEZEITALTER	AUSGEHENDES INDUSTRIEZEITALTER	FRÜHES WISSENSZEITALTER
QUELLE DES REICHTUMS	Land + Boden	Arbeit	Kapital	Wissen
ORGANISATIONSFORM	Feudalsystem	Eigentumsverhältnisse	Steile Hierarchien	Wissensvernetzung

Der Übergang zu den Anfängen des Wissenszeitalters ist keineswegs ein simpler, kumulativer Prozeß. Es gilt, viele neue Prinzipien zu erlernen, während einige der älteren Prinzipien erst noch verlernt werden müssen.[7] Die Kluft zwischen den beiden Epochen legt nahe, daß wir genauso hart wie Frank Giardelli und seine Abteilungsleiter daran arbeiten müssen, unsere Grundeinstellungen zu überdenken. Einstellungen und vorgefaßte Denkweisen sind vielfach hinderlicher als der engste Flaschenhals, weil sie unser Alltagsleben nachhaltig prägen.

Zur Walfangzeit vertrieben sich die Segler häufig die Zeit damit, kunstvoll konstruierte Segelschiffe in winzigen Glasfläschchen unterzubringen. In vielerlei Hinsicht hat uns das Industriezeitalter in die Enge einer ebensolchen Glasflasche getrieben. Die Flaschenhülle nehmen wir kaum wahr, weil sie die einzige uns bekannte Umgebung ist. Wir haben nie etwas anderes als die Beengtheit und die Einengung unseres Arbeitslebens und unseres Jobs kennen gelernt.[8] Wir finden uns bereitwillig damit ab, daß wir auf eng abgegrenzte Arbeitsplätze verwiesen werden – als ob es keine Alternative gäbe. Die ersten vier Management-Generationen sind ein Artefakt des Industriezeitalters. Abbildung 7.6 verdeutlicht die Wechselbeziehung zwischen den fünf Management-Generationen und den historischen Epochen.

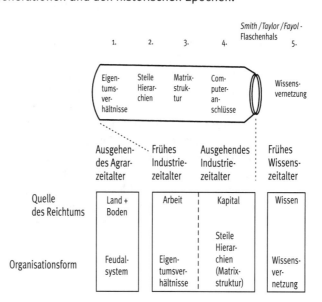

Abb. 7.6: Wechselbeziehung zwischen Management-Generationen und historischen Epochen

Die für das Wissenszeitalter ausschlaggebende Quelle des Reichtums umfaßt nicht nur kumuliertes Wissen, sondern auch unsere menschliche Fähigkeit, neue Muster zu erkennen und zu den alten, uns ständig umgebenden Mustern in Beziehung zu setzen. Wie Detektive sind wir unablässig bemüht, Ideen, Eindrücke, Vermutungen, Intuitionen und Einsichten zu ordnen. Wir lernen, verlernen und erlernen von neuem. Wir besitzen die Fähigkeit, bedeutungsvolle Muster in neuen Ereignissen zu erkennen. Wissen kann man nicht besitzen wie einen Gebrauchsgegenstand. Wissen bedeutet vielmehr unsere menschliche Fähigkeit, umfassende neue Muster aus der Unschärfe alter Vorstellungen und neuer Eindrücke zu erschließen und in einen größeren Kontext zu setzen. Aus diesem Grund ist an vielen Stellen dieser überarbeiteten Buchausgabe nicht von *Wissen* schlechthin, sondern vom *„Umgang mit Wissen"* die Rede.

Was bedeutet es, wenn wir davon sprechen, die Basis des Reichtums verlagere sich vom „Besitz an Gebrauchsgütern" zu einer „menschlichen Fähigkeit"? Bekannte Fakten kann man besitzen, aber der menschliche Prozeß des „Umgangs mit Wissen" ist ein viel reichhaltigeres und dynamischeres Phänomen. Entsprechend vermag eine Organisation, die den Prozeß des Umgangs mit Wissen fördert, bedeutungsvolle Muster am Markt eher zu erkennen und effektiver zu reagieren als in ihrer Routine-Bürokratie festgefahrene Unternehmen. So sind *Skandia* und die *Canadian Imperial Bank of Commerce* nachhaltig bemüht, ihren Mitarbeitern den Wert des „intellektuellen Kapitals" verständlich zu machen [Stewart 1994].

„Umgang mit Wissen" ist mehr als „Wissen", weil damit ein aktiver, kontinuierlicher Prozeß der Verknüpfung von Mustern angesprochen ist. Und das bedeutet mehr als nur Ansammlung von Informationen und Zugang zu Informationen, weil sowohl das Bekannte (was ist/war) als auch das Visionäre (was sein könnte) einbezogen wird. Unsere Suche nach einem tiefgreifenderen Verständnis des aktiven Umgangs mit Wissen wird uns zur Erforschung gänzlich neuer Konzepte führen – darunter Konzepte wie „intellektuelles Kapital", „organisatorische Intelligenz" und „kollaborative Intelligenz". Wir werden rasch erkennen, daß wir nicht nur Rohmaterialien, sondern auch Rohideen verarbeiten. In der Tat: Die Prozesse der „Ideenverarbeitung" sind genauso entscheidend wie die Prozesse der „Materialverarbeitung" – wenn nicht noch entscheidender. In diesem Zusammenhang finanziert die *Fraunhofer-Gesellschaft* in Deutschland die Entwicklung eines als „aktives Ideenmanagement" bezeichneten Prozesses *(AIM, Active Idea Management)* [Sihn/König/Kristof in Warnecke 1995: 95-112].

Es ist faszinierend zu beobachten, wie das Bewußtsein dafür wächst, daß die Menschen nach einer „Sinngebung" in ihren Tätigkeiten suchen. Die Zeiten, in denen wir lediglich auf die eigene Zufriedenheit – eines der wohl vergänglichsten Phänomene – ausgerichtet waren, gehören der Vergangenheit an. Vielmehr wollen wir das *Was* und *Warum* unsres Tuns verstehen, nicht nur das *Wie*. Wir wollen das größere Ganze begreifen, den Kontext, innerhalb dessen wir eine bestimmte Aufgabe durchführen. Einige unter uns wollen sogar das Gefühl haben, daß ihre Bemühungen einem höheren Zweck dienen. Mit der Zeit wird wohl von „Sinn und Bedeutung" mehr die Rede sein als von „Zufriedenheit". Wir gehen – über „Bedürfnisse" und „Wünsche" hinaus – auf ein Zeitalter zu, das den Erwartungen und Bestrebungen von Mitarbeitern und Unternehmen mehr Aufmerksamkeit beimessen wird. Der aktive Umgang mit Wissen ist ein Prozeß, der Sinn und Bedeutung in konkreten Situationen präzisiert – ein Prozeß, der Ausdauer und Motivation bei allen Beteiligten fördert.

Beim Umgang mit Wissen geht es darum, das Besondere im Kontext des Ganzen zu erkennen. So gesehen, ist es nicht verwunderlich, daß man sich mit Chaos-Theorie, Komplexität, Fraktalen, Holonik, allgemeiner Systemtheorie und ähnlichem befaßt. Was sollte die lernende Organisation anderes sein als eine Gemeinschaft von Funktionsträgern, die den Sinn ihrer Leistung im größeren Kontext des Unternehmensablaufs wie des Lebens schlechthin zu ergründen suchen?

Der Umgang mit Wissen verlangt äußerste Subtilität. Wir mögen vieles wissen, aber dieses Wissen können wir vielfach nicht beschreiben oder in Worte fassen. Ein großer Teil unseres Wissens entzieht sich unserem Verbalisierungsvermögen. Ikujiro Nonaka und Hirotaka Takeuchi, Professoren an der *Hitotsubashi University* in Japan, haben eine interessante Untersuchung zum „wissensgenerierenden Unternehmen" veröffentlicht [Nonaka/Takeuchi 1995]. Die Autoren erforschen den Prozeß, implizites Wissen explizit zu machen – und umgekehrt.

Shoshana Zuboff, Professorin an der *Harvard Business School*, hat das Wort *„informate"* (etwa: „informatisieren") geprägt, um zu beschreiben, wie die Menschheit der Herausforderung gerecht wird, von der Anwendung primärer Erfahrungen zum computergestützten Arbeiten auf multiplen Abstraktionsebenen zu gelangen.[9] Wenn beispielsweise die Operateure im Kesselraum von der manuellen Schließung der Dampfventile zu einer vom Computer-Terminal aus vorzunehmenden Überwachung und Regulierung des Dampfdrucks übergehen, sind sie auf die Vermittlung von Computern angewiesen. Computervermittelte Arbeit, so Zuboff, verlangt von uns ein Arbeiten auf höherem Abstraktionsniveau, und diesen Prozeß bezeichnet sie als „Informatisierung".

Die Entwicklung von Software-Paketen, Mikroprozessoren der nächsten Generation, neuen Finanzdiensten oder Mehrachsen-Drehmaschinen erfordert nicht nur Wissen, sondern auch Vorstellungsvermögen. Der Umgang mit Wissen – Grundlage allen Wohlstands im Wissenszeitalter – ist ein dynamischer, stetig fließender Prozeß, der uns Menschen die Fähigkeit abverlangt, vorhandene Muster zu erkennen und zugleich eine Vorstellung von neuen Mustern zu entwickeln.

Im Industriezeitalter sind wir von der Annahme ausgegangen, es sei möglich, alles im voraus festzulegen, die Arbeit auf verschiedene Funktionen aufzuteilen und die anschließende Durchführung zu überwachen und zu kontrollieren, damit auch das gewünschte Resultat erzielt wird. Wie bei einem Ozeandampfer ging es im wesentlichen darum, Kurs zu halten und allenfalls geringfügige Korrekturen in Anpassung an Windrichtung und Strömungsverhältnisse vorzunehmen. Bei der Anwendung von Automatisierung und computergestützten Lösungen auf die steile Hierarchie haben wir unsere Aufgabe schlicht darin gesehen, mit Hilfe solcher Ressourcen bisher manuell vorgenommene Vorgänge abzuwickeln. Vielfach haben wir vorhandene Ungereimtheiten auf diese Weise lediglich automatisiert und beschleunigt, aber keineswegs verbessert.

Dieses Modell vermag den sich laufend ändernden Erwartungen des Marktes nicht gerecht zu werden. Anstelle riesiger Ozeandampfer brauchen wir wendige Motorboote, die kundenspezifische Lösungen für ganz bestimmte Bedürfnisse ermöglichen. Unser Wissen und unsere Fähigkeit, Muster und Nuancen in Mustern zu erkennen, gerät zum wichtigsten Gut im Unternehmen.

Das Industriezeitalter definierte unveränderliche, konkrete Ressourcen. Das Wissenszeitalter ist auf variable, virtuelle Ressourcen angewiesen, wenn einmaligen Markt- und Kundenerfordernissen rechtzeitig Rechnung getragen werden soll – durch immer wieder neue Kombination von Fähigkeiten und Kompetenzen in und zwischen Unternehmen zwecks Nutzung konkreter, profitabler Marktchancen.

Wie groß ist der Anteil des zur Unternehmensführung erforderlichen Wissens, der sich in automatisierten Systemen, Anwendungen, Datenbanken und manuellen Vorgängen erfassen läßt? Ich habe diese Frage verschiedentlich gestellt. Fast einstimmig bekomme ich zu hören, es seien nicht viel mehr als 30 Prozent. Einige der Befragten tippten sogar auf allenfalls 10 Prozent. Wie dem auch sei – das reale Wissen, das bei der Führung eines Unternehmens vorauszusetzen ist, lagert in den Köpfen der dort arbeitenden Funktionsträger. Damit stellt sich die Aufgabe, die richtigen Leute zwecks Abwicklung aufgabenorientierter Prozesse miteinander zu vernetzen. Zudem gilt es, multiple Teams in Teamarbeit zu vernetzen – eine gänzlich neue Vision der Möglichkeiten, die sich jenseits des Industriezeitalter-Engpasses bieten.

„Jenseits des Flaschenhalses"

Dreiundzwanzig Jahre sind vergangen, seit Joseph Harrington, Jr., sein Buch *Computer Integrated Manufacturing* [1979, 1973] und Daniel Bell *The Coming Post-Industrial Society* [1973] schrieb; und siebzehn Jahre ist es her, daß Jay Galbraith *Designing Complex Organizations* [1979] veröffentlichte. Jeder dieser Autoren hat auf seine Weise erkannt, daß nach dem Industriezeitalter etwas Neues kommen würde: Harrington stellte sich die Verknüpfung von Konstruktion und Fertigung mit Hilfe von Computern vor; Galbraith meinte, Matrixstrukturen könnten eine effektivere Integration in komplexen Hierarchien bewirken; und Bells Voraussagen zufolge würde sich die postindustrielle Gesellschaft um das Wissen herum organisieren. Alle diese Visionen lagen „jenseits des Flaschenhalses".

Auch wenn Harringtons Konzept von der rechnerintegrierten Fertigung (*Computer-Integrated Manufacturing, CIM*) zum Schlagwort für alle möglichen Integrationsbemühungen geworden ist – es wird kaum so lange von Bestand sein, bis sich eine allseits anerkannte Definition abzeichnet. Galbraiths Konzept von der Matrixorganisation hat sich entgegen allen Erwartungen nicht als Allheilmittel erwiesen, weil die Machtbefugnisse größtenteils bei den verschiedenen Funktionen verblieben sind. Und immer noch ringen wir um Klarheit, wie eine nicht mehr auf Land und Boden, Arbeit und Kapital, sondern vielmehr auf Wissen basierende Organisation aussehen könnte.

Drei kürzlich erschienene Veröffentlichungen von Peter Drucker [1988: 47], Stanley Davis [1987] und Richard Nolan [1988a: 1-11] vermitteln informative Einsichten in die Entwicklung postindustrieller Organisationen, wie Bell sie sich vorgestellt haben mag.

Peter Drucker:
Vision von der „neuen Organisation"

Drucker erwartet, daß die Unternehmen der Zukunft nur halb so viele Führungsebenen aufweisen wie heutzutage. Sie basieren auf Wissen und arbeiten im wesentlichen eigenverantwortlich. Das herkömmliche *Kommando/Kontroll*-Modell wird wenig Bedeutung haben. Kurzum: Solche Unternehmen werden kaum noch Ähnlichkeit mit unseren heutigen Unternehmen erkennen lassen [Drucker 1988: 45].

Heutzutage wird die Arbeit in funktional strukturierten Abteilungen abgewickelt. In den Unternehmen von morgen, so meint Drucker, werden die Geschäftsaktivitäten von vielen *ad hoc* gebildeten „aufgabenorientierten Teams" wahrgenommen. Die Abteilungen dienen als Basis für menschliche wie technische Ressourcen und geben Standards vor. Anstelle eines schrittweise erfolgenden sequentiellen Arbeitsablaufs werden die verschiedenen Funktionen synchron arbeiten, wobei die Teams ihre Projekte von Anfang an bis hin zur Vermarktung durchziehen. Die so entstehende Organisation wird über eine Matrixstruktur hinausgehen und damit noch größere Selbstdisziplin und Eigenverantwortung verlangen. Zusammengehalten wird die Organisation durch klare, einfache und gemeinsame Ziele – koordiniert wie ein Sinfonieorchester, aber ohne Noten: Die Komposition ensteht während der Aufführung.

Drucker [1988: 50] nennt vier wichtige Aufgaben, die es in angehenden informationsbasierten Organisationen zu erfüllen gilt:

1. Bereitstellung von Belohnung, Anerkennung und Karrieremöglichkeiten für Spezialisten

2. Schaffung einer einheitlichen Vision in einer Organisation von Spezialisten

3. Erarbeitung einer Managementstruktur für die Organisation von aufgabenorientierten Arbeitsgruppen

4. Gewährleistung von Nachwuchs, Vorbereitung und Testkriterien für Führungskräfte.

Drucker nennt als Beispiele für seine Vision große Sinfonieorchester und Krankenhäuser und sogar die britische Zivilverwaltung in Indien. Er meint, man könne die Umrisse dieser neuen Organisationsform vorerst nur schwach erkennen. Einige ihrer Merkmale seien bekannt, aber „die Aufgabe des konkreten Aufbaus der informationsbasierten Organisation liegt noch vor uns – sie ist die Management-Herausforderung der Zukunft" [1988: 53]. Sehr wahrscheinlich werden wir lernen müssen, Organisationen um multiple, überlappende Team-Netzwerke herum zu strukturieren – der Einsatz *ad hoc* gebildeter Teams reicht nicht aus.

Stanley Davis:
Vernetzung mit hierarchischen Strukturen

Davis erwartet eine Schwerpunktverlagerung von hierarchischen Organisationen zu vernetzten Organisationen, obgleich „Netzwerke die Hierarchien nicht ersetzen oder ergänzen; vielmehr werden beide in eine umfassendere Konzeption eingebunden sein" [1987: 89].

Worum könnte es sich bei dieser „umfassenderen Konzeption" handeln? Davis nennt keine Details, fügt aber hinzu, wir wüßten immer noch nicht genau, was dies bedeute. Er bringt neue Überlegungen zu *Zeit* und *Raum* in die Diskussion ein. Wenn eine Vision von der Zukunft in die Gegenwart geholt wird, erfahren gegenwärtige Aktivitäten eine stärkere Ausrichtung. Der „Raum" eines Unternehmens braucht sich nicht auf die vier Wände seiner Fabrikhallen oder seines Bürogebäudes zu beschränken, sondern kann – über Computer-Terminals – unmittelbar an den Kundenstandort angrenzen. Wie Drucker sieht auch Davis einen Übergang von sequentiellen Arbeitsabläufen zur gleichzeitigen Durchführung multipler Funktionen.

Was haben diese Visionen mit dem Management der fünften Generation zu tun? Zum einen stellt Druckers Vision deutlich neue Anforderungen an die menschliche Komponente der Organisation. Zum andern gilt es, den Einsatz multipler aufgabenorientierter Teams kontinuierlich in den gesamten Unternehmensablauf zu integrieren. Und Davis geht davon aus, daß die entstehende wissensbasierte Organisation um das *Netzwerk* herum zu strukturieren ist.

Das Management der fünften Generation verkörpert Werte und Einstellungen, die eine derart günstige Anwendung der Vernetzungstechnologie ermöglichen, daß die Beteiligten bei ständig veränderten Konstellationen der Arbeitsteams miteinander in Kontakt bleiben können. Richard Nolan, Alex Pollock und James Ware bieten eine weitgehende Beschreibung dieses Übergangs.

Richard Nolan:
Die Organisation im 21. Jahrhundert

Nolan zufolge ist die bürokratisch-hierarchische Organisationsform, wie sie in den meisten heutigen Unternehmen anzutreffen ist, veraltet [Nolan/Pollock/Ware 1988a]. Er meint, die Organisationsstruktur des 21. Jahrhunderts müsse die Form eines Netzwerks annehmen, um wettbewerbsfähig zu bleiben.

Unternehmen, denen es lediglich um die Modifizierung ihrer vorhandenen bürokratischen Hierarchien geht, wird es versagt bleiben, „kostenmäßig global zu konkurrieren, den Marktkräften zu folgen oder einen dauerhaften Wettbewerbsvorteil zu erzielen" [Nolan/Pollock/Ware 1988a: 1]. Solche Unternehmen werden weder die Flexibilität noch die Reaktionsfähigkeit aufbringen, den Marktanforderungen Rechnung zu tragen – vor allem aufgrund des Wandels von relativ stabilen zu dynamischen Märkten. Zudem vollzieht sich ein Wandel in den Wissensanforderungen von relativ einfachen Ansprüchen zu komplexen Interdependenzen.

Nolan und seine Kollegen entwerfen ein Bild von diesem Wandel (Abbildung 7.7 [1988a: 2]). Die Organisationsform, bei der die Unternehmer zugleich Eigentümer sind, entspricht dem Management der ersten Generation. Die Bürokratie beziehungsweise die steile Hierarchie vertritt das Management der zweiten Generation. Die vernetzte Organisation verlangt dagegen ein Management der fünften Generation. Die Kreise stehen für multiple, sich eigenständig an Aufgaben orientierende Teams. Eines der Teams bezieht auch Teilnehmer aus einem Lieferanten- oder einem Kundenunternehmen oder auch aus beiden Organisationen ein. Die Matrixorganisationen der dritten Generation und die vernetzten Hierarchien der vierten Generation werden der steilen Hierarchie lediglich „übergestülpt".

Fertigung auf neuer intellektueller Basis

Die erste Hälfte der 90er Jahre unseres Jahrhunderts hat bedeutsame Entwicklungen im Fertigungsdenken mit sich gebracht. Nachdem man erst einmal erkannt hatte, daß *CIM* überschätzt worden war und ein *Reengineering* von Unternehmensprozessen im Umfang begrenzt ist, wurden in verschiedenen Teilen der Welt Anstrengungen unternommen, eine neue Verständnisgrundlage für Fertigung (und implizit auch für den Dienstleistungssektor und den Staatsdienst) zu erarbeiten. So entwickeln die Japaner Konzepte zur *Holonik*, die Deutschen untersuchen *Fraktale Unternehmen*, und die Amerikaner loten die Tiefen der *Agilität* in der Fertigung aus. Gleichzeitig wird versucht, Wissen, Lernen, Innovation, Kreativität und intellektuelles Kapital in unseren Unternehmen auf explizitere Weise anzuzapfen.

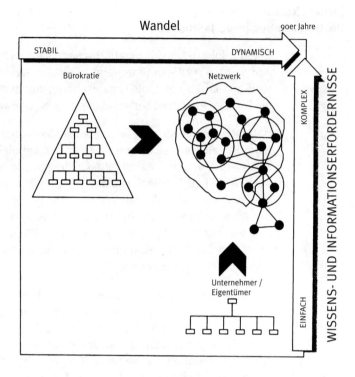

Abb. 7.7:
Organisationsformen und Anforderungen an das Umfeld

All diese Bemühungen stellen ein ungeheures intellektuelles Gärungspotential dar. Die oben genannten Initiativen werden vielfach unabhängig voneinander verfolgt, doch treten sie so geballt auf, daß man unwillkürlich an das gleichzeitige Erblühen sämtlicher Forsythien-Büsche in der Stadt am selben Tag erinnert wird. All diesen Bemühungen sind bestimmte Anliegen und Kriterien gemeinsam. Alle scheinen sie die Bedeutung des Menschen am Arbeitsplatz wiederzuentdecken. Sie erkennen die Notwendigkeit, daß die Menschen nicht nur ihrer Hände Arbeit, sondern auch ihren Verstand einsetzen müssen. Und sie stellen sich Organisationen vor, die für einen Qualitätsdialog offen sind – sowohl unternehmensintern als auch in der Zusammenarbeit mit anderen Organisationen.

Holonisches Management

Japan hat Anfang der 90er Jahre ein internationales Gemeinschaftsforschungsprogramm auf dem Gebiet der Fertigung gegründet und gefördert – das Programm für *Intelligent Manufacturing Systems* (*IMS*). Dieses auf lange Jahre angelegte Programm dient der Durchführung gemeinsamer internationaler Forschungsarbeiten, den Entwicklungen im Vorfeld des Wettbewerbs, einer systematischen Organisation sowie der Standardisierung für die nächste Generation von Fertigungstechnologien. Zu den Partnern zählen Fertigungsunternehmen und Universitäten aus Australien, Kanada und der Europäischen Union (*EU*), der Europäischen Freihandelszone (*EFTA*), Japan und USA.

Im Rahmen des *IMS*-Programms werden sechs Projekte finanziert: (1) saubere Fertigung in der Verarbeitungsindustrie, (2) globale Paralleltechnik, (3) globale Unternehmensintegration im 21. Jahrhundert, (4) schnelle Produktentwicklung, (5) holonische Fertigungssysteme und (6) Systematisierung von Wissen sowie Konfigurationssysteme für Konstruktion und Fertigung (Gnosis).[10]

Das fünfte Projekt zu den holonischen Fertigungssystemen ist für die vorliegende Diskussion von besonderem Interesse. Zweiunddreißig Unternehmen und Universitäten aus Australien, Belgien, Deutschland, Finnland, Großbritannien, Italien, Kanada, Spanien, der Schweiz und den Vereinigten Staaten haben sich dem Projektkoordinator Hitachi angeschlossen. *Maekawa* in Japan wird häufig als Paradebeispiel für ein holonisches Unternehmen angeführt.

Arthur Koestler, ein ungarischer Autor und Philosoph, prägte das *Holon*-Konzept in seinem 1967 erschienenen Buch *The Ghost in the Machine*. Er verwendete das Wort *Holon* zur Beschreibung einer grundlegenden Organisationseinheit in biologischen und sozialen Systemen. *Holos* im Griechischen verweist auf das Ganze, und *on* ist ein Teil – wie in „Prot*on*" oder „Elektr*on*". *Holon* kennzeichnet somit das Wechselspiel zwischen den Teilen und dem Ganzen.

Koestler beobachtete, daß es in lebenden Organismen und in sozialen Organisationen gänzlich selbsterhaltende, miteinander in keiner Interaktion stehende Einheiten nicht gibt. Jede identifizierbare Einheit einer Organisation – zum Beispiel eine einzige tierische Zelle oder eine Familieneinheit innerhalb der Gesellschaft – umfaßt ihrerseits weitere Grundeinheiten (Plasma und Nukleus, Eltern und Geschwister). Nach Koestlers Sprachverwendung bedeutet ein *Holon* einen identifizierbaren Teil eines Systems, das eine einmalige Identität besitzt, aber zum einen seinerseits aus kleineren Teilen besteht und zum anderen selbst Teil eines größeren Ganzen ist.

Auch in den Vereinigten Staaten sind hervorragende Forschungsarbeiten zum Thema *Holonik* durchgeführt worden [Stamps 1980], doch die meisten Impulse auf diesem Gebiet gingen noch bis vor kurzem von Japan aus. Ich selbst habe den Ausdruck zum ersten Mal im Jahr 1989 von Kazuto Togino, dem damaligen Präsidenten der *Komatsu Metals*, gehört.

Die Stärke einer holonischen Organisation – einer Holarchie – besteht darin, daß sie die Konstruktion äußerst komplexer Systeme zuläßt, die dennoch die verfügbaren Ressourcen effizient einzusetzen vermögen, gegen (interne wie externe) Störungen äußerst widerstandsfähig sind und auf Veränderungen in ihrer Umgebung schnell reagieren können.

Die Stabilität von Holonen und Holarchien beruht auf der Tatsache, daß Holonen eigenständige Einheiten sind, die ein bestimmtes Maß an Unabhängigkeit besitzen und Ereignisse und Probleme auf ihrer jeweiligen Existenzebene regeln, ohne übergeordnete Holonen zur Unterstützung heranzuziehen. Holonen können auch Weisungen von übergeordneten Holonen erhalten und bis zu einem bestimmten Maß von diesen kontrolliert werden. Die Eigenständigkeit der Holone sichert ihre Stabilität und ihre Überlebensfähigkeit. Ihre Unterordnung unter übergeordnete Holonen gewährleistet den effektiven Betrieb des größeren Ganzen.

Zu den potentiellen Anwendungen holonischer Managementsysteme zählen die Computersimulation von Kühlkontrollen für Stahlwalzwerke, das Einpassen von Werkstücken, Robotersteuerung, flexible Fertigungszellen, Montagestationen, flexible Montage sowie Bearbeitungskontrolle. Neben diesen spezifischen Anwendungen ergeben sich allgemeine Anwendungen in den Fließfertigungsindustrien, bei der maschinellen Bearbeitung, bei der Montage, beim Transport und in der Systemoptimierung.

Holonisches Management gilt als eine Möglichkeit zur Verwaltung äußerst komplexer Systeme unter effizientem Ressourceneinsatz. Angestrebt wird elastische Widerstandsfähigkeit gegen interne wie externe Störungen. Holonisches Management trägt der Erkenntnis Rechnung, daß schnelle Reaktionsfähigkeit gefordert ist. Die funktionalen Einheiten, die Teile, müssen sich eigenständig konfigurieren können, synergistisch vorgehen und eigenverantwortlich arbeiten. Nach Möglichkeit sollten diese Einheiten auf vorhandenem Wissen und vorhandenen Fähigkeiten aufbauen. Dies alles ist nur möglich, wenn das Ganze – der größere Kontext – verstanden wird. Wir könnten den Zusammenhang auch folgendermaßen formulieren: Die Einheiten besitzen erheblichen Spielraum für selbständiges Handeln, dies aber im Rahmen des umfassenderen Unternehmenskontexts. Die beiden Wörter, die in der *Holonik*-Literatur ständig anzutreffen sind, lauten „Autonomie" und „Koordination".

Das *HMS*-Projekt und der deutsche Fokus zum Fraktalen Unternehmen sind unabhängig voneinander entwickelt worden, doch sowohl in der Konzeption als auch in der Praxis sind manche Gemeinsamkeiten zu erkennen.

Hans-Jürgen Warnecke:
Fraktale Unternehmen

Professor Hans-Jürgen Warnecke, Präsident der *Fraunhofer-Gesellschaft* in Deutschland, veröffentlichte 1992 zusammen mit Manfred Hüser das Buch *Revolution der Unternehmenskultur. Das Fraktale Unternehmen* [Neudruck 1993]. Die *Fraunhofer-Gesellschaft* hält eine ausgesprochen gute Position in Deutschland. Sie dient gewissermaßen als Brücke zwischen den Universitäten und der Industrie, den Dienstleistungsbereichen und dem Staat. Während die *Max-Planck-Gesellschaft* auf die Grundlagenforschung in Deutschland ausgerichtet ist, widmet sich die *Fraunhofer-Gesellschaft* der angewandten Forschung. Ihre annähernd 7000 Mitarbeiter sind an siebenundvierzig Instituten im ganzen Land beschäftigt.

Warnecke ist ein starker Befürworter von *CIM*-Systemen, hat aber auch deren Grenzen erkannt. In typischen Fabriken gibt es wie in den meisten Unternehmen zu viele miteinander in Wechselwirkung stehende Variablen, die normalerweise nicht-lineare Beziehungen aufweisen. Aus diesem Grund ist es nicht möglich, sämtliche Aktivitäten in einem Unternehmen einzuplanen und zu kontrollieren. Warnecke erkennt, daß wir die Art und Weise, in der wir unsere Unternehmen organisieren und Mitarbeiter beschäftigen und führen, neu überdenken müssen.

Anstelle einer vertikalen Kommunikation setzt er sich für eine verstärkt horizontale Dialogführung ein. Angeregt durch Entwicklungen in der Chaos-Theorie, betrachtet er Unternehmen als dynamische Fraktale: Jede Komponente ist unabhängig und kann damit ihre eigenen Entscheidungen treffen, lebt aber dennoch im Kontext des größeren Ganzen, den es zu erfassen gilt. Diese Sichtweise entspricht der holonischen Vorstellung von „Autonomie" und „Koordination".

Vielleicht können wir besser verstehen, was ein Fraktal ist, wenn wir uns einen Kopf Brokkoli vorstellen. Wenn wir einen einzelnen Strunk abbrechen, machen wir schnell die Erfahrung, daß dieser einmalig ist und dennoch dem Ganzen entspricht. Kein zweiter Strunk ist mit dem ersten identisch, aber zugleich läßt jeder Strunk die Gestalt und die Form des ganzen Kopfes erkennen. Er ist „selbstähnlich", aber nicht identisch.

Jeder Teil eines Unternehmens (wie auch jeder einzelne Mitarbeiter) weist einmalige Eigenschaften auf, und dennoch versteht sich jedes Element innerhalb des Kontexts des größeren Ganzen. Jedes Element ist frei, sich selbst zu optimieren, sich selbst zu gestalten, sich selbst zu erneuern und zu organisieren, doch stets im Kontext des größeren Unternehmensauftrags. Anstatt ständig auf entsprechende Handlungsanweisungen zu warten, soll jedes Einzelelement solcher Unternehmen das größere Ganze ständig im Blickfeld haben, mit den anderen Elementen (Fraktalen) kommunizieren und so handeln, daß es sowohl die eigenen Aktivitäten als auch die Organisation als Ganzes optimiert. Von jedem Element wird erwartet, daß es eigenverantwortlich eine Wechselbeziehung zwischen den eigenen Aktivitäten und der gesamten Organisation herstellt.

Seit Ersterscheinung des Buches *Revolution der Unternehmenskultur. Das Fraktale Unternehmen* im Jahr 1992 arbeitet die *Fraunhofer-Gesellschaft* mit über vierzig Unternehmen zusammen, um mit Hilfe eines fraktalen Ansatzes einen effektiveren Einsatz ihrer betrieblichen und technischen Ressourcen zu erzielen. Vor kurzem sind Zwischenberichte zu achtzehn Projekten auf sechs Ebenen veröffentlicht worden [Warnecke 1995]:

- Kulturelle Ebene
- Strategische Ebene
- Sozial-informelle Ebene
- Wirtschaftlich-finanzielle Ebene
- Information
- Prozeß- und Materialflußebene.

Ein großer Teil der konkreten Beratungsarbeit erfolgt unter Leitung von Dr. Wilfried Sihn und seinen Kollegen am *Fraunhofer-Institut für Produktionstechnik und Automatisierung (IPA)* in Stuttgart. Er ist fest entschlossen, einen kulturellen Wandel in unseren Fertigungsunternehmen herbeizuführen. Die Notwendigkeit verstärkten Vertrauens in unseren Unternehmen als Voraussetzung für schnelles und flexibles Reagieren auf veränderte Marktbedingungen ist ihm deutlich bewußt. Zwar hat das *IPA* seinen Ursprung in Bereich *Industrieproduktion und Automatisierung*, doch Sihn und seine Kollegen arbeiten nicht nur im Fertigungsbereich, sondern auch mit Dienstleistern (einschließlich Krankenhäusern). Ein interessantes Projekt gilt dem „aktiven Ideenmanagement (*AIM*)" im Krankenhausbetrieb.

> *Die Mitarbeiter im Fraktalen Unternehmen sind nicht nur Mitarbeiter, sondern auch Mitwisser, Mitdenker, Mitgestalter, Mitentscheider und Mitverantworter. [...] Ungenutzt bleibt das jedem Menschen innewohnende Kreativitätspotential. Kreativität bringt neue, bessere Wege zur Erreichung von Zielen hervor und bestimmt somit die Effektivität der Arbeit („Die richtigen Dinge tun") [Warnecke 1995: 97].*[11]

Ein Großteil der anstehenden Veränderungen im Unternehmen und seiner Kultur hängt mit dem sich allmählich abzeichnenden Sprachgebrauch zusammen. So ist das Konzept vom „aktiven Ideenmanagement" deshalb von Bedeutung, weil sich inzwischen die Erkenntnis durchsetzt, daß wir Rohideen ebenso umformen, wie wir auch Rohmaterialien umformen. Wir haben unsere materiallogistischen Systeme auf einen hohen Stand gebracht, aber unsere Systeme zur Ideenlogistik sind immer noch recht primitiv. Wir vermögen Rohmaterialien schnell und in großen Mengen zu verarbeiten, aber in unseren ideenverarbeitenden Systemen bleiben gute Ideen hier und da ungenutzt liegen.

Sprache entwickelt sich im Zuge einfacher, aber wirksamer Veränderungen. So erinnern wir uns alle an langweilige Grammatikstunden in der Schule – besonders dann, wenn Präpositionen durchgenommen wurden. Doch beim Übergang vom Industriezeitalter zum Wissenszeitalter machen wir nun die Erfahrung, daß wir die Präposition *für* zunehmend durch die Präposition *mit* ersetzen. Im Industriezeitalter arbeiten wir „für" jemanden. Im Wissenszeitalter arbeiten wir „mit" unseren Kollegen. Das Zitat aus dem *AIM*-Projekt verdeutlicht diesen Wandel: Die Zusammenarbeit „mit" anderen setzt einen Kulturwandel voraus – einen Wandel, bei dem Vertrauen und Offenheit entscheidend sind und wir unsere gegenseitigen Fähigkeiten erkennen und nutzen. Es geht nicht mehr darum, daß wir nur „Aufgaben erledigen" oder „Maschinen warten"; im Gegenteil, wir sind aufgerufen, kontinuierlich nach neuen Möglichkeiten zu suchen und diese „ko-kreativ" zu gestalten. In diese Richtung weisen die fraktalen Projekte der *Fraunhofer-Gesellschaft*.

Veränderungen lassen sich aber nicht nur durch Sprache und Kultur bewirken, sondern entstehen durch Interaktion der oben aufgelisteten sechs Ebenen. Ein hervorragendes Beispiel für eine fraktale Organisation ist *Mettler-Toledo* in Albstadt in Deutschland [Hüser/Kaun in Warnecke 1995: 315-317]. Das Unternehmen produziert seit über 140 Jahren Industriewaagen. Mitte der 80er Jahre geriet das Unternehmen in eine wirtschaftliche Krise, die seine Zukunft gefährdete. Es bedurfte radikaler Maßnahmen, so daß der Geschäftsführer Johann Tikart gemeinsam mit seinen Kollegen eine Reihe entscheidender Reformen einführte – mit großem Erfolg.

Trotz Reduzierung der Belegschaft in den letzten zehn Jahren von 300 auf 200 Mitarbeiter stiegen die Umsätze des Unternehmens von 40 Millionen DM auf über 100 Millionen DM. Gleichzeitig mit dem Personalabbau wurden die Unternehmensprozesse neu strukturiert – leistungsorientiert, marktorientiert und mitarbeiterorientiert. So wurden Betriebsabläufe entwickelt, die den Erfordernissen von Lieferung, Markt und Mitarbeitern Rechnung tragen. Das Unternehmen erkennt, daß Erfolg nicht möglich ist, wenn nicht zum versprochenen Zeitpunkt auch tatsächlich geliefert wird. Zugleich wurden die Unternehmensprozesse so umgestellt, daß ausschließlich auf Kundenbestellung produziert wird. Dies hat zur Folge, daß das Unternehmen einen intensiveren Dialog mit den Marktpartnern führt und neue Produkte in Zusammenarbeit mit seinen Kunden in funktionsübergreifenden Teams entwickelt. Auch hat sich die Erkenntnis durchgesetzt, daß letztlich nicht der Erfolg des einzelnen, sondern der gemeinsame Markterfolg zählt. Mit Offenheit und Vertrauen sind die Mitarbeiter in der Lage, ihr Arbeitsumfeld ständig zu verbessern – durch die Entwicklung kreativer Produkt- und Prozeßlösungen, die den Erwartungen ihrer Kunden besser gerecht werden.

Rund 80 Mitarbeiter arbeiten an neuen Produktentwicklungen, 90 im eigentlichen Produktionsprozeß und nur 25 in der Bereitstellung von Basisdiensten. Das Unternehmen hat eine einfache, flache Hierarchie, wobei die Mitarbeiter ungehindert und nach eigenem Ermessen miteinander kommunizieren und arbeiten, ohne bei den Vorgesetzten um Genehmigung nachsuchen zu müssen. Neue Produkte werden inzwischen innerhalb von sechs Monaten entwickelt; früher waren es achtzehn Monate. Das Unternehmen wendet weltweit bekannte Techniken zur Verbesserung seiner Produktentwicklung an – darunter Paralleltechnik, *Quality Function Deployment*, *Design for Assembly*, *Failure Mode* und *Effect Analysis* sowie *Taguchi*-Methoden. Sobald ein Produkt in die Produktion geht, übernimmt einer der Produktionsmitarbeiter die Verantwortung für die gesamte Abwicklung eines Auftrags – einschließlich Montage, Dokumentation und Versand. Da nur auf Kundenbestellung produziert wird, sehen die Mitarbeiter in der Produktion ein, daß sie bereit sein müssen, ihre Arbeitszeiten an Auslastungskapazitäten zwischen 50 % und 200 % anzupassen. Es gibt drei Lohngruppen: teilqualifizierte Monteure, höherqualifizierte Facharbeiter und absolute Spezialisten. Die Meister nehmen Beratungsfunktionen wahr.

Viele Veränderungen bei *Mettler-Toledo* waren bereits eingeleitet worden, noch bevor das Unternehmen von fraktalen Konzepten gehört hatte. Die dort begonnenen Initiativen haben seither in vielen anderen Unternehmen Nachahmung gefunden, sowohl in Deutschland als auch in anderen Teilen der Welt. Doch *Mettler-Toledo* war gerade deshalb erfolgreich, weil das Unternehmen Veränderungen auf verschiedenen Ebenen – Unternehmenskultur, Unternehmensstrategie, soziale und informelle Beziehungen, Wirtschaftsmodelle, Informationsverarbeitung und Prozeßfluß – vorgenommen hat. Es hat ein offenes und zügig ablaufendes Arbeitsumfeld geschaffen, in dem die einzelnen Mitarbeiter und Teams Eigenverantwortung für ihre Zuständigkeitsbereiche tragen. Ihr Vorgehen ist in der Tat als *selbstorganisierend*, *selbstoptimierend* und *selbstähnlich* zu bezeichnen. Jeder kennt die Betriebsprinzipien und Betriebsnormen und kann auf Marktchancen ebenso effektiv reagieren wie auf eventuelle Marktstörungen. Der Erfolg hat sich mit den Veränderungen im Lauf der letzten zehn Jahre eingestellt. 1994 ist *Mettler-Toledo* mit einem deutschen Innovationspreis, dem sogenannten „Wirtschaftsoskar", ausgezeichnet worden. Wenn wir die Ergebnisse abwägen, so kann der anhaltende Erfolg dieses Unternehmens andere Unternehmen nur motivieren: Es zahlt sich aus, das alte Industriezeitalter-Modell durch einen verstärkt wissensintensiven Ansatz zu ersetzen.

Das äußerst bewegliche und anpassungsfähige Modell von *Mettler-Toledo* entspricht dem Ansatz, den auch das *Agility Forum* in den Vereinigten Staaten verfolgt.

Steve Goldman, Roger Nagel und Kenneth Preiss:
Agile Konkurrenten und virtuelle Organisationen

Im Jahr 1991 dachte eine kleine Gruppe von Führungskräften aus dem Fertigungsbereich sechs Monate lang über die Merkmale eines Fertigungsmodells der nächsten Generation nach.[12] Sie erkannten, daß es mit Flexibilität allein nicht getan war – die Unternehmen mußten „agil" sein. Sie mußten in der Lage sein, ihre Ressourcen und Fähigkeiten intern wie extern mit anderen Unternehmen in rasch gebildeten Teams zu kombinieren.

Rick Dove hat diese Entwicklungen in eine historische Perspektive gebracht.[13] Im Feudalsystem führte ein Handwerker seine Arbeitsaufgabe von Anfang bis Ende durch – zum Beispiel ein Schuster bei der Anfertigung von Schuhen. Dann teilte Henry Ford die Arbeit in winzige Arbeitsschritte auf. Bei der anschließenden Massenproduktion entstanden eine Menge „*Tin Lizzies*" (Wagen vom *T*-Modell), aber für die Arbeiter bedeutete dies die Zuweisung auf eng abgesteckte kleine Arbeitsplatz-Kästchen. Geraume Zeit später kam die *MIT*-Untersuchung des *Toyota*-Produktionssystems, und die Fertigung hatte ein neues Konzept: „*Lean Production*" [Womack/Jones/Roos 1990]. „Schlanke Produktion" ist in vielerlei Hinsicht gleichbedeutend mit Flexibilität. Die Agilitätsstudie hat nun aber ergeben, daß Unternehmen mehr sein müssen als nur flexibel; sie müssen *agil* sein. Sie müssen in der Lage sein, wie ein Hochspringer nach den sich stets ändernden Gelegenheiten zu greifen.

Aus dieser intensiven Studie heraus entstand das *Agile Manufacturing Enterprise Forum*, das inzwischen unter dem Namen *Agility Forum* bekannt geworden ist und von Rusty Patterson (*Texas Instruments*) geleitet wird. Das *Agility Forum* ist ein freiwilliger Zusammenschluß von Unternehmen, die gemeinsam herausfinden wollen, wie sie agile Fähigkeiten in ihren Unternehmen praktizieren können. Steve Goldman, Roger Nagel und Kenneth Preiss haben Stimmung und Ausrichtung der Bemühungen in ihrem kürzlich erschienenen Buch *Agile Competitors and Virtual Organizations: Strategies for Enriching the Customer* [1994] erfaßt. Agile Unternehmen sind in der Lage, marktsegmentierende, wissensbasierte und serviceorientierte Produkte zu entwickeln, die sich leicht an die Erfordernisse einzelner Kunden anpassen lassen. Ein ausgezeichnetes Vorbild sehen die Autoren in der *Asea Brown Boveri (ABB)* – einem Unternehmen, das ein Netz von kleineren, unabhängigen Einheiten geschaffen hat, die eigenverantwortlich handeln, sich bei größeren Projekten aber auch zusammenschließen können.

Das Agilitätskonzept ist mittlerweile auch in den Ländern der Europäischen Union verbreitet. Der Engländer Paul Kidd [1994] hat eine hervorragende Agilitätsstudie verfaßt, die sich einerseits von der Arbeit von Goldman, Nagel und Preiss abhebt, diese andererseits aber sehr schön ergänzt. Kidd befaßt sich verstärkt mit einem eher technisch ausgerichteten Verständnis von Agilität im Fertigungsprozeß.

Warum Agilität? Zur Bereicherung der Kunden. Mit anderen Worten: Agilität ist kein Selbstzweck, sondern eine Möglichkeit, unseren Kunden zu größerem Erfolg zu verhelfen. Dieser Ansatz unterscheidet sich erheblich von der Warnung aus früheren Tagen: „Vorsicht, Kunden!" Und wie bereichern wir unsere Kunden? Wir bereichern sie, indem wir unsere Fähigkeiten in Teamarbeit mit unseren Kollegen im eigenen Unternehmen wie auch mit unseren Lieferanten und Kunden nutzen. Dieser Ansatz kennt weder eine Grenzziehung zwischen Arbeitsplätzen, noch die Errichtung von Mauern zwischen Unternehmen.

Agile Unternehmen sind selbstorganisierende Unternehmen. Sie sind nicht starr und bürokratisch. Wenn Funktionsträger im Rahmen der Paralleltechnik oder bei der Bereitstellung von Stützdiensten miteinander arbeiter müssen, schließen sie sich einfach zu einem Team zusammen. Mit Hilfe dieses fließenden, anpassungsfähigen Ansatzes können die Unternehmen auf den Wellen der Marktveränderungen reiten und dann und wann sogar der Welle vorauseilen und ihren Kurs bestimmen. Dazu aber bedarf es hervorragender Leistungen in bezug auf die Nutzung menschlicher Kompetenzen und informationstechnischer Kapazitäten.

Das *Agility Forum* weiß, daß eine erfolgreiche Umsetzung von der Detailarbeit abhängt. So sind mehrere Arbeitsteams mit Teilnehmern aus verschiedenen Unternehmen beauftragt worden, Möglichkeiten zur Verbesserung von Produktentwicklung, Einsatz menschlicher Ressourcen, Marketing und Logistik zu erkunden. Einmal jährlich findet eine Konferenz statt, bei der über den Fortschritt dieser Arbeitsteams berichtet wird. Anläßlich der letzten Konferenz präsentierte Ted Goranson eine faszinierende Schilderung der Walfangindustrie als einem Agilitätsmodell besonderer Art.[14] So mancher Zuhörer mochte sich fragen, was eine seit mehr als hundert Jahren ausgestorbene Industrie uns heutigen Menschen wohl noch zu sagen hat.

Goranson zufolge wurde die Walfangindustrie mehr als hundert Jahre lang von den Vereinigten Staaten beherrscht. Trotz hartnäckiger Bemühungen gelang es den Engländern und Holländern nicht, auf den Walfangmarkt vorzudringen. Sie hatten genauso leistungsfähige Schiffe und Kapitäne. Warum waren sie nicht so erfolgreich?

Die Amerikaner nutzten drei Vorteile. Erstens tauschten die Kapitäne bei der Rückkehr nach New Bedford und Nantucket ihre Erfahrungen auf See in allen Logbuch-Einzelheiten mit den übrigen Kapitänen im Hafen aus. Zweitens glaubten sie, es brächte einem Schiff Unglück, wenn es zweimal mit derselben Besatzung auslief. Aus diesem Grund wurde die Zusammensetzung der Mannschaften an Bord laufend geändert. Drittens wußte jeder Einzelne zu Beginn einer Fahrt, mit welchem Prozentsatz er zum Schluß am Gewinn beteiligt sein würde. Entsprechend bestand ein persönliches Interesse daran, daß die Fahrt ein Erfolg wurde.

Mit ihrem offenen Erfahrungsaustausch erreichten die Kapitäne letztlich die Verarbeitung ihres Wissens. Vielleicht kam es dazu, weil viele von ihnen Quäker waren – und es gehört nun einmal zur Tradition der Quäker, offen und ehrlich zu sein. Wie dem auch sei: Die Ergebnisse vermittelten den Kapitänen hilfreiche Einsichten in Wind- und Strömungsverhältnisse, Wetter und mutmaßliche Walfischgründe.

Auch wenn es sich um Aberglauben gehandelt haben mag – die ständige Neuzusammensetzung der Mannschaften an Bord hatte zur Folge, daß die Lernerfahrungen aus früheren Fahrten in der gesamten Flotte verfügbar waren.

Diese beiden Prozesse, der Erfahrungsaustausch anhand der Logbücher und die Neuzusammensetzung der Mannschaften, haben sich im Rückblick als weise Normen erwiesen. Und daran schließt sich die Frage an, welche weisen Normen denn wohl unsere heutigen Unternehmen leiten? Ganz sicher hat *Mettler-Toledo* eigene Normen entwickelt, die dem Unternehmen zum Erfolg verhelfen. Das Buch von Goldman, Nagel und Preiss bietet eine Fülle weiterer Beispiele für Unternehmen, die ebenfalls klug und geschickt einen Erfolgskurs steuern, indem sie ihre Ressourcen in agiler Weise einsetzen und immer wieder neu kombinieren.

Viele unter uns werden in Kürze die neue Boeing 777 kennenlernen. Vor einigen Jahren haben weise Führungskräfte von *Boeing* und *United Airlines* – unter Ausschluß der Juristen – eine einfache Zusammenarbeitsvereinbarung getroffen [Moody 1992]:

> *Um rechtzeitig ein echtes Großraumflugzeug auf den Markt bringen zu können, sehen wir uns verpflichtet, in Gemeinschaftsarbeit ein Flugzeug zu konstruieren, herzustellen und zu vermarkten, das die Erwartungen von Flugpersonal, Kabinenpersonal sowie Wartungs- und Hilfspersonal wie auch letztlich von Fluggästen und Spediteuren übertrifft.*
>
> *Vom ersten Tag an gilt:*
>
> *– branchenoptimale Zuverlässigkeit bei der Auslieferung*
>
> *– starker Kunden-Appeal*
>
> *– Benutzerfreundlichkeit.*

Diese schlichte Vereinbarung bewirkte eine Grundstimmung der Offenheit und des Vertrauens zwischen *Boeing*, *United Airlines* und den übrigen *Boeing*-Kunden. Zum allerersten Mal wurden Mitarbeiter von *United Airlines* aufgefordert, sich mit *Boeing*-Ingenieuren zwecks Konstruktion des Flugzeugs an einen Tisch zu setzen. Auf diese Weise konnten die Vertreter von *United Airlines* und verschiedenen anderen Fluggesellschaften ihr Wissen und ihre Erfahrungen schon in der Konstruktionsphase einbringen. Dies ist ein ausgezeichnetes Beispiel für „Kundenbereicherung" nach Goldman, Nagel und Preiss und entspricht ganz dem Verhalten der Walfangkapitäne in Nantucket. Wir sollten an dieser Stelle innehalten und uns noch einmal fragen: Was sind dies für Veränderungen, und was bedeuten sie?

Holonik, *Fraktale* und *Agilität* ... unterschiedliche Ansätze aus unterschiedlichen Teilen der Welt. Gibt es da gemeinsame Botschaften?

Der Sprachgebrauch mag jeweils unterschiedlich sein, doch die Bemühungen laufen in dieselbe Richtung: Wir brauchen die Köpfe der Leute, nicht nur ihre Hände. Die Mitarbeiter sollen keine Handlungsanweisungen befolgen, sondern sowohl für ihre eigenen Aktivitäten als auch für das größere Ganze Verantwortung übernehmen. Die Teile mögen autonom sein, aber diese Teile müssen auch mit anderen Teilen im Sinne einer Gesamtoptimierung kreativ kooperieren. Jedes Fraktal-Element mag sich von den anderen unterscheiden, aber alle sind Teil einer umfassenderen Unternehmung, die ihren Aktivitäten Kontext und Ausrichtung verleiht. Und wenn agile Ressourcen in immer wieder neuen Teams in und zwischen Unternehmen zu virtuellen Unternehmungen kombiniert werden, gilt es darauf zu achten, daß ein jeder zur Bereicherung der Kunden beiträgt. Diese drei Initiativen lassen eine internationale Sprache im Fertigungsbereich entstehen, so daß *Hitachi* in Japan, *Broken Hill Properties* in Australien, *Mettler-Toledo* in Deutschland sowie *Texas Instruments* und *Allan-Bradley* in den Vereinigten Staaten eine ähnliche Entwicklung erfahren. Sobald die Konzepte *Holonik*, *Fraktale* und *Agilität* besser bekannt sind, können die Unternehmen auf die sich bietenden Chancen nicht nur gezielter reagieren, sondern selbst neue Möglichkeiten und Trends schaffen. Sie werden in der Lage sein, die Spielregeln in ihrer Branche neu zu bestimmen [Prahalad/Hamel 1994]. Und wie Dan Burrus in seinem Buch *Technotrends* [1993] erläutert, werden sie sogar erkennen können, in welcher Weise technologische Entwicklungen die Spielregeln für Unternehmen und Branchen ständig neu ausrichten – ob wir uns dessen bewußt sind oder nicht.

Sind diese drei Initiativen nun das „letzte Wort" zur Zukunft des Fertigungsbereichs? Vermutlich nicht. Das Industriezeitalter hat fünfzig bis hundertfünfzig Jahre gebraucht, um die Bewirtschaftung von Land und Boden als dominierende Wirtschaftsaktivität abzulösen. Vermutlich befinden auch wir uns in einer zwanzig bis fünfzig Jahre dauernden Übergangszeit. Es gibt noch weitere Veröffentlichungen, die richtungweisende Einsichten bieten.

Ikujiro Nonaka und Hirotaka Takeuchi: Das wissensgenerierende Unternehmen

Inspiriert durch die von Michael Polanyi getroffene Unterscheidung zwischen verborgenem und explizitem Wissen stellen Nonaka und Takeuchi mit ihrem Buch *The Knowledge-Creating Company* [1995] einen sorgfältig durchdachten und gut belegten Ansatz zur Wissensgenerierung vor. Die Arbeit dieser beiden Autoren kommt gerade zum rechten Zeitpunkt, denn immer mehr Leute denken über Wissen, Kreativität und Innovation nach.

Nonaka und Takeuchi erkennen, daß ein Großteil des Wissens in einem Unternehmen in höchst subjektiven Einsichten, Intuitionen, Vermutungen, Idealen, Werten, Vorstellungen, Symbolen, Metaphern und Analogien zu suchen ist. Bei richtigem Verständnis und richtigem Einsatz können diese Ressourcen den täglichen Geschäftsablauf im Unternehmen in höchstem Maß bereichern. Das Unternehmen sollte bewußt Prozesse entwickeln, um solche Ideen und Einsichten an die Arbeitsoberfläche zu befördern. Die Autoren führen eine Reihe hervorragender Beispiele dafür an, wie Unternehmen – zum Beispiel *Honda*, *Canon*, *Kraft General Foods*, *NEC* und *3M* – ihr Wissen verarbeiten.

Diese Unternehmen haben festgestellt, daß Mittelmanager ideale Projekt- und Programmleiter abgeben, weil sie in der Lage sind, sowohl die Erwartungen und Metaphern der Geschäftsführung zu verstehen, als auch mit den Mitarbeitern zu kommunizieren und sie zu motivieren. Ihr Konzept ist das zwischen „oben" und „unten" vermittelnde *„Middle-up-down"*-Management. Wie schön, daß auch mal das Mittelmanagement in einem positiven Licht gesehen wird – allzu lang sind die Mittelmanager in vielen Unternehmen die Stiefkinder gewesen, gerade bei den unlängst erfolgten Abspeckungsmaßnahmen.

Nonaka und Takeuchi fordern die westlichen Manager und Organisationstheoretiker heraus. Sie fragen, ob die Untersuchungen von Peter Senge zur lernenden Organisation nicht die kartesianische Trennung in Körper und Geist fortsetzen, die ihrer Ansicht nach das westliche Gedankengut jahrhundertelang geprägt hat. Sie ziehen auch die westlichen Vorstellungen von „bestmöglichen Praktiken" und *„Benchmarking"* in Zweifel, weil sie der Überzeugung sind, es reiche nicht aus, andere Vorgehensweisen lediglich kennenzulernen. Vielmehr müsse ein Unternehmen das Gelernte aktiv verarbeiten, um es sich zu eigen zu machen. Auch unseren Ansatz zum virtuellen Unternehmertum, demzufolge das Wissen von Unternehmen, Lieferanten und Kunden reibungslos zu kombinieren ist [1995: 10-11], stellen sie in Frage. Diese Herausforderungen kommen gezielt und zur rechten Zeit, denn wenn wir den Autoren aufmerksam zuhören, gelingt uns vielleicht die Überwindung unseres *„Management-Theorie des Monats"*-Syndroms. Wir müssen innehalten und uns mit den Überlegungen dieser beiden Autoren ernsthaft auseinandersetzen, wenn wir unsere Unternehmen auf einer anderen Verständnisebene begreifen wollen. Ihnen ist der Westen nicht fremd, zumal beide ihre Doktorarbeit an der *University of California* in Berkeley verfaßt haben.

Wenn wir den Gedanken dieser beiden Autoren folgen, müssen wir uns in Zukunft verstärkt darum bemühen, Aktion und Reflexion miteinander zu verbinden. Wir müssen sowohl Materialien als auch Ideen effektiver verarbeiten. Auch wenn uns Nonaka und Takeuchi etwas aufhalten – unser Ansatz wird sich um so mehr lohnen. Und sie stehen nicht allein. So meint S.K. Chakraborty [1990] vom *Indian Institute of Management* in Kalkutta, wir sollten nicht lediglich *Brainstorming* betreiben, sondern die Kunst des *„Brainstilling"* erlernen: Wir müssen lernen, ruhiger zu werden, damit wir einander effektiver zuhören und auch unseren Lieferanten und Kunden auf neue Weise Aufmerksamkeit widmen können.

Nonaka und Takeuchi erkennen, daß die Schaffung von neuem Wissen ebensoviel mit Idealen wie mit Ideen zu tun hat. Und dies bedeutet nichts anderes, als daß Unternehmenskultur und -werte mindestens genauso wichtig sind wie Qualität und Prozeß-*Reengineering*. Die Arbeit dieser beiden Autoren wird die Ansätze in Richtung *Holonik*, *Fraktale* und *Agilität* mit Sicherheit beträchtlich vertiefen.

Ihre Metapher für die künftige Organisation ist die „*Hypertext-Organisation*". Je mehr man in den Unternehmen Erfahrungen mit dem *World Wide Web* sammelt, desto besser ist die *Hypertext*-Metapher zu verstehen: Sie läßt die dynamische Verknüpfung und Vernetzung zum „*Way of Life*" werden. Die *Hypertext-Organisation* umfaßt drei Elemente: die Ebene des Unternehmenssystems (Hierarchie), die Projektteam-Ebene und die Ebene der Wissensbasis [Nonaka/Takeuchi 1995: 169]. Eine *Hypertext-Organisation* ist im Prinzip ein in mehreren Ebenen angeordnetes Beziehungsgeflecht, das eine große Vielfalt an Ideen äußerst effektiv zu verarbeiten vermag. Auch von anderer Seite könnte uns dieses Modell begriflich gemacht werden.

Sally Helgesen:
Das Inklusionsnetz

Im Jahr 1990 untersuchte Sally Helgesen die Art und Weise, in der Frauen eine Konstruktionsfirma, eine Gruppe von Radiosendern, Pfadfinderinnen-Organisationen und das Management-Ausbildungsinstitut bei *Ford* leiten. Bei näherer Betrachtung stellte sie fest, daß sich die Ergebnisse für Unternehmen schlechthin verallgemeinern lassen [1990, 1995a]. In der Folge wendete sie ihre Einsichten 1995 auf *Intel*, den *Miami Herald*, das *Beth Israel Hospital* in Boston, *Anixter Inc.* und *Nickelodeon* an. In ihrem Buch *The Web of Inclusion* [1995b] untersucht die Autorin die *Netz*-Metapher im Rahmen der Organisation hochanpassungsfähiger Unternehmen.

Helgesen nutzt die Entdeckung der Quantenphysik, daß Materie sowohl durch Teilchen als auch durch Wellenlängen gekennzeichnet ist. Entsprechend versteht sie das Inklusionsnetz einerseits als Strukturmuster und andererseits als Prozeß. In bezug auf das Muster hat sie festgestellt, daß die von Frauen geleiteten Organisationen, die sie in ihrer ursprünglichen Studie untersucht hatte, eher einem Spinnennetz gleichen. „Die Strukturen waren kreisförmig angelegt, wobei die Leitende das Zentrum darstellte und von dort aus Linien zu verschiedenen Punkten verliefen [Helgesen 1995b: 20]."[15] In etwa entspricht dies dem bereits an früherer Stelle erwähnten Modell von der Pizza-Organisationsstruktur, wie sie von *Eastman Chemical* entwickelt worden ist. Helgesen fand nun heraus, daß die Strukturen „kontinuierlich aufgebaut, gedehnt, verändert, gewandelt und umgeformt wurden" [Helgesen 1995b: 20].

Die Autorin hat zudem festgestellt, daß die leitenden Persönlichkeiten stets alle Beteiligten in den Kreis einbezogen und so die Kommunikation mit den einzelnen Funktionsträgern vertieften und ihr Engagement förderten. Diese netzartigen Strukturen waren eher zirkular als hierarchisch angelegt. Die Leitenden fühlten sich wohl inmitten des Geschehens und wollten gar nicht an der Spitze der Organisation stehen; ihnen lag auch mehr daran, Konsens zu erzielen, als Befehle zu erteilen. In der so entstandenen kollegialen Atmosphäre konnten sich die Mitarbeiter auf die anstehenden Aufgaben konzentrieren, ohne lange zu überlegen, wer wohl dafür zuständig war, die Durchführung dieser Aufgaben zu veranlassen. Mit der für ein Netz typischen Flexibilität konnten sich die Mitarbeiter ungehindert hierhin und dorthin bewegen und je nach Bedarf untereinander Verbindungen herstellen. Diese Struktur bezeichnet Helgesen als *„web of inclusion"* – als *Inklusionsnetz*: Es lebt und webt, weil die Mitarbeiter Wertschätzung erfahren und ihnen aus dieser Erfahrung heraus auch die Wertschätzung anderer leichter fällt. Und dies wiederum fördert Vertrauen und Offenheit.

Das Inklusionsnetz versteht Helgesen als Prozeß insofern, als sich die gesamte Organisation im offenen Gespräch befindet. Die herkömmliche Unterscheidung zwischen Positionen und Funktionen und zwischen Denken und Tun wird verwischt. Die Macht im Netz läßt sich ohne weiteres neu zuordnen, und die Organisation kann koninuierlich umstrukturiert werden. Das Netz bezieht auch Ressourcen außerhalb der Organisation ein, und da eine Interaktion sowohl intern als auch extern ohne weiteres möglich ist, stellt es zugleich ein Modell für kontinuierliches Lernen dar. Helgesen verdeutlicht ihre Erkenntnisse nicht nur am Beispiel von weiblichen Führungskräften, sondern zieht auch Beispiele heran, in denen sowohl Männer als auch Frauen beteiligt sind.

In der Literatur zu *Holonik*, *Fraktale* und *Agilität* findet die *Netz*-Metapher kaum Erwähnung. Auch menschliche Emotionen werden relativ wenig in Betracht gezogen. Roxanne Emmerich entwickelt zur Zeit das Konzept „emotionale Bildung" („*emotional literacy*") im Unternehmen – als eine Möglichkeit, wichtige Energien in sich selbst wie auch bei anderen freizusetzen.

Beim Nachdenken über Helgesens Arbeit will mir scheinen, daß die Diskussion über Mitarbeiter-*Empowerment* großenteils den Kern verfehlt. Wir können von unseren Vorgesetzten gar nicht mit *Empowerment* ausgestattet und somit „ermächtigt" werden. Vielmehr entdecken wir in uns selbst wie auch bei anderen Talente, Fähigkeiten, Wissen und Aspirationen. Wir geben untereinander eine Palette an Kompetenzen preis, auf deren Basis wir konkrete Marktchancen nutzen können. Die *Netz*-Metapher hat mit Energie in Form von Inspiration, Innovation und Kreativität weitaus mehr zu tun als mit Macht. Schon sind im *Internet* Gruppierungen auszumachen, die sich um verschiedene Themen herum bilden und verschiedene Ebenen der Kollaboration durchlaufen. In diesen Gruppierungen zählt nicht, wie groß das Büro ist, welch wohlklingenden Titel man führt oder ob man einen großen Wagen fährt. Entscheidend ist vielmehr die Fähigkeit, anderen zuzuhören, Wissen auszutauschen und einen Beitrag zu leisten. Qualität und Präsentation der Mitteilung lassen uns aufhorchen, nicht Rang und Name. Interessanterweise gelingt uns Menschen in der Anonymität des *Cyberspace* zuweilen ein viel offenerer Umgang mit unseren Gedanken und Gefühlen.

Anläßlich eines kürzlich erfolgten Treffens von Teilnehmern einer Gruppe, die das Konzept *„intellektuelles Kapital"* untersucht[16], entdeckten wir im *Internet* ein weites Spektrum an Engagement in organisch gewachsenen Gruppierungen – von reinen Interessengemeinschaften zu sehr engagierten Kreisen: Man nimmt immer aktiver am *Online*-Dialog teil. Zuweilen entstehen dabei „Kollaborativen", wenn sich Leute zu einer gemeinsamen Unternehmung zusammenschließen. In einigen Fällen wird sogar das Stadium der „ko-kreativen Kollaborative" erreicht. In der Praxis sieht das dann so aus, daß sich die Beteiligten an unterschiedlichen Punkten in ein und derselben Interaktion befinden, so daß wir uns den Ablauf nicht strikt linear vorzustellen haben. Demgegenüber sind in unserer heutigen Arbeitswelt eher „Desinteressengemeinschaften" anzutreffen. Wir arbeiten in einem Umfeld, das alles andere als motivierend ist.

Die Führungskräfte in unseren Organisationen sind aufgerufen, pulsierende Gemeinschaften voller Engagement, praktischer Aktivität und kreativer Kooperation zu beraten und zu betreuen, die bei aller Konzentration auf die Details stets das große Bild vor Augen haben und flexibel auf Marktchancen reagieren. Ein Großteil unseres Geschäftserfolgs steht und fällt mit unserer Fähigkeit, Netze inklusiver Beziehungen zu weben, in denen die Beteiligten Wertschätzung erfahren und angeregt werden, die eigenen Talente verstärkt einzubringen.

Helgesen entwirft ein anschauliches Bild von unseren künftigen Organisationen. Sie hat viele Merkmale der selbstorganisierenden Unternehmen erfaßt, die Margaret Wheatley in ihrem ausgezeichneten Buch *Leadership and the New Science* [1992] untersucht.

Selbstorganisierende und intelligente Unternehmen

Das Konzept *Selbstorganisation* taucht immer wieder in Diskussionen über *Holonik*, *Fraktale* und *Agilität* auf. Es erscheint auf den ersten Blick leicht verständlich, bedeutet in Wirklichkeit aber eine große Herausforderung. Worin bestehen die Normen und Prinzipien der Selbstorganisation? Was hindert ein selbstorganisierendes Team daran, sich als Mini-Hierarchie zu organisieren? Welche Werte, Normen und Prinzipien erfüllen den Prozeß des Selbstorganisierens mit Lebenskraft und Ausdauer? Gewiß leistet das Buch von Helgesen einen wertvollen Beitrag zur Erforschung dieses Bereichs, doch eines steht fest: Wir sind über die ersten Anfänge noch nicht hinausgekommen. Allerdings gibt es schon einige Beispiele für vernetzende und netzbildende Organisationen.

So nimmt jeder *VISA*-Karten-Benutzer an einer weltweiten Organisation teil, die weder eine zentralisierte Hierarchie noch eine *Kommando/Kontroll*-Struktur aufweist – obgleich die Produkte von über 23000 Finanzinstitutionen geschaffen und in mehr als 200 Ländern der Welt akzeptiert werden: Den 355 Millionen Benutzern werden jährlich 7,2 Milliarden Transaktionen im Wert von über 650 Milliarden Dollar bereitgestellt.

Die Idee zu dieser Organisation wurde in den späten 60er Jahren von Dee Hock und einigen anderen entwickelt: Die Organisation ist Eigentum der Mitgliedsunternehmen; Machtbefugnisse und Funktionen sind so weit wie möglich dezentralisiert; die Kontrollen sind verteilt; trotz ihrer unbegrenzten Verformbarkeit ist die Organisation äußerst beständig und vermag Diversität und Wandel mit Leichtigkeit aufzufangen. Sie sucht sich in der chaotischen Welt der finanziellen Transaktionen ihre eigene Ordnung. Hock hat zur Charakterisierung von *VISA* sogar das Wort „*Chaord*" (ausgesprochen „kay-ord") als Neubildung aus *Chaos* und *Ordnung* geprägt. Folgerichtig spricht er von einer „chaordischen" Organisation [Hock 1994].

Ganz eindeutig ist es nicht damit getan, daß wir unsere alten Vorgehensweisen zwecks Effizienzsteigerung einem *Reengineering* unterziehen; wir müssen über gänzlich neue Möglichkeiten der Organisation und Zusammenarbeit nachdenken. Wir sehen dies an *Boeing*, *VISA* und *Oticon*. Und wir erleben es an dem von *ABB Network Controls* in Schweden durchgeführten Projekt „*Lebenslanges Lernen*", das eine Kultur und eine Gemeinschaft geschaffen hat, in der Mitarbeiter und Management gleichermaßen Verantwortung für die Entfaltung kreativer Fähigkeiten bei sich selbst wie bei anderen übernehmen [Haglund/Ögard 1995].

Seit dem Erscheinen der Erstausgabe von *Fifth Generation Management* im Jahr 1990 sind eine Reihe ausgezeichneter Bücher verfaßt worden, die sich mit ähnlichen oder eng verwandten Themen befassen. So lassen insbesondere *Liberation Management* von Tom Peters [1992] und sein kürzlich erschienenes Buch *The Tom Peters Seminar* [1994] erkennen, wie leidenschaftlich der Autor uns dazu verhelfen möchte, daß wir uns aus unseren alten Verankerungen lösen. Er ist unser „*Change Coach*" – doch wenn es um die Herbeiführung von Wandel geht, begnügt er sich nicht mit Zwischenrufen von den Zuschauerrängen, sondern stürzt sich selbst ins Getümmel. Weitere wichtige Namen fallen mir ein: James Quinn Brian [1994], Charles Handy [1989], James O'Toole [1995] sowie Gifford und Elizabeth Pinchot [1993]. Die „Dekane der Vernetzungsfakultät" sind Jessica Lipnack und Jeff Stamps [1986; 1993]: Ihre Bücher, die alten wie die neuen, sind stets ergiebig und voller Einsichten.

Immer mehr Literatur erscheint zu Schlagwörtern wie *intelligente Organisationen*, *kollaborative Intelligenz*, *intellektuelles Kapital* und *Wissensgüter*. Michael McMaster hat sich eingehend mit der Problematik der Komplexität von Organisationen befaßt und kürzlich sein Buch *The Intelligence Advantage: Organising for Complexity* [1996] veröffentlicht. Organisationen besitzen eine Eigenintelligenz, die sich von den in ihnen arbeitenden Individuen unterscheidet und aus dem Wechselspiel zwischen Gründern, Mitgliedern, Gesellschaft, Technologie und Konkurrenz entsteht. Diese Intelligenz ist zu durchschauen und konstruktiv zu steigern – eine Position, die auch Nonaka und Takeuchi vertreten. Dialog, Sprache und Unterhaltung sind die notwendigen Elemente zur Entwicklung einer Unternehmensintelligenz, die eine über die individuelle Intelligenz hinausgehende Kreativität ermöglicht.

Eine ähnliche Richtung verfolgt George Por mit seinen Untersuchungen zur kollaborativen Intelligenz [1995]. Intelligente Individuen in einem Unternehmen zu haben, ist das eine. Intelligente Organisationen hingegen sind etwas ganz anderes. Dies erinnert uns an die von Peter Senge gestellte Frage, warum die Arbeit eines Ausschusses einen *IQ* von 65 erreicht, wo doch der durchschnittliche *IQ* derjenigen, die am Tisch verhandeln, zwischen 120 und 140 liegt.

Verschiedene Kollegen leisten hervorragende Arbeit zum Thema *Intellektuelles Kapital*, obgleich bisher nur wenig veröffentlicht worden ist [Stewart 1994]. Leif Edvinsson leitet Untersuchungen bei *Skandia* in Schweden, um das intellektuelle Kapital des Unternehmens zu erfassen. Inzwischen wird in Ergänzung zur Jahresbilanz auch eine Aufstellung zum intellektuellen Kapital veröffentlicht. Dabei geht es weniger um einen Rückblick auf die Ergebnisse der Vergangenheit, sondern vielmehr um die Hoffnung, daß diese Aufstellungen Navigationsinstrumente für einen effektiven Blick in die Zukunft bereitstellen. Hubert St. Onge ist Leiter des *Leadership Center* der *Canadian Imperial Bank of Commerce* in Toronto und hat seiner Bank zur Einführung von „Wissenskrediten" verholfen. Banken gewähren traditionsgemäß Kredite gegen das Kapitalvermögen eines Unternehmens, doch wenn das Unternehmen seine Geschäfte vorrangig auf Wissensbasis betreibt, bedarf es eines anderen Ansatzes. Gordon Petrash hat *Dow Chemical* bei der Einführung eines Programms zur Verwaltung und Bewirtschaftung des intellektuellen Vermögens unterstützt. Ausgehend von der Prämisse, daß intellektuelle Vermögenswerte im 21. Jahrhundert wertvoller sein werden als die materiellen Vermögenswerte eines Unternehmens, hat Petrash eine Methode entwickelt, mit der sich Wissensgüter erfassen, klassifizieren und besser nutzen lassen. Dave Marshing bei *Intel* hat sich nachdrücklich dafür eingesetzt, daß in der *Intel*-Anlage in Albuquerque eine kraftvolle Unternehmenskultur geschaffen wird, die gegenseitige Wertschätzung und die Nutzung unterschiedlicher Fähigkeiten ermöglicht. Wie diese Beispiele zeigen, vollziehen sich Veränderungen nicht nur in der Fertigungswelt, sondern auch im Dienstleistungsbereich.

Als ich Ende der 8oer Jahre die erste Fassung dieses Buches schrieb, wiesen Drucker, Davis und Nolan den Weg. Seither konnten wir die Entwicklung von Studien über *Holonik*, *Fraktale* und *Agilität* verfolgen. Nonaka und Takeuchi haben die wissensgenerierenden Fähigkeiten der Unternehmen in den Vordergrund gerückt, und derzeit gelten zahlreiche Untersuchungen den Konzepten *intelligente Organisation* und *intellektuelles Kapital*.

Dennoch ist der Horizont vieler Unternehmen auf das Management der vierten Generation beschränkt. Sie sind geradezu eilfertig bemüht, ihre Fragmentierung durch eine Computerisierung ihrer steilen Hierarchien zu überwinden. Welche Resultate sind zu erwarten?

Computerisierung steiler Hierarchien – und der Erfolg?

Nach zweihundert Jahren andauernder, fortschreitender Fragmentierung in unseren Unternehmen sind wir heute nachhaltig bemüht, die daraus resultierenden Prozesse mit Hilfe von Computern und Netzwerken zu integrieren. Trotz aller Begeisterung für computerintegrierte Fertigung (*CIM*), computerintegrierte Unternehmen (*CIE*) und *Internet* ist dies ein keineswegs leichtes Unterfangen. Warum?

George Hess, Vorsitzender der *Ingersoll Milling Machine*, bezeichnet unsere derzeitigen, vom Industriezeitalter geprägten Organisationen spöttisch als „menschdisintegrierte Fertigung" [1983]. Hess mag den „Fragmentierungsvirus" nicht, der unsere Organisationen befallen hat. Gewiß weisen endlose unternehmensinterne Auseinandersetzungen, die Notwendigkeit von Mittelmanagern in Überwachungsfunktionen sowie die Flut irrelevanter Daten in diese Richtung, doch sind dies nur die Symptome für tieferliegende Probleme.

Wie sollen wir uns in Anbetracht der extremen Fragmentierung verhalten, die in unseren Fertigungs- und Dienstleistungsorganisationen gang und gäbe ist? Ist das Problem wirklich in unserer Organisationsform zu suchen? Die Struktur soll schließlich der Strategie folgen. Doch allzu oft entwickeln Strukturen ein Eigenleben. Selbst eine Struktur, die sich längst überlebt hat, widersetzt sich dem Druck, Veränderungen herbeizuführen oder den Weg freizumachen für etwas Neues. Die traditionelle Unternehmensstruktur mit steiler Hierarchie, das vertraute pyramidenartige Mobile mit dem Boss an der Spitze und den darunter baumelnden Abteilungsleitern und Mittelmanagern vermag den sich rasch ändernden Kundenerwartungen und den technologischen Zwängen des heutigen Marktes nicht gerecht zu werden. Wir haben bereits ausführlich darüber gesprochen.

Kann die Einführung einer computergestützten Technologie als solche die Unternehmensstruktur so verändern, daß *CIM* und *CIE* mit ihrem ungeheuren Potential zu verwirklichen sind? Oder muß nicht erst der alte Unternehmenstypus verschwinden, um Platz für den neuen zu machen? Abbildung 8.1 veranschaulicht den Schwerpunkt dieses achten Kapitels.

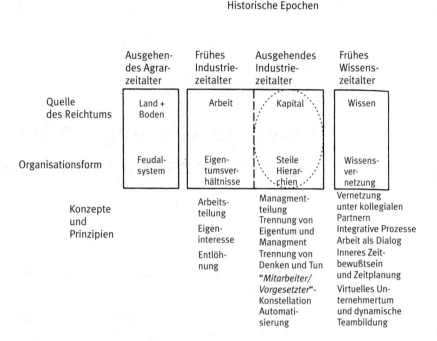

Abb. 8.1: Kapitelschwerpunkt: Steile Hierarchien

Historische Perspektive

In seiner *Untersuchung über die Natur und die Ursachen des Nationalreichthums* entwickelte Adam Smith [1776, 1987] Theorien über die zunehmende Arbeitsteilung – ein Schlüsselkonzept der industriellen Revolution. Als Modell dient ihm eine Stecknadelfabrik mit einem Fertigungsprozeß, der in einfache, jeweils ausschließlich von einem einzigen Spezialisten durchgeführte Schritte unterteilt ist (Abbildung 8.2).

Natürlich läßt sich die Arbeit in einem kleinen Privatbetrieb – zum Beispiel in einer kleinen Schiffswerft, einer Schuhwerkstatt oder einer Textilimportfirma – nach Smiths Vorstellung von der zunehmenden Arbeitsteilung organisieren: Der Eigentümer koordiniert die verschiedenen Aktivitäten, derer es zur Beschaffung der Rohmaterialien, zur Einteilung der Arbeit und zum Verkauf der Produkte bedarf. Und wie Adam Smiths Konzept von der „unsichtbaren Hand" nahelegt, bestimmen die Marktkräfte das Wechselspiel zwischen solchen und anderen Unternehmen: Die Eigentümer handeln im eigenen Interesse, und die Wirtschaft blüht und gedeiht. Dem Staat fällt die Aufgabe zu, die Grundregeln des Wettbewerbs festzulegen.

Abb. 8.2: Zunehmende Arbeitsteilung in einer Stecknadelfabrik

Smiths Vorstellung von der Bedeutung des Eigeninteresses ist ein makroökonomisches Konzept: Indem die Privatunternehmen ihre eigenen Positionen zu stärken suchen, profitiert die Gesellschaft von einer optimalen Beschäftigungslage und der Schaffung von Reichtum. Allerdings wirkt sich Eigeninteresse innerhalb eines Unternehmens eher nachteilig für das Gesamtunternehmen aus: Wenn jede Funktion um Maximierung der eigenen Position kämpft, werden Ressourcen von anderen wichtigen Funktionen abgezogen, so daß darunter das Gesamtunternehmen leidet. Solange die Leute in der Konstruktion nicht Zeit und Mühe aufbringen, um zu begreifen, inwieweit ihre Entwürfe Probleme in der Fertigung verursachen, erweisen sich sämtliche Ressourcen, die für Konstruktionsänderungsanträge eingesetzt werden müssen, als reine Verschwendung.

Steile Hierarchien sind eine Schöpfung der letzten hundert Jahre. Wie Alfred Chandler in *Managerial Hierarchies* [1980: 16] schildert, entwickelten sie sich aus den Eigentumsverhältnissen des frühen Industriezeitalters.

Entstehung steiler Hierarchien

In den 80er und 90er Jahren des vorigen Jahrhunderts prägten sich in den Vereinigten Staaten, Europa, Asien und anderswo steile Führungshierarchien aus. In den Vereinigten Staaten waren die Eisenbahngesellschaften und die Telegraphenunternehmen auf ausgedehnte Managementstrukturen angewiesen, um die von ihren Organisationen abgedeckten riesigen geographischen Bereiche erfassen zu können [Chandler 1980: 3].

Chandler [1980: 9] führt an, in diesen Unternehmen habe „die sichtbare Hand der Managementanweisungen die unsichtbare Hand der Marktmechanismen ... bei der Koordinierung der Flüsse und Zuteilung der Ressourcen in den großen modernen Industrieunternehmen abgelöst". Chandlers Arbeit konzentriert sich auf diesen Übergang von marktgesteuerten, mit Smiths „unsichtbarer Hand" gelenkten Privatunternehmen zu Unternehmen, die durch die „sichtbare Hand" von eigens dazu eingestellten Führungskräften kontrolliert und gesteuert wurden. Als Beispiele seien *Pillsbury, Procter & Gamble, Eastman Kodak, Sony, Nokia, Alcan, Siemens* und *Volvo* genannt.

Diese Firmen standen vor der Aufgabe, ihre Führungsreihen so zu organisieren, daß eine hochvolumige Produktion auf den nationalen und internationalen Vertrieb abgestimmt werden konnte. Sorgfältige Arbeits- und Terminplanung sowie Standardisierung waren entscheidende Voraussetzungen für die Erzielung von Größenvorteilen. Durch Fusionen, Konsolidierungen und andere Strategien expandierten diese Unternehmen vorwärts in den Vertrieb und rückwärts in das Geschäft mit den Rohmaterialien. Diese „vertikale Integration" half ihnen, die Kosten zu reduzieren, die Gewinne zu steigern und Barrieren gegen potentielle Konkurrenten zu errichten.

Mit anderen Worten: Integration ist keineswegs ein neues Konzept.

Im Verlauf ihrer Entwicklung beschäftigten diese Firmen Mittelmanager und hochbezahlte Spitzenführungskräfte zur Überprüfung und Kontrolle des Arbeitsablaufs in ihren Betrieben. Allmählich entstanden Unternehmen mit vielen verschiedenen Betriebseinheiten, wobei die Arbeit auf unterschiedliche Funktionen aufgeteilt wurde.

Diese Form der Organisation brachte manche Vorteile. Die Einheitskosten konnten durch koordinierten Einkauf und Vertrieb niedriger gehalten werden. Der interne Güterfluß zwischen den Betriebseinheiten ließ sich durch effektive Arbeits- und Terminplanung koordinieren. Anlagen, Personal und *Cashflow* waren effektiver zu verwalten.

Die Führungskräfte in steilen Hierarchien mußten völlig neue Verfahren, Richtlinien und Standards entwickeln, um ihre Aktivitäten zu koordinieren. Neue Führungskräfte waren einzustellen und zu schulen; viele Aktivitäten galt es zu differenzieren.

Solche Zwänge hatten eine zunehmende Fragmentierung im Management zur Folge, die durchaus Ähnlichkeiten zu Smiths Konzept der Arbeitsteilung aufwies – besonders im Hinblick auf zwei wichtige Kriterien: sequentieller Arbeitsablauf und eng definierte Aufgaben (Abbildung 8.3).

Die zunehmende Teilung im Management erleichterte die Verwaltung der wachsenden Kapitalressourcen des Unternehmens. In der Folge mußten neue Kostenrechnungsverfahren für die Allokation von Kosten, die Planung von Kapitalinvestitionen und die Zuweisung von Aufwendungen entwickelt werden.

*Abb. 8.3:
Zunehmende Management- und Arbeitsteilung mit sequentiellem Arbeitsablauf und eng definierten Aufgaben*

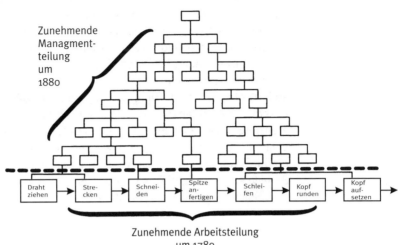

Neue Strategien waren erforderlich, um sowohl die Differenzierung der Funktionen als auch die erforderliche Integration zur Koordinierung unterschiedlicher, aber miteinander verflochtener Aktivitäten zu unterstützen. In der klassischen Studie von Lawrence und Lorsch [1967] wird verfolgt, wie sich die Organisationsstruktur zum wichtigsten integrierenden Einflußfaktor im Unternehmen entwickelt hat. Klar formulierte Abteilungsrichtlinien und Arbeitsplatzbeschreibungen trugen dazu bei, daß genau bestimmt werden konnte, wer für welche Aufgabe verantwortlich war. Mit anderen Worten: Man versuchte, eindeutig definierte *Machtbefugnisse* und *Verantwortungen* gegeneinander abzugrenzen, um *Zuständigkeitsbereiche* zu erhalten. Vergütungsstrategien und Kostenrechnungsverfahren gerieten zu den ausschlaggebenden Kriterien für die Ausrichtung und Koordinierung der Unternehmensaktivitäten.

Für diese Entwicklung sind viele Beispiele zu nennen. Je mehr Wachstum Unternehmen wie *Pennsylvania Railroad*, *Western Union*, *Eastman Kodak*, *John Deere*, *General Electric* und *General Motors* erzielten, desto umfangreicher und komplexer wurden ihre Führungshierarchien. In den 20er Jahren waren *General Motors* (GM) und *Du Pont* die ersten Unternehmen, die es mit einer Multisparten-Struktur einschließlich selbständiger Produktsparten versuchten. Bei *GM* reichten die Sparten vom *Cadillac* an der Spitze des Produktprogramms bis zum *Chevrolet* ganz unten. Bei *Du Pont* waren die Sparten auf Sprengstoffe, Filme, Fasern und Chemikalien spezialisiert. In beiden Unternehmen stellten die Führungskräfte zusätzlich Stabsmitarbeiter in der Unternehmenszentrale ein, um die finanzielle Entwicklung dieser Sparten auf lange Sicht zu koordinieren. Immer mehr Ebenen kamen hinzu, und so nahmen die steilen Hierarchien allmählich ihre heutige Gestalt an.

Viele der Probleme, mit denen wir uns gegenwärtig herumschlagen, resultieren aus der Tatsache, daß wir die Arbeitsteilung als Modell für zunehmende Managementteilung herangezogen haben. Selbst Multisparten-Ansätze wie bei *General Motors* und *Du Pont* arbeiten mit getrennten Funktionen in ihren Sparten. Das sequentielle Modell, bei dem die Arbeit von einer Funktion zur anderen weitergereicht wird, hat sich nicht einmal innerhalb der Sparten verändert, obgleich beide Unternehmen heute um Wandel bemüht sind. Viele Unternehmen leiden darunter, daß ihre Führungskräfte nachdrücklich auf Abgrenzung des eigenen Einflußbereichs bedacht sind. Informationen, die nacheinander von einer Funktion zur anderen weitergereicht werden, gehen verloren oder werden verzerrt dargestellt. Entscheidungen fallen aus dem engen Bereich einer einzigen Funktion heraus – ohne Einblick in den größeren Kontext. Solche Probleme sind für steile Hierarchien geradezu typisch.

Die Struktur steiler Hierarchien

Steile Hierarchien können zehn bis fünfzehn Führungsebenen umfassen und einen komplexen Apparat an betrieblichen Verfahren erforderlich machen, mit denen Unterstellungsverhältnisse, die Staffelung von Machtbefugnissen, Abteilungsrichtlinien, Arbeitsplatzbeschreibungen und betriebspolitische Richtlinien geregelt werden (Abbildung 8.4). Der Struktur dieser Hierarchien liegt die Annahme zugrunde, daß *Denken* an der Spitze der Organisation erfolgt, *Handeln* hingegen ganz unten. Die Aufgabe der Mittelmanager besteht nun darin, einerseits Informationen für das Topmanagement zusammenzufassen und andererseits die unterstellten Mitarbeiter anzuleiten, zu überwachen und zu kontrollieren. Um Verantwortlichkeit und Zuständigkeit zu gewährleisten, hat jeder Mitarbeiter nur einen Vorgesetzten.

Steile Hierarchien sind durch eine systematische „Abfolge von Weiterreichungen" geprägt: Jede Abteilung erledigt ihre Arbeit und leitet die Ergebnisse dann an die nächste Abteilung weiter. So ist leicht einzusehen, warum in diesem Umfeld umfassende bürokratische Verfahren notwendig sind, um die verschiedenen Funktionen zu integrieren. Und wenn sich die bisher bewährten Verfahren und Richtlinien im einen oder anderen Fall nicht mit Erfolg anwenden lassen, reicht man die Probleme einfach an die nächsthöhere Führungsebene weiter – ein natürliches Sicherheitsventil für die unteren Ebenen.

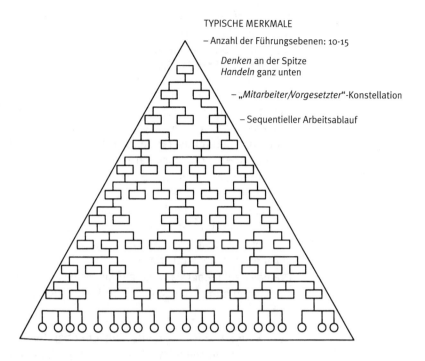

Abb. 8.4:
Steile Hierarchie

In ihrer unterschiedlichen Ausprägung haben steile Hierarchien in den letzten hundert Jahren recht gut funktioniert. Trotz nachweislicher Mängel und fortschreitender Überalterung sind sie bei der Lösung vielfältiger, im Lauf der Jahre aufgetretener Managementprobleme durchaus hilfreich gewesen.

Die industrielle Revolution wurde nicht nur von dynamischem Unternehmergeist getrieben, sondern auch vom steten Strom technologischer Innovationen getragen. Die Dampfmaschine, die Feinspinnmaschine (Jennymaschine) sowie neue metallurgische Verfahren beflügelten das Vorstellungsvermögen der Industrieunternehmer.

Das frühe Industriezeitalter kombinierte die zunehmende Arbeitsteilung mit einem System, bei dem Arbeitsaufträge an externe Handwerker vergeben wurden [Ward 1970]. Als in den 80er Jahren des vorigen Jahrhunderts eine fortschreitende Konzentration maschineller Ausrüstungen erfolgte, machte der Übergang zu professionellem Management den Aufbau einer Organisationshierarchie erforderlich. Funktional strukturierte Abteilungen übernahmen Verantwortung für die verschiedenen Unternehmensaspekte. Jede Funktion – zum Beispiel Entwicklungs- und Konstruktionsabteilung, Finanzabteilung, Marketing-Abteilung oder Fertigungsabteilung – war für den Aufbau ihrer eigenen Fähigkeiten verantwortlich.

Nachdem diese funktionalen Hierarchien erst einmal ausgeprägt waren, konnten die neuen Technologien leichter verkraftet werden. Wenn eine neue Drehmaschine oder Fräsmaschine oder ein neuer Prozeß zur Stahlerzeugung in die Hierarchie eingeführt wurde, bestand gewöhnlich kein Anlaß, den Organisationsablauf im Unternehmen zu ändern. Die Funktion, die eine maschinelle oder verfahrenstechnische Verbesserung erzielt hatte, wurde lediglich effizienter und produktiver.

Trotz solcher Erfolge gibt es zahlreiche Probleme, die in steilen Hierarchien nicht zu bewältigen sind. In steilen Hierarchien ist letztliches Versagen immanent angelegt – was nicht nur von Drucker und Davis, sondern auch von vielen anderen Autoren unserer Zeit erkannt worden ist.[1] Zum Teil ist das Problem darin zu sehen, daß wir zwar viele Theorien über hierarchische Organisationen kennen, aber nur wenig über ihre eigentliche Funktionsweise wissen. So betrachten Teicholz und Orr [1987: 1.4-1.5] die Fabrik als „Siedekessel an Emotion, Schweiß, Edelmut, Dummheit, Gier, Ehrlichkeit, Eigennutz, Idealismus, Eitelkeit und Großmut". Und sie fügen hinzu, daß der „eigentliche Betriebsablauf kaum graphisch zu erfassen ist, weil er in die Dunstwolken hitziger menschlicher Aktivität gehüllt ist". Dieses Zitat mag von übertriebener Dramatik sein, aber es weist auf menschliche Elemente hin, wie sie in Untersuchungen zum Arbeitsumfeld im Fertigungsbereich meist übersehen werden.

Der US-amerikanische Arbeitsminister Robert Scheich stellt fest, die amerikanischen Erfolge seien hauptsächlich auf großen Massenproduktionsmärkten erzielt worden, die sogenannte „Management-Superstrukturen" erforderlich machen: Mit *„superstructures of management"* [1983: 96] bezeichnet er das, was wir steile Hierarchien nennen. Die grundlegenden Industrien in den USA – Stahl, Automobile, Petrochemie und Maschinenbau – beherrschen die Kunst der hochvolumigen, standardisierten Produktion. Inzwischen aber sind im globalen Wettbewerb der Weltwirtschaft flexible Systeme in bezug auf Produkte und Prozesse angesagt – und nun haben die US-amerikanischen Unternehmen das Nachsehen.

Viele Fertigungsbetriebe haben wie das *Winchester House* in San Jose, Kalifornien, schlicht ein ungeplantes Wachstum erfahren. Dieses viktorianische Gebäude, in mehr als dreißig Jahren von der *Winchester-Rifle*-Erbin erbaut, hat Treppenhäuser, die nirgendwohin führen, einen Schornstein, der über vier Flure reicht und kurz unter der Decke aufhört, Türen, hinter denen sich nichts als nackte Wände verbirgt ... dies alles aufgrund der Wahnvorstellung der Eignerin, sobald die Bauleute ihre Arbeit einstellten, würden die Geister derjenigen, die durch das Gewehr ihres Gatten getötet worden waren, zurückkommen und sie heimsuchen.

Wenn überhaupt, so werden wohl nur wenige Fertigungsfirmen von solchen Wahnvorstellungen getrieben; dennoch trifft man bei den meisten von ihnen auf ein gerüttelt Maß an Projekten, die ins Nichts führen; an Berichten, die erforderlich wurden, weil die eine Abteilung der anderen nicht traut; an endlosen Sitzungen, die nur deshalb stattfinden mußten, weil die Abteilungen die Zwänge, unter denen andere Abteilungen arbeiten, nicht durchschauen oder ernst nehmen. In diesen verworrenen hierarchischen Umgebungen werden unzählige Informationen fragmentiert. Wie lassen sich solche Informationen sortieren und den Mitarbeitern zugänglich machen, die sie wirklich brauchen? Dieses Manko hat zu einem Vakuum geführt, das computergestützte Systeme geradezu ansaugt – in dem Bemühen, die Fragmentierung in den Hierarchien aufzuheben. Das explosionsartig gestiegene Interesse an *CIM* und Integration verdeutlicht diese Denkweise.

Computerisierung steiler Hierarchien

In den Anfängen der Computerentwicklung war es eine Selbstverständlichkeit, Computerausstattungen im Budget genauso einzuplanen wie andere vorgesehene Geräteanschaffungen. Funktionale Abteilungen haben große Mengen an sich ständig wiederholenden Informationen zu verarbeiten, und Computer vermochten die entsprechenden Abläufe effektiv zu straffen und zu verkürzen. So forderte jede Abteilung einen eigenen Computer zur Unterstützung ihrer Aktivitäten: Die Finanzabteilung hatte Kostenrechnungsdaten zu verarbeiten, die Fertigungsabteilung war an einem Einblick in die Lagerbestände interessiert, und die Konstruktionsabteilung wünschte sich Computer zur Unterstützung bei Design und Entwurf. Die funktionalen Abteilungen führten sowohl Hardware als auch Software ein, um bisher manuell erledigte Arbeiten über Computer abzuwickeln. Tatsächlich zielten die meisten Computerisierungsinitiativen darauf ab, manuelle Arbeitsgänge mit Hilfe der mutmaßlich effizienteren Computer durchzuführen. Nur wenige Bemühungen galten dem Versuch, Computer für qualitativ neuartige Verwendungszwecke einzusetzen.

Noch eine weitere Dynamik kam zum Tragen: die Informationsmanagement-Politik. In steilen Hierarchien korreliert die Informationsbasis eines Funktionsträgers unmittelbar mit seiner Machtbasis. In vielen Organisationen werden Informationen als Währung gehandelt, die man Freunden in Maßen zuteilt, anderen jedoch vorenthält.

Abbildung 8.5 zeigt eine steile Hierarchie mit Computersystemen in verschiedenen Abteilungen. Nicht jede Abteilung hat einen Computer; vielmehr sind die Computeranwendungen in der Hierarchie ungleichmäßig verteilt. Auch kommen unterschiedliche Systeme zum Einsatz: Einige Funktionen arbeiten mit ausgesprochen hierarchischen, andere mit verteilten Systemen.

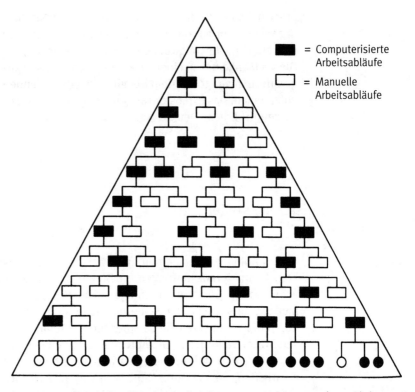

Abb. 8.5:
Steile Hierarchie mit Computersystemen

■ = Computerisierte Arbeitsabläufe

□ = Manuelle Arbeitsabläufe

Jedes Unternehmen konfiguriert seine Computersysteme anders. Einige nutzen dezentral angelegte Ressourcen, andere konzentrieren ihre Ressourcen innerhalb enger Bereichsgrenzen. Wiederum andere Unternehmen haben unterschiedliche Rechenebenen eingeführt – von weitreichenden Anwendungspaketen bis hin zu Textverarbeitungsprogrammen und *E-Mail*-Systemen. Bei den einen kommen inklusivere Netzwerke zum Einsatz als bei den anderen. Und selbstverständlich ändert sich laufend die Situation, wenn Unternehmen ihre Systeme erweitern oder aktualisieren und sie mit Netzwerken sowohl in der eigenen Organisation als auch bei Lieferanten und Kunden verknüpfen wollen.

Dennoch zeichnen sich in den meisten Unternehmen und Branchen einige wichtige Trends ab. Anfangs gediehen die Computer in den „Treibhäusern" der Computerzentren mit ihrem Stapelbetrieb. Frustrationen über zentralisierte und bürokratische Managementinformationssysteme (*MIS*) führten schließlich dazu, daß Computer in den einzelnen Abteilungen eingesetzt wurden. *Time-sharing*-Konzepte machten diese Systeme flexibler, indem Experten für den Zugriff auf ihre Anwendungen und ihre *E-Mail* sogenannte „dumme Terminals" nutzten. Und die *PC*-Welle, derzufolge jeder Mitarbeiter Anspruch auf einen eigenen Computer-Arbeitsplatz erhob, haben wir soeben hinter uns.

Allmählich jedenfalls gehen die Unternehmen von großen, zentralisierten, hierarchischen Computersystemen über zu einem kollegialen Computerbetrieb, bei dem die *Terminals*, *PCs* und *Workstations* über regionale Netze wie auch über Fernnetze untereinander verbunden sind. *Windowing*-Systeme und die *Client/Server*-Technologie erleichtern den Zugang zu Dateien und Anwendungen an beliebigen Stellen im Netz. Kooperatives Gruppen-Computing (Team-Software) setzt sich immer mehr durch; desgleichen wächst das Interesse an relationalem und objektorientiertem Programmieren und an entsprechenden Datenbanken. Das derzeit heißeste Thema ist das *Internet*. Das *World Wide Web* vernetzt alle, die vernetzt sein wollen. Zugleich richten Unternehmen ihre eigenen hausinternen Netze ein, wobei Diskussionen, die nicht nach draußen dringen sollen, durch sogenannte „*Firewalls*" abgeschirmt werden. Demgegenüber ist auch ein ungeheurer Druck seitens der Nutzer nach Einführung offener Systeme einschließlich branchengenehmigter Nutzerschnittstellen zu beobachten.

Solche technologischen Entwicklungen werden den Unternehmen die Parallelarbeit erheblich erleichtern: Aus Vertretern verschiedener Funktionen und Unternehmen werden multiple, sich eigenständig an Aufgaben orientierende Teams gebildet, die der Komplexität von Markt und Kundschaft gerecht werden. Leider reifen unsere Einstellungen und Einsichten nicht so schnell wie die Technologie als solche: Nur zu leicht läßt man sich technologisch blenden und übersieht dabei die menschlichen und organisatorischen Veränderungen, ohne die eine effektive Nutzung dieser Technologie nicht möglich ist.

Unerwartete Konsequenzen

Als das Unternehmen *John Deere and Company* versuchte, seine Traktoren-Werke in Waterloo, Iowa, mit Computern auszustatten und zu integrieren, warteten einige Überraschungen. Das Unternehmen hatte ein computergestütztes System entwickelt, das darauf ausgelegt war, Arbeitsabläufe zu verfolgen, Programme fernzuladen, Betriebsabläufe zu planen und die Wartungstermine einzuhalten. Auch war eine hochleistungsfähige Speicherkapazität eingerichtet worden, so daß Einzelteile ohne Schwierigkeiten gespeichert und abgerufen werden konnten. Doch als alle Systeme in Betrieb genommen waren, entsprachen sie nicht den Erwartungen. Warum nicht?

Deere stellte nach langen Überlegungen fest, daß man lediglich die für manuelle Handhabung ausgelegten Betriebsabläufe computerisiert und automatisiert hatte. Das Unternehmen ging in sich und erkannte, daß all die Widersprüche, Undeutlichkeiten und Ungereimtheiten der vorhandenen Betriebsabläufe in die Computersysteme übernommen worden waren. Im Rückblick auf diese Erfahrung empfiehlt Jim Lardner, Spitzenführungskraft bei *Deere*, die Unternehmen sollten ihre vorhandenen Betriebsabläufe erst einmal vereinfachen, bevor sie darangehen, in großem Umfang Computer einzuführen [1984].

Daraufhin leitete *Deere* die Aktion „*Total War on Waste*" ein: Jeglicher Verschwendung wurde der Krieg angesagt, wobei auch Konzepte wie *Just-in Time (JIT)* und *Total Quality* eine Rolle spielten. Die Kombination von *CIM*-Maßnahmen, *JIT* und *Total Quality* hat *Deere* in die Lage versetzt, viele seiner Prozesse zu straffen und zu vereinfachen und gegebenenfalls eine Computerisierung und Automatisierung vorzunehmen. *Deere* könnte damit vielen anderen Unternehmen auf der Lernkurve voraus sein.

In den 70er Jahren glaubten so manche Unternehmen und Regierungsbehörden daran, es gelänge tatsächlich, die von einigen zärtlich als „*Great Database in the Sky*" bezeichnete Superdatenbank zu entwickeln. Sicher würde das Computerpotential ausreichen, um das gesamte Vorhaben zu unterstützen. Die Luftwaffe der USA investierte Millionen Dollar – um dann festzustellen, daß es doch nicht möglich war. Das Ganze scheiterte an zwei unvorhergesehenen Problemen: Zum einen waren die vorhandene Hardware und Software nicht flexibel genug; zum anderen stolperte man über Bezeichnungskonventionen. So stellte sich heraus, daß die traditionellen flachen Dateien zusammen mit *COBOL* oder *FORTRAN* nicht die erforderliche Flexibilität boten, um multiple Betriebsabläufe miteinander zu verbinden. Zudem verwendete jede Funktionsgruppe in der Organisation eigene Bezeichnungskonventionen. Man hatte die Schwierigkeit, innerhalb der Organisation Übereinstimmung in bezug auf eine Definition der Schlüsseltermini zu erzielen, schlicht unterschätzt. Vielmehr war man davon ausgegangen, das Problem seien die *Bits* und *Bytes*. Doch wie sich herausstellte, bestand die wirkliche Herausforderung darin, daß sich die verschiedenen Funktionsträger auf einen einheitlichen Bestand an Bedeutungsinhalten sowie auf die Definition von Schlüsseltermini einigten.

Diese Beispiele lassen zweierlei erkennen. Zum einen sollten die Betriebsabläufe vereinfacht werden, bevor eine Automatisierung oder Computerisierung vorgenommen wird. Diejenigen, die in ihrer Naivität „*Automate or evaporate!*" (Automatisieren oder Verduften) skandieren, müssen begreifen, daß automatisierte Komplikationen mitnichten bessere Komplikationen sind – nur eben schnellere. Zum anderen gilt es, wichtige Termini in der gesamten Organisation zu standardisieren. Ohne ein funktionsübergreifendes Verständnis kann eine funktionsübergreifende Computerisierung in Anbetracht all der funktionalen Abgrenzungsmanöver und ungelösten Definitionen nicht den erwünschten Erfolg haben.

Wir neigen dazu, die Komplexität unserer Organisationen zu unterschätzen. Zwar macht uns das Organisationsdiagramm steiler Hierarchien glauben, wir durchschauten das Unternehmen, doch in Wirklichkeit sind es die verborgenen Beziehungsgeflechte, die informellen Organisationen, die Kumpel-Netze und die betriebspolitischen Kanäle, die den Betriebsablauf entscheidend prägen.

Seit der klassischen Studie *The Human Group* von George Homans aus dem Jahr 1950 gilt das Interesse zunehmend der *eigentlichen* Strukturierung von Organisationen – jedem offiziellen, formalen Organisationsmodell zum Trotz. In dem Bemühen, sich die Arbeit vom Hals zu schaffen, bilden die Leute nämlich Allianzen und Koalitionen, die über die traditionellen Abgrenzungen hinausgehen. Diese unsichtbaren Netzwerke machen häufig die wirkliche Stärke des Unternehmens aus; die traditionellen Ansätze zur Computerisierung nehmen ihre Existenz allerdings in keiner Weise zur Kenntnis.

Bis vor kurzem ging es in den Industrieunternehmen vorrangig darum, die bestehenden Organisationen zu automatisieren und zu computerisieren, mit all ihren Eigentümlichkeiten und Widersprüchlichkeiten. Gewiß sollten wir bemüht sein, manuelle Abläufe mit Hilfe des Computers effizienter zu gestalten. Was aber geschieht, wenn wir dies tun?

Kritische Probleme bei der Computerisierung

In all unserem Bemühen um Verbindung und Verknüpfung sehen wir uns in bezug auf die Computerisierung und Vernetzung von Unternehmen und staatlichen Organisationen mit einer Reihe völlig neuer Probleme konfrontiert. Wer gilt als Urheber der Informationen? In welchem Umfang werden Informationen „gemanagt" (d. h. manipuliert), um hier und dort „geschönt" zu erscheinen? Welche Annahmen verbergen sich hinter Software-Anwendungen? Und in welcher Weise wirken sich die Werte und unternehmenspolitischen Vorstellungen einer Organisation auf das Informationsmanagement aus?

Viele Unternehmen wissen nicht annähernd eine Antwort auf solche Fragen. Viele haben sich im Rahmen von *Reengineering*-Bemühungen zwecks Straffung ihrer Geschäftsprozesse redlich bemüht, und in der Tat sind einige Fortschritte erzielt worden. Doch beim Übergang der Unternehmen zur *Client/Server*-Technologie und zur *Groupware* tauchen völlig neue Herausforderungen auf. Und mit zunehmender Abwicklung von Geschäften durch das *Internet* sind weitere Probleme und neue Möglichkeiten zu erwarten.

Die Art und Weise, in der wir die vorhandene Technologie nutzen, spiegelt häufig unser individuelles wie organisatorisches Selbstverständnis wider. Wie im vorangegangenen Kapitel bereits angedeutet, sollten wir die computergestützte Technologie nicht zur „Verbesserung" steiler Hierarchien einsetzen, sondern nach Möglichkeiten suchen, sie in netzartigen Anwendungen einzusetzen. *Hypertext* und *Hyperlinking* ermöglichen einen offenen, formlosen Anschlußmodus. Dies hat zur Folge, daß wir sowohl unternehmensintern als auch von Unternehmen zu Unternehmen parallel arbeiten können. Und damit wird uns der Durchbruch gelingen: Wir sprengen den *von-Neumann*-Flaschenhals!

Wechselbeziehungen zwischen Computerisierungsproblemen

Eines der Grundprinzipien steiler Hierarchien ist die Vorstellung, jeder sei nur für seinen Bereich zuständig – individuell wie funktional. Dies ist die Aussage, die zwischen den Zeilen des sprichwörtlichen Organisationsdiagramms zu lesen ist. Es dürfte eigentlich niemanden wundern, daß Informationsmanagement und politische Intrigenkämpfe zur Tagesordnung gehören. Welchen Stellenwert haben Vertrauen und Integrität in solch einem Umfeld?

Wenn nun Computer- und Netzwerksysteme eingeführt werden – wie soll das Unternehmen die neue Kommunikationsdynamik berücksichtigen? Wie soll es mit den in Anwendungen latent vorhandenen Bedeutungen umgehen? Wann ist mit einer Einigung der Funktionen auf einheitliche Definitionen zu rechnen? Wird die horizontale Kommunikation gefördert? Kommen Vertrauen und Offenheit zum Tragen? Solche Vermögenswerte lassen sich nicht einfach „beschaffen": Sie müssen auf eigenem Boden wachsen und bedürfen sorgfältiger Pflege. Ein Computerverkäufer kann beim Benutzer nun mal kein Vertrauen installieren!

Bei der Strukturierung einer Organisation gilt es auch, die implizit vorhandenen Werte zu definieren. Eine Organisation ist keine neutrale Institution. Vielmehr formt ihre Struktur die Einstellungen und Werte derjenigen, die in ihr arbeiten. Und diese Werte wiederum bestimmen die Unternehmenspolitik, die Vergütungssysteme und die Kostenrechnungsverfahren. Auch Computersysteme und Vernetzung bleiben in ihrer Auswirkung auf die Organisation nicht neutral. Keineswegs stellen sie lediglich eine zusätzliche Kapitalanschaffung dar, die durch Rentabilitätsformeln oder erwartete Mindestrenditen gerechtfertigt erscheinen. Ihr Wert besteht vielmehr darin, daß sie zur Zusammenarbeit aller Elemente im Unternehmen beitragen. In vielen Fällen ist dies längst nicht selbstverständlich.

David Stroll von der *Digital Equipment Corporation* meint, Computer und Vernetzung führten allmählich zur Auflösung der traditionellen Organisationsstrukturen und zum Fall der Mauern, die bisher die verschiedenen Funktionen gegeneinander abgrenzten. Dadurch entstünden Ängste und Verunsicherungen, denn die Mitarbeiter fühlten sich ohne diese traditionellen Grenzen schutzlos. Zugleich ticke die Uhr der Interaktion in der Organisation schneller, meint Stroll, denn die Unternehmen müßten schneller auf Marktveränderungen reagieren.[2] In der Tat: Die damit verbundene höhere Komplexität verursacht zusätzlichen Streß. Die Unternehmen sehen sich gezwungen, multiple Faktoren auf neuartige Weise miteinander in Verbindung zu bringen – Marketing, Design, Fertigung, Kosten und Kundendienst. Und diese Veränderungen verlangen von den Funktionsbereichen iterative, nicht lediglich sequentielle Arbeitsweisen.

Wir bringen eine mächtige neue Technologie in unsere aus dem Industriezeitalter stammenden traditionellen steilen Hierarchien. Entweder lernen wir, uns dieser neuen Technologie anzupassen und ihre Möglichkeiten zu nutzen, oder wir müssen erleben, wie unsere Unternehmen *implodieren* im verzweifelten Bemühen, nicht an der Komplexität und der eigenen Unfähigkeit zur Bewältigung multipler, miteinander in Wechselbeziehung stehender Variablen zu ersticken.

Das Kapitel begann mit der Frage, mit welchem Erfolg bei der Computerisierung steiler Hierarchien zu rechnen ist. Die Antwort ist eindeutig: Es kann nur ein Mißerfolg sein!

Eines der größten Probleme betrifft nicht die Technologie, sondern unsere Einstellungen. Solange wir in „Kästchen und Linien" denken, an „Kästchen-Besitzansprüchen" festhalten und „Urheberschaft" auf Daten und Informationen anmelden, wird die Zusammenarbeit zwischen den verschiedenen Funktionen weiterhin unternehmenspolitisch gefärbt sein – und am Klima des Mißtrauens und der Fragmentierung ändert sich überhaupt nichts.

Wir fangen gerade erst an, die richtigen Fragen zu einem Management der fünften Generation zu stellen, das uns die effektive Führung abgeflachter Netzwerkunternehmen ermöglicht. Zum Beispiel: Wie läßt sich die Frage der Zuständigkeiten lösen? Wie findet Wissensaustausch statt? Wie können die verschiedenen Funktionsbereiche zusammenarbeiten, ohne sich gegenseitig zu behindern? Wie gelingt uns die Umkehrung des heute so weit verbreiteten Trends zur Fragmentierung?

Wenn die Computerisierung der steilen Hierarchie keine Antwort bietet, was dann? Die Antwort lautet: Wir müssen einen Wandel in unseren Einstellungen vollziehen. Wenn wir unsere früheren Annahmen in bezug auf Organisationen und Machtbefugnisse wirklich haben klären können, dann werden wir auch in der Lage sein, die Möglichkeiten des Computereinsatzes und der Vernetzung in faszinierender Weise zu nutzen. Unsere Herausforderung besteht darin, daß wir die Konzepte und Prinzipien, die der steilen Hierarchie zugrunde liegen, neu überdenken. Der Durchbruch zum Management der fünften Generation wird nicht mit der Macht des Geldes, sondern mit Willenskraft erzielt. Das nächste Kapitel hält Rückschau auf die Konzepte und Prinzipien des industriellen Zeitalters, die uns nach wie vor die Enge des Flaschenhalses aufzwingen.

Ausbrechen aus den steilen Hierarchien

Wie das Grinsen der Cheshire-Katze in *Alice im Wunderland* scheint Integration ein nie ganz faßbares Phänomen zu sein. Wenn nun die verheißungsvollen Angebote aus all den Hochglanz-Broschüren im eigenen Betrieb so gar nicht Wirklichkeit werden wollen, ist guter Rat teuer. Wir fühlen uns eingeengt und unbehaglich und wissen nicht, wie wir uns befreien sollen.

Wie in Kapitel 8 dargelegt, besteht das Problem darin, daß fortschrittliche Computertechnologien in die steilen Hierarchien von Organisationen der zweiten Generation eingebracht werden. Doch könnten sich diese Organisationen mit der Einführung der neuen Technologie nicht auch weiterentwickeln? Nein, denn steile Hierarchien führen ein Eigenleben. Wie hartnäckiger Löwenzahn, der trotz aller Ausrottungsbemühungen immer wieder von neuem wächst, scheinen auch die Konzepte und Prinzipien der steilen Hierarchien unser Denken und Handeln zu durchwuchern. Ihre Schlingen halten uns gefangen.

Zunehmende Arbeitsteilung, Eigeninteresse und Besitzstandsdenken sowie geistig anspruchslose Arbeitsaufgaben waren geeignete Prinzipien, um den Übergang vom Agrarzeitalter zum Industriezeitalter zu fördern, aber sie prägen unser Denken bis auf den heutigen Tag. Die zunehmende Managementteilung, die Beschäftigung von Führungskräften, die nicht zugleich Eigentümer sind, die Trennung von Kopf und Hand, eine Kommando-Struktur, in der jeder Mitarbeiter einem einzigen Vorgesetzten untersteht, der Wunsch nach Automatisierung – all diese Konzepte und Prinzipien haben uns voll in ihrem Griff.

Im vorliegenden Kapitel sollen die Konzepte und Prinzipien aus dem Industriezeitalter sowie unsere bisherigen Befreiungsversuche in Form verschiedener Integrationsbemühungen näher erörtert werden. Es könnte durchaus sein, daß diese Prinzipien mit Technologien nicht zu überwinden sind. Sollte es so sein, müssen wir eine neue Grundkonzeption schaffen, die sowohl die

Fertigung als auch den Kundendienst erfaßt. Abbildung 9.1 veranschaulicht die in diesem Kapitel angesprochenen Bereiche. Zunächst wollen wir die Konzepte und Prinzipien aus dem Industriezeitalter betrachten und uns dann den Kräften zuwenden, die eine technische Integration ermöglichen.

Konzepte und Prinzipien aus dem frühen Industriezeitalter

Der Übergang vom ausgehenden Agrarzeitalter zum frühen Industriezeitalter war von einem tiefgreifenden konzeptuellen Wandel begleitet. Dieser Übergang zwischen den Zeitaltern war eine aufregende Zeit, geprägt durch das Aufkommen wissenschaftlichen Denkens, politischer Umwälzungen, technologischer Innovationen und vieler anderer Faktoren. Im folgenden Abschnitt geht es vorrangig um drei Konzepte und Prinzipien, die richtungweisend für die Entwicklungen des frühen Industriezeitalters waren: (1) zunehmende Arbeitsteilung, (2) Eigeninteresse und (3) Entlöhnung eng definierter Arbeitsaufgaben.

Zunehmende Arbeitsteilung und Eigeninteresse

Zwei einfache, miteinander in Wechselbeziehung stehende Prinzipien, wie sie von Adam Smith [1776/1987: 1] aufgestellt worden waren, entwickelten sich zum Fundament des Industriezeitalters. Diese beiden Schlüsselideen – die zunehmende Arbeitsteilung und Eigeninteresse – lassen sich leicht nachvollziehen (siehe Abbildung 9.1).

Smith ging von der Annahme aus, die Gesellschaft habe vier Epochen durchlaufen – die der Jäger, Sammler, Bauern und Händler. Letztere befand sich seinerzeit in den allerersten Anfängen. Seine Aufgabe sah er darin, das Wirtschaftsleben neu zu definieren, um den Menschen begreiflich zu machen, daß ihre eigenen Anstrengungen zur Grundlage des Reichtums der Nationen werden konnten. Er erkannte die Notwendigkeit, den Merkantilismus des sechzehnten und siebzehnten Jahrhunderts zu überwinden, dem Handelsgewinne durch den internationalen Wirtschaftsverkehr als Hauptfaktor zur Förderung der absoluten Staatsmacht galten. Auch stand er unter dem Einfluß der französischen Physiokraten und wollte deren Interesse an der Begründung einer Wirtschaftswissenschaft weiterentwickeln, die auf Naturgesetzen beruhte und nicht mehr dem Konzept eines göttlichen Gesetzes folgte, wie es noch in der Feudalzeit anerkannt worden war.

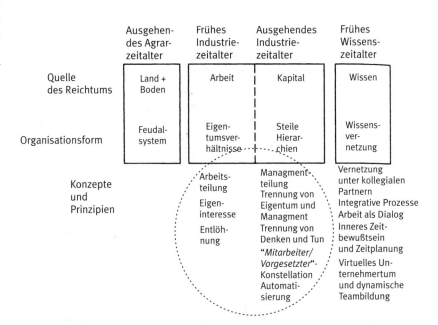

Abb. 9.1: Kapitelschwerpunkt: Acht Konzepte und Prinzipien aus dem Industriezeitalter

Für die Physiokraten war die Bewirtschaftung von Land und Boden Quelle des Nationalreichtums: Land, verbunden mit menschlicher Arbeitskraft, brachte die Früchte der Felder in einem Überschuß hervor, der allen Bevölkerungsklassen Nahrung sicherte. Smith hielt dieses Konzept für zu begrenzt. Er war sicher, daß noch mehr Reichtum durch gezielten Einsatz von Arbeitskraft in der Manufaktur erlangt werden konnte – unter Zugrundelegung des Prinzips der Arbeitsteilung. Zugleich wurde sein Denken von der Diskussion der Physiokraten über das Eigeninteresse geprägt. Nach Meinung der Physiokraten kannten die Individuen ihre eigenen Interessen selbst am besten, so daß der Gesellschaft mit dem Streben nach Erfüllung individueller Interessen optimal gedient war. Die Physiokraten entwickelten auch die Maxime des *Laissez faire, laissez passer*. Mit anderen Worten: Man lasse den Dingen nur ihren Lauf. Smith unterstützte dieses Konzept vom Eigeninteresse und sah sich darin gestärkt durch die Lektüre von Bernard Mandevilles Schrift *The Fable of the Bees* – mit dem Untertitel *Private Greed, Public Benefit* [1714/1970]. Um den Sturm abzuschwächen, den Mandevilles Veröffentlichung ausgelöst hatte, schrieb Smith [1776/1987: 234], daß jede Person in ihrem Streben nach Gewinn von einer unsichtbaren Hand geleitet werde, um einen Zweck zu fördern, der nicht der eigenen Absicht entspricht. Durch Verfolgen des eigenen Interesses, so Smith, fördere diese Person das Interesse der Gesellschaft aber weitaus mehr, als wenn sie es wirklich zu fördern beabsichtigt hätte.

Während Mandeville Neid und Eitelkeit auf das metaphorische Podest der Dienlichkeit für Handel und Gewerbe erhob, wählte Smith zur Darstellung des

Eigeninteresses eine weitaus unschuldigere, annehmbarere Metapher – die der „unsichtbaren Hand". Wer konnte schon etwas gegen eine scheinbar gütige „helfende Hand" haben, die sich der Dinge annimmt, so wie sich Eltern ihrer Kinder annehmen?

Dieses Prinzip vom Eigeninteresse, gepaart mit zunehmender Arbeitsteilung, sollte das Industriezeitalter begründen. Menschliche Arbeitskraft, basierend auf Fähigkeit, Geschicklichkeit und Urteilsvermögen, konnte Smith zufolge bestmöglich unter zwei Bedingungen genutzt werden: (1) Man mußte zulassen, daß die Leute ihren natürlichen Interessen nachgingen, sich auf solche Berufe spezialisierten, an denen sie am meisten interessiert waren, und ihre Überschüsse auf dem Markt verkauften. (2) Man mußte die Arbeit in verhältnismäßig einfache Schritte aufteilen, so daß sich die Arbeiter jeweils auf einen einzigen Schritt im Rahmen eines größeren Prozesses spezialisieren konnten.

Diesen zweiten Punkt veranschaulichte Smith am Beispiel einer Stecknadelfabrik (Abbildung 8.2), wo der Fertigungsprozeß in achtzehn Schritte unterteilt war (allerdings sind in der Abbildung nur acht davon dargestellt). Diese Form der Arbeitsteilung in kleine Arbeitsschritte sollte dazu dienen, daß man ohne weiteres ungelernte Arbeitskräfte einstellen, sie in bezug auf die spezifischen Arbeitsschritte ausbilden und so die Arbeitsleistung quantitativ erheblich steigern konnte. Für Smith waren drei Faktoren ausschlaggebend: Erstens würde jeder Arbeiter bei zunehmender Spezialisierung immer mehr Geschicklichkeit in der betreffenden Funktion erwerben; zweitens ging beim Übergang vom einen Schritt zum nächsten keine Zeit verloren; und drittens würde der Arbeiter bei Konzentration auf eine bestimmte Funktion „eine Vielzahl an Maschinen erfinden", die ihm die Arbeit erleichtern und den Arbeitsumfang „verkürzen" würden [Smith 1776/1987: 112].

Smith ging also davon aus, daß die Arbeitsteilung die Fähigkeit und Geschicklichkeit der Arbeiter steigern würde, da tagein, tagaus ein und dieselbe Funktion zu verrichten war. Allerdings war er sich auch über die Folgen im Klaren: Die Arbeiter würden durch die ständige Aufgabenwiederholung „abstumpfen" und den Kontakt zum Gesamtprozeß verlieren. Dies wiederum würde das Urteilsvermögen der Arbeiter mindern – den dritten Schlüsselaspekt in seiner Definition vom Wesen der Arbeit. Smith hat nie eine wirkliche Lösung für diesen Widerspruch in den Konsequenzen seiner Arbeitsteilung gefunden. Wie uns die geschichtliche Entwicklung bestätigt, hat die Arbeitsteilung in einigen Fällen tatsächlich zur Steigerung von Fähigkeit und Geschicklichkeit des einzelnen Arbeiters geführt, doch in vielen anderen kam es auch zur Abstumpfung der arbeitenden Bevölkerung.

Smith bewies Weitblick in bezug auf die Interaktion der verschiedenen Komponenten im Wirtschaftsleben. So erkannte er die Schaffung von Kapital als notwendige Voraussetzung für die Investitionen, die es zur Unterstützung von Fertigungsinteressen und zur Zahlung der Löhne zu tätigen galt. Zugleich berücksichtigte er die Pachteinnahmen, die durch Nutzung von Land und Boden zu erzielen waren. Diese beiden Elemente *Land* und *Kapital*, verbunden mit produktiver Arbeit, würden die Grundlage für eine expandierende Wirtschaft sein. Die Kapitalbildung erwies sich vor allem im ausgehenden Industriezeitalter als dringend notwendig.

Im historischen Kontext waren die Prinzipien von Smith durchaus sinnvoll. In der Folgezeit ist ihre Bedeutung jedoch derart übertrieben worden, daß es uns heute geradezu schwer fällt, ihre zunehmende Überalterung zu erkennen.

Obgleich sich bereits Smith ausführlich mit der Rolle der Entlöhnung in seinem Wirtschaftsmodell befaßt hatte, war es Charles Babbage, der einen präziseren Ansatz für den Zusammenhang zwischen Löhnen und Aufgaben erarbeitete. Die Schriften von Babbage, bekannt geworden vor allem durch die Entwicklung seines digitalen Rechenautomaten, hatten nachhaltigen Einfluß auf die weiteren Überlegungen zur Organisation und Vergütung von Arbeit.

Entlöhnung eng definierter Aufgaben

Das im Jahr 1832 erschienene Buch *On the Economy of Machinery and Manufacturers* von Babbage trug wesentlich zur Entwicklung eines wissenschaftlichen Ansatzes zur Betriebsführung bei. Babbage unterstützte die Arbeit von Smith und sprach bereits Themen an, mit denen sich später Frederic Taylor befassen sollte.

Babbage [1832/1963: 173] war fest davon überzeugt, daß ein Arbeiter nur für die von ihm geleistete Arbeit bezahlt werden sollte:

> *Der meisterhafte Fabrikant vermag durch Aufteilung der Arbeit in verschiedene Prozesse, von denen ein jeder ein unterschiedliches Maß an Fähigkeiten und Kraft erfordert, die genaue Quantität dessen zu bestimmen, was für den einzelnen Prozeß vonnöten ist. Würde hingegen die gesamte Arbeit von nur einem Arbeiter ausgeführt, müßte der Betreffende über ausreichende Fähigkeiten verfügen, um auch die schwierigste Aufgabe zu leisten, und über ausreichende Kraft, um auch die mühsamste aller Aufgaben seines Handwerks zu bewältigen.*

Wie die von Smith aufgestellten Prinzipien der zunehmenden Arbeitsteilung und des Eigeninteresses macht auch Babbages Entlöhnung eng definierter Aufgaben im Kontext der damaligen Zeit durchaus Sinn. Die Prozesse waren im allgemeinen hinlänglich bekannt und ließen sich ohne weiteres in einfache Schritte unterteilen. Somit war es nur sinnvoll, ausschließlich für das zu zahlen, was jemand tat – und nicht für das, was er wußte. Dieser Ansatz war auch leichter zu handhaben, zumal er zeitlich genau abgestimmt werden konnte: Der Arbeiter willigte ein, einen bestimmten Aufwand an Zeit für einen vereinbarten Lohn einzusetzen. Als dann die Arbeitsteilung auf das Management ausgedehnt wurde, galt in der Folge dieselbe Vergütungsstrategie auch für Spezialisten in den Stabsfunktionen und für die mittleren Führungsebenen der steilen Hierarchie.

Für stundenweise beschäftigte Arbeiter bis hin zu Mitarbeitern im Mittelmanagement findet Babbages Prinzip der Entlöhnung eng definierter Aufgaben auch heute noch Anwendung. Allerdings ist dieser Ansatz in unseren derzeitigen Unternehmen weniger sinnvoll, weil wir heute zunehmend auf das Wissen unserer Mitarbeiter und ihr Verständnis von den Wechselbeziehungen zwischen den verschiedenen Arbeitsabläufen angewiesen sind.

Die Kluft zwischen Babbages Ansatz der Aufgaben-Entlöhnung und dem im Zeitalter des Wissens erforderlichen Ansatz wird immer größer. Wir brauchen ein Vergütungssystem, das nicht nur Wissen, sondern auch Vorstellungsvermögen und die Fähigkeit berücksichtigt, die Themen des Marktes zu erkennen und entsprechend zu reagieren – sei es aus der Perspektive des Marketing, der Konstruktion, der Fertigung, des Finanzwesens oder des Kundendienstes. Die Japaner schätzen und vergüten ihre Mitarbeiter für drei Qualitäten: Wille, Emotion und Wissen. Der *Wille* ist ein Maß für Engagement; *Emotion* oder *Herz* bestimmt unter anderem die Qualität der Interaktion mit anderen; und *Wissen* umfaßt Erinnerungs- und Vorstellungsvermögen.

Insgesamt gilt es, die drei Konzepte und Prinzipien aus dem frühen Industriezeitalter – *Arbeitsteilung*, *Eigeninteresse* und *Aufgaben-Entlöhnung* – neu zu definieren und dem Wissenszeitalter anzupassen. Diese Prinzipien hindern uns daran, unser Potential an technischen und menschlichen Fähigkeiten im Wissenszeitalter voll auszuschöpfen. Allerdings können wir die alten Konzepte und Prinzipien nicht einfach beiseite schieben oder vergessen – sie geben uns nicht ohne weiteres frei. Im Gegenteil: Sie sind derart in unserem Denken verästelt und verschlungen, daß wir uns nur aus dem Dickicht befreien können, wenn wir ihre Rolle bewußt überdenken. Zugleich sind wir gefordert, die Konzepte und Prinzipien des ausgehenden Industriezeitalters zu klären.

Konzepte und Prinzipien im ausgehenden Industriezeitalter

In den 8oer Jahren des vorigen Jahrhunderts prägten zunehmende Größe, Komplexität und geographische Ausdehnung der Unternehmen das späte Industriezeitalter mit seinen steilen Hierachien als typischer Organisationsform. In Ergänzung zu den Konzepten und Prinzipien aus dem frühen Industriezeitalter ist das ausgehende Industriezeitalter durch fünf weitere

Prinzipien gekennzeichnet: (1) zunehmende Managementteilung, (2) Trennung von Eigentum und Management, (3) Trennung von Denken und Tun, (4) *„Mitarbeiter/Vorgesetzter"*-Konstellation und (5) Hang zur Automatisierung.

Zunehmende Managementteilung

Zuweilen wird argumentiert, Managementhierarchien seien so alt wie die Geschichte der Menschheit – in militärischen, politischen und religiösen Ausformungen habe es sie schon immer gegeben. Allerdings wird dabei der Unterschied zwischen steilen und flachen Hierarchien übersehen. Anthropologen weisen darauf hin, daß die meisten Stämme, Clans und Höfe im Familienbesitz überraschend flache Hierarchien erkennen lassen. So hat zum Beispiel die Römische Kirche nur vier Führungsebenen. Dennoch mögen viele Menschen die Auffassung vertreten, steile Hierarchien seien etwas Naturgegebenes.

Der Anstoß zu den steilen Hierarchien kam aus Industrien, die sich über das ganze Land erstreckten: Mit zunehmender geographischer Ausdehnung der Eisenbahnen-, Telegraphen- und Telefongesellschaften sahen sich die Organisationen veranlaßt, an mehreren Standorten „Duplikatstrukturen" zu entwickeln. Jede Einheit brauchte einen Geschäftsführer, Führungskräfte in den verschiedenen Abteilungen sowie direkt unterstellte leitende Mitarbeiter, die Informationen zusammenfassen, Anweisungen weiterleiten und Aktivitäten überwachen sollten.

Abbildung 8.3 veranschaulicht die Entwicklung einer auf dem Prinzip der Arbeitsteilung aufgebauten Management-Infrastruktur. Die Darstellung zeigt, wie unsere Bindung an das *„Kästchen/Linien"*-Modell immer feinmaschiger wurde: Jedes Kästchen gilt als Eigentum des Kästcheninhabers; die Linien geben die offiziellen Kommunikationskanäle an. Kein Wunder, daß viele Unternehmen Unsummen für die sorgfältige Definition von Managementaufgaben und Abteilungsrichtlinien ausgegeben haben. Wenn ein Unternehmen wettbewerbsfähig sein soll, muß die Organisation wie ein Uhrwerk ablaufen; die einzelnen Funktionen müssen ineinandergreifen – wie die Zahnräder in einem Getriebe. Dies wiederum ist nur dann möglich, wenn jeder Mitarbeiter seinen Platz genau kennt.

Dieses Organisationssystem, das unseren unternehmerisch tätigen Großeltern als integrativ galt, ist in unseren heutigen Unternehmen zum Kernproblem geworden. Wenn jede einzelne Funktion damit befaßt ist, an den eigenen eng definierten Richtlinien festzuhalten und die eigenen Interessen zu verfolgen, kann es nicht überraschen, daß gute Ideen schlicht übersehen werden oder im unternehmenspolitischen Alltag untergehen. Die Führungskräfte ziehen sich in ihre stacheldrahtgeschützten Fuchsbauten zurück (Abbildung 9.2).

Abb. 9.2:
Fuchsbau-
Management

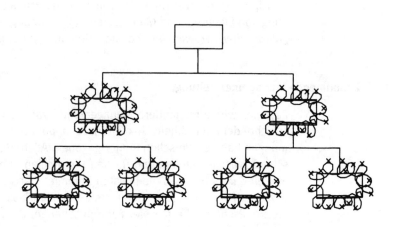

Große Organisationen erfordern natürlich ein gewisses Maß an Aufteilung der Verantwortlichkeiten, aber die Linien zwischen den Funktionsbereichen sollten keine unüberwindbaren Mauern sein. Wir müssen uns die verschiedenen Bereiche eher verschwommen und unscharf vorstellen; sogar Überlappungen kommen vor. Marketing, Forschung und Entwicklung, Finanzwesen, Konstruktion, Fertigung, Prozeßkontrolle, Kundendienst, Personalwesen und Informationstechnik sind nicht als gegeneinander abgegrenzte Kleinimperien anzusehen – wir müssen einsehen, daß sich die jeweiligen Interessen erheblich überschneiden können. Jeder Funktionsbereich ist in Wirklichkeit ein Ressourcen-Zentrum für das Gesamtunternehmen.

Trennung von Eigentum und Management

Das Industriezeitalter ist nicht nur durch technologische Fortschritte, sondern auch durch das Aufkommen moderner juristischer Auffassungen geprägt. Entscheidend ist das Wechselspiel zwischen diesen beiden Entwicklungen. Körperschaften sind im Lauf der letzten Jahrhunderte entstanden. Im angelsächsischen Recht kennt man sie sogar schon seit dem vierzehnten Jahrhundert – in erster Linie in Form von Religionsgemeinschaften, Stadtverwaltungen und Gilden sowohl handwerklicher als auch kaufmännischer Art.

Nach und nach wurden die juristischen Prinzipien der Körperschaft formuliert: Eine Körperschaft konnte Besitz haben, strafrechtlich verfolgen und verfolgt werden und über das Leben der Mitglieder hinaus Bestand haben. Die ersten Körperschaften wurden vom König bewilligt und dienten in vielerlei Hinsicht als Mittel zur Wahrnehmung und Ausdehnung königlicher Macht. Diesen frühen Körperschaften wurden häufig Ausschließlichkeitsrechte in bestimmten Bereichen oder für bestimmte Wirtschaftsaktivitäten eingeräumt.

Im sechzehnten und siebzehnten Jahrhundert wurde das Konzept der Körperschaft auf Aktiengesellschaften ausgedehnt. Auf diese Weise war es möglich, Kapital zur wirtschaftlichen Expansion der Körperschaft zu bilden; damit erhielten Zweck und Funktion der Körperschaft eine neue, zusätzliche Dimension.

Während die Satzungen der frühen Körperschaften Privatpersonen die Verfolgung öffentlicher Interessen ermöglichten, entwickelten sich die Satzungen im neunzehnten Jahrhundert zu Instrumenten, mit deren Hilfe private Gruppen die Körperschaft für eigene Interessen nutzten. Als diese Interessen überhand zu nehmen drohten, wurden Gesetze wie das *Sherman Antitrust Law* aus dem Jahr 1890 erlassen, um solchem Mißbrauch Einhalt zu gebieten.

Mit dem Wachstum der modernen Körperschaft insbesondere in der zweiten Hälfte des vorigen Jahrhunderts entstand die industrielle Bürokratie mit ihrer Hierarchie an Funktionen und Machtbefugnissen. Das Management wurde professionalisiert, und fortan häuften sich schriftlich niedergelegte Richtlinien, Anweisungen und Dokumentationen [Mason 1970; Berle/Means 1932]. Einige Körperschaften machten in ihrem Bemühen um Verbindung von Massenproduktion mit Massenvertriebssystemen die Erfahrung, daß sie zwecks Koordinierung ihrer diversen Aktivitäten klar definierte Verantwortungsbereiche und allgemein verbindliche Verfahren benötigten. So kam es, daß Bürokratie, Organisationsdiagramm, Abteilungsrichtlinien und Arbeitsplatzbeschreibungen zu integrierenden Strukturen in solchen großen Unternehmungen wurden [Chandler 1977].

Die strukturgebenden Eigentumsverhältnisse zu Anfang der industriellen Revolution wurden somit von den steilen Hierarchien des ausgehenden Industriezeitalters abgelöst. Nun konnte Kapital konzentriert und zur Machterweiterung der Unternehmung eingesetzt werden. Die Frage der Zuständigkeit war durch die hierarchische Struktur geklärt.

Eine direkte Mitwirkung der Eigentümer erfolgte immer seltener. In dem Maß, wie professionelle Manager die Verantwortung für den täglichen Geschäftsablauf im Unternehmen übernahmen und die Eigentumsverhältnisse diffuser wurden, ging auch der Einfluß der Kapitaleigner zurück. Der „Verwaltungsrat" (*Board of Directors*) als Interessenvertretung der Eigentümer war an den täglichen Aktivitäten der Unternehmung nicht mehr in derselben Weise beteiligt, wie dies noch unter den früheren Eigentumsverhältnissen der Fall gewesen war.

Die moderne Unternehmung kennt keine strukturimmanenten Kontrollen und Gegenkontrollen, wie sie laut Verfassung der USA in der Struktur der amerikanischen Regierung verankert sind. Einige Wissenschaftler vermissen denn auch in Unternehmungen die demokratischen Traditionen, die wir in der Politik voraussetzen. Andererseits wird die Unternehmung gerade deswegen bewundert, weil sie schnell und entschieden zu handeln vermag. Nur so konnten die Güter und Dienste entwickelt werden, die uns heute unseren steigenden Lebensstandard ermöglichen.

Dennoch: Viele Zeitgenossen machen sich mittlerweile Sorgen, unsere heutigen Unternehmen seien nicht in der Lage, auf die schnellen Veränderungen am Markt flexibel genug zu reagieren. Wettbewerbsfähigkeit in einer globalen Wirtschaft erfordert kürzere Produktzyklen, Parallelarbeit, verstärkt funktionsübergreifende Koordination sowie externe Abstimmung mit Lieferanten und Vertriebskanälen.

Die Bürokratie, im Zeitalter der Massenproduktion von entscheidender Bedeutung, behindert die Abläufe im Zeitalter der *„mass customization"* [Davis 1987]. Die „kundenspezifische Fertigung unter Massenproduktionsbedingungen" setzt enge Zusammenarbeit unter den Funktionen voraus, damit rund 20 Prozent der Fertigung eines Kernprodukts auf die verschiedenen Kundenerwartungen abgestimmt werden können.

Die klassische Integration des vertikal definierten Unternehmens ist nicht die Integration, die wir heute anstreben: Die verschiedenen Teile des Unternehmens müssen so miteinander verknüpft werden, daß Produkte und Prozesse parallel – und nicht mehr sequentiell – zu entwickeln sind. Die „Verwaltungsräte" sollten ihre Verantwortung nicht länger ausschließlich treuhänderisch verstehen, sondern das Topmanagement anhalten, die künstlichen Grenzen zwischen den Funktionsbereichen zu beseitigen. Einige Topmanager wie Jack Welch von *General Electric* haben bereits Schritte eingeleitet, um sich des bürokratischen Cholesterols durch Abbau von Führungsebenen zu entledigen und abgeflachte Netzwerkorganisationen zu erzielen [Sherman 1989].

Kurzum: Mit dem Übergang von den strukturgebenden Eigentumsverhältnissen zu öffentlichen Unternehmungen und mit der zunehmenden Dominanz eines bürokratischen Managements in steilen Hierarchien war der Boden für unsere heutige Inflexibilität bereitet. Die Trennung von Denken und Tun trug das ihre bei.

Trennung von Denken und Tun

Als Frederic Winslow Taylor vor einem Sonderausschuß des Kongresses im Jahr 1903 über die Ursprünge der wissenschaftlichen Betriebsführung berichtete, erwähnte er auch seine Arbeitserfahrungen bei den *Midvale Steel Works*, in deren Belegschaft er 1878 eingetreten war. Als Drehmaschinenarbeiter hatte auch er sich daran beteiligt, die Produktion auf ein Drittel dessen, was möglich gewesen wäre, zu beschränken – so wie es zu der Zeit gang und gäbe war. Dieses „Bummeln" im Akkordsystem gab den Arbeitern die Macht, den Arbeitsfluß zu verzögern [Taylor 1911/1947].

Später, nach seiner Beförderung zum Vorarbeiter in derselben *Midvale*-Werksanlage, hatten ihn die Arbeiter aufgefordert, er solle sich nicht als „Akkordbrecher" aufführen. Daraufhin hatte er entgegnet, als Arbeiter habe er sich gegen keinen Akkordsatz gewehrt, den die Gruppe vorgegeben hätte, aber als Vorarbeiter wolle er nun mehr Leistung aus ihnen herausholen.

Taylor war aufgrund seiner eigenen Erfahrungen in der Maschinenhalle davon überzeugt, daß es einer Kontrolle über den Produktionsprozeß bedurfte. Er meinte, man müsse wissenschaftliche Daten einsetzen, um Planen und Tun voneinander zu trennen [Taylor 1911/1947: 38]:

> *Somit muß die gesamte Planung, die im alten System vom Arbeiter aufgrund seiner persönlichen Erfahrung selbst durchgeführt wurde, im neuen System zwangsläufig vom Management nach den Gesetzen der Wissenschaft vorgenommen werden. ... Genauso leuchtet ein, daß meistenteils ein ganz bestimmter Menschentyp für die Planung und ein völlig anderer für die Durchführung der Arbeit vonnöten ist.*

Das vorherrschende Einzelelement in der modernen wissenschaftlichen Betriebsführung war für Taylor die „Aufgabe". Er und seine Kollegen Frank und Lillian Gilbreth hatten die Vorstellung, die Aufgaben eines jeden Arbeiters müßten vom Management zumindest einen Tag im voraus in vollem Umfang geplant werden. Das Planungsbüro sollte umfassende schriftliche Anweisungen geben, was auf welche Weise getan werden sollte und wieviel Zeit für die einzelne Aufgabe vorgesehen war. Wenn der Arbeiter die Anweisungen innerhalb der vorgegebenen Zeit erfüllte, erhielt er eine Zulage zwischen 30 und 100 Prozent seines Grundlohns.

Taylor glaubte, unter diesem neuen System wären die Arbeiter „glücklicher und erfolgreicher und weniger überarbeitet". Doch zur Erzielung dieser Trennung zwischen Denken und Tun bedurfte es einer „mentalen Revolution" [Taylor 1911/1947: 31].

Beide Seiten [Management und Belegschaft] müssen es als wichtig erachten, daß eine genaue wissenschaftliche Untersuchung und wissenschaftliche Erkenntnisse an die Stelle der bisherigen individuellen Urteile und Meinungen treten ... und zwar in allem, was die Arbeit im Unternehmen betrifft.

Robert Reich [1983] faßt Taylors Beitrag zusammen: „Diese Trennung zwischen Kopfarbeitern und Ausführenden war der Gipfel der Spezialisierung: Die Planung sollte von der Durchführung getrennt werden, das Gehirn von den Muskeln, der Kopf von der Hand, das weiße Hemd vom blauen Kittel". Die Trennung von Denken und Tun war eine natürliche Folge von Taylors Bestreben, die Spezialisierung durch Vereinfachung der einzelnen Aufgaben zu erhöhen, vorgegebene Regeln zwecks Koordinierung dieser Aufgaben zur Anwendung zu bringen und die Arbeitsleistung zu überwachen und zu steuern. Jede Ebene in der Organisation hatte ihre eigene Planungsfunktion.

Zwar stießen Taylors Prinzipien zunächst auf Widerstand, breiteten sich dann aber nach dem ersten Weltkrieg in der gesamten amerikanischen Industrie aus, fanden auch in Europa Anerkennung und wurden schließlich sogar in der Sowjetunion von Lenin willkommen geheißen. In jeder großen Organisation mehrten sich die Vorschriften und Pläne um ein Vielfaches. Das Topmanagement war für die strategische Planung des Gesamtunternehmens verantwortlich. Das Mittelmanagement legte die Betriebsvorschriften fest, und auf den unteren Ebenen wurden standardisierte Betriebsabläufe vorgegeben.

Taylors Ansatz war im Grunde genommen eine Weiterführung der von Smith und Babbage entwickelten Prinzipien. Taylor meinte, eine wissenschaftliche Basis für die industrielle Revolution zu erarbeiten. Sein Ansatz war durchaus sinnvoll angesichts des allgemeinen Trends zur Massenproduktion – um so mehr, als man von der Annahme ausging, Unternehmen müßten wie Maschinen strukturiert sein. So wie jedes Teil der Maschine eine bestimmte Funktion erfüllt, so sollte auch jede Abteilung die in den Gesamtplänen vorgegebene Schrittfolge einhalten.

Also entwickelte die Industrie ein System starrer Arbeitsplatzklassifikationen, strikter Arbeitsvorschriften und eng definierter Abteilungsrichtlinien. Überwachungs- und Steuerungssysteme wurden eingeführt, um die Einhaltung der Pläne zu gewährleisten: Kostenrechnung, Lagerhaltungskontrolle und Finanzberichterstattung sollten der Unternehmensleitung die Gesamtkontrolle über das System ermöglichen. Jedem Mitarbeiter wurde ein ganz bestimmter Verantwortungsbereich zugewiesen, wobei die disziplinarischen Unterstellungsverhältnisse im Organisationsdiagramm eindeutig ausgewiesen waren.

Während Taylor den Gedanken von Adam Smith in den Werkshallen Nachdruck verlieh, waren es Henri Fayol und andere, die eine solche Denkweise auf das Management übertrugen.

„Mitarbeiter/Vorgesetzter"-
Konstellation

Der Franzose Henri Fayol wurde im Jahr 1888 zum Geschäftsführer eines großen Kohlebergwerks (*Comambault*) ernannt. Seinerzeit stand das Unternehmen knapp vor dem Bankrott. Als Fayol 1918 in den Ruhestand trat, hatte das Unternehmen eine ausgesprochen starke Finanzposition erreicht. Fayol führte den Erfolg des Unternehmens auf sein Managementsystem zurück, wie er es in seinem 1916 veröffentlichten (und 1929 ins Englische übersetzten) Buch *Administration industrielle et générale* beschrieben hatte [George Jr. 1972].

Fayol unterschied fünf Komponenten beim Management: Planung, Organisation, Auftragserteilung, Koordinierung und Kontrolle. Obwohl Fayol und Taylor ihre Ideen unabhängig voneinander entwickelten, ist eine Geistesverwandtschaft unverkennbar. In seiner Arbeit betonte Fayol die Teilung der Verantwortlichkeiten (mit der Folge funktionaler Spezialisierung), die Macht der hierarchischen Position (Kästchen), die Einheitlichkeit der Auftragserteilung („*Mitarbeiter/Vorgesetzter*"-Konstellation, wonach jeder Mitarbeiter einem einzigen Vorgesetzten unterstellt ist) und die skalare Kette (das „Laufbrett"-Prinzip, demzufolge die Linien auf einem Organisationsdiagramm die Befehlskette ausweisen).

All dem lag eindeutig die Vorstellung zugrunde, daß die Befehlskette als Integrationsmechanismus im Unternehmen anzusehen war. Wenn hochspezialisierte Funktionen über eine Befehlskette koordiniert waren, ließ sich jede Funktion planen, organisieren, koordinieren und kontrollieren. Die Kommunikation würde vorgeschriebene Kanäle durchlaufen, die Mitarbeiter würden ihre eng definierten Aufgaben durchführen und könnten aufgrund ihrer Arbeitsleistung bewertet werden, und Führung kraft Position wäre die Norm.

Andere zeitgenössische Autoren unterstützten diese Ideen. 1937 schrieb Lyndall Urwick:

> *Von größter Bedeutung waren die Überlegungen, es müßte eindeutige Machtbefugnisse geben, die von der Spitze bis in jede Ecke des Unternehmens reichten, und die Verantwortung der Mitarbeiter, die delegierte Machtbefugnisse ausübten, müßten genau definiert sein.*[1]

Zweifellos dachte Urwick dabei nicht nur an seine Erfahrungen beim britischen Militär im ersten Weltkrieg, sondern auch an seine Erfahrungen als Führungskraft bei einer Schokoladenfirma in den 20er Jahren.

Diese beiden Europäer hatten ihre Entsprechung in den beiden Amerikanern James Mooney, stellvertretender Geschäftsführer und Direktor bei *General Motors*, und Allan Reiley. Im Rahmen ihrer Auseinandersetzung mit der Argumentation von Fayol und in Vorwegnahme des Urwickschen Ansatzes schrieben Mooney und Reiley [1931: 37]:

> *Der Untergebene ist seinem unmittelbaren Vorgesetzten stets für die Durchführung seiner Arbeit verantwortlich; der Vorgesetzte bleibt dafür verantwortlich, daß die Arbeit erledigt wird. Diese Beziehung wiederholt sich auf der Basis koordinierter Verantwortung bis hin zum Unternehmensleiter, der kraft seiner Position die Gesamtverantwortung trägt.*

Die Autoren waren sich darin einig, daß Spezialisierung und eine entsprechende Strukturierung in Abteilungen erforderlich seien und daß sich die verschiedenen Aktivitäten über die Befehlskette integrieren ließen. Wie Paul Lawrence und Jay Lorsch [1967: 167] feststellen, waren die Konzepte *Autorität* und *Macht* in der juristischen Definition der Unternehmung implizit enthalten: „Sie wurzelten im traditionellen Konzept der *Herr/Diener*-Beziehung, die auf die *Arbeitgeber/Arbeitnehmer*-Beziehung übertragen worden war."

Der Einfluß von Fayol, Urwick und Mooney ist in den meisten Unternehmen unverkennbar. Das Konzept von der Befehlskette und die Vorstellung, daß jeder Mitarbeiter nur einen einzigen Vorgesetzten haben soll, sind uns scheinbar unverrückbar anerzogen worden. Dennoch haben wir, die wir im Rahmen dieses Modells arbeiten, das ungute Gefühl, daß zwischen Theorie und wirklichem Leben eine Kluft besteht: Fehlgeleitete Kommunikation, betriebspolitische Intrigen, das „sich gegenseitig in den Rücken fallen" und all die „Spalten", in denen Informationen auf immer verschwinden, zeugen von fundamentalen Problemen. Dem Wesen des Menschen und seiner Erfindungskraft ist es zu verdanken, daß trotz dieser Bedingungen Arbeit geleistet wird. So hat Jay Galbraith festgestellt: „Informelle Organisationsprozesse entstehen spontan; sie erweisen sich letztlich als diejenigen, durch die eine Organisation den größten Teil ihrer Arbeit zustande bringt – trotz der formal festgelegten Struktur."[2]

Man wird sich immer deutlicher bewußt, daß Arbeitsteilung, Funktionalisierung und Spezialisierung häufig extreme Fragmentierung zur Folge haben. Chester Barnard war einer der ersten, der in seinem klassischen Buch *Functions of the Executive* [1938] die Konzepte, die zu organisatorischer Fragmentierung führen, in Frage gestellt hat. Unter anderem untersuchte er die fünf Grundlagen, auf denen sich eine Organisation spezialisieren kann: (1) Ort, an dem gearbeitet wird, (2) Zeit, die für eine Arbeit benötigt wird, (3) Mitarbeiter, die die Arbeit tun, (4) konkrete Bedingungen, unter denen die Arbeit geleistet wird, und (5) Methoden oder Prozesse, die dabei zur Anwendung kommen. Barnard stellte fest, Spezialisierung scheine zunächst etwas Einfaches und Unkompliziertes zu sein, doch bei Einbeziehung dieser Faktoren sei die Problematik schon komplexer [1938: 128]. So kämpfen viele Unternehmen nach wie vor mit den konkurrierenden Interessen von Produktprogrammen, geographischer Verantwortlichkeit und Branchenorientierung. Welcher dieser Aspekte soll Vorrang haben?

Funktionalisierung und Spezialisierung scheinen auch im Weg zu stehen, wenn Unternehmen in ihren Betrieben mehr Flexibilität einführen möchten. Immer mehr Unternehmen erkennen, daß sie auf dem Weltmarkt konkurrieren müssen, und damit gewinnt die Ausrichtung auf den Kunden eine entscheidende Bedeutung – nicht nur um des reinen Überlebens willen, sondern auch zum Aufbau von Marktanteilen und zur Erzielung von Profitabilität. Die Unternehmen leiden unter starren Arbeitsvorschriften in der Werkshalle ebenso wie unter engstirnigen Funktionsleitern, die mehr am eigenen Erfolg als am Erfolg des Unternehmens interessiert sind.

Wirtschaftsexperten haben die Problematik der mit dem *Smith/Taylor/Fayol*-Flaschenhals verbundenen Untiefe und Starrheit aufgegriffen. So weist Herbert Simon [1976] auf die Ambiguitäten der vermeintlich unkomplizierten Vorstellungen einer Arbeitsspezialisierung hin. Robert Reich [1983: 134] macht die Beobachtung, ein flexibleres Produktionssystem lasse sich „nicht einfach den Unternehmensorganisationen aufprägen, die in hohem Maß darauf spezialisiert sind, lange Produktionsläufe mit Standardgütern zu produzieren." Peter Drucker [1986: 220-221] lehrt, „Topmanagement [sei] mehr Funktion und Verantwortung als Rang und Privileg", wie dies das Modell mit der steilen Hierarchie vermuten läßt. Zudem hebt er hervor, Mitarbeiter seien „eine Ressource und kein Kostenfaktor" und „der Zweck eines Unternehmens [sei] die Schaffung von Kunden". Und George Hess [1983], ein praktisch orientierter Manager, der selbst gern Hand anlegt, spricht von einer „menschdisintegrierten Fertigung", wie sie für viele unserer steilen Hierarchien kennzeichnend sei.

Trotz ihrer Unzulänglichkeiten scheinen die Konzepte und Prinzipien, die der steilen Hierarchie zugrunde liegen, geradezu in Beton verankert zu sein. Sie haben nicht nur den Angriffen des vor fast dreißig Jahren veröffentlichten klassischen Werks von Douglas McGregor [1960] über Theorie XY (*The Human Side of Enterprise*) widerstanden, sondern auch den Veröffentlichungen zeitgenössischer Autoren wie Robert Hayes und Steven Wheelwright, Tom Peters sowie Stanley Davis.

Ironischerweise ist es so, daß die technologischen Entwicklungen als solche tiefgreifendere organisatorische Veränderungen erzwingen könnten als alle Theoretiker mit vereinten Kräften. Beispielsweise galt es bisher als der Weisheit letzter Schluß, daß Computer die Gesamteffizienz steiler Hierarchien erhöhen. Inzwischen sollte aber klar geworden sein, daß eine Computerisierung steiler Hierarchien für sich genommen ein Spaghetti-artiges Gewirr von ineinander verschlungenen Systemen zur Folge hat: inflexibel und inkompatibel.

Je deutlicher Zeit und Zeitplanung – besonders die Zeitperiode bis zur Vermarktung und der Zeitpunkt der Vermarktung – zu den Faktoren geraten, die letztlich den Marktführer auszeichnen, desto dringlicher wird die dynamische Verbindung von Mitarbeitern und Prozessen. Die Vernetzung vermag diesen Kommunikationsprozeß zu fördern, doch leider suchen wir immer noch nach der magischen Lösung oder der maßgeblichen Innovation, die uns die Arbeit abnimmt. Immer noch sind wir dem verheißungsvollen Zauber der Automatisierung verfallen.

Automatisierung

Das Konzept der Automatisierung hat eine lange Geschichte. In ihrem Bestreben, sich von Routinepflichten und Knochenarbeit zu befreien, dachten sich die alten Griechen Vorrichtungen aus, die gewisse Arbeiten übernehmen konnten. Das Wort *Automatisierung* ist von dem griechischen Wort *autómatos* hergeleitet und bedeutet „sich selbst bewegend". Es bezeichnet ein Gerät, einen Prozeß oder ein System, das in der Lage ist, ohne Unterstützung von außen zu funktionieren.

Aristoteles sah ein automatisches Webschiffchen und eine Harfe voraus, die auf einen gesprochenen Befehl hin oder gar in Erwartung eines solchen eigenständig arbeiten beziehungsweise spielen würden:

> *Es gibt nur eine Bedingung, unter der wir uns Führungskräfte vorstellen können, die keine Mitarbeiter brauchen – oder Herren, die keine Diener brauchen. Diese Bedingung wäre, daß jedes [unbelebte] Instrument auf einen mündlichen Befehl hin oder aufgrund intelligenter Antizipation seine Arbeit verrichten könnte, wie die Statuen des Daedalus*

> *oder die Dreifüße des Hephaestus, von denen Homer berichtet, daß sie kraft ihrer eigenen Bewegung in die Konklave der Götter im Olymp vordrangen, als ob ein Webschiffchen von sich aus weben und ein Plektrum von sich aus Harfe spielen würden.*[3]

Heute gewinnt die Vision des Aristoteles zunehmend an Realität. Konstruktionszeichnungen werden in von Postprocessoren gesteuerte Werkzeug-Verfahrwege umgesetzt und über verteilte numerische Kontrollsysteme direkt zu den Bearbeitungszentren geleitet. Einige flexible Fertigungssysteme kommen schon dicht an Instrumente heran, die wie die Statuen des Daedalus ihre Arbeit selbständig verrichten. Sie werden von weiteren Systemen zur Prozeß- und Produktplanung unterstützt. Können wir in Anbetracht dieser Entwicklungen mit einer Trendfortsetzung rechnen, bis die gesamte Fertigung vollständig automatisiert ist? Hat dies nicht leicht zur Folge, daß wir Automatisierung mit *CIM* gleichsetzen – wobei *CIM* die totale Verknüpfung aller automatisierten Aktivitäten darstellt?

Autoren wie Teicholz und Orr [1987] haben für *CIM* eine Definition gewählt, derzufolge die computerintegrierte Fertigung als natürliche Fortsetzung der Automatisierungstradition anzusehen ist:

> *Computerintegrierte Fertigung (CIM) ist der Terminus, der die vollständige Automatisierung der Fabrik beschreibt, wobei sämtliche Prozesse computergesteuert funktionieren und nur durch digitale Informationen zusammengehalten werden. Bei CIM wird kein Papier mehr gebraucht, und auch die meisten menschlichen Arbeitsplätze erübrigen sich. CIM ist das sichtbare evolutionäre Ergebnis von computergestützter Entwicklung/Konstruktion und computergestützer Fertigung (CAD/CAM). Warum ist CIM erstrebenswert? Weil es die menschliche Komponente bei der Fertigung reduziert und damit den Prozeß von seiner kostspieligsten und fehleranfälligsten Komponente befreit.*

Diese Definition ist ein ausgezeichnetes Beispiel dafür, wie der Standpunkt der Automatisierungsfanatiker bis zum logischen Schluß durchgezogen wird. Implizit wird nämlich behauptet, die menschliche Komponente sei der Feind – aufgrund ihrer „Fehleranfälligkeit". Papier und Mitarbeiter als die beiden Variablen, die in bezug auf Konsistenz und Voraussagbarkeit weniger geeignet sind, können bei *CIM* entfallen. Und welche Annahme liegt dieser Definition zugrunde? Es gehe ausschließlich um Routinearbeit. Im *CIM*-Konzept von Teicholz und Orr werden Routineprozesse von Hardware und Software, nicht von Menschen, abgewickelt.

Zugleich impliziert diese Definition die Ausrichtung auf die Fabrikhalle, wo der größte Teil des unmittelbaren Arbeitsaufwands erfolgt. Wie aber steht es mit der Interaktion zwischen Marketing und Konstruktion? Liegt diese außerhalb des *CIM*-Bereichs? Vermutlich ist sie in der Definition von Teicholz und Orr nicht vorgesehen. Die Auswahl der Themen in dem von den beiden Autoren herausgegebenen Handbuch (*Computer Integrated Manufacturing Handbook*) läßt jedenfalls eine deutliche Fokussierung auf Konstruktion und Fertigung erkennen.

Bietet *CIM* überhaupt Platz für die übrigen Funktionen wie Marketing, Verkauf, Finanzen und Kundendienst? Müssen die Mitarbeiter in diesen Funktionen auch durch automatische Vorrichtungen ersetzt werden, weil sie „fehleranfällig" sind? Es sieht ganz danach aus, aber so weit sind wir noch nicht. Wenn Aristoteles von einem automatischen Webschiffchen träumte, dann ist das eine anregende Vision; etwas ganz anderes aber ist es, sämtliche Funktionen in einer Organisation zu automatisieren. Davon sind wir noch sehr weit entfernt. Aristoteles stellte sich eine Automatisierung vor, bei der die Manager keine Untergebenen und die Herren keine Diener mehr benötigen.

Zwei der Vorstellungen von Aristoteles haben die Art und Weise unserer zwischenmenschlichen Interaktion in besonderer Weise beeinflußt. Die eine ist die *Herr/Diener*-Beziehung; die andere betrifft die Geringschätzung, die unsere Vorfahren der Arbeit entgegenbrachten. Das *Herr/Diener*-Prinzip ist in unseren Organisationen und im Arbeitsrecht bezüglich Mittlertum und Eigentum fest verankert. Besonders deutlich wird diese Vorstellung im *Arbeitgeber/Arbeitnehmer*-Konzept, was nichts anderes ist als ein moderner Terminus für die alte *Herr/Diener*-Beziehung. Diesem Konzept liegt die Annahme zugrunde, der Herr oder Arbeitgeber habe das Recht, willkürliche Entscheidungen zu treffen, ohne sich mit dem Diener beziehungsweise Arbeitnehmer vorher abzusprechen. Die Vorrechte des Managements, wie sie in *Arbeitgeber/Arbeitnehmer*-Verträgen und entsprechenden gesetzlichen Regelungen festgeschrieben sind, haben eine Menge mit Präzedenzfällen und Jurisprudenz zu tun.

Schon in der griechischen Sprache kommt die Geringschätzung der Arbeit zum Ausdruck. Für die Griechen war Arbeit nichts als ein Fluch. Der griechische Ausdruck für Arbeit – *ponos* – hat dieselbe Wurzel wie das lateinische *poena*, was soviel wie „Strafe" oder „Pein" bedeutet. Für die Griechen war *ponos* mit derselben Assoziation mühseliger Arbeit verbunden, die wir heute mit den französischen Ausdrücken *fatigue* und *travail* verbinden. Hesiod definierte Glück als „ein Leben ohne Arbeit". Homer zufolge haßten die Götter die Menschheit und verurteilten Männer und Frauen aus Boshaftigkeit zu einem Leben voller Arbeit und Mühsal. Die Griechen beklagten, alles Mechanische vergröbere den Geist und mache ihn unfähig, über die Wahrheit nachzudenken. Selbst freie Künstler und Handwerker wurden verachtet – sie galten kaum mehr als Sklaven. Eine derartige Intoleranz war nur natürlich für eine Gesellschaft, in der ein Großteil der Schwerarbeit von Sklaven verrichtet wurde [Tilgher 1965].

Die Vorurteile aus dem alten Westen sind in unseren Annahmen über Arbeitsplatzgestaltung, Aus- und Weiterbildung, Autorität und Verantwortung nach wie vor enthalten. Die Leute glauben immer noch, je höher einer in der Hierarchie stehe, desto wichtiger sei er. Oft erfahren gerade die Experten und Arbeiter, die den größten mehrwertschöpfenden Produktbeitrag leisten, die geringste Wertschätzung in der Organisation. Und obgleich die direkten Lohnkosten mittlerweile nur noch 2 bis 15 Prozent der Gesamtkosten ausmachen, hält der Drang zur Automatisierung unvermindert an.

In diesem Zusammenhang wollen wir einige vorläufige Schlußfolgerungen ziehen. Zum einen bietet die Automatisierung eine Möglichkeit, die negativen Konnotationen mühseliger Arbeit zu bewältigen. Von Arbeitern ist nicht zu erwarten, daß sie große Denker sind; dazu fehlt ihnen die Muße. Entsprechend müssen sie ausgebildet und streng überwacht werden – so zumindest hat es uns die Tradition gelehrt, wie sie von Charles Babbage, Frederic Winslow Taylor und anderen fortgeführt wurde. Wenn nun Teicholz und Orr von der „Fehleranfälligkeit" menschlicher Arbeitskräfte reden – verstärken sie damit nicht dieses jahrhundertealte Vorurteil?

Zum anderen liegt auch dem *Herrn/Diener*-Modell die Vorstellung zugrunde, ersterer sei für das Denken und letzterer für das Tun zuständig. Warum sollten wir einen Arbeiter oder auch einen Akademiker nach seiner Meinung zum Geschehen befragen? Sollen sie nicht lediglich das tun, wozu sie ausgebildet worden sind? Dies mag zu Taylors Zeiten Sinn gemacht haben, als es tatsächlich in erster Linie um routinemäßige Produktionsprozesse ging. Eine solche Einstellung macht aber keinen Sinn mehr, wenn Unternehmen vor der Notwendigkeit stehen, ihre Technologien ständig zu verändern und zu aktualisieren, engere Verbindungen zu Lieferanten und Kunden herzustellen, Qualität und Leistung zu erzielen und kürzere Produktzyklen zu bewältigen.

Zwei Konsequenzen ergeben sich aus diesem Vorurteil gegenüber der Arbeit einerseits und dem *Herr/Diener*-Modell andererseits: (1) Fachkräfte und Arbeiter auf der mittleren Ebene werden als Denker nicht ernst genommen, und (2) Fachkräfte und Mittelmanager gilt es nach Möglichkeit durch Automatisierung zu ersetzen, damit ihre „Fehleranfälligkeit" nicht das Arbeitsresultat vermasselt.

Eine solche Argumentation wiederum wirft zwei grundlegende Probleme auf:

1. Wir verzichten darauf, den Einsichten, Kenntnissen und Visionen derjenigen, die die eigentliche Arbeit leisten, zuzuhören und daraus Nutzen zu ziehen.

2. Die Automatisierung mindert die Flexibilität der Organisation – besonders zu den Zeiten, zu denen Flexibilität am meisten nötig wäre.

Der Automatisierung kommt gerade im Zusammenhang mit der Bewältigung von Routineaufgaben große Bedeutung zu; doch mittlerweile ist eine zunehmende Schwerpunktverlagerung zu nicht-routinemäßigen Aktivitäten zu beobachten, bei denen es um Unterstützung – keineswegs um Abschaffung – von Experten- und Manager-Teams geht.

Das Konzept des Aristoteles von der Automatisierung hat schließlich auch zum „Maschinenmodell" des Industriezeitalters geführt, bei dem sämtliche Teile der Organisation wie die Rädchen in einem Uhrwerk ineinandergreifen.

Unsere mentale Evolution galt zunächst der „harten Automatisierung" und dann der „weichen Automatisierung"; heute sprechen wir nun von *CIM* und von Fabriken, die vermeintlich „ohne Papier und Personal" auskommen. Abbildung 9.3 veranschaulicht diese Entwicklung.

Abb. 9.3: Lineares CIM-Verständnis der Automatisierungsfanatiker

Aristoteles' Vision vom sich selbstständig bewegenden Webschiffchen → „Maschinenmodell" des Industriezeitalters → Automatisierung → *CIM* Fabrik „ohne Papier und Personal"

Problematisch am linearen *CIM*-Verständnis ist die Vernachlässigung der entscheidenden Dimension der Integration. Die Anhänger der Automatisierung erweisen uns einen schlechten Dienst, wenn sie totale Automatisierung mit *CIM* gleichsetzen, denn *CIM* ist etwas qualitativ gänzlich anderes als eine Fabrik „ohne Papier und Personal". Viel sinnvoller ist es, *CIM* und *CIE* im Sinne einer Partnerschaft zwischen Mensch und Technologie zu begreifen.

In der *CIM*-Literatur ist eine gespannte Erwartungshaltung und ein gehöriges Maß an Unsicherheit zu spüren, ob *CIM* nun tatsächlich auf das papier- und personallose Unternehmen hinausläuft oder ob Integration, unterstützt durch Computer und Vernetzung, die Menschen zu echter Zusammenarbeit befähigt. In den meisten Fertigungsbetrieben schrumpft die Belegschaft ebenso wie die Führungsriege. Viele Unternehmen, bei denen es einst acht bis fünfzehn Führungsebenen gab, stellen nun fest, daß sie durchaus mit vier bis sechs Ebenen auskommen. Unsere zukünftigen Unternehmen werden mit weniger Leuten mehr produzieren, aber jeder einzelne Mitarbeiter wird mehr wert sein. Da es immer Freiräume für neue, dynamische Unternehmen gibt, werden neue Beschäftigungsmöglichkeiten die Arbeitsplätze auffangen, die durch Automatisierung verloren gehen.

Automatisierung und *CIM*

Mit Sicherheit ist viel Geld in die industrielle Automatisierung investiert worden, oft mit Erfolg. Flexible Fertigungssysteme stellen ihren Wert in vielen Betrieben unter Beweis. Die größte Errungenschaft sind *CAD/CAM*-Systeme, bei denen die Konstruktionsabteilungen die Programme für bestimmte Teile direkt zu numerisch gesteuerten Vorrichtungen in der Werkshalle leiten; die Ingenieure stellen sich auf die *DFA*-Regeln (*design for assembly*) ein. Auch *Bar-Coding* findet verstärkt Anwendung. Endlich erhalten die Unternehmen die notwendige Ausbildung, um erfolgreich mit *MRP II* umgehen zu können. Auf dem Dienstleistungssektor zahlt sich bei den Fluggesellschaften der Einsatz computergestützter Reservierungssysteme aus, die Banken erweitern ihr automatisches Kassensystem, und Händler stellen Terminals bei ihren Kunden vor Ort auf.

Es bietet sich keineswegs eine *Schwarz/Weiß*-Malerei: Die Landschaft ist buntgewürfelt – mit Erfolgen und zahlreichen unveröffentlichten Fehlschlägen. Ist es in Anbetracht dieser generellen Erfolge nicht nur eine Frage der Zeit, bis *Interfacing* zur Integration wird? Ja und nein. Die Computer der dritten und vierten Generation werden auch künftig noch lange Zeit im Einsatz sein – selbst dann noch, wenn sich die Computer der fünften Generation auf dem Markt durchsetzen. Erfolge konnten hier und dort innerhalb der vorhandenen Hierarchie erzielt werden; von einer echten Hinwendung zur Integration kann jedoch keineswegs die Rede sein. Wir müssen damit rechnen, daß die alten Organisationsformen weit bis ins nächste Jahrhundert hinein Bestand haben.

In Anbetracht der Tatsache, daß die Konzepte und Prinzipien des frühen wie des ausgehenden Industriezeitalters unser Denken immer noch maßgeblich bestimmen, kann es nicht überraschen, daß wir so nachhaltig an einer Computerisierung und Vernetzung unserer steilen Hierarchien interessiert sind. Doch mögen Computer und Vernetzung flexibel sein – das den steilen Hierarchien zugrunde liegende Denken ist durch inhärente Inflexibilität geprägt; und hier entsteht das eigentliche Problem.

Bill Lawrence, Werksleiter der *Texas-Instruments*-Anlage in Sherman, Texas, hat anläßlich einer Konferenz zum Thema *Automatisierung* bemerkt, er bedauere, 3 Millionen US-Dollar in die neueste Computerausstattung für ein Hochregallager investiert zu haben.[4] Die Computerisierung gestatte zwar große Flexibilität bezüglich der Lagerauffüllung und -entnahme, habe sich aber als weniger wertvoll erwiesen, als das Unternehmen zu einem *Just-in-Time*-Ansatz übergegangen sei. Jetzt wäre er froh, wenn das Geld noch verfügbar wäre, um es in die Aus- und Weiterbildung seiner Belegschaft zu investieren.

1987 wurde der Anlage von Lawrence der angesehene *LEAD*-Preis (*Leadership and Excellence in the Application and Development of CIM*) von der *Computer and Automated Systems Association* der *Society of Manufacturing Engineers* zuerkannt – teilweise in Anerkennung seiner persönlichen Leistung, ein zwischenmenschliches Klima der Offenheit und des Vertrauens geschaffen zu haben. Gewiß versuchte Lawrence, aus den Annahmen des Industriezeitalters auszubrechen, obgleich das im Lauf der Jahre entstandene Netzwerk an Investitionsentscheidungen eher hinderlich war. In vielerlei Hinsicht sind die

Werte und der Ansatz von Lawrence als einzigartig anzusehen. Im Vergleich zu ihm sind die meisten Führungskräfte immer noch dabei, ihre steilen Hierarchien zu „CIMieren".

Dieser Trend ist auch am „Referenzmodell" abzulesen, wie es von unterschiedlichen Expertengruppen in den Vereinigten Staaten, Europa und Japan entwickelt wird. Alle sind auf ihre Weise vorrangig bemüht, die Technologien der verschiedenen Organisationsebenen untereinander zu verbinden: das System *Factory Automation System of Computer Aided Manufacturing-International (CAM-I)*; das Projekt *U.S. Air Force's Factory of the Future*; das *Purdue Workshop's Reference Model for CIM*; das *International Standards Organization's Technical Committee 184, Working Group 5's model*; die Einrichtung *National Institute of Standards and Technology's Automated Manufacturing Research Facility*; und sogar das *European CIM/Open Systems Architecture Model*.

Ausschlaggebend ist die Vorstellung von hierarchisch ausgeübter Kontrolle. Selbst wenn die zu modellierenden Strukturen nicht hierarchisch angeordnet sind – dieser Ansatz ist dazu angetan, sie in eine hierarchische Geisteshaltung zu zwängen (Abbildung 9.4).

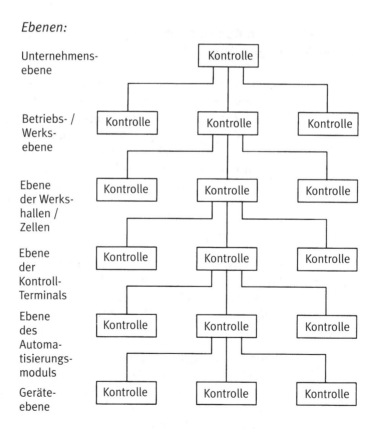

Abb. 9.4: Typisches hierarchisches Kontrollsystem

Die beiden Schlüsselbegriffe sind *Hierarchie* und *Kontrolle*. Das Modell setzt steile *Hierarchien* voraus und mißt der *Kontrolle* maßgebliche Bedeutung zu: Anweisungen erfolgen von oben nach unten, und Informationen werden von unten nach oben gefiltert – ganz wie in den letzten hundert Jahren bei manueller Handhabung.

Viele Leute arbeiten nach vorgegebenen Standards, so daß es zwischen den Führungsebenen an wohlformulierten Protokollen nicht mangelt und die Geräteausstattungen verschiedener Anbieter in die vorgegebenen Strukturen passen. Die Suche der Industrie nach offeneren Standards zur Gewährleistung von Interoperabilität haben neueren Entwicklungen beträchtlichen Nachdruck verliehen: *UNIX, Manufacturing Automation Protocol (MAP), Technical and Office Protocol (TOP), Initial Graphics Exchange Specification (IGES), Product Data Exchange Specification (PDES), Electronic Design Interchange Format (EDIF)*, verschiedene graphische Schnittstellen-Standards und *X/Open*. All diese Entwicklungen werden um so mehr an Bedeutung gewinnen, je vordringlicher der Bedarf an Konnektivität und Interoperabilität wird.

Integration – ein Konzept mit Entwicklungspotential

Computerintegrierte Fertigung ist ein wunderbar vages Konzept, das sich nicht ohne weiteres definieren läßt. Der „*CIM*-Vater" Joe Harrington, Jr., der diesen Terminus im Jahr 1973 prägte, wollte wissen, inwieweit Computeranwendungen ihren Einzug in die Konstruktions- und Produktionsabteilungen der Fertigungsunternehmen hielten. Er erkannte, daß eine beträchtliche Anzahl wichtiger Fertigungsfunktionen „potentiell für eine Computersteuerung geeignet" war [1973/1979: 6]. Auch die Auswirkungen des *CIM* auf die menschliche Komponente entgingen ihm nicht [1973/1979: 7]: „Die Managementfunktionen werden auf allen Führungsebenen umfassende Veränderungen erfahren."

Zehn Jahre später, als Harrington sein zweites Buch *Understanding the Manufacturing Process* [1984] schrieb, hatte er sein *CIM*-Konzept auf das gesamte Fertigungsunternehmen ausgedehnt. Er betrachtete Fertigung inzwischen als „monolithische Funktion". In diesem zweiten Buch erörtert er, wie die Funktionen nahtlos und ganzheitlich interagieren können.

Harrington unterstützte Dennis Wisnosky und Dan Shunk bei der Erarbeitung des Programms *U.S. Air Force's Integrated Computer Aided Manufacturing (ICAM)* Mitte der 70er Jahre, und deren Arbeit wiederum schlug sich in Harringtons zweitem Buch nieder. Das *ICAM*-Programm konnte insoweit als visionär gelten, als es aufzeigt, daß es zur Erzielung von Integration in Fertigungsunternehmen eines neuen Ansatzes bedurfte. Wisnosky und Shunk entwikkelten ein „Rad", um die Architektur ihres *ICAM*-Projekts zu veranschaulichen und die verschiedenen interagierenden Elemente zu verdeutlichen (Abbildung 9.5). Die beiden Wissenschaftler zählen zu den ersten, die das für eine Integration notwendige Netz an Interdependenzen durchschaut haben. Ihre Arbeit stellt den ersten großen Schritt zur Schwerpunktverlagerung in der Fertigung von einer Abfolge sequentieller Operationen zu Parallelarbeit dar. Das *ICAM*-Programm hat über 100 Millionen US-Dollar an Investitionen für die Entwicklung von Werkzeugen, Techniken und Prozessen zur Unterstützung der Integration im Fertigungsbereich verschlungen und sich auf die *CIM*-Projekte zahlreicher Unternehmen ausgewirkt.

Abb. 9.5: Die ICAM-*Architektur der* U.S. Air Force *[1979]*

Die zunehmende Verwendung des Begriffs *Architektur* ist in sich eine Anerkennung der Tatsache, daß verschiedene Aktivitäten in Wechselbeziehung stehen und koordiniert werden müssen. Viele Unternehmen sind inzwischen bemüht, Materialarchitekturen, Informationssystem-Architekturen, Datenarchitekturen und Vertriebsarchitekturen zu entwickeln.

Das *ICAM*-Programm der *U.S. Air Force* hebt die zentrale Bedeutung von Daten bei jeglichen Integrationsbemühungen hervor. Daten müssen allgemein zugänglich und unter den verschiedenen Funktionsbereichen austauschbar sein. Dieses Konzept ist seiner Zeit um einiges voraus, weil die meisten größeren Unternehmen allenfalls Ende der 90er Jahre ernsthaft mit dem Aufbau einer Datenarchitektur beginnen werden.

Das *ICAM*-Programm verdeutlicht einen Bedarf an Möglichkeiten zur Analyse und Dokumentation der wichtigsten Aktivitäten, wie sie in einem Fertigungsbetrieb anfallen. Die von Douglas Ross (*Softech*) entwickelte Methodik *Structured Analysis and Design Technique* konnte mit seiner Hilfe für das *ICAM*-Programm adaptiert werden [Marca/McGowan 1988] – unter der Bezeichnung „*ICAM DEFinition methodology 0*" (kurz *IDEF0*). Zugleich läßt das *ICAM*-Programm erkennen, wie wichtig die Ermittlung der Schlüsselinformationen (Dateneinheiten) ist, die es zu erfassen, architektonisch einzubauen und auf integrierte Weise zu organisieren gilt. Diese Erkenntnis hat zur Entwicklung der „*ICAM DEFinition methodology 1*" für Datenarchitekturen ($IDEF_1$) geführt – mit Unterstützung von Dr. Robert R. Brown (*Hughes*), Stewart Coleman und Dan Appleton (*DACOM*).

Die Notwendigkeit einer frühzeitigen Simulation von Ereignissen führte zur Entwicklung einer Simulationssprache mit der Bezeichnung „*ICAM DEFinition 2*" ($IDEF_2$), an der in erster Linie *Pritsker & Associates* mitwirkten. Diese *IDEF*-Methodiken haben breite Anwendung gefunden, besonders in der Luft- und Raumfahrtindustrie. Inzwischen kommen sie auch zunehmend in anderen Branchen zum Einsatz, deren Unternehmen um Integration verschiedener Funktionen bemüht sind.

Als Reaktion auf diese Herausforderung haben das *ICAM*-Programm und das *National Institute of Standards and Technology* (*NIST*, vormals *National Bureau of Standards*) auch die Software *Initial Graphics Exchange Specification* (*IGES*) mit einem neutralen Dateiformat entwickelt, so daß *CAD*-Zeichnungen vom System des einen Anbieters auf das eines anderen übersetzt werden können. Roger Nagel (seinerzeit *NBS*), Philip Kennicott (*General Electric*) und Walt Braithwaite (*Boeing*) erstellten die erste *IGES*-Version. *IGES* hat sich bei der Integration von Informationen aus verschiedenartigen *CAD*-Systemen als ausgesprochen hilfreich erwiesen und erfährt unter Leitung von Brad Smith (*NIST*) laufend Verbesserungen.

NIST hat die Verantwortung für eine kontinuierliche Weiterentwicklung von *IGES* übernommen und eine neue Initiative eingebracht, die ebenfalls von Arbeiten der US-Luftwaffe inspiriert ist und unter der Bezeichnung *Product Data Exchange Specification* (*PDES*) läuft. *PDES* soll ein noch intelligenteres und feiner strukturiertes Dateiformat bieten, das nicht nur graphische Darstellungen überträgt, sondern auch Materiallisten, Formblätter und Leistungsmerkmale, Toleranzen, Testspezifikationen usw. erfaßt. *PDES* wird sich vermutlich zu einem international anerkannten Standard mit der Bezeichnung *Standard for the Transfer and Exchange of Product Model Data (STEP)* entwickeln – als Bestandteil des im US-Verteidigungsministerium erarbeiteten Systems *Computer-aided Acquisition and Logistics Support (CALS)*.

Aller Wahrscheinlichkeit nach werden *IGES* und *PDES* noch an Bedeutung gewinnen, zumal die *EDI*-Bewegung (*Electronic Data Interchange*) immer schneller fortschreitet. Zur Zeit ist *EDI* vornehmlich mit Bestellungen und Rechnungen befaßt, die zwischen den Unternehmen und ihren Lieferanten abgewickelt werden, aber der Horizont erweitert sich zusehends. Je mehr Erfahrungen mit *EDI* gesammelt werden, desto größer wird der Wunsch, auch einen technischen Datenaustausch (*TDI, technical data interchange*) mit Produkt- und Prozeßspezifikationen wie bei *PDES* einbeziehen zu können, so daß auch Aufträge zwischen Hauptlieferanten und Lieferanten der zweiten und dritten Ebene erteilt und verwaltet werden können. *EDI* und *TDI* sind Vorboten für die Art von interorganisatorischer Integration, wie sie sich am Horizont abzuzeichnen beginnt. Sie setzen erste Zeichen für künftige Kommunikationsweisen im Rahmen strategischer Unternehmensallianzen.

Ungefähr zur gleichen Zeit, als Harrington und das *ICAM*-Team der US-Luftwaffe an der Gestaltung der intraorganisatorischen Integrationselemente arbeiteten, entwarf John Hall – unabhängig davon – das erste Rad für die *Computer and Automated Systems Association (CASA)* der *Society of Manufacturing Engineers (SME)*. Ausgehend von der Konstruktions- und Fertigungsperspektive, wurde dieses Rad konsequent weiterentwickelt, so daß letztlich das gesamte Unternehmen erfaßt wird. Die jüngste Iteration des *CASA*-Rads [Appleton 1986] umfaßt nicht nur die Funktionsbereiche *Konstruktion* und *Fertigung*, sondern auch Marketing, Finanzwesen, strategische Planung, Personalwesen und allgemeine Unternehmensführung (Abbildung 9.6). Neben allgemeinen Daten wird auch die Bedeutung von Informations- und Kommunikationstechnik (Vernetzung) hervorgehoben.

Im *CASA/SME-CIM*-Rad dreht sich alles um den Kunden. Einbezogen sind Mitarbeiter und Teamarbeit im größeren Fertigungskontext.

Die *ICAM*- und *CASA*-Räder sind insofern von Bedeutung, als sie erste Versuche einer Fokussierung auf funktionsübergreifende Interaktionen darstellen. Wie mir John Hall berichtet hat, war ihm bei der Entwicklung des *CASA/SEM*-Rads bewußt, wie wenig die traditionelle hierarchische Organisation dazu angetan ist, eine effektive Kooperation zwischen den Funktionsbereichen zu fördern.[5]

Dennoch wächst die Erkenntnis, daß auch *CIM* ein zu enges Konzept ist – vor allem aufgrund seiner starken Ausrichtung auf Computer und Fertigung. Immer dringlicher wird nach einer Unternehmensperspektive gesucht, bei der auch der Mensch in seiner Bedeutung Berücksichtigung findet. Deshalb wird das *CASA*-Rad inzwischen als *Unternehmensrad* bezeichnet. Aus ganz ähnlichen Gründen unterstützt die *Computer Aided Manufacturing International (CAM-I)* in Austin, Texas, eine Arbeitsgruppe, die um die modellartige Erfassung computerintegrativer Unternehmen bemüht ist.

Abb. 9.6:
CIM-Unternehmensrad CASA/SME
(Nachdruck des amerikanischen Originals aus: CASA/SME New Manufacturing Wheel; mit freundlicher Genehmigung der Society of Manufacturing Engineers, Dearborn, Michigan; Copyright 1993, 3. Auflage)

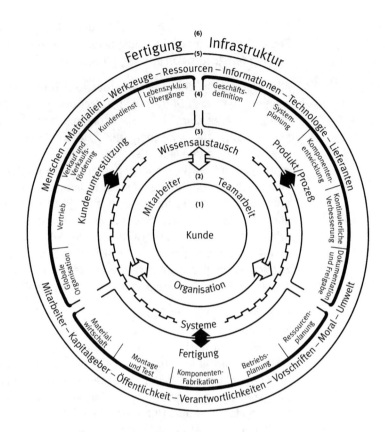

Computer and Automated Systems Association
of the Society of Manufacturing Engineers

CIM und Mensch

Wo passen Menschen in diese Modelle? In den meisten Referenzmodellen kommt das menschliche Element so gut wie gar nicht vor. In einigen wenigen Modellen ist man sich bewußt, daß auch Menschen einzubeziehen sind, aber ungeklärt bleibt, wie dies geschehen soll. So heißt es in einer Broschüre zur Beschreibung des Projekts *European ESPRIT CIM/OSA (European Strategic Program for Research and Development in Information Technology, Computer Integrated Manufacturing/Open Systems Architecture)* [ESPRIT 1987: 4]:

> *Nach diesen Kurzbeschreibungen der wichtigsten Aspekte einer* CIM-Philosophie *ist hervorzuheben, daß der Mensch nach wie vor eine dominierende Rolle in Anwendung und Durchführung spielt.* **Der Mensch betreibt und programmiert Computer.**

Ausbrechen aus den steilen Hierarchien

Der Mensch ist an den komplizierten Strukturen der Informationsübermittlung (Kommunikationsgeräte, Definition von Informationen sowie Software zur Datenübertragung) beteiligt. Es ist undenkbar, daß Entwicklungs-, Fertigungs- und Installationsprozesse ohne menschliches Zutun abgewickelt werden könnten. Der derzeitige Stand der Technik ist immer noch der, daß der Mensch dominierender Faktor im Gesamtprozeß ist. **Wir sollten tunlichst dafür Sorge tragen, daß bei all unseren Automatisierungsplänen und -strategien der Mensch nicht übersehen wird.** *[Hervorhebung durch Fettdruck von Ch. M. Savage.]*

Es ist ein Schritt in die richtige Richtung, wenn Kidd und andere die Idee eines menschzentrierten *CIM* in die europäischen *CIM*-Diskussionen einbringen. Doch ist eine Mahnung, man solle das menschliche Element nicht übersehen, überhaupt angemessen? Ist denn die Technologie darauf angelegt, das menschliche Element abzuschaffen? Vielleicht ist uns unwohl bei diesem Gedanken; deshalb rufen wir uns in Erinnerung, daß Menschen zumindest Computer bedienen und programmieren können. Zum Glück verbleibt den Menschen auch weiterhin eine Funktion – zumindest noch eine Zeit lang.

Joseph Harrington, Jr., betrachtete *CIM* als eine „Kontroll- und Kommunikationsstruktur". Er war der Meinung, der Konkurrenzdruck auf dem Markt würde die Unternehmen zur Einleitung des Reintegrationsprozesses veranlassen [Harrington 1973/1979: 6]:

Mit „computerintegrierter Fertigung" ist keineswegs eine vollautomatische Fabrik gemeint. Es sind sehr wohl Menschen beteiligt. Am Arbeitsplatz und natürlich auch bei der Überwachung der Arbeitsdurchführung werden neue Fähigkeiten verlangt. Neuer Fähigkeiten bedarf es mit Sicherheit auch auf der nächsthöheren Ebene – der Planungs- und Kontrollebene. Hinzu kommt, daß die Managementfunktion einem radikalen Wandel unterliegt. Mindestens die Hälfte der gegenwärtigen Funktionen von Spitzenführungskräften und Mittelmanagern werden dem Datenprozessor übertragen, und die wahren Funktionen der Führungskräfte – Innovation, Mitarbeiterführung, Finanzverwaltung und Regelung juristischer Angelegenheiten, Festlegung von Zielen und Richtlinien – werden zur Vollzeitaufgabe der Führungskräfte. Auch sieht es ganz danach aus, daß die Tage des Spezialisten gezählt sind. Die Führungskräfte von morgen müssen Multispezialisten (nicht Generalisten) sein. **Wir brauchen somit auf allen Führungsebenen einen neuen Manager-Typ.** *Die computerintegrierte Fertigung wirkt sich auf den Menschen genauso nachhaltig aus wie auf die Maschine – eine Situation, die in vielen Kreisen sicher auf Zurückhaltung, wenn nicht gar auf direkten Widerstand stoßen wird. [Hervorhebung durch Fettdruck von Ch. M. Savage.]*

Harrington läßt keinen Zweifel daran, daß er unter *CIM* nicht lediglich eine Automatisierung der Fabrik versteht, wie sie von Teicholz und Orr propagiert worden war. Er erkennt die zunehmende Bedeutung des Menschen im Prozeß: Ein großer Teil der maschinell durchführbaren Arbeit wird vom Computer in der Arbeitszelle gesteuert, so daß die Experten und Führungskräfte größere Kreativität entfalten und sich auf die Betreuung von Mitarbeitern, Geld, Zielen und Richtlinien konzentrieren können. Er setzt sich dafür ein, daß „Multispezialisten" an die Stelle von einseitigen Spezialisten oder gar Generalisten treten. Dies wird um so wichtiger, je deutlicher *CIM* die Zusammenarbeit zwischen den traditionellen Funktionsbereichen verändert. In Zukunft werden die Mitglieder in funktionsübergreifenden Teams Multispezialisten sein müssen, um ihren Aufgaben in virtuellen Teams und virtuellen Organisationen gerecht werden zu können – ganz im Sinne der aufgabenorientierten Teams von Drucker.

Harringtons *CIM*-Konzept impliziert die Erkenntnis, daß Computer Routinearbeiten unterstützen und damit Arbeitskräfte, Experten und Führungskräfte so entlasten, daß sie sich auf die nicht-routinemäßigen Aufgaben konzentrieren können. Darin stimmt Harrington mit Olsen überein und deutet bereits in die Richtung der von Tom Peters entwickelten Idee eines Chaos-Nutzeffekts [Peters 1987].

Interessanterweise erstellte eine Arbeitsgruppe der *Czechoslovakian Academy of Sciences* im Jahr 1968 eine Studie, in der es hieß, Computer würden die Menschen von ihren maschinell durchführbaren, lästigen Arbeiten befreien und sie stärker in Planung und Innovation einbinden – in Funktionen also, die ein höheres Maß an Kreativität verlangen [Richta 1968]. Eine Möglichkeit zur Unterstützung dieser Fähigkeit wurde in der Förderung des künstlerischen, schauspielerischen und musikalischen Umfelds gesehen. Theater- und Konzertsaal galten als wichtige Quellen für kreative Inspiration. Sollte Harrington Recht behalten mit seiner Feststellung, die Aufgaben von Arbeitern, Experten und Führungskräften würden sich qualitativ ändern, trifft die Einsicht der tschechischen Gruppe genau ins Schwarze. Sollte Harrington Recht behalten, werden wir die Grundlagen unseres Kulturlebens wie die von Erziehung und Bildung neu überdenken müssen. Eine stimulierende und kreative Umgebung könnte sehr wohl zu einem signifikanten Faktor bei der Förderung von Innovation am Arbeitsplatz geraten.

Harringtons Behauptung bezüglich dieser Aufgaben-Schwerpunktverlagerung ist in Studien bestätigt worden, die gemeinsam von *Nolan, Norton, and Company (NNC)*, einer Informationssystem-Beratungsfirma, und der *Digital Equipment Corporation* durchgeführt worden sind. *NNC*-Berichten zufolge werden drei Viertel der Ressourcen im durchschnittlichen Unternehmen zur Verarbeitung von Informationen über Produkte und Prozesse, aber nur ein Viertel zur Verarbeitung von Rohstoffen in Endprodukte eingesetzt. Dies bedeutet nichts anderes, als daß sich unser Ansatz zur Strukturierung von Organisationen qualitativ vom Ansatz des Industriezeitalters unterscheiden muß.[6]

Auch Zuboff erkennt die Grenzen der Hierarchie in einer „informatisierten Organisation". Ihrer Überzeugung nach werden wir die Erfahrung machen, daß „Wissen und Autorität auf Kollisionskurs" geraten, wenn es uns nicht gelingt, uns auf die neuen Arbeitsbedingungen einzustellen [1988: 310]. Wissen bedeutet unsere Fähigkeit, Informationen von verschiedenen Abstraktionsebenen aus zu betrachten, während Autorität die Machtposition innerhalb der Hierarchie beinhaltet.

Mit anderen Worten: *CIM* ist keineswegs ein linearer Abkömmling der aristotelischen Vorstellung von Automatisierung. Vielmehr ist eine Diskontinuität im Prozeß zu beobachten. *CIM* und *CIE* bedeuten eine neue Partnerschaft zwischen Mensch und computergestützter, vernetzter Technologie, die Experten und Führungskräften neue, dynamischere Interaktionsmöglichkeiten eröffnet (siehe Abbildung 9.7).

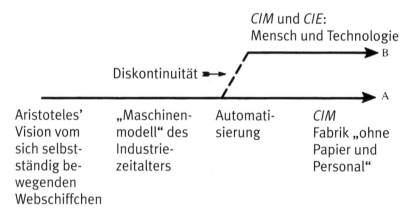

Abb. 9.7: Diskontinuität beim Übergang zur CIM-Partnerschaft

In Abbildung 9.7 vertreten Teicholz und Orr den Pfad *A* – den Standpunkt des Automatisierungsexperten. Demgegenüber erkannte Harrington, daß uns *CIM* auf einen neuen Kurs bringt – dargestellt durch Pfad *B*. In diesem Zusammenhang wirft Harrington die folgende Frage auf: Wie können wir die Qualität der Interaktion zwischen den Funktionsbereichen so verändern, daß ein höheres Maß an Innovation und Kreativität erreicht wird? Auch hebt er die Bedeutung von Multispezialisten hervor – von Leuten, die keine einseitigen Spezialisten sind, sondern vielmehr Wissen und Fähigkeiten auf verschiedenen Gebieten besitzen. Seiner Überzeugung nach bedarf es gründlicher spezieller Fähigkeiten, die durch ein umfassendes Verständnis des Wechselspiels zwischen den Funktionsbereichen ergänzt werden müssen. Doch allen Überlegungen Harringtons, der Mahnung in der *ESPRIT-CIM/OSA*-Broschüre und den Bemerkungen von Lawrence zum Trotz: Der Trend geht dahin, *CIM* der steilen Hierarchie aufzuprägen. Es scheint, als ob die Automatisierungstradition die Oberhand behält – möglicherweise aufgrund unserer Technologie-Besessenheit. Somit wird der Übergang von *CIM* zu *CIE* eine grundlegende Revision der Konzepte und Prinzipien aus dem Industriezeitalter erforderlich machen: Wir brauchen neue Begrifflichkeiten, die das anbrechende Wissenszeitalter unterstützen – vor allem, wenn wir unsere Automatisierungsmentalität überwinden und uns aus der Enge des Managements der zweiten Generation befreien wollen. Das nächste Kapitel untersucht die Konzepte und Prinzipien des angehenden Wissenszeitalters.

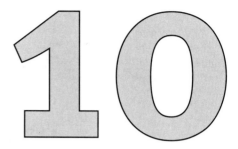

Wissensvernetzung

Allen noblen Aussagen einschlägiger Jahresberichte zum Trotz, Mitarbeiter seien der wichtigste Vermögenswert im Unternehmen, bedeutet uns die Industriezeitalter-Mentalität, daß es vielleicht nur noch eine Frage der Zeit ist, bis unsere Posten wegautomatisiert sind. Hinzu kommt, daß viele Unternehmen ihre diversen *Reengineering*-Projekte zum Personalabbau benutzt haben.

Dieser Bedrohung wird auf unterschiedliche Weise begegnet: partizipatives Management, Arbeitsplatzerweiterung, Umgestaltung des Arbeitsplatzes, soziotechnische Systeme, Mitarbeitereinbeziehung und „Qualität des Arbeitslebens" sowie in letzter Zeit auch der Trend zum Teameinsatz. All diese Bemühungen zielen auf eine sinnträchtigere Gestaltung der Arbeitsaufgaben ab. Ihr Erfolg hält sich in Grenzen – nicht weil die Visionen und Wertvorstellungen falsch wären, sondern weil die Aufgabe so umfassend ist und die Partikularinteressen so fest verankert sind.

Was wir brauchen, sind neue Konzepte und Prinzipien, auf deren Grundlage die zentrale Bedeutung der Funktionsträger – in Management und Belegschaft gleichermaßen – bei ihren individuell durchgeführten Tätigkeiten wie auch bei der Zusammenarbeit in multiplen Teams in und zwischen Unternehmen neu definiert werden kann. Diese Konzepte und Prinzipien müssen uns helfen, die 70 bis 90 Prozent des Wissens zu aktivieren, die wir zur Leitung des Unternehmens brauchen und die noch ungenutzt in unseren Köpfen schlummern. Um diesen wertvollen Vorrat an Wissen, Fähigkeiten und Erfahrungen ausschöpfen zu können, müssen wir Arbeitsbedingungen schaffen, unter denen unsere Lernerfahrungen, Einsichten, Visionen, Fähigkeiten und Aspirationen effektiver zu nutzen sind. Im vorliegenden Kapitel sollen daher fünf solcher Prinzipien unter dem Aspekt der historischen Epochen erörtert werden. Abbildung 10.1 verdeutlicht den Zusammenhang.

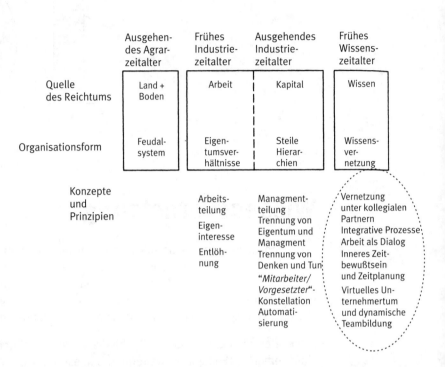

Abb. 10.1: Kapitelschwerpunkt: Konzepte und Prinzipien im frühen Wissenszeitalter

Bei den im folgenden darzustellenden Konzepten und Prinzipien handelt es sich nicht um Neuschöpfungen, sondern vielmehr um Überlegungen zur grundlegenden Natur unseres Menschseins. Um die Bedeutung dieser Prinzipien erfassen zu können, müssen wir uns zunächst den Zwängen zuwenden, die aus betriebswirtschaftlichen wie technischen Gründen auf steile Hierarchien ausgeübt werden.

Steile Hierarchien unter Druck

In Anbetracht der energiezehrenden Auswirkungen einer kopflastigen Unternehmensleitung sind viele Unternehmen wie *General Electric*, *Eastman Chemical* und *Ford* dazu übergegangen, ihre Führungsebenen abzubauen und zahlreiche Managementpositionen einzusparen. Die Führungskräfte an der Spitze lernen, mit weniger Managementebenen auszukommen.

Zugleich produzieren die Unternehmen mehr Produkte mit geringerem Arbeitskräftepotential – aufgrund von verbesserten Arbeitsmethoden, *Reengineering* und Automatisierung. Je nach Branche liegen die typischen Lohnkosten heute zwischen 2 bis 15 Prozent der Gesamtkosten. Der Trend zur Verflachung der Hierarchie (Abbildung 10.2) ist weniger auf die Automatisierung als vielmehr auf betriebswirtschaftliche Faktoren zurückzuführen – auf die Erkenntnis, daß unsere Organisationen personell überbesetzt sind und daß Ebene um Ebene von Papierproduzenten und Berichtschreibern die Organisation schwerfällig machen und in ihrer Fähigkeit, auf den Markt zu reagieren, behindern.

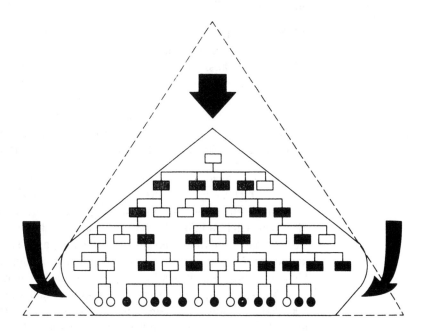

Abb. 10.2:
Steile Hierarchien unter Druck

Und was geschieht, wenn wir unsere Hierarchien abflachen? Wir erreichen dasselbe – nur in kleinerem Maßstab. Auch wenn weniger Führungsebenen vorhanden sind, meinen die Leute immer noch, ihr Kästchen sei geheiligtes Territorium, das es um jeden Preis zu verteidigen gilt. Die Verflachung von Organisationen befaßt sich nur mit den Symptomen; sie bewirkt keine grundlegende Neubestimmung der Beziehungen von Mitarbeitern und Funktionsbereichen untereinander. Die Funktionsbereiche arbeiten nach wie vor sequentiell und treffen somit ihre Entscheidungen aus fragmentierten Sichtweisen heraus.

Nehmen wir demgegenüber einmal an, es gelänge uns, uns selbst und unsere Positionen innerhalb der Organisation nicht als fest abgegrenzte Kleinimperien zu begreifen, sondern als Ressourcen, die auch anderen zugänglich sind. Gelänge es uns, daß wir uns nicht mehr als Kästchen, sondern als Knoten in einem Netzwerk, nicht mehr als Rädchen in einem Getriebe, sondern als Wissensmehrer und Entscheidungsträger verstehen, dann würde sich unsere Bereitschaft zu gegenseitiger Unterstützung dramatisch erhöhen.

Ovale anstelle von Rechtecken zu zeichnen, ist nicht weiter schwierig – weitaus größere Probleme bereitet die emotionale und intellektuelle Akzeptanz der damit verbundenen Veränderungen. Es ist schon unangenehm, auf die Bequemlichkeit altbekannter Arbeitsplatzabgrenzungen und etablierter Unterstellungsverhältnisse verzichten zu müssen. Die Vorstellung, als Ressourcen mit anderen Leuten vernetzt zu sein, läßt uns zunächst sehr verletzlich erscheinen. Doch diese Verletzlichkeit bedeutet sowohl Herausforderung als auch Anregung für unser Arbeitsumfeld.

Wie wir allmählich begreifen, geht es darum, Ressourcen aus vielen Funktionsbereichen einzusetzen, Zusammenarbeit zu leisten und Marktchancen zu erkennen und auszuschöpfen, damit die Organisationen des Wissenszeitalters die notwendige Marktelastizität erhalten. Organisatorisches Lernen und die Fähigkeit zur Synthetisierung von Informationen sind von entscheidender Bedeutung. Das Management muß sich bei der Abwicklung der Unternehmensaktivitäten auf dieses vielfältige Potential verlassen können – wie der Dirigent auf sein Orchester oder der Trainer auf sein Basketball-Team.

Abbildung 10.3 symbolisiert diesen Wandel, indem es die traditionellen Kästchen durch Ovale ersetzt. Allerdings erhält das Ganze nur dann Bedeutung, wenn auch ein Wandel in den Einstellungen und Erwartungen erfolgt. Die Kästchen in der traditionellen Hierarchie kennzeichnen letztlich einen vom Positionsinhaber kontrollierten „Privatbesitz". Dagegen stellen die Ovale Fähigkeiten und Wissensressourcen dar, die sich miteinander verknüpfen und kombinieren lassen, damit das Unternehmen seinen vielfältigen Anforderungen gerecht werden kann. (Ich hatte dies bereits formuliert, *bevor* der Artikel von C.K. Prahalad und Gary Hamel [1991] über Kernkompetenzen erschien. Die beiden Autoren haben wesentlich zum Verständnis der Bedeutung von Kernfähigkeiten und Kernkompetenzen beigetragen.)

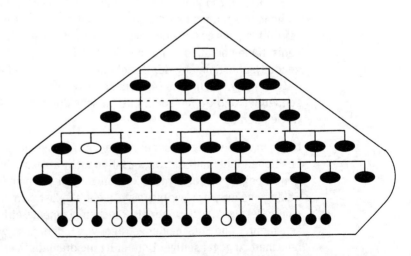

Abb. 10.3: Übergang vom „Kästchendenken" zum Verständnis der Mitarbeiter als „Ressourcenzentren" in wissensvernetzenden Unternehmen

In einem Netzwerkunternehmen stellt jede Position beziehungsweise jedes Oval einen Mitarbeiter mit Fähigkeiten, Kenntnissen und Erfahrungen dar. Anstelle von gegeneinander abgegrenzten Aufgaben (Arbeitsplätzen) und Abteilungsgrenzen (abteilungsinternen Richtlinien) kombinieren die Unternehmen die Talente verschiedener Leute im Sinne einer ganz bestimmten Aufgabenstellung, um den sich bietenden Marktchancen gerecht werden zu können (Abbildung 10.4). Damit erweisen sich die Talente, Kenntnisse, Erfahrungen und Aspirationen der einzelnen Mitarbeiter in solchen Netzwerkunternehmen als weitaus wichtigere Ressourcen, als dies in steilen Hierarchien je möglich gewesen wäre. (Zunächst hatte ich nur an die Bildung von Teams innerhalb von Unternehmen gedacht. Inzwischen ist aber klar, daß bei der Kombination von Fähigkeiten in multiplen Teams großenteils auch unsere Lieferanten, Partner und Kunden einzubeziehen sind.)

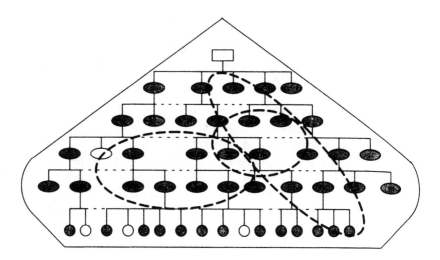

Abb. 10.4:
Bestimmung funktionsübergreifender virtueller Aufgabenteams

Teilweise durch den leichten Zugang zu Computernetzwerk-Infrastrukturen bedingt, machen die Unternehmen intern wie extern verstärkt von funktionsübergreifenden Aufgabenteams Gebrauch. Solche Teams treten unter verschiedenen Bezeichnungen in Erscheinung: Projektteam, Parallelarbeit-Team, Kompetenz-Team, Kundenteam, Netzwerk-Team, Angebotsteam, Arbeitsgruppe und Lenkungsausschuß. Die Idee, Teams einzusetzen, ist nicht neu. Alvin Toffler schreibt seit Jahren über „Ad-hocracy" – den Einsatz *ad hoc* gebildeter Arbeitsgruppen[1], aber viele Führungskräfte können sich nur schwer Organisationen mit all den Zufälligkeiten und Ungereimtheiten vorstellen, die mit einer Adhokratie einhergehen.

Statt eines zufälligen *Ad-hoc*-Ansatzes benötigen wir eine Struktur, in der die Arbeitsabläufe im Unternehmen zunehmend in sorgfältig zusammengesetzten funktionsübergreifenden beziehungsweise interdisziplinären Teams vollzogen werden, auch wenn sich so manche Führungskraft Sorgen macht, wie denn Fokussierung und Koordinierung in einer derart fließenden Organisation noch aufrechtzuerhalten sind. Dennoch: Wir wissen, daß wir uns auf Experimente einlassen müssen, denn wie Leslie Berkes feststellt, funktioniert die pyramidenförmige Organisationsstruktur nicht mehr.[2]

Wie gelangen wir nun zu Kohäsion und Struktur in einer derart fließenden und dynamischen Umgebung? Ein besseres Verständnis der maßgeblichen Konzepte und Prinzipien im Wissenszeitalter wird uns die Gestaltung und Organisation unserer Unternehmen erleichtern.

Konzepte und Prinzipien im frühen Wissenszeitalter

Obgleich wir uns mit der Erforschung der Prinzipien des Wissenszeitalters auf Neuland begeben, sind die Zusammenhänge als solche keineswegs neu. Wurde denn die Schwerkraft erschaffen, als Newton sie entdeckte? Hörte die Sonne auf, die Erde zu umkreisen, als Kopernikus seine heliozentrische Theorie aufstellte?

Nach meiner Auffassung gibt es fünf Konzepte und Prinzipien, die das angehende Wissenszeitalter prägen: (1) Vernetzung unter kollegialen Partnern, (2) integrative Prozesse, (3) Arbeit als Dialog, (4) inneres Zeitbewußtsein und Zeitplanung sowie (5) virtuelles Unternehmertum und dynamische Teambildung. Um diese Konzepte verständlich zu machen, wollen wir sie der Reihe nach erörtern und abschließend in ihrer Wechselbeziehung untersuchen. Nur so kann der Prozeß einer Neubestimmung ablaufen, wenn wir uns von dem einengenden Vermächtnis des Industriezeitalters lösen wollen.

Vernetzung unter kollegialen Partnern

Eine kollegiale Wissensvernetzung ist durch drei Aspekte gekennzeichnet: Technologie, Information und Mensch. Die Technologie der Vernetzung unter kollegialen Partnern versetzt jeden Knotenpunkt in die Lage, direkt mit jedem anderen Knotenpunkt zu kommunizieren, ohne eine hierarchische Anordnung von Filtern durchlaufen zu müssen. Informationsaustausch unter kollegialen Partnern bedeutet, daß Menschen und Anwendungen ohne weiteres Zugang zu den Stellen haben, wo Informationen erfaßt sind. Und kollegiale Wissensvernetzung setzt voraus, daß die einzelnen Partner Zugang zum Wissen ihrer Kollegen haben, wo immer dieses im Unternehmen lokalisiert ist. In allen drei Fällen gehen wir über die *„Mitarbeiter/Vorgesetzter"*-Konstellation, wie sie für die steilen Hierarchien des Industriezeitalters kennzeichnend war, hinaus.

In den Anfängen des Computereinsatzes sollten die verschiedenen Rechner hierarchisch kommunizieren. Mit der Entwicklung der Minicomputer wurde der Vorteil des „kollegialen Rechnens" deutlich: Jeder Knotenpunkt kann mit jedem anderen Knotenpunkt in Verbindung treten. Alle größeren Computerunternehmen bauen inzwischen solche Möglichkeiten in ihre Systeme ein; auf diese Weise können Ressourcen mit Leichtigkeit im Netz konfiguriert und neukonfiguriert werden.

Kollegialer Informationszugang ist eine wichtige Voraussetzung. Computeranschlüsse an das Netzwerk sind schnell eingerichtet; weitaus schwieriger ist es, Interoperabilität zwischen ungleichen Betriebssystemen zu gewährleisten. Zudem ermöglicht uns zwar der *Client/Server*-Computereinsatz leichten Zugang zu jedem anderen Knotenpunkt in einem Netzwerk, aber beim *Interfacing* multipler Anwendungen sehen wir uns mit erheblichen Schwierigkeiten konfrontiert. Allerdings ist die Vernetzung in und zwischen Unternehmen durch die technologischen Entwicklungen der letzten fünf Jahre schon um einiges erleichtert worden.

Im Lauf der Jahre haben Unternehmen Hunderte von Anwendungen für verschiedene Computer entwickelt. Bei der Vernetzung dieser Computer haben wir meist das natürliche Bedürfnis, auch ein *Interfacing* der Anwendungen zu erreichen, damit wir gemeinsam interessierende Informationen austauschen können. Eines der größten Probleme in diesem Zusammenhang ist die Tatsache, daß verschiedene Anwendungen unter Umständen unterschiedliche Begriffe für ein und dieselbe Bedeutung oder dieselben Begriffe für unterschiedliche Bedeutungen oder Bedeutungsnuancen benutzen.

Die wohl wichtigste Veränderung bei der kollegialen Vernetzung betrifft die Art und Weise, in der die Menschen im Unternehmen miteinander interagieren. Bei der „*Mitarbeiter/Vorgesetzter*"-Konstellation in steilen Hierarchien wird von vornherein angenommen, daß eine höhere Unternehmensebene ein Indikator für Überlegenheit ist. Zwar mag die Rangordnung eine Höherstellung bedeuten, aber Überlegenheit in bezug auf Wissen ist längst nicht gewährleistet.

Wenn es uns gelingt, daß wir uns die Ressourcen des Unternehmens in einem großen Kreis oder auch in multiplen Kreisen angeordnet vorstellen, wie dies in Teil I diskutiert wurde, fällt es uns leichter, bei der Bildung multipler aufgabenorientierter Teams die vorhandenen Wissensquellen anzuzapfen – wo immer sich diese befinden mögen. Jeder einzelne Funktionsbereich ist als Ressource anzusehen, aus der talentierte Mitarbeiter rekrutiert werden können. Die Erfahrungen bei *Eastman Chemical* und die Veröffentlichungen von Sally Helgesen sprechen für einen solchen Wandel.

Unter den Bedingungen des Industriezeitalters werden die Mitarbeiter bei der Bildung von Teams zuweilen aufgefordert, „die Interessen unserer Abteilung zu wahren". Hinzu kommt, daß die Teammitglieder häufig konkurrieren, um sich gegenseitig unter Beweis zu stellen, wie gescheit sie sind. Zuweilen wird sogar dafür gesorgt, daß alle Abteilungen in Megateams gleichermaßen vertreten sind. Solche Verhaltensweisen behindern eine effektive Teamarbeit, denn Teammitglieder, die sich nur gegenseitig an die Wand spielen wollen, geraten in den Strudel betriebspolitischer Intrigen und können keinen aktiven Beitrag zum Erfolg des Projekts leisten.

Nehmen wir statt dessen einmal Folgendes an: Wir werden von unseren Vorgesetzten aufgefordert, wir sollten uns nach Kräften einsetzen; wir wollen ernsthaft voneinander lernen; und jedes Team verfügt nur über die Ressourcen, die im Rahmen der Aufgabenstellung erforderlich sind. Die Qualität der Arbeit in und zwischen den Teams würde sich beträchtlich erhöhen!

Kollegiale Vernetzung setzt auch Teamarbeit unter Teams voraus. Kleine, sorgfältig definierte und zusammengestellte Teams treffen sich in regelmäßigen Zeitabständen, um Lernerfahrungen, Erkenntnisse und Herausforderungen auszutauschen. Wir können unsere Arbeit gegenseitig nur befruchten. Wir entwickeln einen Rhythmus für solche Treffen und können auf diese Weise an einer Einzelaufgabe arbeiten, ohne den größeren Kontext aus dem Blick zu verlieren. Wenn Teammitglieder aufgeschlossen kooperieren und voneinander lernen, kann dies unser Wissen und unser Vorstellungsvermögen nur erfrischen und erneuern. Dies ist es, was wir unter dynamischer Teambildung verstehen.

Um den Prozeß der dynamischen Teambildung in vollem Umfang zu begreifen, sollten wir zwischen „Teams" und dem Prozeß der „Teambildung" einen Unterschied machen. Die meisten Leute meinen, sie seien über alles, was mit Teams zu tun hat, bestens informiert, weil sie selbst vielleicht Mitglied eines Sportteams waren. Leider besteht meist ein ganz erheblicher Unterschied zwischen solchen Sportteams und dynamischer Teambildung in Unternehmen.

In Sportteams kennt man Regeln, die Rollen sind eindeutig vorgegeben, und die Aufgabe besteht darin, die gegnerische Mannschaft zu besiegen. Bei der dynamischen Teambildung bilden sich die Regeln im Verlauf der Zusammenarbeit aus, die Rollen sind fließend, und die Aufgabe besteht darin, mit anderen Teams zusammenzuarbeiten. James Carse hat diesen Unterschied in hervorragender Weise in seinem Buch *Finite and Infinite Games* [1986] erfaßt. Auch von Wattersons Veröffentlichung *Calvin and Hobbes* können wir lernen. „Calvin-Ball" kennt nur eine Regel: Das Spiel darf nicht zweimal nach denselben Regeln gespielt werden. Genial ist die Einsicht, daß eine dynamische Teambildung auf „Ko-Kreativität" der Teammitglieder, auch in Zusammenarbeit mit anderen Teams, abzielt. Es kann keine klaren Regeln für Kreativität geben, weil sich Kreativität – wie das Lachen – an der Schnittstelle zwischen dem Erwarteten und dem Unerwarteten befindet, wenngleich Erkenntnisse aus früheren Spielen durchaus kodifiziert werden können und dann nach Bedarf als Ressource abzurufen sind.

Darüber hinaus müssen wir erkennen, daß sich die Regeln des Marktes und der Technologie laufend verändern, wie Dan Burrus in seiner Veröffentlichung

Technotrends [1993] überzeugend darlegt. Deshalb ist es immer dann, wenn wir uns in unserem Unternehmen so richtig wohlfühlen, an der Zeit, aufzumerken. Es gab Zeiten, zu denen ein Computerhersteller mit 50 Millionen US-Dollar eine Produktionsanlage bauen konnte; heute, wo die Technologie auf Silizium basiert, verschlingt der Bau einer neuen Halbleiter-Anlage über eine Milliarde Dollar. In der Tat: Die Spielregeln werden ständig von neuem geschrieben – *„Calvin-Ball"* in Aktion!

Kollegiale Wissensvernetzung ermöglicht uns die Kombination von Mitarbeitern in einer Weise, daß die sich bietenden Marktchancen in funktionsübergreifender Kooperation genutzt werden können – ganz im Gegensatz zur Zergliederung der verschiedenen Aspekte solcher Marktchancen in steife und rigide steile Hierarchien (siehe Dialog in Teil I). Nur kooperativ können wir die Muster eines Problems abschätzen und die dabei gewonnenen Erkenntnisse anderen im Unternehmen zugänglich machen.

Kollegiale Wissensvernetzung bedeutet keine Gleichmacherei. Vielmehr wird unser Blick für Talente und Fähigkeiten geschärft. Wir lernen, Unterschiede zu schätzen und auf den Stärken anderer aufzubauen. Bei unserer Mitarbeit in multiplen Teams gewinnen wir als Individuen, weil unser Wissen und unsere Talente bei unseren Teamkollegen gefragt sind. Wir lernen, von einer Kultur der gegenseitigen Abwertung zu einer Kultur der gegenseitigen Wertschätzung zu gelangen, in der die Mitarbeiter ihre Kompetenzen gegenseitig nutzen.

Unsere natürlichen Führungsfähigkeiten kommen zum Tragen, wenn wir kontinuierlich aufgefordert werden, selbst die Führung zu übernehmen oder andere bei der Wahrnehmung ihrer Führungsaufgaben zu unterstützen. Jedes Team braucht einen fähigen Projektleiter. Im Lauf der Zeit wird diese Funktion immer wieder anderen Mitarbeitern übertragen. Im einen Team bin ich vielleicht der Projektleiter, während ich in einem anderen Team den dortigen Projektleiter aktiv unterstütze.

Neue Anschlußmöglichkeiten in Regional- und Fernnetzwerken lassen die dynamische kollegiale Kooperation zwischen Menschen, Prozessen und Unternehmen zu – sowohl in als auch zwischen Unternehmen. Anwendungen werden so durch das Netzwerk geleitet, daß *Mainframe*-Leistungen am *Desktop*-PC genutzt werden können. Die Text- und Graphikverarbeitung erschließt neue Möglichkeiten einer gemeinsamen Nutzung. Die verschiedenen Funktionsträger arbeiten interaktiv und betreiben bei der Entwicklung von Ideen einen iterativen Informationsaustausch, anstatt in „Territorialschlachten" und in der Papierflut schriftlich zu dokumentierender, sequentieller Abläufe unterzugehen.

Bei der kollegialen Vernetzung gehen wir davon aus, daß wir auf der Grundlage unseres Denkens und Beobachtens, unseres Umgangs mit Wissen und unseres Vorstellungsvermögens Werte schaffen. Führungskräfte und Mitarbeiter sind nicht länger Rädchen in einem Getriebe, wie dies im „Maschinenmodell" steiler Hierarchien erwartet wurde; wir sind vielmehr Wissensbeiträger und Entscheidungspunkte oder Knoten innerhalb des Netzwerks.

H. Chandler Stevens [1987] beschreibt diesen Übergang zur Vernetzung in einem kurzen Gedicht:

> *I'd rather be a node in a network*
> *Than a cog in the gear of a machine.*
> *A node is involved with things to resolve,*
> *While a cog must mesh with cogs in between.*

Wenn wir uns als Knoten oder Entscheidungspunkte innerhalb des Netzes begreifen, verspüren wir ein Gefühl der Ermächtigung. *Empowerment* ist nicht etwas, was man wie eine Kreditkarte bei sich führt; *Empowerment* muß von innen heraus kommen, um effektiv zu sein.

Eine Wissensvernetzung unter kollegialen Partnern basiert auf der Annahme, daß es weder überlegene noch unterlegene Mitarbeiter gibt; jeder Einzelne hat etwas Substantielles zum Gesamtergebnis beizutragen. Diese Annahme steht in deutlichem Widerspruch zur griechischen Vorstellung von der Minderwertigkeit menschlicher Arbeit. Im Gegenteil: Arbeit bedeutet Spannung und Herausforderung und ist die Grundlage für alles Wachstum.

Ein Modell der kollegialen Vernetzung verlangt eine ganz andere Koordinierungsstrategie, als wir sie von unseren traditionellen hierarchischen Organisationen her kennen; andernfalls würden wir in Unschlüssigkeit versinken. Wenn in einem vernetzten Arbeitsumfeld Entscheidungen getroffen werden, muß bis zu einem gewissen Grad ein gemeinsamer Kontext gegeben sein. Wir müssen verstehen, wie sich unsere eigenen Aktivitäten in ein größeres Ganzes einfügen und wie gemeinsame Informationsressourcen – eben Wissensbestände – zu nutzen sind, damit wir signifikante Muster erkennen und mit unseren eigenen Einsichten und Erkenntnissen einen Wertbeitrag leisten können. Die Untersuchungen zu *Holonik*, *Fraktalen* und *Agilität* verhelfen uns zu einem besseren Verständnis dieser Prozesse.

Wissensvernetzung ist kein Ersatz für Hierarchie; Wissensvernetzung bedeutet lediglich eine Neubestimmung von Rollen und Funktionen. Die Unternehmen brauchen nach wie vor ein gewisses Maß an Autoritätsebenen. Es gibt Zeiten, zu denen es einer entschiedenen Führung von oben bedarf. Aber die Führungskräfte in einer abgeflachten Hierarchie halten nicht mehr so voreingenommen an ihren „Vorrechten" der Entscheidungsfindung fest. Vielmehr machen wir die Erfahrung, daß wir bessere Ergebnisse erzielen, wenn wir unseren Teams aktiv zuhören, provokative Fragen stellen, den Kontext für die Teams vorgeben und unsere Ressourcen aufbauen.

Darüber hinaus müssen wir in bedeutsamer Weise unsere Kontaktmöglichkeiten nutzen, damit wir Komplexitäten bewältigen und im Sinne der gesamten

Organisation entschieden handeln können. Dabei bedeutet „Kontaktmöglichkeit" mehr als nur die Möglichkeit, einen Kollegen im Netz zu erreichen; vielmehr ist damit gemeint, daß der Integrationsprozeß multidimensional und kontinuierlich erfolgen muß. Ein solcher Prozeß verhilft uns dazu, daß wir mit uns selbst und mit unseren Kollegen, mit unseren Gedanken, Gefühlen, Fähigkeiten, Erwartungen und Bestrebungen „in Kontakt" sind. Dergestalt auf tieferer Ebene verbunden, finden wir Anregungen, Einsichten und den Mut zu kühneren kreativen Unterfangen.

Integrative Prozesse

In modernen Unternehmen sind Mitarbeiter und Prozesse nicht länger „einbetoniert" – sie sind virtuelle Ressourcen, die auf Abruf bereitstehen. Laufende Anpassungen sind unerläßlich, damit sich das Unternehmen auf die ständig wechselnden Kundenerwartungen, Marktbedingungen, Regierungsvorschriften, Konkurrenzmaßnahmen und Lieferstrategien einstellen kann. In einer fließenden Umgebung mit ständig neukonfigurierten Teams gilt es, daß wir unaufhörlich um die Überlegungen und Gedanken der anderen bemüht sind, um signifikante Muster erkennen und entsprechend handeln zu können. Nur so wird es unseren Organisationen gelingen, die Kunst der Selbstorganisation, der eigenständigen Teambildung und der Selbstausrichtung im umfassenderen Rahmen einer anstehenden Marktchance oder Aufgabe zu beherrschen.

In der Tat: Jedes Unternehmen steht vor der Herausforderung, signifikante Muster aus ganzheitlicher Team-Perspektive wahrzunehmen. Allzu häufig erkennen die verschiedenen Abteilungen nur Teile eines Musters, handeln aber so, als ob sie das Ganze erkannt hätten. Die technische Vernetzung ermöglicht uns die funktionsübergreifende Konnektivität, die uns in die Lage versetzt, ganze Muster zu erkennen, darüber nachzudenken und entsprechend zu handeln.

Integrative Prozesse verlangen von uns eine ständige Kontaktaufnahme zu den wichtigsten Mustern innerhalb und außerhalb des Unternehmens. Dazu gehören Wahrnehmungsvermögen, Urteilskraft und Handlungswille: Aus diesem Grund sind Mitarbeiter so wichtig! Integrative Prozesse sind keineswegs ein für allemal festgelegt; sie setzen vielmehr eine kontinuierliche, dynamische Neukonfiguration von Ideen, Menschen, Prozessen und Ressourcen voraus – den Prozeß nämlich, den wir als „Umgang mit Wissen" bezeichnen. Mit Hilfe der *Fraktal*-Metapher können wir uns diesen Prozeß leichter vorstellen.

Zu den entscheidenden Bestandteilen integrativer Prozesse zählen das Wissen und die Werte, die von den Mitarbeitern im Unternehmen im Lauf der Zeit angesammelt werden. Dieses Wissen ermöglicht die Wahrnehmung und Deutung signifikanter Muster sowie ein entsprechendes Handeln. Leider wird dieses Wissen in den meisten Unternehmen viel zu wenig genutzt – infolge der internen Logik steiler Hierarchien, deren Kostenrechnungs- und Vergütungssysteme keine Möglichkeit zur Bewertung des Faktors *Wissen* kennen.

Traditionelle Managementstrategien sind in einem Netzwerkunternehmen fehl am Platz. Sie sind nicht dazu angetan, die Mitarbeiter bei der Förderung ihres Lernpotentials oder bei der Entwicklung der Fähigkeit, signifikante Muster zu erkennen und Ressourcen zügig und zweckdienlich einzusetzen, zu ermutigen.

Aus diesem Grund vermittelt die Verwendung des Wortes „integriert" häufig den falschen Eindruck, eine ganz bestimmte Anordnung gelte für alle Zeiten. Geschäftsideen entwickeln sich, Technologien entwickeln sich, Fähigkeiten entwickeln sich, und auch die Menschen entwickeln mehr Verständnis und Wissen; es macht also kaum Sinn, eilfertig Grenzmauern zwischen Funktionen, Betrieben oder Menschen zu ziehen. Um erfolgreich zu sein, müssen wir uns die Zeit nehmen, Fähigkeiten, Erfahrungen, Wissen und Werte der Kollegen im Unternehmen kennenzulernen.

Neuere Entwicklungen auf dem Gebiet der Organisationsentwicklung erleichtern diesen Prozeß. So wird nicht mehr der Standpunkt vertreten, die Aufgabe bestehe darin, einen erforderlichen Wandel zu bestimmen, die Organisation „aufzutauen", Veränderungen durchzuführen und dann wieder alles „einzufrieren"; neueren Entwicklungen zufolge ist kontinuierlicher Wandel angesagt [Vaill 1989; Weisbord 1987].

Es geht nicht lediglich um das Speichern von *Bits* und *Bytes* auf vernetzten Festplatten; es geht um das Wissen der Menschen im Unternehmen und um unsere Fähigkeit, dieses Wissen bei der Wahrnehmung und Deutung signifikanter Muster zu nutzen und angemessen zu reagieren. Aus diesem Grund kennzeichnen wir unsere Zeit als das frühe Wissenszeitalter – nicht als Informationszeitalter. In diesem Wissenszeitalter gewinnt *Arbeit* ihren natürlichen Sinngehalt zurück.

Arbeit als Dialog

Was ist Arbeit? Wir begannen unsere Diskussion über Automatisierung mit der Arbeitseinstellung der alten Griechen. Damit wurde nicht beschrieben, was Arbeit *ist*, sondern lediglich die Auffassung einer bestimmten Kultur umrissen. In folgenden Abschnitt soll das Phänomen *Arbeit* näher erörtert werden [Savage 1973].

Arbeit gehört zu unserer Alltagserfahrung, ist hinsichtlich des Bedeutungsgehalts jedoch schwer zu erfassen. Wir alle wissen, was Arbeit ist – bis wir danach gefragt werden! Natürlich bedeutet Arbeit Anstrengung, wir werden für unsere Arbeit bezahlt, Arbeit ist das Ergebnis unserer Bemühungen, Arbeiten heißt Funktionieren wie eine Maschine, und Arbeit erfordert Energieaufwand zur Erzielung einer Zustandsveränderung. Was aber ist das Wesentliche an *Arbeit*?

Die Antwort auf diese provokative Frage ist entscheidend, denn unsere Einstellungen zur Arbeit und zu ihrer Organisation haben den Kontext geprägt, in dem wir unseren Aufgaben tagtäglich nachgehen. Gibt „Arbeit bedeutet Anstrengung" etwa Auskunft darüber, was Arbeit ist? Oder „Arbeit ist das, wofür wir bezahlt werden"? „Arbeit heißt Funktionieren wie eine Maschine"? „Arbeit ist ein Maß für Energieaufwand"? „Arbeit ist das Ergebnis unserer Bemühungen"? Nur zum Teil!

Das Industriezeitalter kennt offenbar drei Konzepte, die unsere Einstellung zur Arbeit geformt haben: (1) Arbeit bedeutet Anstrengung oder Mühe; (2) Arbeit bedeutet Funktionieren wie eine Maschine; und (3) Arbeit ist das, wofür wir bezahlt werden. Warum sind gerade diese drei Definitionen so dominant? Zu Beginn des Industriezeitalters galt unangefochten die Newtonsche Physik mit ihrem geordneten Universum, das wie ein Uhrwerk ablief. Schon bei Descartes war die Maschine das wichtigste Referenzmodell. Es reizte die Menschen, herauszufinden, wie sich die Teile ineinanderfügten. Zugleich mußten sie sich damit begnügen, gegen Entgelt ihre Zeit und Arbeit für andere einzusetzen.

Im industriellen Kontext paßten diese Konzepte sehr gut zum Prinzip der zunehmenden Arbeitsteilung. Jede Aktivität mußte sich in das größere Ganze einfügen wie das Rädchen im Getriebe einer Maschine. Die Aufgabe bestand offensichtlich darin, Spezialisten für Routineaufgaben auszubilden, damit das Unternehmen wie eine gutgeölte Maschine funktionieren konnte.

Kein Wunder, daß die dazu erforderliche Einführung von Bürokratie und Routine im Industriezeitalter als wichtige Managementaufgabe galt. Die Automatisierungsexperten haben sich diese Vorstellungen zu eigen gemacht und wollen *CIM* zur Perfektionierung ihrer Vision einsetzen.

Die „Physik" der Organisationen verläßt sich nach wie vor mehr auf die überholten Newtonschen Vorstellungen als auf die neueren Prinzipien von Heisenberg und Einstein. Der strenge Determinismus der Newtonschen Physik mag von der Indeterminiertheit bei Heisenberg beziehungsweise der Nichtlinearität der neuen Chaos-Physik abgelöst worden sein, doch sind wir immer noch bemüht, dieselben mechanistischen Routinen in unsere Fertigungs- und Dienstleistungsorganisationen einzubauen. Margaret Wheatleys ausgezeichnetes Buch *Leadership and the New Science* [1992] enthält eine aufschlußreiche Schilderung dieser Entwicklung.

Zwar sprechen Experten wie Drucker [1988: 45-53], Beer [1979], Trist [1981], Peters [1987] sowie Briggs und Peat [1989] von der Turbulenz, der Ungewißheit und dem Chaos der Umgebungen, in denen unsere Unternehmen ihre Aktivitäten abwickeln. Dennoch haben wir die neue Physik aus der Perspektive der Organisationen noch nicht richtig begriffen. Das ist um so bedauerlicher, als wir unsere technologischen und menschlichen Ressourcen ständig falsch einsetzen: Wir sind um Konfigurationen bemüht, die für die anstehenden Aufgaben unangemessen sind.

Unsere menschliche Energie ist in Organisationsstrukturen eingebunden, die nur wenig Raum für wahre menschliche Kreativität lassen. Eine neue Welle von Management-Literatur spricht vom *Empowerment* der Mitarbeiter – Watermans *The Renewal Factor* [1987] und Kanters *The Change Masters* [1983] ebenso wie die zahlreichen Veröffentlichungen zu sogenannten Hochleistungssystemen. In Kapitel 7 wurde bereits auf weitere einschlägige Literatur verwiesen.

Kehren wir zu unserer Fragestellung zurück: *Was ist Arbeit?*

Wenn Sie und ich arbeiten, geht es um den *Prozeß*, etwas in einer bestimmtem Zeit zu tun. Wir befassen uns mit einer Abfolge von Handlungen, die ein Muster erkennen lassen – ganz so, wie ein Musikstück aus einer Abfolge von Tönen oder Klängen besteht, die in einem besonderen Muster angeordnet sind. Die Schaffung solcher Muster ist schließlich das *Produkt* unserer Arbeit. Arbeit umfaßt somit *Prozesse* und *Produkte* (Abbildung 10.5).[2]

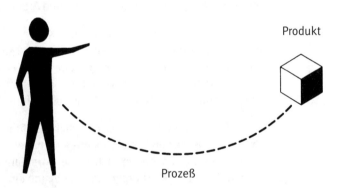

Abb. 10.5: Arbeit: Prozeß und Produkt

Beim Prozeß des Arbeitens verleihen wir unseren Vorstellungen Ausdruck oder Form (Zukunft in der Gegenwart), unterstützt durch unser Wissen (allgegenwärtige Vergangenheit). Die Qualität dieses Formgebungsprozesses hängt in hohem Maß von unserer Fähigkeit ab, auf die zum Ausdruck zu bringenden Themen zu horchen und entsprechend zu reagieren. Unsere Arbeit hängt auch von unserer Fähigkeit ab, unser Wissen zu aktivieren und ständig zu überprüfen (Umgang mit Wissen). Mit anderen Worten: Unsere Fähigkeiten des Zuhörens (Gegenwart), des Erkennens (Zukunft) und des Erinnerns (Vergangenheit) müssen im Arbeitsprozeß zusammenkommen.

Das Produkt unserer Bemühungen verkörpert die Gedanken und Ideen des Prozesses. Resultat ist der *Ausdruck* – ein buchstäbliches „Herausdrücken": Das, was in uns ist, drängt heraus. Wir gebären neue Anordnungen, neue Muster, neue Bedingungen. Wenn wir dann das Arbeitsresultat sehen, sind wir vielleicht von seiner Qualität begeistert – oder auch enttäuscht, weil es nicht unserer Vorstellung und unserem Wissen vom möglichen Ergebnis entspricht.

Wir können sowohl den Prozeß, mit dem wir unserem Ich Ausdruck verleihen, als auch das Produkt dieses Ausdrucks betrachten (Abbildung 10.6). Bei der Betrachtung dessen, was wir getan haben und wie wir es getan haben, können wir uns entscheiden, den Prozeß zu wiederholen oder aber zu verbessern und zu verändern, wobei sich auch das resultierende Produkt verändert. Dieses geschieht fortwährend: Beim Prozeß mag es sich um Bauen, Planen, Schreiben, Forschen, Koordinieren oder Vereinbaren handeln; als Produkte resultieren dann möglicherweise technische Apparate, Berichte, Forschungsergebnisse, Aktivitäten aufgabenorientierter Teams oder Sitzungen.

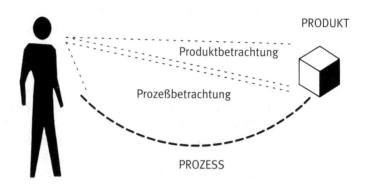

Abb. 10.6: Betrachtung von Prozeß und Produkt

Arbeit hat eine tiefere Bedeutung als die Frage, ob wir für unseren Zeiteinsatz *bezahlt* werden – eine der klassischen Definitionen von Arbeit. Arbeit zeugt von Engagement und Gestaltungswillen, birgt Überraschtsein und Unsicherheit und wird getragen von unserem Bestreben, unserem Inneren Ausdruck zu geben. Indem wir unsere Vorstellungen „herausdrücken", verleiht die anregende Erfahrung des Entdeckens, Erforschens und Leistens unserer Arbeitserfahrung Würze.

Wir erfahren persönliches Wachstum, indem wir einen Prozeß zu meistern lernen und die Ergebnisse unserer Bemühungen im Produkt verkörpert sehen.

Das traditionelle Arbeitskonzept des Industriezeitalters hat wenig Verständnis für diesen einfachen und natürlichen Prozeß. Statt dessen wird von den Funktionsträgern erwartet, daß sie sich in einen kleinen Ausschnitt aus einem umfassenderen Prozeß – eben in ihren Arbeitsplatz – einfügen. Wir sind für eine bestimmte Tätigkeit ausgebildet und dürfen von den altbewährten Verfahren nicht abweichen. Unsere Vorstellungen gelten als unwichtig – möglicherweise gar als hinderlich. Unser Wissen hat kaum einen realen Wert. Statt dessen sollen wir uns in einen vorgegebenen Rahmen einpassen und unsere Routinefähigkeiten abspulen.

Ein solches System basiert nicht auf Vertrauen, sondern auf Mißtrauen. Viele Aktivitäten in unseren industriezeitalterlichen Unternehmen sind nicht dazu angetan, einen Wertbeitrag zu leisten; vielmehr geht es darum, zu prüfen und nochmals zu überprüfen, ob das, was die Leute tun, auch tatsächlich zu den ihnen übertragenen Aufgaben gehört. Mißtrauen ist eine natürliche Begleiterscheinung zunehmender Arbeitsteilung; Mißtrauen ist gewissermaßen in unsere Organisationen eingewebt – die Aufforderung, mehr Vertrauen zu zeigen, vermag da nichts auszurichten.

Eine Arbeit, für die wir uns einsetzen, indem wir zuhören, uns etwas vorstellen und uns erinnern, unterscheidet sich wesentlich von einer Arbeit, bei der wir nur das tun, was uns gesagt worden ist. Die meisten Arbeitsaufgaben in den Unternehmen des Industriezeitalters sind so definiert, daß es sowohl für den Mitarbeiter als auch für die Führungskraft schwer ist, den gesamten Prozeß im Blick zu haben. Arbeitsplätze im Industriezeitalter vermitteln den Mitarbeitern kein klares Verständnis von der Beschaffenheit des Endprodukts. Ein signifikanter Teil von Prozeß und Produkt bleibt denen, die ihre Einzelbeiträge zu leisten haben, in einer *„Black Box"* verborgen (Abbildung 10.7).

Kann es da verwundern, wenn sich die Mitarbeiter in bezug auf Prozeß und Produkt „kurzsichtig" verhalten? Wenn nun Veränderungen an ihrem Teil des Prozesses vorgenommen werden, sind diese möglicherweise nicht mit anderen Prozeßabschnitten vereinbar – es könnten daraus unmittelbare Konsequenzen entstehen, die jedermann in Erstaunen versetzen. Die Managementaufgabe der Prozeß- und Produktkonfiguration erweist sich daher in vielen Organisationen als ausgesprochen schwierig und undankbar.

Arbeit ist also eine Aktivität, bei der ein Prozeß der Formgebung erfolgt und ein Produkt entsteht. Das Produkt selbst verweist auf ein Antizipationsmuster, wie das Produkt künftig variiert werden könnte. Sobald etwas geschaffen ist, fragen wir uns, wie man es besser machen könnte. Das Produkt ist somit keine isolierte Einheit, sondern Ausdruck eines Bemühens zu einem ganz bestimmten Zeitpunkt. Und damit ist es im Grunde eine Aufforderung zum *Dialog*.

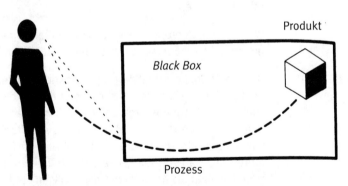

Abb. 10.7: Verborgener Teil von Prozeß und Produkt

Zum Beispiel produzieren Unternehmen ein Produkt, das sie dann in späteren Produktangeboten verändern. Sofern das Produkt eine gute Marktakzeptanz gefunden hat, ist es immer eine aufregende Erfahrung, wenn neue Versionen auf den Markt gebracht werden. *Lotus* beispielsweise löste mit *Lotus Notes* ein bestimmtes Erwartungsmuster aus; seither ist das Produkt durch zusätzliche Iterationen noch beliebter geworden.

Worin besteht der Wert eines gut durchgeführten Prozesses? Worin besteht der Wert eines wohlüberlegten Produkts? Sowohl der Prozeß als auch das Produkt können Zufriedenheit und Anerkennung bewirken und dem Bemühen eine Ganzheitlichkeit vermitteln, die Herausforderung und Inspiration zugleich bedeutet. Auch dies ist Teil des Dialogs.

Wenn wir etwas – von einer Partitur bis zum Bücherregal – produzieren, sehen wir Prozeß und Produkt nicht voneinander getrennt, sondern eingebettet in den weiteren Horizont unserer Visionen und unseres Wissens. Die Tatsache, daß wir selbst den Prozeß und das resultierende Produkt steuern, läßt in uns den Wunsch aufkommen, unsere Fähigkeiten, Vorstellungen und Kenntnisse so einzusetzen, daß wir Produktvariationen durch Variierung unserer Technik erzeugen. Dies ist dann im wahrsten Sinn ein *Selbstdialog*, bei dem wir Vision und Wissen im Dialog mit uns und anderen kombinieren. In einem kreativen, innovativen oder auch experimentellen Prozeß wird das, was wir dabei lernen, auch für künftige Bemühungen verfügbar. Je besser wir den Prozeß beherrschen, desto größer wird unser Vorstellungsvermögen und desto mehr sehen wir uns zu kühneren Visionen ermutigt (Abbildung 10.8).

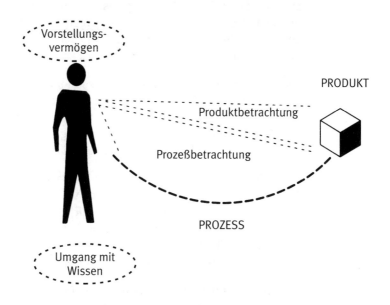

Abb. 10.8: Arbeit als Dialog: Aktivierung von Vision und Wissen formt Prozeß und Produkt

Der integrative Prozeß bei der Arbeit ist sehr wichtig: Wir müssen beim Entstehen des Produkts einen dynamischen *Umgang* mit unserer Vision und unserem Wissen gewährleisten. Bevor wir etwas herstellen können, stellen wir uns das angestrebte Produkt vor. Diese Vorstellung betrifft einen künftigen Zustand, ist aber gegenwärtig insoweit, als er uns bei unseren Projekten leitet.

Eine Vision ohne Wissen ist nicht zu verwirklichen. Wissen aus früheren Untersuchungen, Ausbildung und Erfahrung werden zu einer bleibenden Ressource. Unsere Vorstellungen und unser Wissen stammen aus zwei Quellen:

(1) unsere eigenen Erfahrungen, unsere Ausbildung und unsere eigenen Untersuchungen; (2) die gesammelten Erfahrungen und das Wissen der Kultur, der wir angehören – gleich, ob wir sie zu Hause, in der Schule oder durch die Medien kennengelernt haben. Wann immer wir unsere Erfahrungen, unser Wissen und unsere Vorstellungen mit anderen austauschen, haben wir es mit menschlicher Vernetzung zu tun. Und das umfaßt mehr als nur die Herstellung eines zwischenmenschlichen Kontakts; in einem ganz konkreten Sinn bedeutet diese Vernetzung unsere Fähigkeit, eine kreative Wechselbeziehung zwischen unseren Visionen und unserem Wissen herzustellen.

Vernetzung ist nicht nur ein individueller Prozeß; er bezieht das Individuum auch in die Gemeinschaft mit anderen Menschen ein. Allzu häufig geschieht es, daß sich Ingenieure in eine neue Konstruktion „vergucken", anstatt vorhandene Teile und Techniken zur Anwendung zu bringen. Diese Art von Kreativität kann die Lagerbestände unnötig erhöhen und den Herstellungsprozeß verkomplizieren. Vielmehr sollten sich die Ingenieure der in ihrer Organisation gegebenen Material- und Herstellungsbedingungen stets bewußt sein. Dies ist die dynamische Seite des integrativen Prozesses: Man kennt nicht nur seine eigene Vision und sein eigenes Wissen, sondern ist auch mit der Vision und dem Wissen der umfassenderen Organisation vertraut, wie sie zum Beispiel in strategischen Plänen, Budgets, Marktanalysen, Konstruktionsstandards und Betriebsnormen zum Ausdruck kommen.

Arbeit umfaßt also nicht nur einen Prozeß und ein Produkt, sondern darüber hinaus den kontinuierlichen Prozeß der Herstellung vieler Produkte und Produktvariationen. Ein Prozeß-*Feedback* ist wichtig, um Verbesserungen zu erzielen. *Feedback* aus der Produktanwendung erweitert Wissen und Vision bei der Entwicklung und Herstellung nachfolgender Produktvarianten.

Arbeit ist ein iterativer Prozeß, der niemals in einem Vakuum stattfindet. Ganzheitlich betrachtet, handelt es sich um einen ausgesprochen kreativen Prozeß. Wenn der Arbeit diese Ganzheitlichkeit genommen wird, wie das bei vielen industriezeitalterlichen Arbeitsplätzen der Fall ist, fühlt sich der Mitarbeiter wie ein Gefangener der Gegenwart – ohne Recht auf eigene Vision und Anerkennung des Wissens, das er sich im Lauf der Jahre angeeignet hat.

Betrachten wir die kreativen Elemente im Arbeitsprozeß. Wann immer wir etwas herstellen, bauen, schreiben oder koordinieren, wird etwas geschaffen. Wir bringen unsere Vision und unser Wissen ein. Wir schaffen in unserer Vorstellung die Möglichkeit, etwas tun zu können, was ein anderer in ähnlicher Form vielleicht schon produziert hat. Auch dies ist Teil unserer Vision und erweitert das Wissen des Einzelnen.

Arbeit ist ein *transitives* Verb: Wir stellen etwas her.

Arbeit kann aber auch eine *reflexive* Bedeutung haben: Wir verwirklichen uns bei der Arbeit. Wir verwirklichen uns als Individuen und unsere Unternehmen als Organisationen. Und wir haben an der kreativen Verwirklichung anderer Unternehmen teil, indem wir gemeinsame Projekte verfolgen.

Unser Vorstellungsvermögen und unser Umgang mit Wissen werden bereichert. Unsere Arbeit leistet auch für andere einen kreativen Beitrag, weil sie deren Vorstellungsvermögen und Wissen bereichert.

Im Grunde genommen ist Arbeit eine *formgebende Aktivität* [Savage 1973]. Arbeit ermächtigt. Arbeit formt nicht nur Produkte, Arbeit informiert auch den Mitarbeiter (in seinem Vorstellungsvermögen und Umgang mit Wissen) und informiert oder inspiriert andere (in ihrem Vorstellungsvermögen und Umgang mit Wissen). Das konkret erzeugte Produkt ist nur ein Aspekt von Arbeit insgesamt (Abbildung 10.9).

Abb. 10.9: Arbeit als Dialog mit sich selbst und mit anderen

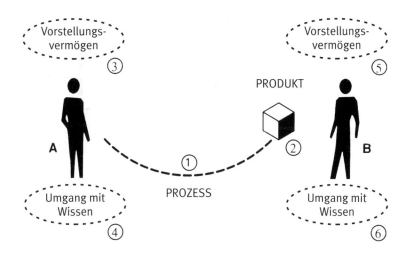

Wie Abbildung 10.9 veranschaulicht, ist Arbeit eine vielseitige Aktivität. Wir (A) bewirken nicht nur *einen* Zusammenhang, sondern sechs. Wir führen einen Prozeß (1) durch, aus dem ein Produkt (2) resultiert. Wir betrachten den Prozeß und das Produkt, und dabei bereichern wir unser Vorstellungsvermögen (3) und unser Wissen (4). Eine andere Person (B) betrachtet ebenfalls den durchgeführten Prozeß und das resultierende Produkt, so daß auch ihrem Vorstellungsvermögen (5) und ihrem Umgang mit Wissen (6) eine neue Dimension hinzugefügt wird.

Wir (A) erlangen Anerkennung nicht nur dadurch, daß wir unseren eigenen Prozeß und das Produkt betrachten, sondern auch durch die Tatsache, daß ein anderer (B) Prozeß und Produkt kennt. Wir können über Prozeß und Produkt mit einem anderen diskutieren und gemeinsam Aspekte erkennen, die keinem von uns von allein aufgefallen wären. Wir lernen gemeinsam und ergänzen unser Wissen durch weitere Informationen. Das ist *Arbeit als Dialog*.

Angenommen, wir sind Handwerker und beherrschen einen gesamten Prozeßablauf. Was aber geschieht, wenn dieser Prozeß in eine Abfolge von Einzelschritten unterteilt wird (Abbildung 10.10), wie dies in Adam Smiths Stecknadelfabrik der Fall war? Der Arbeiter (A) verliert den Überblick über den Gesamtprozeß. Auch das Produkt ist infolge der Fragmentierung des Prozesses nicht sichtbar. Arbeit ist kein Dialog mehr; Arbeit wird zur Fron.

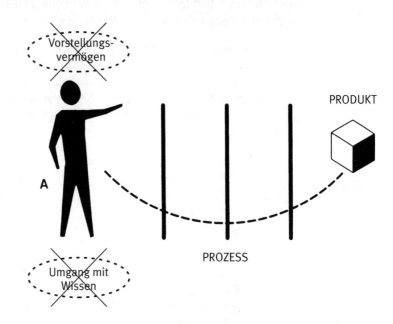

Abb. 10.10: Ein in winzige Schritte unterteilter Produktionsprozeß

Von Anregung und Spannung kann natürlich nicht die Rede sein. Es gibt nichts, was das Vorstellungsvermögen der Leute beflügeln oder ihr Wissen erweitern könnte. Und es findet auch keine sinnvolle Anerkennung statt, weil kaum erkennbar ist, welchen kreativen Beitrag der einzelne Mitarbeiter geleistet hat.

Nicht Kreativität ist in diesem System erwünscht, sondern Konformität in bezug auf vorgeschriebene Verfahren. Entsprechend bedarf es einer Überwachung von oben, um sicherzustellen, daß sich die Mitarbeiter an die Unternehmensvorschriften und Ziele halten. Den Mitarbeitern wird gewissermaßen gesagt, sie könnten ihr Vorstellungsvermögen und ihre Fähigkeit zum Umgang mit Wissen zu Hause lassen – sie brauchten lediglich die Prozeßanweisungen zu befolgen. Solche Mitarbeiter haben dann keinerlei Kontakt mehr zur *Ganzheitlichkeit* des Betriebsablaufs. Sie sind nicht mehr in einen integrativen Prozeß einbezogen, sondern kennen nur ein Fragment des Gesamtprozesses.

Die ganze Strategie des Industriezeitalters lief auf eine Fragmentierung des Arbeitsprozesses hinaus, so daß nur wenige den Gesamtprozeß überblicken können. Zeit- und Bewegungsstudien sowie die Einführung vorgegebener Arbeitstechniken und Arbeitsstandards sind konkrete Ausformungen dieses Ansatzes – dieser Fragmentierung, gegen die wir derzeit ankämpfen in unserem Bemühen, uns gegenseitig zu ermächtigen. Es nimmt kaum Wunder, daß sich die Mitarbeiter unter diesen Bedingungen „verdummt" vorkommen, wie es bei Adam Smith heißt. Das ist die Achillesferse des Industriezeitalters – sein tragischer Makel.

Das Erkennen von Mustern und entsprechendes Handeln machen den Prozeß der Dialogführung aus. Arbeit ist in der Tat kontinuierlicher Dialog mit einer Vision von dem, was erzeugt werden soll, mit dem Wissen, wie es zu erzeugen ist, und mit den kreativen Resultaten der Kombination von Vision und Wissen unter aktiver Einbeziehung von Geist und Natur. Arbeit läßt sich nie gänzlich begreifen, wenn nicht zugleich auch die Einstellung des Menschen zur *Zeit* immer wieder von neuem überprüft wird.

Inneres Zeitbewußtsein[3] und Zeitplanung

Im Lauf des Industriezeitalters wurde einer optimalen Zeitplanung immer mehr Bedeutung beigemessen. Die Zeituhr, die Stoppuhr, die Laufzeit von Maschinen und der Zeitablauf von Aktivitäten wurden zusehends wichtiger.

Vor zehn bis dreißig Jahren waren die Kosten das Hauptanliegen. Wir mußten Produktkosten einsparen. Heute ist es die Zeit: Wir müssen „Produktzeit" einsparen. Und noch entscheidender ist die Zeitplanung, wenn es um die Zeit bis zur Vermarktung, um rechtzeitige Nutzung von Marktchancen und um Zykluszeiten geht. Autohersteller zum Beispiel wollen ihre neuen Modelle nicht erst wie in früheren Zeiten nach vier bis sechs Jahren auf den Markt bringen, sondern schon nach ein bis drei Jahren. Auch die Zykluszeiten bei Computern werden ständig kürzer: Wurden die *CPM*-Systeme der 70er Jahre noch bei 4,7 MHz betrieben, laufen die neueren *Workstations* bei 90 bis 300 MHz.

In unserer Fixiertheit auf die *Uhrenzeit* haben wir eine Zeitdimension übersehen, die ebenso entscheidend ist – unser inneres *Zeitbewußtsein*. Das menschliche Zeitbewußtsein macht einen wesentlichen Teil unseres Menschseins aus. Die Uhrenzeit zeigt Vergangenheit, Gegenwart und Zukunft getrennt voneinander an. Das menschliche Zeitbewußtsein bezieht Vergangenheit und Zukunft in die Gegenwart ein. Aus menschlicher Perspektive ist Zeit etwas Ganzheitliches. Nur das Ganze erfährt Sinnhaftigkeit und Bedeutung. Doch die Uhrenzeit will uns weismachen, unsere Vergangenheit und unsere Zukunft seien voneinander trennbar.

Die Uhrenzeit ist überall und immer gegenwärtig. Über Uhrenzeit läßt sich trefflich nachdenken. Uhrenzeit ist überall, wohin wir auch schauen. Wir gehen einfach davon aus, die Uhrenzeit sei die einzige Zeitdimension, die es gibt. Dies aber ist ein fataler Irrtum. Vielleicht sind wir auch in dieser Hinsicht zu lange dem *„Entweder/oder"*-Denken verhaftet gewesen.

Es überrascht kaum, daß das Industriezeitalter derart mit unserem modernen Chronometer verwachsen ist. In jedem Unternehmen gilt es, Ereignisse zu synchronisieren. Wenn eine Aktivität von einer anderen abhängt, kommt es auf gute Koordination an. Präzision hat einmal mehr an Bedeutung in der Computerwelt gewonnen, wo es Aktivitäten bis auf die Mikrosekunde genau abzustimmen gilt. Wenn es um den Aspekt der zeitlichen Synchronisierung geht, ist die Uhr tatsächlich wichtig, um eine große Vielfalt an Aktivitäten zu koordinieren. Sie ermöglicht uns die Einteilung von Ereignissen in verschiedene Kategorien – je nachdem, was an erster, zweiter Stelle usw. zu tun ist. Wäre zunehmende Arbeitsteilung ohne die Uhr möglich? Wohl kaum. Was aber ist *Uhrenzeit*?

Ist Uhrenzeit nicht auch eine Abfolge von Momenten? Vergangenheit, Gegenwart, Zukunft: Dies sind die drei Komponenten der Zeit. Doch wie verhalten sie sich zueinander?

Wir stellen uns die Uhrenzeit in räumlichen Abmessungen vor. Dieses einfache Modell hat unser Denken tiefgreifender beeinflußt, als den meisten von uns bewußt ist. Es führt zu folgenden Annahmen:

> *Die Vergangenheit liegt zurück. Damit ist ein physischer Abstand gegeben.*

> *Die Zukunft hat noch nicht begonnen. Damit ist ein physischer Abstand gegeben.*

Wenn die Vergangenheit zurückliegt und die Zukunft noch nicht begonnen hat, ist uns nur das *Jetzt* zugänglich. Wir sind von Vergangenheit und Zukunft abgetrennt. Zwischen uns und der Vergangenheit beziehungsweise der Zukunft besteht eine physische Trennung. Das einzige, was wirklich zählt, ist die Gegenwart.

Die Vergangenheit liegt hinter uns, also vergißt man sie am besten. Wenn etwas nicht so gut gelaufen ist, besteht immer noch die Möglichkeit zu Korrektur und Verbesserung. Am besten vergißt man, was war, und wendet sich den anstehenden Aufgaben zu.

Die Zukunft liegt noch vor uns; ihre Ausgestaltung läßt sich noch beeinflussen – mit Hilfe von Planung. Deshalb ist es nur angemessen, sich mit langfristiger oder strategischer Planung als einer Möglichkeit zur Entscheidung über die Allokation von Ressourcen zu befassen. Zugleich aber liegt die Zukunft noch „außen vor", in der Ferne gewissermaßen, so daß wir, wenn wir nicht so sorgfältig planen, wie das eigentlich erforderlich wäre, immer noch die Möglichkeit haben, Korrekturen vorzunehmen, wenn die Zukunft Gegenwart wird. Zumindest meinen wir das.

Kurzum: Als konventionelle Weisheit ist uns überliefert worden, daß die Vergangenheit hinter uns liegt, die Gegenwart jetzt ist und die Zukunft noch vor uns liegt. Typischerweise markieren wir die Zeit durch Uhrzeiger an der Uhr. Der Minutenzeiger zeigt auf die Gegenwart, das Jetzt. Alles hinter dem Uhrzeiger ist Vergangenheit, alles davor Zukunft.

Bei unserer Zeitbetrachtung bedienen wir uns eines räumlichen Modells, weil sich „vor" und „nach" so trefflich darstellen lassen. Diese räumliche Zeitauffassung vermittelt uns den Eindruck, ausschließlich die Gegenwart sei uns zugänglich. Gibt Abbildung 10.11 die *Uhrenzeit* korrekt wieder?

Haben wir damit die Frage beantwortet: „Was ist Zeit?" Es sieht so aus – bis jemand die Frage stellt: „Wie lang ist denn die Gegenwart?"

Die Länge der Gegenwart sollte eigentlich nicht schwer zu bestimmen sein – oder doch? Nehmen wir unser Jahrhundert als Beispiel: Wir wissen, daß sechsundneunzig Jahre vergangen sind und noch drei weitere Jahre folgen werden; also muß die Gegenwart das jetzige Jahr lang sein. Aber wir wissen auch, daß bereits fünf Monate dieses Jahres vergangen sind und noch volle sieben Monate kommen. Genauso verhält es sich mit dem heutigen Tag. Vielleicht. Aber fünfzehn Stunden sind schon um, also kommen noch acht, also umfaßt Gegenwart eine Stunde, diese Minute, diese Sekunde, diese Nanosekunde, diese Picosekunde, diese ... usw. [Augustinus, um 400 n. Chr./1961].

Könnte es sein, daß die Gegenwart so unendlich kurz ist, daß sie in Wirklichkeit gar nicht existiert? Oder zumindest so kurz, daß ihre Feststellung trivial ist? Dann würden wir entweder in der Vergangenheit oder in der Zukunft leben – aber das kann auch nicht sein. Was also ist Uhrenzeit?

Abb. 10.11:
Uhrenzeit

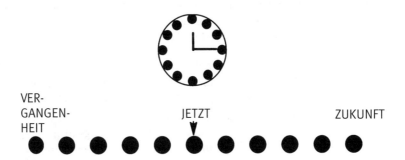

Augustinus hat einmal gesagt, er wisse sehr gut, was Zeit sei – bis ihn jemand danach frage [um 400/1961: 157]. Damit verwies er auf die folgende Vorstellung des Aristoteles: „Zeit ist das Maß der Bewegung zum Vorher und Hinterher."[4] Abbildung 10.11 gibt die Definition des Aristoteles in räumlicher Weise wieder: Zeit als Abfolge von Momenten, die sich in Relation zu den davor liegenden und den danach kommenden zählen lassen. Ist das Uhrenzeit?

Ja – so wie wir Uhrenzeit verstehen. Die Definition des Aristoteles scheint voll und ganz zuzutreffen. Und pragmatisch gesehen, funktioniert die Uhrenzeit! Wir können auf diese Weise Ereignisse höchst effizient koordinieren und synchronisieren. Doch damit ist die Frage nach der Länge der Gegenwart immer noch nicht beantwortet.

In seinem 1885 veröffentlichten Buch *Principles of Psychology* beschrieb William James einige selbst durchgeführte Untersuchungen zur menschlichen Wahrnehmung von der Länge der Gegenwart. Seine Schlußfolgerung lautete: Die Gegenwart wird typischerweise mit zwölf Sekunden wahrgenommen, eine Angabe, die eher eine Aufmerksamkeitsspanne als Zeit schlechthin kennzeichnet. Doch James [1985/1950: 613; 643] bemerkte noch etwas viel Wichtigeres: „Die Vergangenheit fließt mit uns." Diese Vorstellungen von der Aufmerksamkeitsspanne einerseits und der uns umfließenden Vergangenheit andererseits sind die Eckpfeiler unseres inneren Zeitbewußtseins.

Wenn wir ein neues Teil konstruieren, einen neuen metallurgischen Prozeß erarbeiten oder eine neue Dienstleistung definieren, umfaßt unsere Aufmerksamkeitsspanne ein Jetzt, das zwölf Sekunden oder eine Stunde dauert – Zeit, in der unsere unmittelbare Aufmerksamkeit auf die anstehende Aktivität konzentriert ist. Doch ein solcher Konstruktions- oder Entwicklungsprozeß erfolgt nicht in einem Vakuum. Bei der Gestaltung von Produkt oder Prozeß beziehen wir unser Wissen aus früheren Untersuchungen sowie unsere Erfahrungen ein. Was wir in der Vergangenheit untersucht haben, ist eine uns ständig begleitende Ressource.

Technisch gesehen, sind uns die Antizipation der Zukunft und die Erinnerung an die Vergangenheit im Jetzt gegenwärtig. Die Diskussion über Arbeit als Dialog hat diesen Zusammenhang veranschaulicht (siehe Abbildung 10.8). Produkte und Dienstleistungen werden nur deshalb entwickelt, weil wir die zukünftige Marktsituation unseren Erwartungen gemäß vergegenwärtigen.

In unseren Unternehmen gibt es eine Fülle von Beispielen dafür, wie uns die Vergangenheit ständig begleitet. Konstruktionszeichnungen werden aufbewahrt. Rechnungen, Stückzahlen, Prozeßabläufe und Kundenprofile sind uns genauso zugänglich wie Daten zu Bestellungen, Lagerhaltung, Wartungsaufträgen, Prozeßabsprachen und Auftragsabwicklung. Solche Informationen können wohlgeordnet und leicht zugänglich sein oder sich hinter einer Schranktür derart auftürmen, daß diese nur mit Gewalt zu schließen ist.

Wie die Unternehmen kennt auch der Mensch als Individuum Informationen, die ihn allzeit begleiten: Ausbildung, Erziehung, Erfahrungen oder Notizen im kleinen schwarzen Buch. Auch auf solche Informationen erfolgt der Zugriff mehr oder weniger schnell – je nachdem, wie gut sie erfaßt, kategorisiert und im Gedächtnis abgespeichert sind.

Doch auch die Zukunft bleibt in Wirklichkeit nicht „*außen vor*"; wie die Vergangenheit ist sie im Hier und Jetzt durchaus gegenwärtig. So wird die Zukunft eines Unternehmens durch seine Erwartungen, durch die unternehmensweit vertretene Vision, durch Werte und Normen bestimmt. Diese Elemente mögen klar geordnet oder aber bis zur Unkenntlichkeit verworren sein – sie sind sehr wohl Teil der Gegenwartsrealität.

Wissensvernetzung

Die Frage nach dem menschlichen Zeitbewußtsein läßt sich verdeutlichen, indem wir unsere musikalische Wahrnehmung untersuchen. Musik ist eine Abfolge von Tönen und Klängen – einer folgt dem anderen. Im Sinne der Uhrenzeit hören wir zu einem gegebenen Zeitpunkt in einer Sinfonie einen einzigen Ton beziehungsweise Klang. Die bereits gespielten Töne liegen zurück. Die noch nicht gespielten Töne kommen noch – irgendwann. Aber entspricht dies wirklich unserer Wahrnehmung von Musik?

Wenn wir Musik hören, scheint jeder Ton in unser Bewußtsein einzusinken, so daß wir Muster und Themen erkennen; wir nehmen die musikalische Bedeutung wahr (Abbildung 10.12). Nehmen wir einmal an, wir lauschten Beethovens *Fünfter Sinfonie*. Würden wir das Thema schon bei den ersten drei Tönen erkennen? Nein. Sobald wir aber den vierten Ton hören, wird das Muster plötzlich eindeutig: *ta ta ta tam!*

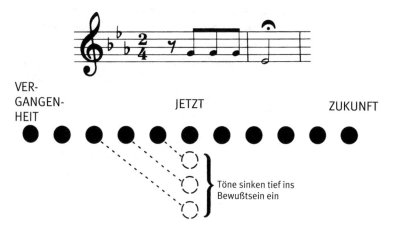

Abb. 10.12: Wahrnehmung musikalischer Muster im menschlichen Zeitbewußtsein

Was geschieht mit den ersten drei Tönen, wenn wir den vierten hören? Sie liegen nicht etwa zurück, wie es der Uhrenzeit zufolge sein müßte, sondern sind tief in unser Bewußtsein eingesunken; mit unserem inneren Zeitbewußtsein erfassen wir Muster und Bedeutung. Zu diesem Zeitpunkt ist unsere Erwartungshaltung erwacht. Wir spüren, daß die noch kommenden Töne eine Beziehung zu den soeben gehörten aufweisen (Abbildung 10.13).

Ganz sicher ist die Uhrenzeit ein wichtiger Hintergrund für unser inneres Zeitbewußtsein, aber es ist doch bemerkenswert, daß wir in unserem gegenwärtigen Bewußtsein Muster erfassen, die uhrenzeitmäßig bereits erfolgt sind, und Muster vorwegnehmen, die uhrenzeitmäßig erst noch kommen. Das Erinnern der Vergangenheit und das Antizipieren der Zukunft sind in unserem Zeitbewußtsein unmittelbar gegenwärtig.

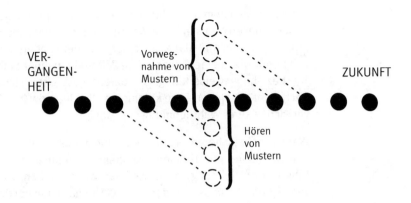

Abb. 10.13: Antizipation künftiger Muster im menschlichen Zeitbewußtsein

Ohne diese menschliche Fähigkeit wäre Beethovens *Fünfte* nichts als ein Durcheinander von Tönen. Doch aus Erfahrung wissen wir, daß die Sinfonie alles andere als ein Klangbrei ist. Die *Fünfte* baut in brillanter Weise auf den ersten vier Noten auf. An manchen Stellen findet unsere Vorahnung Bestätigung; an anderen erleben wir Überraschungen. Das ist es, was uns das Zuhören zum Genuß werden läßt und uns in bedeutungsvoller, sinngebender Weise einbezieht: unsere natürliche menschliche Fähigkeit, das Gehörte im Gedächtnis zu behalten, signifikante Muster wahrzunehmen und künftige Muster zu erahnen.

Verhält es sich nicht genauso mit einem erfahrenen Mechaniker, der eine Bohrmaschine betätigt? Veränderungen im Bohrabstand signalisieren ein Muster, das der Mechaniker erkennt, so daß ein zu langsamer Bohrer nachgestellt werden kann. Wenn der Mechaniker von den möglichen Konsequenzen eines veränderten Bohrabstands nichts ahnt, kann er auch nicht rechtzeitig handeln. Genauso vermag ein erfahrener Finanzberater neue Muster am Kapitalmarkt selbst dann zu erkennen, wenn sie sich nur schwach und diffus abzeichnen; um so wertvoller sind seine Empfehlungen.

Vergangenheit – lebendige Erinnerungen (Umgang mit Wissen):

Unsere Fähigkeit, signifikante Muster in der Musik herauszuhören oder auch andere Sinneswahrnehmungen zu erfassen, ist abhängig von unserem bisherigen Lernen, unseren Erfahrungen und unserer Vertrautheit mit einer bestimmten Thematik. Wir greifen auf unsere Erfahrungen und unser Wissen zurück, um die Muster leichter deuten und verstehen zu können. Wenn wir zum Beispiel das Klavierspielen gelernt, Kompositionsunterricht gehabt oder in einer Band gespielt haben, kann uns das solcherart erworbene Wissen helfen, die thematischen Motive in Beethovens *Fünfter Sinfonie* zu erkennen (Abbildung 10.14).

Inwieweit ein solches Wissen verfügbar ist, hängt davon ab, mit welchem Erfolg wir den Klavier- beziehungsweise Kompositionsunterricht absolviert haben. Auch Erfahrung mit einer Band sind von Nutzen. Bei entsprechender Aufmerksamkeit und Bemühen um Erkennung von Mustern in unseren Tätigkeiten ließe sich unsere Fähigkeit, die bereits erkannten Muster mit den jeweils anstehenden Mustern in Einklang zu bringen, erheblich steigern. Wenn wir Beethovens *Fünfte* kennen, wissen wir Gershwin besser einzuschätzen; und wir können auch verstehen, woran einem Miles Davis und einem Oscar Peterson in ihrer Musik besonders gelegen ist. In all dem ist eine Lehre enthalten: Lebe in der Vergangenheit, die Gegenwart ist zu spät!

Natürlich können wir nicht in der Vergangenheit leben, aber was immer wir in der Gegenwart tun, wird zur Vergangenheit, die uns ständig begleitet. Gegenwart ist die Schwelle zur Vergangenheit. Wenn wir unsere Gedanken und Erfahrungen geprüft und geordnet haben, sind sie für uns eine Ressource, die uns ein effektiveres Leben in der Gegenwart ermöglicht. Waren wir hingegen „schlampig" im Umgang mit unserem Wissen, kann die Vergangenheit zu einem Anker geraten, der uns in die Tiefe zieht, anstatt uns wie eine Boje über Wasser zu halten.

Wie die Individuen leben auch Unternehmen mit einem inneren Zeitbewußtsein. Unternehmen, die ihre Konstruktionsstandards (ein Muster), ihre Stücklisten (ein weiteres Muster) und die Klassifizierungen und Kodierungen ihrer Zeichnungen (noch ein Muster) wohlgeordnet haben, wissen den Wert dieser Ressourcen für die Gegenwart zu schätzen. In Unternehmen hingegen, die solches unterlassen haben, werden spontan neue Teile ergänzt, Lagerbestände erhöht und Betriebsabläufe generell verkompliziert, weil sie unklug mit ihren Wissensressourcen umgegangen sind. Dies sind die Wissensgrundlagen, die Nonaka und Takeuchi [1995] in ihrem Buch „*Hypertext-Organisation*" diskutieren.

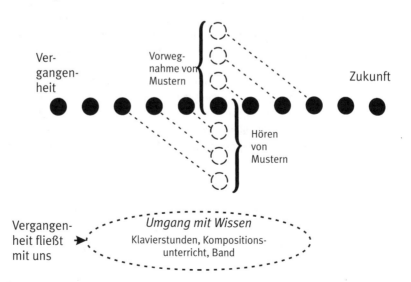

Abb. 10.14: Rückgriff auf Erfahrungen und Wissen beim Erkennen und Antizipieren von Mustern

Normalerweise widmen wir dem *Vermächtnis* unseres Unternehmens kaum Aufmerksamkeit – dem Wissen, das auf Aktenordner verteilt, in Hunderten von unterschiedlichen Datenbanken gespeichert und in den Händen und Augen unserer erfahrenen Mitarbeiter verkörpert ist. Dieses Vermächtnis macht den eigentlichen Vermögenswert eines Unternehmens aus. Leider haben unsere Freunde in der Buchhaltung noch keine effektive Möglichkeit zum *Auditing* und zur Bewertung dieser Wissensgüter gefunden. Andernfalls würden wir sehr schnell begreifen, wie wichtig die Vorgänge und Ereignisse der Vergangenheit für unsere gegenwärtige Realität sind.

Für einige ist dieses Vermächtnis ein zweischneidiges Schwert. Unser gesammeltes Wissen ist wertvoll, weil wir es hinzuziehen können, um neue Muster zu erkennen – als Lernquelle und als Grundlage zur Wissenserweiterung. Zugleich aber müssen wir unser Wissen kontinuierlich zu signifikanten Mustern neu ordnen, wenn es uns wirklich nutzen soll. Das erfordert Zeit und Energie. Doch wenn wir nur alles in den erstbesten Schrank stopfen, wird uns die so entstandene Unordnung auf Tritt und Schritt begleiten.

Viele Unternehmen fühlen sich durch ihre früheren Vorgehensweisen belastet. Am liebsten würden sie ihre überholten Richtlinien und Verfahren hinter sich lassen und einen Neuanfang machen. Doch leider (vielleicht auch zum Glück) ist die Vergangenheit unser ständiger Begleiter. Die einzige Möglichkeit zum Umgang mit der Vergangenheit ist ihre Reinterpretation – die Neuordnung der Muster, die Durchforstung des verschlungenen Dschungels bisheriger Vorgehensweisen. So gesehen, ist auch das vorliegende Buch ein Versuch, die Vergangenheit neu zu interpretieren und neu zu ordnen.

Seit der ersten Auflage dieses Buches hat die Vorstellung von lebendigen Erinnerungen noch mehr Bedeutung gewonnen, ganz besonders in Anbetracht der Diskussion über Kernkompetenzen und Kernfähigkeiten. (Für mich sind Fähigkeiten eigentlich nichts anderes als nutzbare Kompetenzen.) Fähigkeiten gründen im Wissen und in der Erfahrung, die uns aus der Vergangenheit in die Gegenwart begleiten. Sie sind gewissermaßen eine Quelle, die wir immer mit uns tragen und aus der wir ständig schöpfen.

Auch die Vorwegnahme künftiger Muster wirkt sich nachhaltig auf unsere Erfahrungen in der Gegenwart aus. Wenn wir ein neues Produktprogramm auf dem kundenorientierten Halbleiter-Sektor, im Großkundengeschäft oder bei kundenspezifisch gefertigten Ventilen planen, werden die Maßnahmen, die wir heute ergreifen, das künftige Ergebnis maßgeblich bestimmen.

Zukunft – lebendige Antizipationen und Aspirationen (Vorstellungsvermögen):

Greifen wir noch einmal die Analogie zur Musik auf. Die Fähigkeit und Sorgfalt, mit der wir Beethovens *Fünfter* lauschen, hängt nicht nur von unserem Wissen aus der Vergangenheit ab, sondern wird auch durch unsere Vorstellung oder unsere Erwartungshaltung bestimmt, einmal Dirigent oder Geigenvirtuose zu werden oder nach dem Konzert schön essen zu gehen. Unsere Vision von der Zukunft ist durchaus gegenwärtig – ein wichtiger Faktor der Aufmerksamkeit, die wir der *Fünften* (oder irgendeiner anderen Aktivität) widmen (Abbildung 10.15).

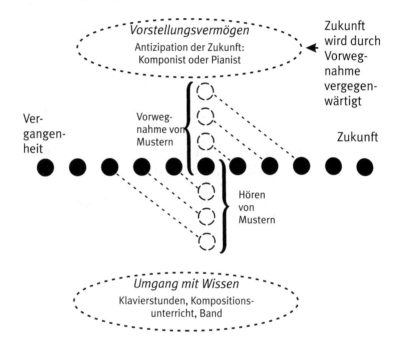

Abb. 10.15: Einfluß unseres Vorstellungsvermögens auf das Erkennen und Antizipieren von Mustern

Musik ist nicht nur etwas zum Zuhören, sondern auch zum Selbstgestalten. Ein Pianist hat bei seinem Klavierspiel eine bestimmte Vorstellung von einem Stück. Durch den kreativen Prozeß wird das Stück ausgestaltet und erfährt Bereicherung durch das Wissen und das Können des Pianisten. Diese Vorstellung ist es, die den Pianisten zum Spielen dieses Stückes motiviert. Doch die Vorstellung kann auch ein Musikstück betreffen, an das sich der Pianist erinnert. Der Dialog zwischen der Vorstellung und dem tatsächlichen Tastenspiel des Pianisten ist Ausdruck seiner Kreativität.

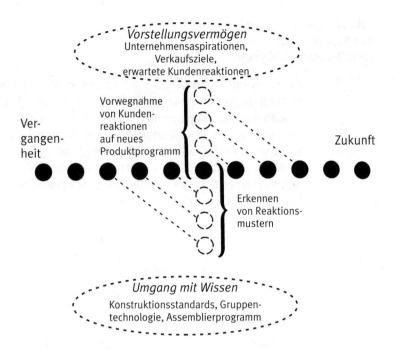

Abb. 10.16: Unternehmensvision und Umgang mit Wissen beim Erkennen und Antizipieren von Kundenreaktionen

Was auf das Individuum zutrifft, gilt auch für Unternehmen. Die unternehmerische Fähigkeit, Reaktionsmuster seitens der Kunden zu erkennen, Trends zu antizipieren und das kollektive Wissen im Sinne der Unternehmensvision einzusetzen, wirkt sich auf seinen Wettbewerbserfolg am Markt aus: Je besser das Unternehmen seine Ressourcen, Visionen und Wissensbestände zu nutzen vermag, mit desto größerer Wahrscheinlichkeit entwickelt es sich zu einem maßgeblichen Marktteilnehmer (Abbildung 10.16). Ganz besonders gilt dies heutzutage, wo Marktchancen in allen möglichen Formen und Größen und zu allen möglichen Zeiten zu finden sind. Um so wichtiger ist es, daß Muster rechtzeitig erkannt werden.

Das Unternehmen muß flexibler und agiler werden und die Fähigkeit erlangen, auf die Signale des Marktes angemessen zu reagieren; andernfalls wird es viele günstige Gelegenheiten verpassen. Abbildung 10.17 veranschaulicht den typischen Produktentscheidungszyklus.

Der Prozeß, die Muster sich darbietender Marktchancen schon in ihren Anfängen zu erkennen, braucht gewöhnlich Zeit. Dann gilt es, die Signale zu interpretieren, Entscheidungen zu treffen und diese in die Praxis umzusetzen. Dabei reicht es nicht, daß nur ein Funktionsbereich der Organisation die Muster „sieht"; die Funktionsbereiche müssen nahezu vollständig und gleichzeitig (im Rahmen ihrer organisatorischen Fähigkeiten und Zwänge) angemessene Reaktionen zeigen. Sie müssen sicherstellen, daß die Signale des Marktes mit den Fähigkeiten und Ressourcen ihres Unternehmens in Einklang gebracht werden.

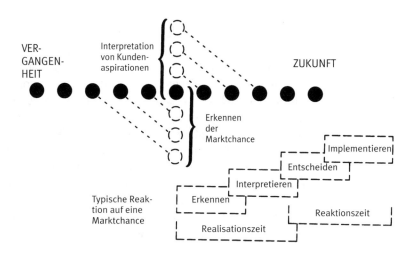

Abb. 10.17: Reaktionsprozeß nach Erkennen einer Marktchance

Wir alle haben schon Situationen erlebt, in denen Marketing und Vertrieb etwas verkauft haben, was noch gar nicht existiert – ohne jegliche Vorstellung, ob das Produkt überhaupt produziert werden kann. Die Konstruktionsabteilung sieht darin eine anspruchsvolle Aufgabe, und die Fertigungsabteilung muß das Produkt irgendwie zustande bringen. *Quality Function Deployment (QFD)*, eine Methode zur Ermittlung von Kundenerwartungen, dient schließlich dazu, die Ungereimtheiten bei diesem sequentiell ablaufenden Ansatz auszugleichen.[5] (In den fünf Jahren seit Veröffentlichung der Erstausgabe habe ich begriffen, daß nicht nur die Antizipation künftiger Entwicklungen, sondern auch unsere Aspirationen zur Ausgestaltung der Zukunft beitragen. Unsere Erwartungen und Bestrebungen sind unser Beitrag zur Gestaltung der Zukunft, wie Dan Burrus und C.K. Prahalad und Gary Hamel feststellen.)

Die Funktionsbereiche müssen die vielfältigen Markterfahrungen vorhandener wie potentieller Kunden erfassen, verstehen und gemeinsam deuten. Anstatt eine breite Palette verschiedener Produkte zu entwickeln, die unterschiedliche Betriebsbedingungen erfordern, erscheint es weitaus sinnvoller, eine robuste Konstruktion zu entwickeln, die unter unterschiedlichen Betriebsbedingungen einzusetzen ist. Zum Beispiel wird im einen Teil von Japan der elektrische Strom mit sechzig Hertz geliefert, im anderen mit fünfzig Hertz; ein Produkt, das in Japan zur Anwendung kommen soll, muß in beiden Teilen gleichermaßen funktionieren.

Auf die Signale des Marktes zu horchen, ist weitaus komplexer, als einem Musikstück zu lauschen. Es ist fast so, als wolle man zehn bis zwölf verschiedenen Stücken zugleich zuhören. Ohne bewährte statistische Marktforschungstechniken und *QFD* lassen sich signifikante Muster kaum entschlüsseln.

Die Interpretation von Kundenerwartungen (und Kundenaspirationen) kann noch komplizierter werden, wenn die Visionen der Funktionsbereiche und ihr

Wissen unzureichend aufeinander ausgerichtet sind. Wenn in bezug auf den Unternehmensauftrag oder auf kritische Erfolgsfaktoren keine Übereinstimmung besteht, sieht jeder Funktionsbereich die Reaktionsmuster der Kunden aus einer anderen Perspektive. Dies wirft eine Reihe wichtiger Fragen auf: Was bedeutet „hinreichende Ausrichtung" von Visionen? Wie läßt sich eine solche erzielen? Wer ist dafür verantwortlich? Verbunden damit sind weitere Fragen nach der grundlegenden Ausrichtung funktionalen Wissens: Welches Minimum an Ausrichtung ist bei solchem Wissen erforderlich? Wie wird sie erreicht? Welcher Anstrengungen bedarf es dazu? (Ich habe inzwischen begriffen, daß wir uns auf die Aspirationen unserer Kunden konzentrieren müssen: Was haben unsere Kunden mit ihren eigenen Kunden vor? Diese Aspirationen sind die Saatkörner, aus denen Marktchancen erwachsen, und um diese zu nutzen, müssen wir unsere Fähigkeiten mit denen unserer Lieferanten und Kunden entsprechend ausrichten.)

Dieser Ausrichtungsprozeß ist für die Unternehmensführung von ausschlaggebender Bedeutung, wenn die Funktionsbereiche Kundensignale als künftige Marktchancen erkennen und schnell reagieren sollen (Abbildung 10.18).[6]

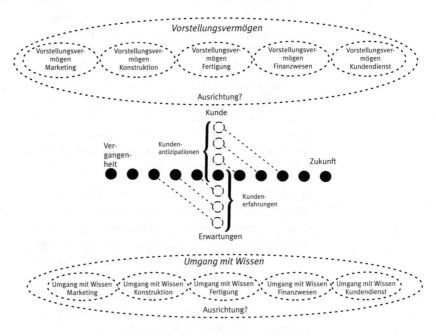

Abb. 10.18:
Ausrichtung von
Vorstellungs-
vermögen und
Umgang mit
Wissen

Die bahnbrechende Untersuchung *Renewing American Industry* von Paul Lawrence und Davis Dyer [1983] weist auf die unterschiedlichen „Temperamente" der Funktionsbereiche hin, die dazu führen, daß unterschiedliche Richtungen eingeschlagen werden. So liebt die Konstruktionsabteilung Komplexität, während die Finanzabteilung einfache Strukturen vorzieht. Die Marketing-Funktion unterliegt im allgemeinen keinerlei Zwängen hinsichtlich der Interpretation von Markterfordernissen, während die Fertigung in hohem Maß an vorhandene Produktionsausrüstungen gebunden ist.

Normalerweise bestimmt die Marketing-Abteilung die Kundenbedürfnisse, setzt diese dann in Spezifikationen um und reicht die Informationen an die Konstruktionsabteilung weiter, die schließlich das Produkt entwirft. Dann werden die Produktentwürfe der Fertigung beziehungsweise der verfahrenstechnischen Abteilung zur Produktherstellung übergeben. Nach dem Verkauf des Produkts übernimmt der Kundendienst die Verantwortung für Stütz- und Wartungsdienste. Entscheidend ist der sequentielle Ablauf all dieser Aktivitäten.

Nehmen wir demgegenüber einmal an, die verschiedenen Funktionsbereiche arbeiten von Anfang an iterativ zusammen, um ihre einschlägigen Überlegungen in bezug auf Marketing, Produkt, Prozeß und Service zu prüfen. Wird das Endprodukt den Kundenerwartungen besser Rechnung tragen? Wird das Produkt eine robuste Konstruktion aufweisen und leicht zu warten sein? Ist in den Produktentwürfen das Muster der Interessen ganz verschiedenartiger Kunden berücksichtigt worden? Wird das Produkt die Kundenaspirationen widerspiegeln? Kurzum, steht es mit dem Markt in Einklang? In fast allen Fällen wird die Antwort lauten: Ja.

Es gibt bereits Beispiele für simultane Parallelarbeit, wo Konstruktions- und Fertigungsingenieure in einem iterativen Prozeß gemeinsam Produkte und Prozesse der nächsten Generation entwickeln.[7] Jeder Funktionsbereich hat Gelegenheit, dem anderen die eigenen Vorstellungen und Zwänge zu verdeutlichen. Andere Unternehmen kombinieren die Marketing-Funktion mit der Produktentwicklung, um auf diese Weise eine schnellere und gezieltere Ausrichtung der Aktivitäten zu erreichen. Wieder andere versuchen es mit der Kombination von Konstruktionsbemühungen seitens zwei getrennter Unternehmen: Während das eine Unternehmen ein neues Produkt entwirft, entwickelt das zweite Unternehmen den Prozeß für dessen Herstellung. Solche Versuche sind dazu angetan, den Produktzyklus zu verkürzen.

Häufig setzen Unternehmen Projektleitungen zur funktionsübergreifenden Koordinierung ein. Die Projektleitung spielt bei der Vernetzung von Mitarbeitern eine entscheidende Rolle, weil der Dialog zwischen den Funktionsbereichen iterativ und parallel erfolgt; damit gelingt es den Unternehmen, entschieden und rechtzeitig Maßnahmen zu ergreifen, die ihre Marktpräsenz stärken.

Erst das Zusammenspiel zwischen den Konzepten *Arbeit als Dialog*, *inneres Zeitbewußtsein* und *Zeitplanung* vermittelt einem Unternehmen Kraft und Stärke: Die Fähigkeiten im Unternehmen lassen sich in immer wieder neuen Teams so kombinieren, daß Marktchancen gewinnbringend genutzt werden. Dabei ist die Interaktion zwischen Unternehmen und Markt nicht auf passives Hinhorchen beschränkt; vielmehr gilt es, der Musik zu lauschen und gleichzeitig selbst Töne zu spielen – so wie Jazz-Musiker ein Motiv aufgreifen und es spielerisch „verarbeiten": Das Motiv gibt ihrer Vorstellung eine gewisse Ausrichtung, und dann interpretiert jeder Musiker das Motiv nach seinem individuellen Wissen. Beim Spiel inspirieren und fordern die Musiker einander immer wieder zu neuen Kombinationen und neuen Ausdrucksmöglichkeiten bei der Gestaltung des Leitmotivs auf, und dennoch spielen sie aufgrund ihrer oft langen Spielerfahrung einfühlsam und diszipliniert.

Dasselbe kann sich in einem Unternehmen abspielen, das auf die Motive und Themen des Marktes horcht. Je mehr die Funktionsbereiche lernen, parallel zu arbeiten, desto besser gelingt es ihnen, ihre Zeitplanung zu straffen, Zykluszeiten zu verkürzen sowie Qualität und Vermarktungszeit zu verbessern. Die Ausrichtung ihrer Vision und ihres Wissens versetzt sie in die Lage, bedeutsame Marktmuster zu erkennen, und mit ihren individuellen Fähigkeiten bringen sie Kreativität und Einmaligkeit in ihre Reaktionen ein, während gleichzeitig an Marktstrategie, Produktkonstruktion, Prozeßstrategie und Kundendienst-Fähigkeiten gearbeitet wird. Häufig werden auch die Finanzabteilung und die Personalabteilung einbezogen. Bei der Zusammenarbeit in funktionsübergreifenden Teams lernt jeder Funktionsbereich die Zwänge kennen, unter denen andere Bereiche arbeiten, und oft werden Mittel und Wege gefunden, solche Zwänge zu umgehen und damit unnötige Konstruktionsänderungen zu vermeiden.

Abbildung 10.19 veranschaulicht den Dialog, zu dem es kommen kann, wenn die verschiedenen Funktionsbereiche mit ihren gemeinsam ausgerichteten Vorstellungen und ihrem Wissen zu entschiedenem Handeln fähig sind. Die Kommunikation von Kollege zu Kollege versetzt das Team in die Lage, Probleme schnell zu lösen und dem Marktrhythmus zu folgen. Durch Ermittlung und Beauftragung gut zusammengesetzter, funktionsübergreifender, aufgabenorientierter Teams können sie in einem „Meister-Team" viele der Tugenden wiederaufleben lassen, die einst den Handwerksmeister auszeichneten.

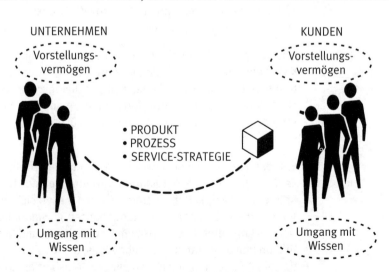

Abb. 10.19: Aufgabenorientiertes Team bei der Erarbeitung von Reaktionen auf Kundenaspirationen

Ein Einzelner kann niemals sämtliche Schwierigkeiten komplexer Betriebsabläufe beherrschen, wohl aber ein sorgfältig zusammengesetztes Team. Dies brachte auch Drucker [1988] in seinem Artikel im *Harvard Business Review* zum Ausdruck. Die Herstellung von Stecknadeln oder Schuhen ist ein Vorgang, den der einzelne Handwerker noch allein bewältigen kann. Aber die Fertigung elektronischer oder diskreter Bauelemente erfordert eindeutig mehr Fertigkeiten und Kenntnisse, als ein Einzelner sie aufzubringen vermag. Genauso erfordert das moderne Versicherungs- und Bankenwesen viele unterschiedliche technische Fähigkeiten. Wir müssen in der Lage sein, die multiplen Talente in einem Unternehmen zu nutzen und in virtuellen, sich eigenständig an Aufgaben orientierenden Teams zusammenzufassen.

Virtuelles Unternehmertum und dynamische Teambildung

Zwei Konzepte aus der Welt der Computerwissenschaft können einen nützlichen Beitrag zu unseren Aktivitäten leisten: der *Multiplexbetrieb* und der *virtuelle Arbeitsspeicher*. „Multiplexbetrieb" bedeutet die Parallelübertragung von mehr als einer Botschaft über eine einzige Verbindung. Genauso können die Menschen ihre Aufmerksamkeit vom einen Projekt zum anderen „*multiplex*en" – das heißt, sie verlagern kurzfristig ihren Schwerpunkt von einer Aufgabe auf die andere.

Das Wort *virtuell* wird definiert als „der Kraft oder Möglichkeit nach vorhanden, scheinbar". Mit „virtuell" verbindet man etwas Unwirkliches, wengleich eine virtuelle Ressource durchaus real ist – verfügbar und anpassungsfähig. Das Konzept *virtueller Arbeitsspeicher* hat dazu geführt, daß Computersysteme heute weitaus größere Programme verarbeiten können, als dies mit ihrer physikalischen Speicherkapazität möglich ist: Je nach Bedarf werden Informationsblöcke in Direktzugriff-Speicher ein- und ausgelagert. Dabei bleibt das gesamte Programm mit sämtlichen Daten voll zugänglich – wenn nicht als physikalisches, so doch als virtuelles Faktum. Unternehmen wie *Hewlett-Packard*, *Digital Equipment Corporation* und *IBM* haben dieses Konzept bei ihren Computer-Betriebssystemen mit Erfolg angewendet.

Wie lassen sich diese Konzepte nun auf unsere organisatorischen Zusammenhänge übertragen? Wir müssen uns zu virtuellen Teams in virtuellen Organisationen zusammenfinden – zu Teams, die ihren Schwerpunkt „*multiplex*en" können, um multiple Projekte durch die gesamte Organisation hindurch verfolgen zu können.

Virtuelles Unternehmertum[8]:

In steilen Hierarchien wird die Aufgabenzuweisung im Rahmen festgelegter Verantwortungsbereiche „festgezurrt". In einer hierarchischen Organisation geht man davon aus, daß es immer einen Vorgesetzten gibt, der die Aufgaben seiner jeweiligen Mitarbeiter im einzelnen kennt, und daß für die Aufgabenzuweisung die gesamte Kommandokette bis hin zur untersten Ebene maßgeblich ist. Die Funktionsbereiche sind eindeutig abgegrenzt; die Mitarbeiter werden in entsprechende Kästchen gestopft. Einer solchen Organisationsstruktur fehlt die Flexibilität, Adaptabilität und Agilität, um auf die vielfältigen Herausforderungen unserer heutigen Unternehmen angemessen reagieren zu können. Werden die Mitarbeiter demgegenüber als Ressource angesehen, ausgestattet mit Fähigkeiten, mit denen sie andere unterstützen können, und nicht als „Besitzer" eng definierter Kästchen – dann stellen solche Mitarbeiter virtuelle Ressourcen dar.

Virtuelles Unternehmertum bedeutet einen Prozeß, mit dem Unternehmen ihre Talente „*team*en": Multiple, funktionsübergreifende Teams werden je nach Bedarf immer wieder neu zusammengesetzt (Abbildung 10.4). Diese Teams umfassen nicht nur Mitarbeiter des eigenen Unternehmens, sondern auch Mitarbeiter aus Lieferanten- oder Kundenunternehmen. Beim virtuellen Unternehmertum geht es mehr um das Wissen und um die Talente der Beteiligten als um ihre Funktionen. Führungskräfte und Mitarbeiter können ihre Aufmerksamkeit auf multiple Projekte „*multiplex*en" – wobei im Lauf eines Tages, eines Monats oder eines Jahres verschiedene Gruppierungen von Projektteilnehmern aktiv werden können. Möglicherweise sind sie gerade mit betrieblichen Fragen befaßt, arbeiten kurze Zeit später an Planungsaufgaben und wenden sich dann Personalangelegenheiten zu. Zugleich können sie die Querverbindungen zwischen solch scheinbar unterschiedlichen Disziplinen erkennen. Hinzu kommt, daß diese Teams nicht einmal an einem gemeinsamen Standort arbeiten müssen.

Wissenschaftlichen Untersuchungen zufolge arbeiten geographisch voneinander entfernte Teams häufig genauso effektiv wie Teams an einem gemeinsamen Standort – wenn nicht gar effektiver. Eine auf verschiedene Standorte verteilte Gruppe muß expliziter kommunizieren, was unbedingt gedankliche Klarheit voraussetzt, während Gruppen, die an einem einzigen Standort arbeiten, oft zu vergleichsweise nachlässigem Kommunizieren neigen. Geographisch weiter voneinander entfernte Gruppen nutzen zudem regelmäßig Möglichkeiten zur persönlichen Aussprache [Lipnack/Stamps 1986; Stamps 1980; Lipnack/Stamps 1988].

Virtuelles Unternehmertum ist eine Evolution dessen, was gelegentlich als „offene Organisation" bezeichnet worden ist. Auch ist das derzeit große Interesse an den von der *International Standards Organization (ISO)* definierten *OSI*-Vernetzungsmodellen (*Open Systems Interconnection, OSI*) sowie an *X/Open*, einer Vereinigung von Computerherstellern mit dem Ziel der Entwicklung einer portablen Software, keineswegs ein Zufall. Während im Industriezeitalter-Modell alle Eventualitäten mit Bürokratie, unternehmenspolitischen Richtlinien, Verfahren, Arbeitsplatzbeschreibungen und Abteilungsrichtlinien nach Möglichkeit abgesichert wurden, läuft das neue Organisationsverständnis auf die Schaffung eines gemeinsamen Kerns heraus, der sich je nach Bedarf erweitern läßt. *UNIX* beispielsweise ist um ein klar definiertes, aber leicht ausbaufähiges Zentrum herum organisiert.

Wenn wir diese Flexibilität nutzen wollen, dürfen wir das Unternehmen nicht mehr *räumlich* definieren, wie dies im hierarchischen Organisationsdiagramm nahegelegt wird. Vielmehr müssen wir uns das Konzept vom inneren Zeitbewußtsein als Organisationsprinzip für die Zuweisung von Verantwortlichkeiten zu eigen machen.

Wichtig ist auch, daß wir verstehen, welche Bedeutung dem Konzept *Arbeit als Dialog* bei der betrieblichen Strukturierung des Unternehmens zukommt. Die Mitarbeiter müssen sich sowohl ihrer eigenen Vorstellungen und Kenntnisse bewußt sein als auch Zugang zur Kernvision und zum Wissen der virtuellen Teams haben. Erst diese Ressourcen versetzen die Mitarbeiter im Unternehmen in die Lage, ihre Ausrichtung individuell wie im Team beizubehalten, bedeutsame Muster zu erkennen und angemessen zu reagieren.

Das hierarchische Modell geht von der Annahme aus, die Hauptaufgabe bestünde darin, den Produktionsablauf in Einzelschritte aufzuteilen und bestimmte Personen mit der Wahrnehmung von Einzelfunktionen zu beauftragen. Demgegenüber werden beim virtuellen Unternehmertum Gruppen von Aktivitäten als Projekt angesehen, wobei verschiedene Teams iterativ und parallel in „Team-Teamarbeit" arbeiten. Mit anderen Worten: In virtuellen Unternehmen hat das Management die Aufgabe, die Teamarbeit von Teams zu unterstützen.

Virtuelle Teams entstehen durch Beauftragung wie auch auf freiwilliger Basis. Sie werden bewußt so klein wie möglich gehalten, weil die Arbeit auf diese Weise leichter vonstatten geht. Solche Teams brauchen keine Vertreter aus sämtlichen Funktionsbereichen, weil das Zusammenspiel der Teams als solches Ausrichtung und Koordinierung sicherstellt. Virtuelle Teams bewältigen multiple Anforderungen – von der Ermittlung veränderter Marktbedingungen bis hin zur Betreuung neuer Produktentwicklungen, und zwar unter Anwendung von Ansätzen wie *QFD*. Solche Teams müssen zunächst einmal ihren eigenen Auftrag klären, damit alle Teilnehmer genau wissen, worum es geht; erst dann macht sich die Gruppe an die Arbeit. Auch wird von den Teams erwartet, daß sie ihre Projekte in einer Weise abwickeln, daß ihre Lernerfahrungen der umfassenderen Unternehmung zugute kommen. Die Vermarktungszeit läßt sich dadurch verkürzen, daß auch die Lernzeit verkürzt wird.

In virtuellen Unternehmen wird an multiplen Themen gleichzeitig gearbeitet. Große und kleine Projekte werden zur gleichen Zeit durchgespielt, wobei im

Hintergrund Geräusche und Störungen vernehmbar sind, die unter Umständen von den Hauptthemen ablenken können. Einige solcher hintergründig erfaßten Themen oder Muster werden von der einen Gruppe aufgegriffen, andere von anderen Gruppen. Die Gruppen sind aufgefordert, die Wechselbeziehungen zwischen den verschiedenen Themen zu erkennen, weil sie unter Umständen sehr wichtige Hinweise in bezug auf bestmögliche Markt-, Produkt- oder Kundendienstreaktionen liefern können.

Wir haben es mit einem Prozeß zu tun, bei dem es um mehr geht als um passives Musikhören oder Horchen auf Marktthemen. Zudem sind wir aktive Prozeßteilnehmer insofern, als wir selbst Themen einbringen, die Einfluß auf die Themen anderer Marktteilnehmer – gleich, ob Kunden oder Konkurrenten – haben. Auch dies ist Teil dessen, was *Arbeit als Dialog* bedeutet: Wenn ein Unternehmen ein Produkt erzeugt, erzeugt es in der Vision eines Konkurrenten zugleich die Möglichkeit, selbst ein ähnliches Produkt zu erzeugen. In einem solchen Prozeß haben alle Teilnehmer weiten Spielraum für aktives Engagement.

Dynamische Teambildung mit eigener Aufgabenorientierung:

Drucker spricht von „aufgabenorientierten Teams". Besser aber sollte man von Teams sprechen, die „sich eigenständig an Aufgaben orientieren", denn von jedem Team wird erwartet, daß es sich um seine Orientierung selbst kümmert, anstatt sich auf eine externe Führungskraft zu berufen. Diese Teams müssen sich selbst organisieren, selbst ausrichten und sind selbst verantwortlich. Die Unternehmensleitung mag gewisse Parameter vorgeben, eine Organisationsmetapher formulieren oder Organisationsprinzipien festlegen, aber eine detailliertere Ausrichtung liegt in der Eigenverantwortung der Teams.

Das Hauptziel solcher sich eigenständig an Aufgaben orientierenden Teams – wir haben sie als dynamische Teams bezeichnet – besteht darin, die Themen aufzufangen, die vom Markt, von der Konkurrenz, von den Lieferanten und Partnern und aus dem eigenen Haus kommen. Entsprechend gilt es, Produkte, Prozesse und Service-Strategien zu entwerfen, die ein Produkt den ganzen Lebenszyklus hindurch unterstützen. Durch kollegiale Zusammenarbeit lassen sich Lösungsmöglichkeiten so lange iterieren, bis ein reifer, marktfähiger Plan vorliegt.

Diese dynamischen Teams sind die „*Meister-Teams*" des Unternehmens. Sie verkörpern *Arbeit als Dialog* – auf der Grundlage unseres inneren Zeitbewußtseins und eines guten Gespürs für den richtigen Zeitpunkt zur Vermarktung.

Wechselbeziehung zwischen den fünf Konzepten und Prinzipien

Die in diesem Kapitel erörterten fünf Konzepte und Prinzipien – *Vernetzung unter kollegialen Partnern, integrative Prozesse, Arbeit als Dialog, inneres Zeitbewußtsein und Zeitplanung* sowie *virtuelles Unternehmertum und dynamische Teambildung* – lassen eine eindeutige Wechselbeziehung erkennen. Sie soll in den beiden folgenden zweidimensionalen Abbildungen eines äußerst dynamischen Prozesses der Formgebung und Dialogführung zusammenfassend veranschaulicht werden.

Die Vernetzung von Vision und Wissen versetzt virtuelle Unternehmen und dynamische Teams in die Lage, die Muster der Gegenwart zu erkennen und ihre eigene Muster zum Ausdruck zu bringen. Wissensvernetzung bedeutet, daß die in Teams kombinierten Vorstellungen und Kenntnisse der verschiedenen Teammitglieder dem Unternehmen ein hochgradig qualitatives Vorgehen in der Gegenwart ermöglichen. Die Teams haben die Aufgabe, Marktchancen zu erkennen und zu interpretieren sowie angemessene Entscheidungen zu treffen und durchzusetzen, die sowohl den Kundenerwartungen als auch der unternehmensweiten Vision der Teams entsprechen (Abbildung 10.20).

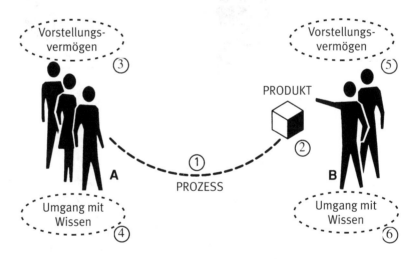

Abb. 10.20: Virtuelles Unternehmertun und dynamische Teambildung

Das virtuelle Unternehmen und die dynamischen Teams (A) definieren, entwickeln und betreiben den Prozeß (1), der die Produkte (2) erzeugt. Die Teams setzen ihr individuelles und kollektives Wissen (4) ein, entwerfen und produzieren die Produkte in ständigem Dialog mit ihren Visionen (3), und entsprechend richten sie ihre Aktivitäten aus.

Die Kunden (B) betrachten das Produkt (2) und die Art und Weise seiner Herstellung (1) – exemplarisch abzulesen am Prozeß. Bei ihren Überlegungen in bezug auf die Anwendungsmöglichkeiten greifen sie auf ihr Wissen (6) und ihre Wunschvorstellungen (5) zurück.

Wichtig ist, daß zwischen den virtuellen Teammitgliedern (A) bei ihrem Hinhorchen und der Antizipation der Erwartungsmuster der Kunden (B) kommuniziert wird. Auf diese Weise wird ein Dialog zum Markt aufgenommen. Die virtuellen Teammitglieder kommunizieren mit der Gegenwart, zapfen ihr individuelles und kollektives Wissen an und führen einen ständigen Dialog mit ihren Visionen. Dies ist es, was Wissensvernetzung bedeutet (Abbildung 10.21): Die Teammitglieder stellen sich individuell und im Rahmen gemeinsamer Überlegungen die Möglichkeiten zur Nutzung ihrer Kenntnisse und Erfahrungen (Umgang mit Wissen) vor, um so den Prozeß zu gestalten und letztlich das Produkt zu erzeugen.

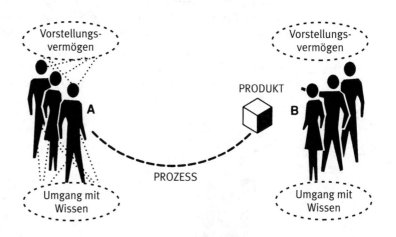

Abb. 10.21: Virtuelles Team und Wissensvernetzung

Während die Mitglieder des dynamischen Teams (A) ihre technische Vernetzungsinfrastruktur zur Parallelbearbeitung im Projekt nutzen, müssen sie zugleich ihr eigenes Erfahrungswissen, das Wissen ihres Unternehmens und ihr kulturelles (öffentlich-wissenschaftliches) Wissen einbringen. Die Mitglieder des dynamischen Teams haben auch Zugang zu ihren eigenen persönlichen Visionen, den Visionen ihrer Gruppe, den Visionen ihres Unternehmens und den Visionen ihrer Kultur: Sie alle fließen in die Arbeit des Teams ein.

Die Vernetzung von Wissen bedeutet den Dialog mit der Vergangenheit, die uns ständig begleitet; mit der Gegenwart, in der wir handeln; und mit der Zukunft, die bereits in der Gegenwart angelegt ist. Die Qualität dieses Dialogs ist ausschlaggebend dafür, wie angemessen die vom virtuellen Team hervorgebrachten Prozesse und Produkte sind. Dieser Dialog ist nicht nur eine kognitive Aufgabe; er bezieht auch unsere Wertvorstellungen und Emotionen ein. Sie spielen eine wichtige Rolle bei der Färbung unseres Vorstellungsvermögens, unseres Umgangs mit Wissen und unseres Handelns.

Die fünf Prinzipien können nur dann zusammenarbeiten, wenn es im gesamten Unternehmen eine starke Führung gibt. Wenn sich die Mitarbeiter auf allen Ebenen einsetzen, tragen sie mit bei zur Gestaltung der Unternehmensvision und erweitern die Wissensbasis des Unternehmens. Starke Führung ist besonders wichtig für multiple Teams mit selbständiger Aufgabenorientierung. Beim Übergang zum Zeitalter des Wissens werden die virtuellen Unternehmen ihre Schwerpunkte verlagern – von der Kontrolle zum Engagement, vom Überwachen zum Motivieren, vom Befehlen zum Leiten.

Führung bedeutet Leiten, Betreuen und Beraten: Der Leiter eines Orchesters bringt die besten Talente seiner Musiker zur Entfaltung; ein Betreuer baut Fähigkeiten und Vertrauen auf; und ein Berater formt Talente. Unternehmen im Wissenszeitalter sind eine Mischung aus Orchestern, Basketball-Teams und Jazz-Combos. Vielleicht sind sie am ehesten den Jazz-Combos vergleichbar, denn dort weisen die Regeln häufig Unschärfen und Mehrdeutigkeiten auf – im Gegensatz zu den Regeln in einem Orchester oder einem Basketball-Spiel. Jazz-Combos kennen die Grundlagen, können aber selbständig ein Motiv aufgreifen und kreativ improvisieren.

Im Wissenszeitalter bedarf es einer neuen Managementstrategie, die dazu angetan ist, die Themen und Motive des Marktes, der Technologie und der menschlichen Visionen aufzugreifen und diese zu einer Partitur zusammenzufügen, die bei den Marktteilnehmern Aufmerksamkeit erregt. Vom Management durch Befehlserteilung gehen wir über zu einem „Management als Dialog – unter besonderer Berücksichtigung des strategischen Dialogs mit unseren Geschäftspartnern". Wenn Arbeit Dialog ist, so ist auch Management als Dialog zu verstehen. Wenn Führungskräfte und Mitarbeiter Ressourcenzentren mit anzapfbarem Wissen darstellen, so gilt es, ihre aktive Mitarbeit zu gewährleisten und auszurichten. Durch kreatives Kooperieren können wir uns gegenseitig ermächtigen. Wir vermögen verwirrend komplexe Zusammenhänge zu bewältigen, weil wir uns eines elegant einfachen Modells bedienen, das auf den Konzepten *Arbeit als Dialog* und *inneres Zeitbewußtsein* beruht: Vernetzung von Wissen.

Es mehren sich die Beweise, daß dies der richtige Weg ist. Die computergestützte Vernetzungstechnologie mit Faseroptiken von mehr als 100 Megabytes pro Sekunde eröffnet gänzlich neue Möglichkeiten für Organisationsstrukturen; wissenschaftliche Untersuchungen auf dem Gebiet der neuronalen Vernetzung und der Chaos-Forschung helfen uns, das „Maschinenmodell" hinter uns zu lassen [Grossberg 1988: 17-61; Briggs/Peat 1989], die Forschungsarbeiten von Jessica Lipnack und Jeffrey Stamps (*The Networking Institute*) [1988] zeigen die Macht geographisch verteilter Teams auf, und die *Groupware*-Forschung von Robert Johansen [1988] verweist auf das Potential von Teamarbeit als solcher. Auch andere Entwicklungen deuten darauf hin, daß die Zeit für einen Übergang zu kollegialer Vernetzung reif ist.

Eine neue Generation von Mitarbeitern wächst mit der Vernetzungstechnologie heran. Natürliche Interessenkomplexe bilden sich spontan am „Schwarzen Brett" und in Konferenz-Netzwerken. Nutzergruppen ziehen Leute mit ganz unterschiedlichem Hintergrund für gemeinsam interessierende Themen heran. Die Teilnehmer suchen die Vernetzung nicht, weil ihnen das aufgetragen wurde, sondern weil sie natürlicherweise daran interessiert sind. Sie knüpfen Beziehungen aus eigener Initiative heraus und warten nicht erst auf einen entsprechenden Auftrag.

Einige der Saatkörner für diesen Wandel wurden schon vor Jahren gelegt. Hayward Thomas, früher Vorsitzender von *Jensen Industries* und ehemaliger Werksleiter bei *Frigidaire*, gab der Fertigungsorganisation bei *Frigidaire* in den späten 50er Jahren eine neue Definition. Er führte runde Organisationsdiagramme ein, die Ähnlichkeit mit einem mittelalterlichen Kettenpanzer hatten: Viele kleine Stahlringe wurden so ineinander gefügt, daß eine sehr widerstandsfähige Struktur entstand.[9] In der großen Fertigungsanlage von *Frigidaire* arbeiteten Hunderte von Kleinteams als koordiniertes Ganzes. Leider konnte das Experiment nicht aufrechterhalten werden, weil *Frigidaire* von *General Motors* im Sinne einer hierarchischen Rezentralisierung der einzelnen Betriebe erneut umstrukturiert wurde. Doch andere Unternehmen wie *Procter & Gamble* und *Heinz* können auf eine lange Tradition eines erfolgreichen Einsatzes kleiner, effektiver Teams zurückblicken.

Heute arbeiten die Konstruktionsingenieure mit Fertigungsingenieuren oder Verfahrensingenieuren zusammen – städte- und weltweit. Sie wenden sich gegebenenfalls auch an Materialspezialisten an dritten Standorten, um sich bei der Kostenklärung ihrer Projekte helfen zu lassen. Marketing-Experten werden schon bei der Entwicklung neuer Produktideen in das Team einbezogen. Solche Gruppen arbeiten unter Umständen an ganz verschiedenen Standorten und können dennoch kooperativ Produkte und Dienstleistungen entwerfen, herstellen und vermarkten, die realen Kundenbedürfnissen Rechnung tragen. Jede Funktion stellt eine Ressource dar, die in Parallelarbeit mit anderen Ressourcen nach dem Modus *Geben und Nehmen* allseits verfügbar ist, so daß Ideen im Netzwerk hin und her laufen. In ähnlicher Weise bilden Investmentbanken und Versicherungsunternehmen Teams aus allen Unternehmensbereichen zwecks Bearbeitung multipler Problemstellungen. All diese Veränderungen ermöglichen Individuen, Teams und Unternehmen ein gänzlich neues, kreatives *Empowerment*. Letztlich erfahren die Mitarbeiter *Empowerment* nur durch Eigenermächtigung. Wenn wir erkennen, daß wir Urheber unserer eigenen Arbeit sind, und wenn wir das Spannungsverhältnis zwischen unserer Vorstellung und unserem Wissen kreativ zu nutzen verstehen, dann erfahren wir *Empowerment*.

Beim Übergang von Industriezeitalter zum Wissenszeitalter vollzieht sich eindeutig ein Wandel. Im nächsten Kapitel sollen die wichtigsten Veränderungen näher untersucht werden.

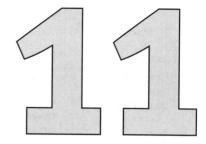

Von verwirrend komplexen zu elegant einfachen Unternehmen

Was geschähe wohl, wenn der Geschäftsführer unseres Unternehmens sein Organisationsdiagramm durchreißen würde mit der Bemerkung, die grundlegenden Beziehungen müßten neu definiert werden – so wie dies in Teil I geschildert wurde? Könnten wir die verwirrende Komplexität unserer derzeitigen Organisation einfach beiseite schieben und ein elegant einfaches Kernverständnis in bezug auf ihre Struktur entwickeln?

Wie gelingt uns der Übergang von den steilen Hierarchien der zweiten Generation zur Wissensvernetzung der fünften Generation? Wie überwinden wir die Komplexität der industriezeitalterlichen Organisationen, um die Einfachheit des Wissenszeitalters zu entdecken? Wie leiten wir einen solchen Übergang ein?

Ganz sicher ist dieser Übergang nicht von einem „Systemintegrator" käuflich zu erwerben. Gewiß, es gibt Firmen, die Regional- und Fernnetzwerke installieren, Anwendungen mit *Interfaces* versehen und zur Vereinheitlichung der Datenarchitektur beitragen. Doch der eigentliche Übergang gelingt nur, wenn wir uns eingehender mit den konzeptuellen Rahmenstrukturen befassen, in denen wir arbeiten. Wenn wir aus den einengenden Territorien des Managements der zweiten Generation ausbrechen wollen, müssen wir unsere Einstellungen und Vorgehensweisen ändern. Abbildung 11.1 verdeutlicht den Schwerpunkt dieses elften Kapitels.

Abb. 11.1:
Kapitelschwerpunkt: Übergang von steilen Hierarchien zu wissensvernetzenden Unternehmen

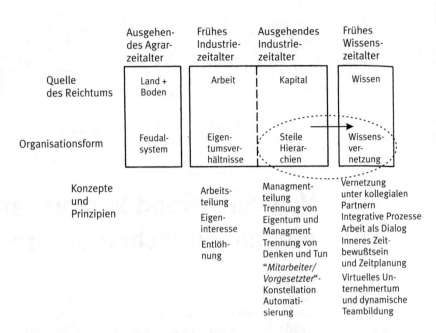

Wenn die Konzepte und Prinzipien des Wissenszeitalters eine anerkannte Basis – ein Kernverständnis – darstellen sollen, müssen sie intuitiv Akzeptanz finden. Ist es natürlicher, als Vorgesetzter und Untergebener zu arbeiten oder aber sich als Kollege unter Kollegen zu verstehen? Ist es natürlicher, sich in einem Kästchen zu verstecken oder aber als Wissensressource innerhalb eines Netzwerks zugänglich zu sein? Ist es natürlicher, Anweisungen zu befolgen, die wir nicht überblicken können, oder aber unsere Arbeit als Dialog zu begreifen und uns ermutigt zu sehen, unser Vorstellungsvermögen und unser Wissen aktiv einzubringen? Ist es natürlicher, ständig auf den uhrenzeitgemäßen Ablauf unserer Aktivitäten fixiert zu sein oder aber Zugang zum Verständnis der Unternehmensvision und des kollektiven Wissens zu haben? Ist es natürlicher, mit der Inflexibilität automatisierter Prozesse zu kämpfen oder aber am Entdeckungsprozeß eines sich eigenständig an Aufgaben orientierenden Teams teilzuhaben? Gelingt es uns, in unseren Unternehmen unseren eigenen Entdeckungsprozeß einzuleiten – so wie dies unsere Freunde in Teil I getan haben?

Raum und Zeit als Ausgangsbasis

Industriezeitalter und Wissenszeitalter gehen von unterschiedlichen Ausgangspunkten aus: Das Industriezeitalter baut auf einem räumlichen Modell von der Wirklichkeit auf, während das Wissenszeitalter ein Verständnis des Wechselspiels zwischen innerem Zeitbewußtsein und Uhrenzeit voraussetzt.

Raum ist eine Metapher, die vergleichsweise leicht zu verstehen ist. So ist leicht zu erkennen, was sich oben und unten, vor und nach oder links und rechts befindet. Es ist leicht, die Beziehungen zwischen Mensch und Objekt mit Hilfe räumlicher Diagramme aufzuzeigen. Aus diesem Grund ist ein Organisationsdiagramm so verführerisch einfach. Es vermittelt uns die Illusion, wir verstünden, wie die Organisation funktioniert. Viel schwieriger ist es, die sich mit der *Zeit* verändernden Strukturbeziehungen zu erkennen, weil solche Vorgänge in einem räumlichen Diagramm nicht ohne weiteres zu erfassen sind. Und doch entfaltet sich unser Menschsein im Lauf der Zeit, nicht im Raum. Wir leben in unserem inneren Zeitbewußtsein, an der Schnittstelle zwischen unserem Vorstellungsvermögen und dem Umgang mit unserem Wissen. Es sind unsere Träume und Erinnerungen, die uns zu unseren Aktivitäten anregen und ihnen Inhalt und Gestalt verleihen. Es ist die Spannung zwischen beiden, die uns motiviert.

Der Übergang vom Industriezeitalter zum Wissenszeitalter bedeutet im wesentlichen den Übergang von einem auf räumlichen Beziehungen (Linien und Kästchen) basierenden Modell zu einem auf Zeit (innerem Zeitbewußtsein und Uhrenzeit) basierenden Modell. Dieser Übergang ist einerseits durch Neues, andererseits aber auch durch Altes gekennzeichnet, denn in gewisser Weise greifen wir wieder auf den Einsatz und das Engagement der Bauern und Handwerker aus vorindustrieller Zeit zurück.

Der Bauer führte einen intensiven Dialog mit Land und Boden, den Jahreszeiten und dem Wetter. Vorstellung und Wissen, Zeitplanung und Handlung waren untrennbar im bäuerlichen Leben verwoben. Und auch ein Handwerker war ganzheitlich mit Materialien und Prozessen, Vorstellungen und Kenntnissen, Kundenreaktionen und *Feedback* befaßt. Doch im Industriezeitalter hat die Fragmentierung der Prozesse so manchem den Zugang zum eigenen Wissen und zu den eigenen Vorstellungen verwehrt. Der Dialog war unterbrochen. Bei allen Gütern und Dienstleistungen, die uns das Industriezeitalter beschert hat, ist eine tragische Konsequenz unverkennbar: Das Industriezeitalter hat unsere Beziehungsmuster in einer Weise angeordnet, die es uns äußerst erschwert, in vollem Umfang zu erfahren, wer wir in unserem Arbeitsleben sind. Wir werden in kleine Kästchen gestopft und bekommen gewissermaßen nur die halbe Partitur zu sehen, werden aber bestraft, wenn wir nicht im Sinne der Gesamtpartitur mitspielen. Doch die gute Nachricht ist: Wenn wir erst einmal die Kurzsichtigkeit und Dummheit der *A-B-C*-Triade, wie sie in Kapitel 3 erörtert wurde, erkannt haben, verstehen wir, daß es auch noch eine andere Form des Umgangs miteinander gibt. Das Zeitalter des Wissens eröffnet uns die Möglichkeit, erneut die Fülle des Lebens zu erfahren, die uns infolge der industriezeitalterlichen Annahmen verwehrt blieb. Und sobald wir die neuen Möglichkeiten des kreativen Miteinanders richtig begriffen haben, werden wir vermutlich auch unsere Wirtschaft auf kreativer Wissensbasis neu gestalten. Wo sich die Mitarbeiter in ihrem Wert geschätzt wissen, finden sie neue Anreize, um die eigenen Fähigkeiten wie auch die ihrer Kollegen zu steigern, und dies kann einen neuen, äußerst wirksamen Anstoß zu wirtschaftlichen Aktivitäten bedeuten.

Im Zeitalter des Wissens betreiben wir unsere „Ideenwirtschaft" auf den Feldern der Technologie; unsere „Handwerker" sind die Teilnehmer funktionsübergreifender, sich eigenständig an Aufgaben orientierender virtueller *„Meister-Teams"* in einem Team-Netzwerk. Vorstellungsvermögen, Umgang mit Wissen und Gespür für richtige Zeitplanung sind heute genauso wichtig wie in den Jahrhunderten zuvor. Und Teambildung erfolgt nicht nur innerhalb unserer Unternehmen, sondern dank virtuellen Unternehmertums auch unter Beteiligung verschiedener Unternehmen. Zudem ist unsere Teambildung keineswegs statisch begrenzt – so, als ob wir in Teams genauso eingesperrt wären wie seinerzeit in unseren winzigen Kästchen; Teambildung ist vielmehr ein dynamischer Prozeß, der den Einsatz von Teams in immer wieder neuen Konstellationen bewirkt. Kurz: Unsere Teambildung beruht auf der gegenseitigen Anerkennung unserer Kompetenzen und Aspirationen. Diese Wissensvernetzung ist für nachhaltigen Erfolg von entscheidender Bedeutung.

Management-Modelle im Übergang

Abbildung 11.2 verdeutlicht einige der Elemente, die beim Übergang zur Wissensvernetzung eine Rolle spielen. Zunächst wollen wir uns mit dem äußeren Rahmen befassen und dann den Übergang zwischen den Management-Modellen genauer betrachten. Zwar könnte unser Vorgehen den Eindruck erwecken, wir hätten es mit einem *„Entweder/oder"*-Dialog zu tun, doch dies ist keineswegs beabsichtigt. Vielmehr sollen die Gegensätze deutlich hervorgehoben werden, damit sich die Alternativen noch deutlicher abheben.

Abb. 11.2:
Übergang von steilen Hierarchien zur Vernetzung von Wissen

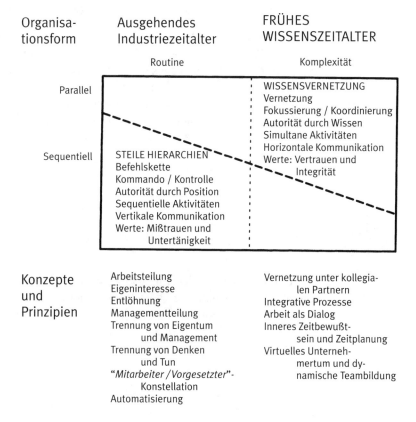

Abbildung 11.2 greift einige der Themenstellungen auf, wie sie in den vorangegangenen Kapiteln erörtert worden sind:

1. Übergang vom *Industrie*zeitalter zum *Wissens*zeitalter

2. Übergang von *Routine* zu *Komplexität*

3. Übergang von *sequentiellen* Arbeitsabläufen zu *parallel* und iterativ ablaufenden Aktivitäten

4. Übergang von industriezeitalterlichen *Konzepten und Prinzipien* zu denen des Wissenszeitalters

5. Managementveränderungen in bezug auf Struktur, Kontrolle, Autorität und Kommunikation.

Die Diagonale in Abbildung 11.2 verläuft nicht von Ecke zu Ecke. Wissensvernetzende Unternehmen weisen nach wie vor hierarchische, wenngleich erheblich abgeflachte Autoritätsstrukturen auf. Doch diese Hierarchie wird die schwächende, hinderliche *A-B-C*-Triade, wie sie in Teil I erörtert wurde, nicht fortsetzen, sondern so angelegt sein, daß die Mitarbeiter bei der gemeinschaftlichen Nutzung ihrer Fähigkeiten beraten und betreut werden.

Einige Aktivitäten werden weiterhin sequentiell ablaufende Routinetätigkeiten sein. Nicht ein *„Entweder/oder"* ist angesagt, sondern ein *„Sowohl/als auch"*. Nach wie vor wird es ein gewisses Maß an Arbeitsteilung geben, wobei bestimmte Aufgaben auch weiterhin eng umrissen bleiben. Die Unternehmensleitung wird nach wie vor die Gesamtverantwortung für die strategische Ausrichtung des Unternehmens tragen, und Spuren der alten Befehlskette werden ebenso überleben wie die Automatisierung.

Orientierungspunkte beim Übergang

Der Übergang von steilen Hierarchien zu vernetzenden Organisationen bedeutet nicht, „Kästchen" zu verschieben oder gar abzuschaffen. Eine solche Managementstrategie hat es seit Jahrzehnten gegeben: Wenn etwas nicht funktioniert, verschiebt man die Kästchen, dezentralisiert oder zentralisiert – je nachdem.

Wer oder was sind die Triebkräfte des Wandels? Gibt der geschäftsführende Direktor den Anstoß – oder sind es die Spitzenführungskräfte im Kollektiv? Vielleicht, aber häufig ist die Unternehmensleitung viel zu sehr mit „großen Fragen" (zum Beispiel Kapitalinvestitionsentscheidungen) beschäftigt, um wirklich zu begreifen, was innerhalb der Organisation vor sich geht. Ist das Mittelmanagement die treibende Kraft? Unwahrscheinlich, weil Mittelmanager die Probleme zwar erkennen mögen, aber nicht die Macht haben, einen Wandel herbeizuführen. Löst die Informationstechnik den entsprechenden Impuls aus? Wohl kaum, zumal die Informationssystem-Analytiker zu sehr auf ihre Technologie fixiert sind, als daß sie hinreichend Kontakt zur Gesamtorganisation hätten.

Der nächste Übergang wird vermutlich von einer Koalition interessierter Parteien innerhalb des Unternehmens ausgelöst. Im Idealfall umfaßt diese Koalition wichtige Mitarbeiter aus Konstruktion, Fertigung, Finanzen, Kundendienst, Informationstechnik, Personalwesen, Organisationsentwicklung und anderen interessierten Kreisen. In vielen Unternehmen werden auch die Gewerkschaften eine bedeutende Rolle bei der Herbeiführung des Wandels spielen. Keineswegs aber stellt sich der Übergang von selbst ein, nur weil wir unsere steilen Hierarchien computerisiert haben.

Terry Winograd und Fernando Flores haben in ihrem Buch *Understanding Computers and Cognition* [1987] unseren blinden Glauben an die Macht des Computers in Frage gestellt. Ihre Ausführungen erinnern uns daran, daß eine Computerisierung ohne Verständnis des „Gesamtbildes" – der *Gestalt* oder des Organisationsmusters – äußerst eingeschränkt ist. So sind Versuche, das Wissen eines Experten in einem Expertensystem zu erfassen, von begrenztem Erfolg, denn die Erfassung einer bestimmten Abfolge von Schritten in Regeln ist das eine; die Erfassung des Gesamtkontexts, in dem das Denken eines Experten abläuft, ist etwas ganz anderes. Ein Experte verfügt über Macht, weil er die multiplen Zusammenhänge eines Ereignisses erkennt und sich auf neue Eventualitäten und unerwartete Veränderungen einstellen kann.

Damit sind wir wieder bei Abbildung 11.2. Wir werden jeden der fünf Punkte aufgreifen und sie in ihrem Bezug zum Übergangsprozeß erörtern.

Übergang vom Industriezeitalter zum Wissenszeitalter

Wir haben die Wahl: Entweder verharren wir in der Mentalität des Industriezeitalters und computerisieren unsere steilen Hierarchien, oder wir richten unser Denken auf eine Integration aus, wie sie nur durch Vernetzung von Wissen möglich wird. Mit der ersten Alternative werden wir unseren organisatorischen Bankrott nicht überwinden können. Dagegen wird die zweite Alternative früher getätigten Investitionen zusätzlichen Wert hinzufügen und künftige Investitionen um so ertragreicher machen.

Häufig ist zu hören, Zweck der computerintegrierten Fertigung sei die Übermittlung der richtigen Informationen an die richtigen Leute zum richtigen Zeitpunkt, um die richtigen Entscheidungen treffen zu können. Sicher ist dies ein realer und wichtiger Prozeß, aber es geht um mehr als lediglich die Schaffung, Weiterleitung, Speicherung und Verarbeitung von Informationen. Nur der Mensch ist in der Lage, all die *Pareto*-Diagramme, Histogramme, Kundenprofile und Unternehmensgraphiken zu deuten und die Zusammenhänge zwischen den Mustern zu durchschauen. Weil wir die Unternehmensvision erfassen können und ihre geschichtliche Entwicklung kennen, wissen wir, wonach wir suchen müssen. Es ist der größere Kontext im Rahmen unseres inneren Zeitbewußtseins, der uns das Erkennen von Mustern, selbst von unscharfen, undurchsichtigen Mustern, ermöglicht. Sicher werden wir aufgrund unserer zunehmenden Erfahrung mit dem *World Wide Web* im *Internet* und durch den Aufbau unternehmensinterner Netzwerke um so besser in der Lage sein, solche Ideen, Einsichten und Möglichkeiten effektiver zu verarbeiten.

Unsere Automatisierungsmentalität hat uns zu der Annahme verleitet, wir könnten alles in Datenbanken erfassen. Zwar werden Datenbanken für moderne Unternehmen immer unverzichtbarer. Entscheidend aber ist unsere menschliche Fähigkeit, die umfassenderen, mit dem Unternehmensauftrag verbundenen Muster zu erkennen und angemessen zu reagieren. Es sind die Wissensbestände, die unsere eigentlichen Vermögenswerte darstellen. Wir brauchen eine Strategie, die unsere menschlichen Kompetenzen anerkennt und wertschätzt – unsere Fähigkeit, zu erkennen und vorauszuahnen, unsere Vorstellungen zu erweitern und einander mitzuteilen und unsere Lernerfahrungen als eine allen zugängliche Unternehmensressource zu begreifen. Aus diesem Grund ist die „Lernzeit" mindestens genauso wichtig wie die Vermarktungszeit.

Wenn wir von menschlichen Fähigkeiten und von der menschlichen Komponente sprechen, verfechten wir keinen humanistischen Ansatz. Nur zu häufig geht das Bemühen dahin, einen „netten Umgangston" in das Unternehmen einzubringen und zu verstärkter „Partizipation" zu ermutigen, weil das eben dazugehört. Nur werden solche Philosophien allzu häufig in oberflächlicher Weise auf industriezeitalterliche Organisationen angewendet. Selbst Maslows „Bedürfnishierarchie" [1968] und McGregors Theorie XY [1960] reichen nicht aus, weil sie die zugrunde liegenden Annahmen des Industriezeitalters nicht überwunden haben. McGregor hat uns in die richtige Richtung gewiesen; Maslow hatte für seine Theorien allerdings kaum eine empirische Grundlage.

Im Zeitalter des Wissens ist man nicht unbedingt „nett" zueinander. Wichtiger ist, daß ein ehrlicher und offener Dialog über die wirklich anstehenden Probleme, Muster, Herausforderungen, Technologien und Marktchancen des Unternehmens geführt wird. Nach wie vor wird es politische Intrigen, Mißtrauen, Mißverständnisse, Unstimmigkeiten und Auseinandersetzungen über knappe Ressourcen zur Zeit der Budget-Erstellung geben. Vertrauen kann nur durch die Integrität der Mitarbeiter im Unternehmen erlangt werden. Wenn Mitarbeiter die Unternehmensvision verstehen, dann nur deshalb, weil Offenheit und Ehrlichkeit herrschen. Wenn das Unternehmen lernt, aus seinen Erfahrungen zu lernen, dann nur deshalb, weil es ein Interesse an den Gedanken und Vorstellungen seiner Mitarbeiter hat und nicht nur Eigeninteressen verfolgt.

Der Übergang zum Zeitalter des Wissens ist kein Übergang zu einem utopischen oder humanistischen Paradies. Vielmehr werden Unternehmen und Mitarbeiter mit realen Problemen und Herausforderungen konfrontiert, wenngleich auf der Basis eines eher holistischen Kontext-Verständnisses. Dies gehört zum Prozeß des Ausrichtens – zum Diskurs, aus dem wirkliches Verständnis erwächst. Von den Menschen im Wissenszeitalter wird Mäßigung durch einen Realismus erwartet, in dessen Rahmen die Muster der Vergangenheit, der Gegenwart und der Zukunft zu erkennen sind.

Wir befinden uns konstant an der „Schnittstelle zwischen Zeitlosigkeit und Zeit", um einen Ausdruck von T.S. Eliot [1952: 136] zu verwenden. Wir müssen unsere Fähigkeit nutzen, musikalische Muster zu erkennen und zu hören – gleich, ob auf den Märkten der Unternehmer oder in den Labors der Wissenschaftler „musiziert" wird. Und wir sind aufgerufen, selbst Musik zu machen, um die Aufmerksamkeit der Marktteilnehmer zu erlangen.

Der Übergang von der Oberflächlichkeit des Industriezeitalters zum menschlich anspruchsvollen Zeitalter des Wissens stellt uns vor die Herausforderung, einander auf neue und anregende Weise zu begegnen. Wie Ken Olsen [1987: 4] meinte, werden wir feststellen, daß der Kontakt zu unserer Kreativität, unserem Wissen und unserer Motivation einen profunden Wert als solchen hat und sich zugleich „unter dem Strich" auswirkt.

Übergang von Routine zu Komplexität

Wenn die Zukunft im wesentlichen so aussieht wie die Vergangenheit, macht die Organisation von Routineabläufen durchaus Sinn. Sind aber Bogenwürfe, unerwartete Melodien und kaleidoskopische Technologie-Veränderungen an der Tagesordnung, bedarf es einer Strategie, die Komplexität und Varietät zu bewältigen vermag.

Der eigentliche „Siphon" für die Gewinne eines Unternehmens ist nicht der Arbeitsprozeß, sondern vielmehr der Prozeß der Entscheidungsfindung. Es sind die unzähligen kleinen Entscheidungen, die nur halbherzig oder gar nicht getroffen wurden, die einem Unternehmen die Schwungkraft nehmen. Viele gute Ideen werden in Erwartung ruhigerer politischer Zeiten so lange aufgeschoben, daß ihnen, wenn sie überhaupt noch hervorgekramt werden, wie alten Reifen die Luft ausgegangen ist. Anstehende Entscheidungen gilt es selbst bei Unschärfen und Informationsmangel zu treffen.

Es ist kein Zufall, daß wir zunehmend ein breitgefächertes Interesse an der Chaos-Forschung erleben. James Gleicks Veröffentlichung *Chaos: Making a New Science* [1987] ist ein Versuch, dem Durchschnittsleser die komplexe Materie der Fraktale verständlich zu machen. Die Aufgabe besteht darin, Muster im Chaos ausfindig zu machen. Die Schönheit und Regelmäßigkeit in der Unregelmäßigkeit der Mandelbrotschen Strukturen ist faszinierend. Es nimmt nicht Wunder, daß Tom Peters eines seiner Bücher mit *Thriving on Chaos* [1987] betitelt hat. In ähnlicher Weise wächst das Interesse an der „*Fuzzy-Set*"-Theorie: Auch sie befaßt sich mit schwer auszumachenden Mustern.

Wie oft haben wir wohl den Satz gehört: „Wenn ich nur wüßte, was der Kunde eigentlich will!" Das Konzept von „dem Kunden" ist eine Abstraktion. Dieser „Kunde" setzt sich in Wirklichkeit aus vielen verschiedenen Kunden mit weitreichenden Bedürfnissen und vielfältigen Aspirationen und Interdependenzen zusammen. Häufig ist perzeptives Marketing erforderlich, um die nur schwach und unscharf erkennbaren Muster auszumachen. Und wir brauchen ein gutes Zeitgefühl, damit wir zum richtigen Zeitpunkt entschieden handeln können. Ein Unternehmen kann nicht erfolgreich sein, wenn es Top-Ideen zum falschen Zeitpunkt bringt. Weder zu viel noch zu spät, lautet die Devise.

Darum ist ein ehrlicher, offener Dialog in den Unternehmen so dringend erforderlich. Die Wahrheit kommt häufig erst durch den Zustrom vielfältiger menschlicher Wahrnehmungen zum Vorschein – durch ständiges Geben und Nehmen bei konsequenter Dialogführung. Darum sind die Organisationen auf Autorität durch Wissen und nicht auf Autorität durch Position angewiesen, darum haben sie Erfolg, wo andere versagen. So hat die *Digital Equipment Corporation* eine Unternehmenskultur, in der die Vorstellung des „Nachforschens" geschätzt wird: Sobald jemand eine Aussage macht oder Position bezieht, wird von den anderen erwartet, daß sie „nachforschen" und der Wahrheit auf den Grund gehen. Dabei spielt es keine Rolle, welchen Rang der Betreffende hat. Ohne Achtung des Wahrheitsgehalts einer Sache ist Komplexität schwerlich zu bewältigen. „Nachforschen" beinhaltet kein „Abschmettern", sondern Offenheit und die Bereitschaft, einer Angelegenheit nachzugehen, bis die Wahrheit erkannt ist. Andere Organisationen sprechen von „Zwiebelschälen" oder „*Fünf-Frage*-Routine". All dies sind Beispiele für Autorität durch Wissen.

Der Übergang von Routine zu Komplexität bedeutet somit einen Wandel der Einstellungen, Wahrnehmungen und Erwartungen. Es geht nicht um *Schwarz/Weiß*-Entscheidungen, sondern um ein Kontinuum. Einige vorwiegend durch Routineabläufe gekennzeichnete Unternehmen können in eng definierten Marktnischen auch weiterhin ausgesprochen effektiv sein. Andere werden sich nach den alten Zeiten zurücksehnen, als sie noch von wirtschaftlich günstigen Auftragsvolumina ausgehen konnten und sich nicht um „Einer"-Losgrößen sorgen mußten.

Übergang von sequentiellen Abläufen zu Parallelarbeit

Sequentielle Arbeitsabläufe führen zu gegenseitiger Isolation von Menschen und Prozessen. Der einzelne Funktionsbereich spielt die ihm gemäße Rolle, aber er weiß nicht um die Zwänge, unter denen andere Funktionsbereiche arbeiten. Es ist ein Leichtes, einem anderen Funktionsbereich vorzuwerfen, seine Mitarbeiter hätten keine Ahnung oder bestimmte Anweisungen seien nicht richtig befolgt worden – besonders in Unkenntnis der im anderen Funktionsbereich zu bewältigenden Alltagsprobleme.

Wir haben ein Bildungssystem für unseren Nachwuchs eingerichtet, das zur Fragmentierung der Unternehmen beiträgt. Die Ingenieurschulen und Technischen Universitäten produzieren Ingenieure. Die arbeitswissenschaftlichen Fakultäten liefern Arbeitstechniker. Viele Fertigungsingenieure arbeiten sich von unten nach oben, obgleich sich derzeit eine andere Entwicklung anbahnt. Die Finanzexperten leben in ihrer Finanzwelt und weisen einen entsprechenden Hintergrund auf. Die Marketing-Experten kennen wiederum nur die eigene Herkunft, und so setzt sich das fort. Ein effektives interdisziplinäres Ausbildungsprogramm für die Fertigungsindustrie ist kaum vorhanden.[1]

Inzwischen aber gewöhnen wir uns allmählich an gleichzeitiges Arbeiten – beispielsweise in Form von Parallelarbeit. Dadurch entsteht eine ganz neue Dynamik: Es geht nicht nur darum, daß Funktionen gleichzeitig erfolgen, sondern daß *zusammen*gearbeitet wird. Räumliche oder zeitliche Nähe ist nicht erforderlich – dank der Möglichkeiten, die uns Netzwerke und gemeinsame *Window*-Formate bieten.

Parallelarbeit verlangt größere Disziplin als die Abfolge sequentieller Arbeitsschritte. In einem sequentiell betriebenen Unternehmen sitzen gewöhnlich „alte Hasen" an den Schnittstellen, die weise und vernünftig genug sind, die Ergebnisse einer anderen Abteilung in die Sprache der eigenen Abteilung umzusetzen. Sie sind die unbesungenen Helden unserer Unternehmen – diejenigen, die letztlich dafür sorgen, daß „Konstruktion" und „Produktion" eine gewisse Ähnlichkeit aufweisen.

Unternehmen wie *Delco-Remy* sind gerade dabei, die Möglichkeiten der Parallelarbeit neu zu entdecken. Dieser bereits in den 50er Jahren entwickelte, aber im Trend zur Zentralisierung in den 60er Jahren wieder untergegangene Ansatz erlebt zur Zeit eine „Neuauflage": Konstruktionsingenieure, Fertigungsingenieure und Arbeitstechniker arbeiten beim Entwurf von Produkten und Prozessen Schulter an Schulter. Diese Zusammenarbeit bewirkt leichter zu fertigende Entwürfe und qualitativ bessere Prozesse. Doch sind dies nur die Anfänge des Trends zur Parallelarbeit – sei es Ellbogen an Ellbogen oder über Computer-Netzwerke.

Auch ist zu beobachten, daß die Unternehmen untereinander mit Parallelarbeit beginnen: Während das eine Unternehmen ein neues Automodell entwirft, arbeitet der Zulieferbetrieb gleichzeitig an der Konstruktion der Transferstraße für die Fertigung. Das Lieferunternehmen kann dies nur deshalb leisten, weil es sich im Lauf der letzten zehn Jahre durch Vereinheitlichung seiner Datenbasis, Bemühen um Disziplin in der eigenen Organisation und Übergang zu einem Projektmanagement-Ansatz entsprechend vorbereitet hat. So ist es für das Lieferunternehmen kein Problem, die Konstruktion seiner Transferstraße jeweils dynamisch an die neuen Entwürfe des Autoherstellers anzupassen. Diese Entwicklung ist äußerst wichtig, denn nur so lassen sich die Zykluszeiten bei neuen Wagen von fünf Jahren auf zwei oder weniger Jahre verkürzen.

Die meisten Unternehmen, die sich den Herausforderungen des elektronischen Datenaustauschs stellen wollen, beginnen erst jetzt mit der Einrichtung neuer Netzwerke, die ihnen letztlich paralleles, gemeinsames Arbeiten ermöglichen. In Zukunft lassen sich Aufträge und Rechnungen ohne weiteres elektronisch verschicken; die eigentliche Herausforderung besteht darin, der Zulieferindustrie Geometrien, Typologien, Toleranzen sowie Formate und Merkmale elektronisch zu übermitteln. Der technische Datenaustausch wird unter der Flagge der *Product Data Exchange Specification* weiterentwickelt, die eines Tages den *ISO-STEP*-Modelldaten-Standard *(Standards for the*

Transfer and Exchange of Product der International Standards Organization) darstellen wird. Die Nutzung einer größeren Vernetzungsbandbreite zwischen auftraggebenden Unternehmen und Lieferanten wird sich explosionsartig, vielleicht sogar exponentiell, erhöhen. Auch das CALS-System (Computer-aided Acquisition and Logistics Support) des US-amerikanischen Verteidigungsministeriums, inzwischen als „Handel mit Lichtgeschwindigkeit" bekannt, trägt zur Beschleunigung dieser Entwicklung bei. So verlangt das amerikanische Verteidigungsministerium, daß seine wichtigsten Zulieferer nach 1990 sämtliche Design-Spezifikationen in digitaler Form und nicht mehr schriftlich bereitstellen oder aber dem Auftraggeber Zugang zu den entsprechenden Datenbanken ermöglichen.

Alles deutet darauf hin, daß dieser Trend zur Parallelarbeit schneller vonstatten geht, als die meisten von uns meinen. Wir brauchen eine andere Mentalität: Wir müssen bereit sein, die dem Industriezeitalter zugrunde liegenden Annahmen zu hinterfragen und zur Entwicklung neuer Prinzipien beizutragen.

Übergang zu neuen Konzepten und Prinzipien

Thomas Kuhn erörtert in seinem Buch *The Structure of Scientific Revolutions* [1970] den Prozeß und die Bedeutung von Paradigmawechseln beziehungsweise Veränderungen in der Geisteshaltung. Wir stehen heute am Anfang eines solchen Paradigmawechsels. Aber wir haben keine Garantie dafür, daß uns dieser Wechsel zufriedenstellend gelingt. Er ist nicht unausweichlich. Vielmehr kommt es auf unsere eigene Wahrnehmung, Intuition, Integration und Kreativität an. Ein sehr großer Teil der Zukunft muß von uns – durch eigenes Zutun – erschaffen werden!

Wir können uns die engstirnige Isolation der sequentiellen Arbeitsabläufe im Rahmen einer zunehmenden Arbeitsteilung und unter Anwendung eines ebensolchen Prinzips auf das Management nicht länger leisten. Simplifiziertes Eigeninteresse, bei dem unsere Kästchen auf dem Organisationsdiagramm als unser Exklusivbesitz gelten, darf nicht mehr toleriert werden. Wie Drucker [1988: 50] feststellt, brauchen wir neue Vergütungs- und Belohnungssysteme, die dazu angetan sind, daß individuelle wie kollaborative Wissensressourcen gehegt und gepflegt werden. Der Bürokratie kommt eine gewisse, aber vergleichsweise eingeschränkte Bedeutung zu. Wir müssen Denkende und Handelnde zugleich sein, um gleichzeitig als Betreuende, Lehrende und Lernende führen und folgen zu können – als kooperative Teilnehmer eigenständig an Aufgaben orientierter Teams unter sinnvollem Einsatz der Automatisierung. Wenn es uns gelingt, den Schwerpunkt dahingehend zu verlagern, daß *der Mensch im Mittelpunkt* steht, dann wird es uns auch gelingen, geeignete Technologien heranzuziehen, die uns die Durchführung der Arbeit erleichtern.

Übergang zu neuen Strukturen

Drucker, Davis, Nolan, Zuboff, Nonaka, McMaster, Peters, Burrus und andere meinen, die „neue Organisation" erfordere neue Strukturen mit anderen Kontroll-, Autoritäts-, Kommunikations- und Zuständigkeitsstrategien. Nachdem wir uns nun durch die Außenbereiche in Abbildung 11.2 hindurchgearbeitet haben, wollen wir uns die beiden Listen innerhalb des Rechtecks genauer ansehen und die Unterschiede zwischen steilen Hierarchien und wissensvernetzenden Unternehmen der Reihe nach verdeutlichen (Abbildung 11.3).

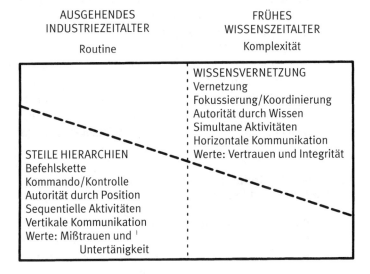

Abb. 11.3: Veränderungen im Management

Von der „Befehlskette" zur „Vernetzung":

Henri Fayols vierzehn Prinzipien basieren auf der eigenen Erfahrung als geschäftsführender Direktor des französischen Bergbauunternehmens *Comambault* zu Beginn dieses Jahrhunderts [Fayol 1916/1949]. Etwa zur gleichen Zeit entwickelte Taylor seine Theorien zur „wissenschaftlichen Betriebsführung". Taylor war in erster Linie an der Fabrikhalle interessiert und arbeitete von unten nach oben, während Fayol beim Vorstand oder Verwaltungsrat begann und von oben nach unten vorging. Taylor erarbeitete eine Strategie zur Definition und Steuerung von Arbeitsaufgaben; Fayol erstellte Theorien zur Planung, Organisation, Steuerung, Koordinierung und Kontrolle der Verantwortlichkeiten im Management.

Solche Konzepte waren ideal zu einer Zeit, in der sich die Märkte nur langsam veränderten, viele Unternehmen geographisch isoliert waren und die Einführung neuer Technologien noch gemächlich voranschritt. Sie sind jedoch nicht mehr angemessen in einer Zeit der globalen Märkte, der geographischen Integration und des immer rascheren technologischen Fortschritts.

Heute bietet das reine Vorhandensein einer vernetzten Infrastruktur in einem Unternehmen keine Garantie dafür, daß die Organisation ihre Ressourcen auch wirklich nutzt. Ein gut ausgebautes Straßen-, Telefon- und Telegrafensystem macht Kommunikation möglich, aber es bedeutet nicht, daß auch sinnvoll kommuniziert wird.

Vernetzung ist als kontinuierlicher Prozeß der Kontaktaufnahme zu anderen im Sinne einer bestimmten Aufgabenstellung zu verstehen. Wir selbst stellen die Knoten im Netzwerk – die Wissensressourcen – dar und haben die Möglichkeit, das verfügbare Wissen anzuzapfen und auf diese Weise unsere Effektivität zu steigern. Wir sind nicht länger an die Befehlskette gebunden, sondern haben direkten Zugang zu Wissensquellen sowohl innerhalb als auch außerhalb des Unternehmens [Lipnack/Stamps 1994]. Bei der Einstellung in der *Digital Equipment Corporation* wurde einem Freund von mir eine Geschichte erzählt, die zweierlei aussagte. Die gute Nachricht war, daß 120000 Leute für ihn arbeiten würden; die schlechte Nachricht war, daß die Mitarbeiter sich dessen nicht bewußt wären. Es lag an ihm, herauszufinden, wie er sich bestmöglich vernetzen und Arbeitsallianzen bilden konnte.

Von „Kommando/Kontrolle" zu „Fokussierung/Koordinierung":

Die steile Hierarchie hat eine *Kommando/Kontroll*-Struktur, bei der die Befehle von der Spitze ausgehen. Um Initiative ergreifen zu können, muß ein weiter unten in der Organisation angesiedelter Mitarbeiter zunächst den Segen seines unmittelbaren Vorgesetzten einholen. Wissen und Weisheit sind vermeintlich in den langjährigen Erfahrungen der Spitzenführungskräfte zu finden!.

Dieses Denken basiert auf dem folgenden „Bedeutungskalkül": Je höher einer in der Organisation steht, desto wichtiger ist er – wobei seine Bedeutung nach Anzahl der direkt unterstellten Mitarbeiter, Befugnissen in bezug auf Budget-Genehmigungen und Zugang zu Machtzentren bemessen wird. Allzu häufig entartet dieses Modell zur Vermessung nicht der *Kenntnisse*, die jemand aufzuweisen hat, sondern seiner *Bekanntschaften*!

Ironischerweise entwickeln Führungskräfte großes Geschick in der Erteilung von Aufträgen, lernen es aber nie, perzeptive Fragen zu stellen oder sorgfältig zuzuhören. Fragen wird als Unwissenheit ausgelegt, und das ist der eigenen Position im Unternehmen unwürdig. Eine solche Haltung erstickt jede sinnvolle Kommunikation. Es sind Hunderte von kleinen Entscheidungen, die überall im Unternehmen getroffen werden und letztlich für Gewinn und Verlust ausschlaggebend sind, nicht die gelegentliche „wichtige" große Entscheidung von ganz oben. Doch wenn eine Unternehmenskultur das sorgfältige Zuhören nach eindringlich gestellten Fragen nicht fördert, kann das Unternehmen nur verkümmern.

Netzwerkunternehmen mit weniger Führungsebenen stehen vor signifikanten neuen Herausforderungen: Wie stellen wir sicher, daß alle Ebenen auf die entscheidenden Schlüsselprobleme ausgerichtet sind? Wie gewährleisten wir die Koordinierung all der in Wechselbeziehung stehenden Aktivitäten? Wie werden die Mitarbeiter belohnt, wenn es weniger Führungsebenen gibt?

Die Ausrichtung eines Teams hängt in hohem Maß von seinem Kontext-Verständnis ab. Die Vision des Unternehmens und seine Wissensbasis gestalten diesen Kontext als wichtige Determinanten im Prozeß der Fokussierung. Je besser die Teams diesen Kontext verstehen lernen, desto besser sind sie in der Lage, sich ihre Ausrichtung eigenständig zu geben. Karl Weick gibt in seinem Buch *The Social Psychology of Organizing* [1979] eine wunderbare Beschreibung von sich selbst orientierenden Teams: Sobald bestimmte Teile ihrer Aufgaben gelöst sind, verlagern die Teams ihren Schwerpunkt auf andere Geschäftsmöglichkeiten und andere relevante Aspekte. Die Macht von Teams mit eigenständiger Aufgabenorientierung ist in der Freiheit begründet, ihren Arbeitsschwerpunkt nach Bedarf zu verlagern und besondere Aspekte einer Möglichkeit „in Großformat" zu *zoom*en, um das Gesamtbild anschließend wieder aus größerer Entfernung zu betrachten.

In Organisationen, die multiple Teams mit eigenständiger Aufgabenorientierung einsetzen, müssen die Teams miteinander in Interaktion treten – wie die Themen oder Motive in einem gut komponierten Musikstück. Ein Teil der Teamverantwortung besteht darin, die Vision des Unternehmens und seine Wissensbasis zu erweitern; die Lernerfahrungen der Teammitglieder stellen eine wertvolle Ressource für andere aufgabenorientierte Teams dar.

Je besser die Teams lernen, effektiv miteinander zu interagieren, desto unverzichtbarer sind sie für die Organisation: Ihre zügig durchgeführten Aktivitäten verleihen dem Unternehmen Flexibilität und Agilität. Dynamische Teams mit eigenständiger Aufgabenorientierung sind nicht dasselbe wie autonome Teams oder *Ad-hoc*-Teams. Das Konzept des autonomen Teams impliziert eine Trennung zwischen den Bemühungen des Teams und dem Leben der umfassenderen Organisation. Als die an soziotechnischen Systemen interessierten Wissenschaftler diesen Ansatz erarbeiteten, hielten sie es für notwendig, dem Team einen gewissen Freiraum zu verschaffen, damit es frei von traditionellen Zwängen, Annahmen und bürokratischen Verfahren der steilen Hierarchie arbeiten konnte. *Ad-hoc* bedeutet, daß die Teams kein integraler Bestandteil der arbeitenden Organisation darstellen – sie sind vielmehr aufgrund nachträglicher Überlegungen zwecks Korrektur unzureichend funktionierender Systeme entstanden. *Ad-hoc*-Teams sind vorübergehende, vergängliche Einrichtungen.

Die Mitgliedschaft in Teams mit eigenständiger Aufgabenorientierung mag auch vorübergehend sein, aber der Einsatz solcher Teams ist in den Unternehmensalltag eingebunden. Entsprechend brauchen die Teams eine eindeutige Disziplin, fundierte Erwartungsmuster und Projektmanagement-Fähigkeiten:

Nur so kann es gelingen, multiple, miteinander in Wechselbeziehung stehende Aktivitäten ständig zu sondieren und zeitlich so zu planen, daß letztlich die angestrebten Ziele erreicht werden. Tom Peters und andere argumentieren, unsere Unternehmen gingen zunehmend zum Einsatz temporär gebildeter Projektteams über. Um so wichtiger ist es, daß wir begreifen, daß unsere Arbeitsplätze nicht länger ein Konglomerat eng definierter Funktionen, sondern ein pulsierendes Kollektiv gemeinsam genutzter Fähigkeiten sind, die sich – an konkreten Marktchancen orientiert – ohne weiteres in immer neuen Teams kombinieren lassen.

Wir brauchen nicht nur Koordination, sondern zunehmend „Kollaboration". Interessanterweise ist das Wort *Kollaboration* heutzutage wieder häufiger zu hören. Es ist ein aussagekräftiges Wort, das allzu lange unter dem Beigeschmack *Kollaborateur* zu leiden hatte. Unsere Unternehmen werden zu neuem Leben erweckt, wenn sie sich zu Kollaborativen talentierter Individuen entwickeln, die ohne Schwierigkeiten miteinander kooperieren und ihre Talente und Fähigkeiten gegenseitig nutzen. Wir gelangen allmählich zu der Erkenntnis, daß die Macht kollaborativer Intelligenz in der Zusammenarbeit von Menschen einen Mehrwert zu erzeugen vermag – durch Kombination der Rohideen individueller Mitarbeiter. Um Wertschöpfung geht es nicht nur bei Rohstoffen!

Von „Autorität durch Position" zu „Autorität durch Wissen":

In steilen Hierarchien werden Positionen und Machtbefugnisse durch Kästchen und Linien definiert: Je höher die Position ist, desto mehr Machtbefugnisse stehen dem Positionsinhaber zu. Die mit der Position verbundenen Privilegien berechtigen zu willkürlicher Haltung gegenüber den unterstellten Mitarbeitern. Vorgesetzte brauchen nicht zuzuhören; sie haben lediglich ihre Untergebenen zu überwachen und zu kontrollieren.

In Anbetracht eng definierter Aufgaben wird von den unterstellten Mitarbeitern lediglich erwartet, daß sie wissen, was zu tun ist. Von ihnen wird keine Kreativität verlangt; sie brauchen nur die Spielregeln einzuhalten – in dem Bewußtsein, daß es allenfalls eine Frage der Zeit ist, bis sie zur nächsthöheren Position befördert werden. Was aber geschieht mit solchen Erwartungen seitens der Mitarbeiter, wenn die steilen Hierarchien abgeflacht werden? Wenn weniger Führungsebenen vorhanden sind, erfolgen Beförderungen nicht mehr so schnell. Werden sich die Leute damit begnügen, eben ein wenig länger auf eine Beförderung zu warten? Und wie steht es mit Arbeitsmoral und Motivation?

Autorität durch Position funktioniert bei der Organisation von Routineaufgaben, aber läßt sich auch Komplexität auf diese Weise bewältigen? Kundenbedürfnisse sind nicht so leicht handhabbar wie fein säuberliche „Legostein"-Verpackungen. Die Entwicklung eines Disketten-Laufwerks der nächsten Generation umfaßt Physik, Chemie, Konstruktionstechnik und Prozeßkontrolle, und dies alles gleichzeitig. Die Logik des Marktes verlangt von den Unternehmen den Einsatz funktionsübergreifender und unternehmensübergreifender Wissensressourcen, wenn eine anpassungsfähige Gesamtstrategie entwickelt werden soll.

Autorität durch Wissen gerät immer mehr zum erfolgsbestimmenden Marktkriterium. Dabei geht es nicht um Wissen, das wie Münzen Stück für Stück über die Theke gereicht wird, sondern um ein für alle zugängliches Wissen. Wenn steile Hierarchien durch multiple, sich eigenständig an Aufgaben orientierende Teams ersetzt werden, gewinnt das Wissen des einzelnen Mitarbeiters sowohl an Bedeutung als auch an Zugänglichkeit – wie umgekehrt auch ein Mangel an Wissen nicht länger hinter den Mauern organisatorischer Kästchen zu verstecken ist. Man begreift sehr schnell, wer über Wissen verfügt und bereit ist, sein Wissen mit anderen zu teilen. Diese Mitarbeiter entwickeln sich zu den Hauptspielern in dynamischen Teams mit eigenständiger Aufgabenorientierung. Aus diesem Grund widmen *Skandia, Dow, ABB* und andere Unternehmen ihren Wissensguthaben und intellektuellen Kapitalressourcen verstärkt Aufmerksamkeit.

Eine Organisation, die an Autorität durch Position glaubt, wird vermutlich so viele Prozesse wie möglich automatisieren und computerisieren und ihrem Topmanagement zu entscheidungsunterstützenden Informationssystemen verhelfen. Winograd und Flores [1987] erinnern daran, daß wir nur spezifische Informationen, die wir uns in der Vergangenheit angeeignet haben, automatisieren und computerisieren können. Der umfassendere Kontext läßt sich nicht automatisieren und computerisieren – dieser Kontext ist Teil unserer menschlichen Einsicht.

Unternehmen, die auf Autorität durch Wissen aufbauen, entbehren nicht einer gewissen Unordnung. Weder Wissen noch Aufgaben bieten sich ordentlich verpackt und sortiert an. Das Wissen des einen überschneidet sich mit dem anderer. Einige Mitarbeiter verfügen über tiefe Resonanz in ihrem Wissen, andere sind schnelle Lerner, und wieder andere haben ihren Denkapparat einfach abgeschaltet.

Autorität durch Position basiert auf der Definition und Zuweisung von Aufgaben, so daß selbst Mitarbeiter mit dem kleinsten gemeinsamen Wissensnenner eine gewisse Erfolgschance haben. Wenn ein Mitarbeiter eine etwas zu hohe Ausbildung hat und seine Fähigkeiten nicht ganz ausgeschöpft werden, so hoffen die Unternehmen, dann würden die anstehenden Aufgaben mit Bestimmtheit absolviert. Doch eine Organisation, die sich auf Autorität durch Position verläßt, vermag nur langsam zu lernen, weil die Barrieren der starren Struktur „lerndämpfend" wirken. Auch zwischen den Ebenen wird nicht gelernt, weil die Vorgesetzten „es schon wissen werden" – selbst wenn dies nicht der Fall ist. Nur zu häufig wird nur so getan als ob; von echtem Wissen kann nicht die Rede sein. Solche Einstellungen entwickeln sich schnell zu einem Luxus, den sich die meisten Unternehmen nicht leisten können; es ist schlicht unrealistisch, von Vorgesetzten jedweder Führungsebene zu erwarten, sie wüßten mehr als ihre Untergebenen.

Gründet ein Unternehmen hingegen auf Autorität durch Wissen, müssen wir uns gegenseitig ernst nehmen und herausfinden, was die anderen wirklich wissen. Die Führungskräfte müssen die Fähigkeiten, Aspirationen und Erfahrungen ihrer Untergebenen kennenlernen. Und dazu bedarf es auch einer größeren Wertschätzung individueller Unterschiede. Im Grunde genommen stehen wir noch ganz am Anfang einer solchen Wertschätzung von Heterogenität in bezug auf Hintergrund, Tradition, Bildung, Geschlecht und Alter.

Wissen bedeutet mehr als „etwas wissen". Wissen hat vielfältige Erscheinungsformen:

- *gewußt wie* – Vorgehensweisen zur Durchführung von Aktivitäten
- *gewußt wer* – Einsatz wichtiger Humanressourcen
- *gewußt was* – Fähigkeit zum Erkennen wichtiger Muster auf der Basis von Wissen
- *gewußt warum* – Verständnis des umfassenderen Kontexts (der Vision)
- *gewußt wo* – Bestimmung des möglichen beziehungsweise erforderlichen Ortes zur Durchführung von Aktivitäten
- *gewußt wann* – Gespür für Rhythmus, Zeitplanung und Realismus.

Ein großer Teil dieses Wissens wird in den Köpfen der Mitarbeiter im Unternehmen verbleiben, auch wenn signifikante Teile erfaßt und für Anwendungen, Datenbanken und Verfahrensweisen aktiviert werden können. So wird beispielsweise die Gruppentechnologie erst durch die Klassifizierung und Kodierung von Konstruktionszeichnungen ermöglicht. Regelmäßig durchgeführte Überwachungsverfahren sorgen für eine ordnungsgemäß koordinierte Zusammenarbeit zwischen den verschiedenen Funktionsbereichen. Und Kundenprofil-Datenbanken erleichtern die kundenspezifische Bereitstellung von Produkten und Dienstleistungen.

Die meisten Fertigungsunternehmen sind nachhaltig um Erhöhung ihres Lagerumschlags bemüht. Wie viele Unternehmen denken aber an ihren „Wissensumschlag"? Sicher nicht viele. In meinen sämtliche Teile der Welt umfassenden Untersuchungen habe ich festgestellt, daß die meisten Unternehmen auf einer Potentialskala ab 100 im Bereich zwischen 7 und 1 einzuordnen sind. Die besten Ergebnisse wurden in Indien erreicht.

„Wissensumschlag" wird definiert als unsere Fähigkeit zur gegenseitigen Nutzung unserer Talente, dividiert durch das Maß an gegenseitigem Mißtrauen. Der „andere" kann ein Kollege sein, aber auch ein anderer Funktionsbereich, eine andere Sparte, der Lieferant, der Kunde oder auch der Kunde des Kunden.

Von „sequentiellen Aktivitäten" zu „simultanen Aktivitäten":

Der Übergang von sequentiellen Arbeitsweisen zu parallel, zeitgleich oder simultan ablaufenden Arbeitsvorgängen ist bereits ausführlich erörtert worden. Die Herausforderung besteht in der Entwicklung einer Unternehmenskultur, in der die Bildung von Kernteams unterstützt wird; diese Kernteams müssen frei sein, unternehmensinterne wie unternehmensexterne Wissensressourcen zu nutzen, wo immer diese verfügbar sind.

Die Unternehmen können mit Erfolgen rechnen, wenn es diesen Teams gelingt, 20 Prozent des Produktangebots auf den Kunden auszurichten und zu 80 Prozent die bereits vorhandenen Entwicklungen zu nutzen. Auf der Basis von Gruppentechnologie, parametrischer Konstruktion, „Machbarkeitsregeln", Expertensystemen und Kundendienst-Überlegungen sollten wir in der Lage sein, die bereits vorhandenen Ressourcen effektiv zu nutzen.

Von „vertikaler Kommunikation" zu „horizontaler Kommunikation":

Der Übergang zur horizontalen Kommunikation sollte für alle sichtbar vollzogen werden, denn nun gelten die Mitarbeiter nicht mehr als Positionsinhaber, sondern als Wissensressourcen in einem Netzwerk. Es wird nach wie vor auch eine vertikale Kommunikation geben, doch in erster Linie wird horizontal kommuniziert werden, zumal die sich eigenständig an ihren Aufgaben orientierenden Kernteams Wissen aus allen Teilen des Unternehmens nutzen.

Horizontale Kommunikation in einer vernetzten Umgebung gestaltet sich freier und fließender und wird kaum durch bürokratische Barrieren gestört; auch fördert sie das Zustandekommen zufälliger „Glückstreffer", bei denen wichtige Muster ganz unerwartet entdeckt werden. So liefert vielleicht die Anfrage des einen Teams einen Hinweis auf ein Muster, um dessen Ermittlung ein anderes Team bemüht ist. Wenn wir unsere Arbeit als Dialog verstehen, bleiben wir offen für Entdeckungen, beobachten das Zusammenspiel multipler Muster und können unseren Vorstellungen gerecht werden.

Unter Rückgriff auf den „neuen Dialog" in Teil I wäre es nur angemessen, künftig in solchem Zusammenhang von *Gespräch* und *Dialog* und nicht mehr von „Kommunikation" oder „Diskussion" zu sprechen. Das Wort *Dialog* wird in unseren Unternehmen um so mehr an Bedeutung gewinnen, je deutlicher uns bewußt wird, daß wir bei unserer Arbeit nach Bedeutungswerten und Sinngehalt suchen und nicht nur nach Zufriedenheit streben. Ohne ein Verständnis des umfassenderen Kontexts und seiner Bedeutung werden wir erhebliche Schwierigkeiten haben, unsere Fähigkeiten effektiv zu „*team*en".

Von „Mißtrauen und Untertänigkeit" zu „Vertrauen und Integrität":

Mißtrauen scheint in steilen Hierarchien fest verankert zu sein, zumal die fragmentierte Struktur das gegenseitige Mißtrauen unter den Funktionsbereichen begünstigt. So ist häufig die Beschwerde zu hören, die eine Abteilung reiche der anderen ihre Informationen und Arbeitsabläufe einfach nur weiter – ganz nach dem Motto „*Nimm hin und friß*". Robert Hall [1988] hat zusammen mit einer Gruppe von der *Association for Manufacturing Excellence* das Problem des „Funktionen-Silos" untersucht.

So muß die Fertigung die von der Konstruktionsabteilung erhaltenen Entwürfe doppelt und dreifach überprüfen. Der Verkauf hält es für erforderlich, die Lagerbestände noch einmal selbst zu kontrollieren, weil er den Angaben aus der Finanzabteilung nicht traut. Solche Aktivitäten schaffen keinen Mehrwert für das Produkt, sondern verursachen nur Mehrkosten. In vielen Unternehmen nimmt dieses Unwesen überhand.

Im Zeitalter des Wissens sind Vertrauen und Integrität von entscheidender Bedeutung. Wenn die Mitarbeiter als Ressourcen in einem Netzwerk und als Mitglieder in Teams mit eigenständiger Aufgabenorientierung eng zusammenarbeiten, zeigt sich recht schnell, wem zu trauen ist und wem nicht. Teilen wir unsere Gedanken, unsere Vorstellungen und unsere Wissen mit Menschen, von denen wir wissen, daß sie damit Mißbrauch treiben?

Die *Digital Equipment Corporation* erwartet von ihren Mitarbeitern, daß sie so lange „nachforschen", bis die Wahrheit erkannt ist. Jedem einzelnen wird zugetraut, daß er „das Richtige tut". *Hewlett-Packard* fordert seine Werksleiter auf, ihre Büros mitten in der Fertigungsanlage einzurichten, wo sie leicht zu erreichen sind. Solche unternehmenspolitischen Maßnahmen fördern Aufrichtigkeit, Vertrauen und Offenheit. Doch Werte wie diese sind zerbrechlich und hart erkämpft. Schon einige wenige einflußreiche Mitarbeiter können ein Klima des Vertrauens und der Integrität schnell torpedieren – ohne überhaupt zu merken, was sie angerichtet haben.

Integrationsbemühungen sind feinnervig und störanfällig – besonders dann, wenn es um die vertrauensvolle Atmosphäre nicht so gut bestellt ist. Ich kenne Fälle, in denen die Bemühungen von Unternehmen, die bereits bemerkenswerte Fortschritte in Richtung einer computerintegrierten Fertigung erzielt hatten, so gut wie über Nacht zunichte gemacht wurden, als die Unternehmensleitung wechselte beziehungsweise das Unternehmen aufgekauft wurde.

Technologie als solche ist hohl; darum müssen integrative Prozesse sowohl durch Technologie als auch durch Werte gekennzeichnet sein. Selbst wenn die Finanzexperten des Unternehmens Werte wie Vertrauen und Integrität nicht quantitativ erfassen können, sind diese Qualitäten für das Unternehmen nicht minder wichtig. Die Tatsache, daß wir sie nicht greifen oder zählen können, bedeutet noch lange nicht, daß es sie nicht gibt.

Zwei Beispiele: Management mit Unschärfen

Abschließend wollen wir zwei Beispiele für den Wandel in unseren Denkweisen betrachten, den wir beim Übergang zum Wissenszeitalter zu vollziehen haben. Das erste Beispiel betrifft ein Unternehmen aus den Vereinigten Staaten, das zweite einen dänischen Textilhersteller.

Jim Lardner, Vorsitzender des Unternehmens *John Deere and Company*, hat darauf hingewiesen, man müsse den „Komplexitätsindex" eines Unternehmens reduzieren [Lardner 1984]. Seine Überlegungen gelten den aktuellen Erfahrungen des Unternehmens, als dieses bei dem Versuch der Computerisierung und Automatisierung seiner Traktor-Werke in Waterloo, Iowa, Anfang der 80er Jahre in Schwierigkeiten geriet.

Lardner erkannte, daß sein Unternehmen mit all den Verwirrungen, Widersprüchen und Ungereimtheiten, die sich im Lauf der Jahre in die Unternehmensprozesse eingeschlichen hatten, aufräumen mußte. Sollte man sich nicht besser von strikter Arbeitskontrolle trennen, anstatt Hochleistungsspeicher und automatisierte Arbeitsüberprüfungssysteme einzurichten? Sollte man nicht besser zu einem *JIT*-System übergehen, anstatt ständig Material durch das Werk zu transportieren? Sollte man nicht besser von vornherein die Konstruktion robuster gestalten und Qualitätssicherung durch Prozeßkontrollen erzielen, anstatt die Qualität des Endprodukts zu überprüfen?

Derartige Veränderungen erforderten ein Maß an Eleganz und Differenziertheit, wie sie von einem externen Zulieferer nicht zu erwarten waren. Das Unternehmen machte sich selbst daran, seinen Komplexitätsindex zu reduzieren. Seine *CIM*-, *JIT*- und *Total-Quality*-Bemühungen vereinfachten die Verfahren und bewirkten zugleich ein eleganteres Verständnis von Ineinandergreifen und Interaktion der verschiedenen Prozesse. Das Unternehmen erkannte zum ersten Mal, wie manche Faktoren überhaupt zusammenhingen.

Bei dem Versuch, spezifische Problemlösungen zu finden, stoßen die Unternehmen auch häufig durch Zufall auf glückliche Lösungen. Das zweite Beispiel soll dies verdeutlichen. Ein dänischer Textilhersteller stand vor der lästigen Aufgabe der alljährlich durchzuführenden Inventur. Dazu mußten die Arbeiter seit jeher sämtliche Stoffballen aufrollen und vermessen – eine ebenso mühselige wie zeitraubende Arbeit.

Dieses dänische Unternehmen untersuchte nun Möglichkeiten, die Dicke der Stoffballen zwecks Berechnung der Stofflänge zu messen, mußte aber feststellen, daß einige Stoffballen enger gewickelt waren als andere und daß die Spindeln unterschiedlich dick ausfielen. Das Unternehmen argumentierte daraufhin, die Spindelhersteller müßten ihre Spindeln standardisieren – dann könnte man die Ballen wiegen und auf diese Weise die Stofflängen berechnen. Schließlich entschied es, die Stoffballen mit Strichkodierung zu versehen, so daß die in den Großhandelslagern installierten Strichkodier-Ablesegeräte Hinweise auf den Endverbrauch liefern konnten und das Unternehmen die eigenen Lagerbestände durch Abstimmung seiner Produktion auf die Marktnachfrage zu reduzieren vermochte [Rasmussen 1988].

Was zunächst als Problem der alljährlich anstehenden Inventur begann, führte letztlich zu einer elegant einfachen Geschäftsabwicklung. Als das Problem durch die gesamte Organisation hindurch bis hin zum Vertriebsnetz verfolgt wurde, stellte man fest, daß viele Abteilungen ihre Verfahren anpassen mußten. Genauso wichtig war die Erfahrung, daß die Organisation in einem Netzwerk von zahlreichen in Wechselbeziehung stehenden Problemen und Möglichkeiten arbeitet.

Diese beiden Fallbeispiele stehen stellvertretend für viele andere Fertigungs- und Dienstleistungsunternehmen. Banken sind ebenso in ein Netzwerk von Wechselbeziehungen eingebunden wie Versicherungsunternehmen, der Vertriebsgroßhandel und Bergbaugesellschaften. Die japanischen Handelsorganisationen, die *Sogo Shosha*, verstehen sich meisterhaft auf ihre Aktivitäten in einem Netzwerk an Wechselbeziehungen.

Wir können es uns nicht leisten, die oberflächlichen Machtspiele fortzusetzen, die so vielen Unternehmen Kraft und Stärke nehmen. Leider sind unsere Erziehungs- und Ausbildungssysteme eher darauf angelegt, die Auszubildenden *gegeneinander* auszuspielen, anstatt Bedingungen zu schaffen, unter denen man in vernetzenden Einrichtungen das Lernen *voneinander* erlernen könnte.

Nun mag argumentiert werden, eine Wissensvernetzung verlange zu viel von den Leuten. Mitarbeiter seien nur daran interessiert, ein gutes Entgelt zu bekommen. Wir sind durch die Denkweisen des Industriezeitalters dahingehend geprägt worden, daß wir kaum etwas anderes von unseren eng definierten Arbeitsplätzen erwarten. Doch die Einstellungen ändern sich. Jack Welch Jr., Vorsitzender und Geschäftsführer der *General Electric Company*, hat erläutert, die Bemühungen seines Unternehmens zum Abspecken und zum Abbau von Führungsebenen seien nicht in erster Linie auf Kostensenkung, sondern auf die „Befreiung, Förderung [und] Freisetzung der menschlichen Energie und Initiative unserer Leute" ausgerichtet. Eine Verflachung der Führungsstruktur baue „all die Dämpfer, Ventile und Puffer" ab, die menschliche Kreativität bisher erstickt hätten.[2]

Downsizing und Abbau von Führungsebenen als solche bewirken noch keine Freisetzung menschlicher Kreativität. Die Führungskräfte müssen sich genauso darauf verstehen, ihre Mitarbeiter aufzubauen und Kontakt zu ihnen aufzunehmen; mit dem Fall der Mauern und der Beseitigung von Führungsebenen ist es nicht getan.

Die verwirrende Komplexität der steilen Hierarchie in industriezeitalterlichen Unternehmen ist in erster Linie auf die oberflächliche Einschätzung menschlicher Kreativität zurückzuführen. Seinerzeit ein durchaus nützliches Konstrukt, gerät sie schnell zum trägen Dinosaurier in einem Zeitalter, in dem schlanke, agile, aktionsorientierte Unternehmen zur Notwendigkeit geworden sind. Der Übergang zur elegant einfachen Vorstellung vom Wissenszeitalter setzt das Verständnis der Konzepte *inneres Zeitbewußtsein* und *Arbeit als Dialog* voraus. Wir müssen die aufgestaute menschliche Energie in unseren Unternehmen freisetzen.

Abbildung 11.4 faßt das Modell vom wissensvernetzenden Unternehmen zusammen. Virtuelle, sich eigenständig an Aufgaben orientierende Teams interagieren mit Kapitalgebern, derzeitigen und künftigen Mitarbeitern, Material-Lieferanten und Technologie-Lieferanten. Zugleich führen sie einen Dialog mit Vertriebsnetzen und Kunden. Ihre Entscheidungen und Handlungen, ausgerichtet und koordiniert durch ihr Vorstellungsvermögen und den Umgang mit ihrem Wissen, erfolgen angepaßt und zügig.

Abb. 11.4:
Wissensvernetzende Unternehmen

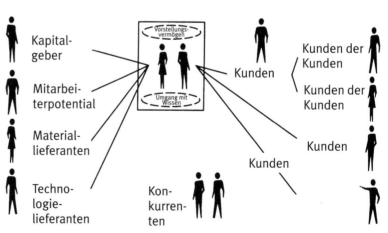

Der Übergang zum Management der fünften Generation ist ein Prozeß, bei dem es um Menschenführung und angemessenes Reagieren auf Marktchancen geht. Es handelt sich um einen Prozeß, bei dem der Mensch im Mittelpunkt steht – unsere natürliche Fähigkeit, Vorstellungen zu entwickeln, uns zu erinnern und entschieden zu handeln. Wir haben teil an den anspruchsvollen Herausforderungen virtuellen Unternehmertums, dynamischer Teambildung und kreativer Wissensvernetzung. Diese Prozesse gelangen zur vollen Entfaltung, wenn ein offener, aufrichtiger Dialog stattfindet. Das letzte Kapitel stellt zehn praktische Überlegungen zum Management integrativer, elegant einfacher Unternehmen vor.

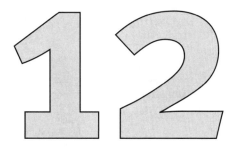

Management der Wissensvernetzung

Frank Giardelli, Geschäftsführer des Unternehmens *Custom Products and Services*, löst Schockwellen unter seinen Mitarbeitern aus, als er sein Organigramm in zwei Hälften reißt. Im Vergleich dazu vollzieht sich unser Ausbrechen aus der Enge steiler Hierarchien hin zur Weitläufigkeit der Wissensvernetzung als ein langsamer, bewußter Prozeß. Wir mußten uns erst einmal aus dem *Smith/Taylor/Fayol*-Flaschenhals befreien. Nun stehen wir vor einer neuen Herausforderung: Wie gelingt uns die Gestaltung und Organisation von Unternehmen der fünften Generation?

Die alten Faustregeln gelten nicht mehr. Wir brauchen uns nicht länger mit der *Kommando/Kontroll*-Struktur zu befassen, sondern haben uns nunmehr der Fokussierung und Koordinierung multipler Teams mit eigenständiger Aufgabenorientierung in und zwischen Unternehmen zuzuwenden. Wie können wir ein Klima des Vertrauens und der Offenheit schaffen? Wie können wir lernen, die individuellen Stärken unserer Mitarbeiter zu nutzen? Und wie gelingt es uns, Verantwortungswillen und Lernbereitschaft sicherzustellen?

Management der fünften Generation ist nicht etwas, was uns so ohne weiteres beigebracht werden könnte. Es muß von innen heraus kommen – als Resultat eines Prozesses, bei dem wir uns der Macht unserer eigenen Einsichten, unserer Emotionen und unserer Fähigkeit zum Erkennen neuer Muster bewußt werden. Wir lauschen nicht nur der Musik; wir *sind* die Musik. Dieses abschließende Kapitel befaßt sich mit den Möglichkeiten, wie wir aus der neuen Quelle des Reichtums – unserem Wissen – schöpfen können, um effektive wissensvernetzende Unternehmen aufzubauen (Abbildung 12.1).

Abb. 12.1:
Kapitelschwerpunkt: Management der Wissensvernetzung

Historische Epochen

	Ausgehendes Agrarzeitalter	Frühes Industriezeitalter	Ausgehendes Industriezeitalter	Frühes Wissenszeitalter
Quelle des Reichtums	Land + Boden	Arbeit	Kapital	Wissen
Organisationsform	Feudalsystem	Eigentumsverhältnisse	Steile Hierarchien	Wissensvernetzung
Konzepte und Prinzipien		Arbeitsteilung Eigeninteresse Entlöhnung	Managmentteilung Trennung von Eigentum und Managment Trennung von Denken und Tun "Mitarbeiter/Vorgesetzter"-Konstellation Automatisierung	Vernetzung unter kollegialen Partnern Integrative Prozesse Arbeit als Dialog Inneres Zeitbewußtsein und Zeitplanung Virtuelles Unternehmertum und dynamische Teambildung

Wir stellen fest, daß ein auf Fragen basierendes Management weitaus effektiver ist als ein Management, das sich auf Anweisungen verläßt. Fragen bringen uns der anstehenden Thematik näher. Fragen bringen uns an die Schnittstelle zwischen Vorstellungsvermögen und Umgang mit Wissen, innerem Zeitbewußtsein und Uhrenzeit. Fragen führen zu Wachstum, Einsichten und Klarheit; nur diese Kreativität sichert einer Organisation langfristig Überlebensfähigkeit.

Bei der Vernetzung von Wissen ist nicht alles gänzlich neu. Einige Reste der hierarchischen Organisation verbleiben. Es gibt nach wie vor Geschäftsführer, Vorstandsvorsitzende und Aufsichtsräte. Es gibt nach wie vor Führungskräfte, Experten und Mitarbeiter. Es gibt nach wie vor Tarifverhandlungen; die Regelung von Gehältern und Löhnen gehört nach wie vor dazu. Es gibt nach wie vor Abteilungen, die Mitarbeiter haben nach wie vor individuelle Arbeitsaufgaben, und nach wie vor sind auch stumpfsinnige, langweilige Arbeiten zu erledigen. Neu aber ist, daß wir gelernt haben, mit einer *„Sowohl/als auch"*-Denkweise anstelle einer *„Entweder/oder"*-Mentalität zu arbeiten. Wir sind in der Lage, die Routineaufgaben zu *managen* und uns für die nicht routinemäßigen Aufgaben zu *teamen*.

Allerdings besteht ein qualitativer Unterschied zwischen dem Industriezeitalter und dem Zeitalter des Wissens. Die Organisationen sind jetzt viel flacher. Heute haben wir vernetzte und vernetzende Organisationen. Die Mitglieder der Unternehmensleitung und andere Führungskräfte im Unternehmen kooperieren in Teams. Sie sind Berater und Mentoren. Die Qualität der zwischenmenschlichen Interaktion ist weitaus höher. Frauen werden aller Wahrscheinlichkeit nach feststellen, daß sie für die Übernahme von Führungsverantwortung in solchen vernetzenden Unternehmen besonders gut geeignet sind. Ganz sicher werden mehr Unternehmen Frauen in ihre Führungsriegen bringen, weil dies unternehmerisch sinnvoll ist: Frauen verfügen häufig über ausgezeichnetes Vernetzungsgeschick.

Anstatt sequentiell in isolierten Abteilungen oder isolierten Unternehmen zu arbeiten, werden funktions- und unternehmensübergreifende Fähigkeiten kombiniert: Eigenständig an Aufgaben orientierte Teams arbeiten in Team-Teamarbeit parallel an großen und kleinen Projekten. Die Kostenzurechnung erfolgt nach Projekten und nicht über die Zuweisung direkter Lohnkosten. Das Unternehmen internalisiert die Fähigkeit zu kontinuierlichem Lernen. Von den Mitarbeitern wird ein ständiger Prozeß des wechselseitigen Lehrens und Lernens erwartet. Solche Organisationen zeichnen sich durch höhere Disziplin aus. Das Unternehmen wird nicht durch bürokratische Strukturen, sondern durch die Dynamik des aktiven Reagierens auf ständig wechselnde Marktchancen zusammengehalten. Es reicht nicht mehr aus, wenn sich ein Unternehmen mit seiner Vision bei anderen ins rechte Licht setzen will; vielmehr muß es sich aktiv um die Visionen seiner Kunden – das Muster ihrer Absichten und Erwartungen – bemühen. Dann nämlich kann das Unternehmen seine Talente so nutzen, daß die Fähigkeiten des einzelnen Kunden gefördert werden und seine Aspirationen um so effektiver zu realisieren sind.

Die beste vermögenswirksame Investition eines Unternehmens ist das Wissen der Mitarbeiter mit all ihren Fähigkeiten, Absichten und Erwartungen. Ein Großteil dieses Wissens ist nur über die Menschen selbst zugänglich, während andere Wissensbestände in Anwendungsprogrammen, Datenbanken, Expertensystemen, neuronalen Netzwerken, Prozessen und Verfahren zu erfassen sind. Die Kreativität der Organisation und ihre Fähigkeit, Mehrwert zu schaffen, erwachsen aus der Verbindung von Vorstellungsvermögen (Vergegenwärtigung der Zukunft), aktivem Handeln in der Gegenwart und Umgang mit Wissen (Vergegenwärtigung der Vergangenheit).

Wenn die vermögenswirksame Investition eines Unternehmens tatsächlich in den Mitarbeitern mit all ihren Kompetenzen und Aspirationen besteht, tun wir gut daran, die folgenden praktischen Überlegungen zur Nutzung dieses Potentials näher zu untersuchen.

Zehn praktische Überlegungen

Die nachstehend genannten zehn Überlegungen sind nicht nach Priorität geordnet, sondern in ihrer Wechselbeziehung zu sehen. Sie sollen uns die Wissensvernetzung in unseren Unternehmen erleichtern. Dazu sind im Unternehmen die folgenden Voraussetzungen zu schaffen:

1. Entwicklung von Vorstellungsvermögen, so daß der Kontext für die eigenständig an Aufgaben orientierten dynamischen Teams ohne weiteres zu erkennen ist;

2. Entwicklung funktionaler Leistungszentren;

3. Entwicklung einer leicht neu zu konfigurierenden technischen Vernetzungsinfrastruktur;

4. Entwicklung einer Datenintegrationsstrategie;

5. Entwicklung der Fähigkeit, multiple Teams mit eigenständiger Aufgabenorientierung in und zwischen Unternehmen zu erkennen und bei ihrer Arbeit zu verfolgen;

6. Entwicklung der Fähigkeit zum Lernen, Umlernen und Verlernen;

7. Entwicklung von Normen, Werten, Belohnungen und Beurteilungssystemen zur Unterstützung einer aufgabenorientierten dynamischen Teambildung;

8. Entwicklung der Fähigkeit zur Förderung von Team-Teamarbeit;

9. Entwicklung und Erweiterung der Wissensbasis;

10. Ausdehnung des virtuellen Unternehmertums mit eigenständiger Aufgabenorientierung auf Lieferanten, Partner, Händler und Kunden.

Diese zehn Voraussetzungen sollen die Konzepte und Prinzipien des angehenden Wissenszeitalters unterstützen: Vernetzung unter kollegialen Partnern; integrative Prozesse; Arbeit als Dialog; inneres Zeitbewußtsein und Zeitplanung; und virtuelles Unternehmertum mit dynamischer Teambildung (Abbildung 12.2).

Management der Wissensvernetzung

Abb. 12.2:
Zehn praktische
Überlegungen

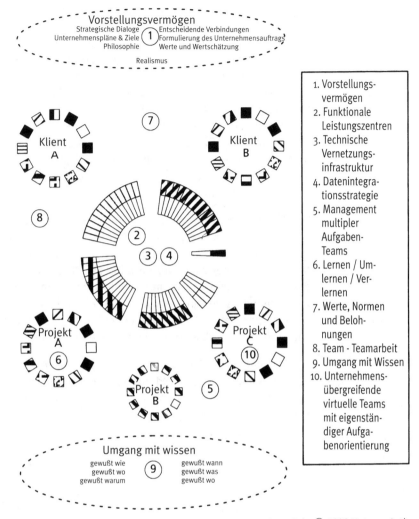

1. Vorstellungsvermögen
2. Funktionale Leistungszentren
3. Technische Vernetzungsinfrastruktur
4. Datenintegrationsstrategie
5. Management multipler Aufgaben-Teams
6. Lernen / Umlernen / Verlernen
7. Werte, Normen und Belohnungen
8. Team - Teamarbeit
9. Umgang mit Wissen
10. Unternehmensübergreifende virtuelle Teams mit eigenständiger Aufgabenorientierung

Copyright © 1990 Netmap Intl.

1. Vorstellungsvermögen und Aspirationen

Das Vorstellungsvermögen liefert den Kontext, der die multiplen Teams mit ihrer eigenständigen Aufgabenorientierung ausrichtet. Diese Teams nutzen unternehmensinterne Fähigkeiten ebenso wie unternehmensexterne Talente. Die Teams sind so organisiert, daß sie konkrete Kundenaspirationen, wie sie sich in konkreten Marktchancen zeigen, erfüllen oder spezifische Projekte durchführen können. Dabei sind sämtliche internen Ressourcen zu nutzen oder auch Experten aus Kunden- und Lieferantenunternehmen einzubeziehen.

Die Vorstellungen und Erwartungen eines Unternehmens umfassen verschiedene Elemente: strategische Dialoge, Pläne, Ziele, Missionen, entscheidende Verbindungsfaktoren, Unternehmensphilosophie sowie (marktrealistisch gemäßigte) Werte und Wertschätzungen. Wenn ein Unternehmen strategische Dialoge mit seinen Kunden und Lieferanten führt, entwickelt es mit der Zeit eine Gesamtausrichtung, die dann in konkrete Pläne, Ziele und Unternehmensaufgaben umgesetzt wird. Die entscheidenden Verbindungswege zwischen den verschiedenen Talenten, wo immer diese lokalisiert sein mögen, sind vorhanden. Die Unternehmensphilosophie und die Wertvorstellungen bestimmen die betrieblichen Normen, und die Geschicklichkeit des Unternehmens bei der Bewertung von Fähigkeiten und Aspirationen ist die Substanz, mit der es zu arbeiten gilt.

Sorgfältig ausgewählte Unternehmensziele können zur Koordinierung der Bemühungen in solchen Bereichen beitragen, die quer zu den traditionellen Funktionsabgrenzungen verlaufen. *„Stretch*-Ziele" sind besonders dazu angetan, eine angemessene Konzentration auf die Beurteilung von Kundenzufriedenheit, rechtzeitige Lieferung, problemfreie Installation und Verkürzung der Zykluszeiten zu gewährleisten. Zu den Zielen können auch interne Kriterien zählen – zum Beispiel Lagerumschlag, Prozeßqualität, Reduzierung erforderlicher Konstruktionsänderungen oder Datenqualität.

Die Philosophie des Unternehmens und seine Wertvorstellungen prägen auch den Unternehmensgeist. Häufig geht es nur um einfache, klar formulierte Aussagen, die sich auf ein bis zwei Seiten zusammenfassen lassen. Gewöhnlich wird dabei Bezug genommen auf Kundenzufriedenheit, die Bedeutung korrekter Beziehungen und die Wertschätzung aller Mitarbeiter. Auch kann auf die Bedeutung einer Wertschätzung individueller Unterschiede und die Notwendigkeit von Ehrlichkeit und Integrität hingewiesen werden.

Bei den entscheidenden Verbindungsfaktoren handelt es sich wie bei entscheidenden Erfolgskriterien um solche Faktoren, die das Unternehmen funktionsübergreifend auf Erfolgskurs bringen. So darf Qualitätsbewußtsein nicht auf eine einzige Abteilung beschränkt sein. Andere sehen in der Schaffung entscheidender Verbindungswege gar das ausschlaggebende Kriterium für eine erfolgreiche Erfüllung der Unternehmensmission. Die Verwaltung und Bearbeitung von Auftragseingängen verläuft quer zu zahlreichen Funktionsabgrenzungen. Zudem entwickeln viele Unternehmen auch Architekturen für Materialwirtschaft, Finanzwesen und Qualitätssicherung, die es in komplementärer und gegenseitig verstärkender Weise zu verbinden gilt.

Ein im Zusammenhang mit Vorstellungen und Erwartungen häufig übersehenes Element ist die Frage, wie realistisch sie sind. Man kann sich schnell für etwas begeistern, wenn man „im siebten Himmel schwebt". Realismus arbeitet nach beiden Seiten: Ängstlichkeit ist ebenso eine Falle wie blinder Enthusiasmus. Hier ist das Gespür des Unternehmens für Zeitplanung und Rhythmus von entscheidender Bedeutung; das Unternehmen muß in der Lage sein, sein Tempo zu mäßigen. Es ist nur zu leicht, vor lauter Erfolg den Kopf zu verlieren – oder bei Niederlagen in tiefe Melancholie zu versinken.

Das gesamte Unternehmen, nicht nur das Topmanagement, muß von gutem Vorstellungsvermögen getragen sein. Wenn nicht alle – Führungskräfte, Experten und Mitarbeiter – einbezogen sind, erscheint eine Unternehmensvision irrelevant. Im Idealfall wird ein aktiver Dialog zwischen den Visionen der oberen Führungsebenen und spezifischen Fähigkeiten geführt. Häufig haben Teams mit Ingenieuren, Marketing-Experten, Kundendienst-Technikern oder Fertigungsingenieuren Ideen, die den noch allgemein gehaltenen Visionen ihre spezifische Realität verleihen.

Von virtuellen Teams mit eigenständiger Aufgabenorientierung sollte erwartet werden, daß sie, auf der Grundlage ihrer spezifischen Arbeit, die Visionen des Unternehmens in regelmäßigen Abständen hinterfragen und bereichern. Auf diese Weise bleiben die Vorstellungen und Erwartungen zeitgemäß und frisch. Realistische Visionen erhalten ihre Bedeutung dadurch, daß sie in bestimmten Konstruktionen, Produkten, Prozessen und Dienstleistungen realisiert werden.

2. Funktionale Leistungszentren

Beim Übergang von sequentiellen Arbeitsabläufen zu Parallelarbeit mit funktionsübergreifenden Teams gewinnen Wissen und Fähigkeiten der einzelnen Mitarbeiter und Partner noch mehr an Bedeutung. Entsprechend müssen die traditionellen Funktionsbereiche die besten Leute einstellen und Zeit und Geld investieren, damit diese ihre Fachkenntnisse auf neuestem Stand halten können. Für die Funktionsbereiche wird es wichtiger denn je sein, daß die Experten auf ihrem Fachgebiet über ausgezeichnetes Wissen verfügen und zugleich die Verfahren, Standards und betrieblichen Normen ihrer Gruppe beherrschen.

Die funktionalen Abteilungsleiter müssen eng mit der Personalabteilung zusammenarbeiten, wenn es um Einstellungen, Beförderungen, Karrieremöglichkeiten sowie Aus- und Weiterbildungsprogramme und Auffrischungslehrgänge geht, damit die eigenen Mitarbeiter auf ihren jeweiligen Fachgebieten auf dem Laufenden bleiben. Diese Abteilungsleiter sollten bemüht sein, ihre Leute mit ihren Aspirationen, Traumvorstellungen und Unsicherheiten kennenzulernen. Ihnen sollte weniger daran gelegen sein, als Boss zu gelten; vielmehr sollten sie eine Art Berater- oder Mentor-Beziehung zu ihren Mitarbeitern aufbauen. So könnten sie die einzelnen Mitarbeiter auffordern, eine ständig zu aktualisierende Darstellung ihrer Ausbildung und Kenntnisse, ihrer Interessen und Fähigkeiten in einer zugänglichen Datenbank zu geben. Solche Referenzen sind dann schnell heranzuziehen, wenn es um die Zusammenstellung von Aufgaben-Teams geht. Auf diese Weise sehen wir die Mitarbeiter in einem neuen Licht. Wir gehen nicht von eng definierten Arbeitsplatzbeschreibungen aus, sondern nutzen die reichhaltigere und vielfältigere Selbstdarstellung persönlicher Interessen und Fähigkeiten. Nur durch enge persönliche Kontakte gelingt es den Abteilungsleitern, zur Erhaltung und Erweiterung ihrer professionellen Ressourcen beizutragen.

Funktionale Leistungszentren – Marketing, Vertrieb, Konstruktion, Fertigung, Finanzen, Personal und Verwaltung – sind Ressourcenzentren. Vorbei sind die Zeiten, zu denen hohe Mauern den Bereich einer funktionalen Abteilung abgrenzten; vielmehr stehen Führungskräfte, Experten und Mitarbeiter in diesen Zentren bereit für die Teilnahme an vielfältigen – individuell wie auch in Teamarbeit – erfolgenden Aktivitäten und Projekten. Dies fördert den Vernetzungsprozeß, denn die Experten sehen sich einmal mehr ermutigt, sachdienlich zusammengestellte Teams zu bilden.

3. Technische Vernetzungsinfrastruktur

Wir müssen virtuelle Teams bilden, unabhängig vom Standort der einzelnen Teammitglieder. Räumliche und zeitliche Nähe sind von untergeordneter Bedeutung, wenn das Unternehmen über eine gut strukturierte und flexible technische Vernetzungskapazität verfügt. *E-Mail*, *Notebooks*, *Voice Mail*, verteilte Datenbanken, *ISDN*, *Internet* und *World Wide Web* sowie eine Unmenge firmeneigener Kommunikationssysteme bereichern die Welt der Vernetzung. Und mit der weiteren Ausdehnung und Entwicklung solcher Netzwerke entstehen nicht nur neue Knotenpunkte, sondern auch die vorhandenen werden ständig hin und her verschoben.

Die Unternehmensvernetzung dient der Verknüpfung interner und externer Ressourcen. Engere interne Verbindungen bilden sich zwischen Marketing, Konstruktion, Fertigung, Finanzen und Kundendienst aus. Auf digitaler Basis lassen sich Produkte und Prozesse zeitgleich konstruieren und simulieren – ohne konkreten Prototyp. Materiallisten können aktualisiert und an die Ressourcenplanung der Fertigung geleitet werden, während Informationen über die physischen Eigenschaften des Produkts für *NC*-Maschinen bestimmt sind und wieder andere Informationen in technischen Veröffentlichungen erscheinen.

Extern erweitern die Unternehmen ihre elektronische Vernetzungskapazität, um auch den technischen Datenaustausch zu erleichtern. Auf diesem Gebiet sind die Luft- und Raumfahrtunternehmen und die Automobilhersteller führend, doch im Lauf der Zeit werden noch viele andere Branchen – von den Banken bis zu Dienstleistungsunternehmen – hinzukommen.

Eine technische Vernetzung durchläuft mehrere Stadien. Als erstes werden Konnektivität und Interoperabilität hergestellt; anschließend erfolgt der Anschluß von Experten und Anwendungen. Nach und nach werden *Interfaces* für den allgemeinen Anwender sowie allgemeine Referenz-Architekturen entwickelt, um noch bessere Integration zu erzielen. Bei der Entwicklung der technischen Vernetzungsinfrastruktur eröffnen sich neue Horizonte in bezug auf die Nutzung und den Einsatz interner wie externer Ressourcen. Wir stellen fest, daß wir in einem Netz engmaschiger Beziehungen arbeiten. Um sowohl innerhalb des eigenen Unternehmens als auch von Unternehmen zu Unternehmen effektiv kommunizieren zu können, konzentrieren wir uns verstärkt auf die eindeutige Definition unserer Produkte, Prozesse und Dienstleistungen.

4. Datenintegrationsstrategie

In Kapitel 8 haben wir das Problem der Bedeutungsnuancen erörtert – Fragen im Zusammenhang mit sprachlicher Ambiguität, mit denen sich die Unternehmen bei ihren Bemühungen um Computerisierung ihrer steilen Hierarchien konfrontiert sehen. Einfach formuliert: Unsere Sprachen verwenden Ausdrücke, die in hohem Maß mehrdeutig sein können. Zu Beginn des Computereinsatzes ging es in erster Linie um Speicherkapazitäten und *CPU*-Zyklen. Heute, wo Speicher und Zentraleinheiten vergleichsweise preisgünstig zu haben sind, hat sich der Schwerpunkt auf das „Management der Bedeutungen" verlagert.

Wir haben inzwischen erkannt, wie wichtig es ist, einen begrenzten Kernbestand an Datenelementen zu definieren, die in den verschiedenen Funktionsbereichen gleichermaßen genutzt werden können. *Hewlett-Packard*, in dieser Hinsicht ein anerkanntermaßen führendes Unternehmen, hat in aller Sorgfalt zwanzig bis dreißig Kernelemente definiert, die ganz unterschiedliche Unternehmensteile betreffen. Viele Funktionsbereiche bedienen sich dieser identischen Kernelemente.

Die Instrumente und Techniken zur Datenintegration sind vorhanden. Rechnergestützte Software-Entwicklung (*CASE*), rechnergestützte Datentechnik (*CADE*), Daten-Wörterbücher, relationale Datenbanken und objektorientierte Datenbanken tragen letztlich mit zur Entwicklung von Kerndaten-Architekturen bei. Anstatt ihre Daten in den jeweiligen Anwendungen unter Verschluß zu halten, gehen immer mehr Unternehmen zur Entwicklung einer mehrbenutzbaren und ausbaufähigen Daten-Architektur über. Damit erhalten verschiedene Anwendungen Zugriff auf dieselben Kerndaten.

Wir können unsere Instrumente und Verfahren standardisieren, und wir können die Aufgaben-Teams auffordern, Kerndatenelemente zu ermitteln, die in das unternehmensinterne Daten-Wörterbuch aufgenommen und in die Kerndaten-Architektur eingebaut werden sollen. So gelingt uns mit der Zeit die Erweiterung unserer Daten-Architekturen – auf der Grundlage konsistent vereinbarter und verwendeter Bedeutungen für die Schlüsselbegriffe. Wie leiten wir einen solchen Prozeß ein?

Wir beginnen mit der Auflistung sämtlicher bestehender Anwendungen und gruppieren sie nach Funktionsbereichen. Mit Hilfe einer netzkartenähnlichen Technik ermitteln wir die Schnittstellen zwischen diesen Anwendungen und markieren die Umsetzer. Alsdann stellen wir eine Liste mit etwa zwanzig für unser Unternehmen relevanten Schlüsselbegriffen zusammen – zum Beispiel „Teil", „Montage", „Projekt", „Toleranz", „Standort" und „Zulieferer". Wir wählen nun zehn Schlüsselanwendungen aus und ermitteln, wie diese Begriffe jeweils definiert sind – nicht nur im offiziellen Daten-Wörterbuch, sondern, weitaus wichtiger, im Kontext der jeweiligen Anwendung einschließlich sämtlicher Attribute. Dabei ergibt sich gewöhnlich eine beträchtliche Bandbreite an Definitionen für ein und denselben Begriff oder verwandte Begriffe. Diese Bedeutungsnuancen in den verschiedenen Anwendungen geraten zum Albtraum für viele Umsetzungsprojekte. Menschen können mit sprachlichen Ambiguitäten umgehen, Computer nicht. Sobald unser spaghettiähnlich verschlungenes *Interfacing* unterschiedlicher Anwendungen und die verschiedenen Definitionsnuancen in unseren Unternehmen erkannt sind, können wir uns an die Vereinfachung unserer Daten-Architekturen machen. Dies kann zu einem mühseligen Unterfangen geraten, aber es lohnt sich – wie der Erfolg von *Ingersoll Milling Machine* beweist. In den 70er Jahren entwickelte das Unternehmen eine gemeinsame, mehrbenutzbare Daten-Architektur für multiple Anwendungen. Das ist Integration. Demgegenüber irren die meisten unserer heutigen Unternehmen nach wie vor durch den Dschungel der Schnittstellen zwischen den Anwendungen.

5. Management multipler Aufgaben-Teams

Wenn wir von steilen Hierarchien zum Einsatz multipler, sich eigenständig an Aufgaben orientierender und unternehmensintern wie auch unternehmensextern rekrutierter Teams übergehen, müssen wir diese Teams nach außen hin sichtbar machen und unterstützen. Leider bleiben Aufgaben-Teams in steilen Hierarchien häufig für die nicht beteiligten Mitarbeiter unsichtbar. Experten und Führungskräfte fühlen sich hin und her gerissen zwischen ihrem Engagement in solchen Teams und der Arbeit, für die sie normalerweise bezahlt werden. Diesen Prozeß gilt es umzukehren.

Wenn wir die Organisation kreisförmig anordnen, können wir verdeutlichen, wie multiple Teams Cluster bilden (Abbildung 12.2). Eine entsprechende *Windowing*-Software verschafft uns einen Überblick über die Organisation mit ihren Teams im einen Fenster, bietet uns in einem anderen eine Liste der Themen, an denen diese Teams arbeiten, eine Liste der Teilnehmer in einem dritten Fenster und informiert uns über den Projektstatus in einem vierten.

Die Teams sollten dafür verantwortlich sein, ihre Ziele, ihren Zweck und ihre Auftrag – zusammen mit ihrem Projektplan – in einer mehrbenutzbaren Datenbank zu definieren. Damit wird den Teams die Möglichkeit gegeben, verschiedene andere Aktivitäten im Hinblick auf eventuelle Hilfestellung oder weiterführende Einsichten zu überprüfen. Die verschiedenen Aufgaben-Teams sollten sich in regelmäßigen Zeitabständen treffen, damit sie Fortschrittsberichte austauschen, Themen abklären, kritische Fragen konzentriert angehen und knifflige Probleme in den Griff bekommen können. Für solche Sitzungstermine brauchen die Teams einen vorgegebenen Rhythmus, damit sich ihre Aktivitäten in die richtige Richtung entwickeln. Durch gegenseitiges Interesse an der Arbeit der Kollegen gelingt es den Teams, ihre Bemühungen mit den Visionen und der Wissensbasis des Unternehmens in Einklang zu bringen.

Mehr denn je hängt der Erfolg unserer Unternehmen von den darin arbeitenden Menschen und Teams ab. Wir müssen mehr Zeit und Mühe investieren, um solide und zugleich flexible Teamorganisationen zu errichten – unter Nutzung all dessen, was wir gelernt haben in bezug auf Mitarbeitereinbeziehung, soziotechnische Systeme, partizipatives Management, Organisationsentwicklung und Teambildung. Ziel ist die Erweiterung unserer Fähigkeiten beim Management multipler Teams. Wenn die Mitarbeiter wissen, daß ihr Einsatz für solche Aktivitäten auch nach außen hin sichtbar wird, sind sie vermutlich auch bereit, mehr von ihrer eigenen Persönlichkeit einzubringen – einmal mehr, wenn die Vergütungs- und Beurteilungssysteme entsprechend angepaßt sind.

Die Einrichtung von Leistungszentren und der Einsatz multipler Teams mit eigenständiger Aufgabenorientierung bedeuten, daß sowohl die technischen Ressourcen als auch die Humanressourcen effektiver und effizienter genutzt werden können. Es entsteht eine gestalt- und organisierbare virtuelle Arbeitsumgebung auf der Basis menschlichen Wissens und menschlicher Fähigkeiten. Diese Ansatz fördert zugleich ein schnelles Lernen.

6. Lernen, Umlernen und Verlernen

Traditionelle steile Hierarchien sind vorrangig auf Erziehung und Ausbildung ausgerichtet. Doch muß eine dritte Komponente hinzukommen: Lernen, Umlernen und Verlernen. Um das Einbringen unserer Persönlichkeit und die Erweiterung unseres Wissens sicherzustellen, müssen wir als Lernende weitaus effektiver werden. Durch ständige Überprüfung unserer Erfahrungen, Eindrücke und früher erlernten Kenntnisse erfolgt ein kontinuierliches Umlernen der wichtigsten Lektionen. Und im Prozeß des Verlernens werden alte Vorstellungen abgelegt.

Wenn Leute an Teamarbeit beteiligt sind, wollen sie meist unter Beweis stellen, um wieviel klüger sie als die anderen sind. Diese Wettbewerbshaltung ist unseren Schulen zu verdanken, wo die Schüler gegeneinander ausgespielt werden und um das Lob des Lehrers wetteifern. Nur selten wird den Schülern beigebracht, wie sie voneinander lernen können.

Wir verstehen uns prächtig darauf, die Ideen anderer zu zerreißen, anstatt sie aufzubauen. Zudem wird Lernen häufig dadurch behindert, daß wir befürchten, ein anderer könnte den Lohn davontragen, wenn wir unsere guten Ideen preisgeben. Kurzum: Wir müssen uns einer gehörigen kulturellen Altlast entledigen und bisherige Denkweisen verlernen, wenn wir unseren Organisationen zu Lernfähigkeit verhelfen wollen.

In Anbetracht rasch wechselnder Marktbedingungen können wir nur auf Erfolg hoffen, wenn unsere Teams die richtigen Muster durch sorgfältiges Zuhören und Lernen rechtzeitig ausfindig machen und dann schnell reagieren. Wir sind gegenseitig auf unser Wissen, unsere Einsichten und unsere Erfahrungen angewiesen, um durch alle Unschärfen und Ambiguitäten hindurch Marktchancen erkennen zu können. Nachhaltige Reaktionsfähigkeit setzt voraus, daß die Lernerfahrungen der verschiedenen Gruppen erfaßt werden und in anderen Zusammenhängen wieder zum Tragen kommen. Leider gelingt es vielen Projektteams nicht, ihr Wissen im Verlauf der Projektdurchführung festzuhalten. Wenn dann die Teammitglieder nach Abschluß der Arbeiten auseinandergehen, ist vieles von dem, was erlernt wurde, unwiederbringlich verloren.

Nun mag eingewendet werden, dieser Ansatz sei zu idealistisch und könne in der realen Welt nicht funktionieren. Die Mitarbeiter haben gelernt, mit dem Ideenaustausch sehr vorsichtig umzugehen. Ihre emotionalen Schrammen erinnern daran, wie brutal diesbezügliche Erfahrungen sein können. Gewiß sind solche Enttäuschungen nicht von der Hand zu weisen.

Doch solange wir an unserem Besitzstandsdenken festhalten, kommen wir nicht voran. Lernen wir hingegen, was inneres Zeitbewußtsein bedeutet und wie wichtig Vorstellungsvermögen und Erinnerungsvermögen sind, gewinnen wir eine neue Perspektive: Wir verstehen unsere Teilnahme an Gruppenarbeit nicht mehr als Machtkampf, sondern lernen die mit dem Arbeitsprozeß verbundenen Aspekte des menschlichen Wachstums zu schätzen.

Eine einfache Umstellung von Normen kann neue Möglichkeiten eröffnen. Wenn ich beispielsweise jedesmal, wenn ich in einer Gruppe arbeite, aktiv bemüht bin, zwei oder drei neue Dinge von den anderen im Raum anwesenden Leuten zu lernen, begebe ich mich gewissermaßen auf „Lernkurs". Ich gewinne dabei – und die anderen auch, weil sie den Eindruck vermittelt bekommen, daß ich ihnen zuhöre. Eine der größten Belohnungen im Leben besteht in dem Gefühl, daß einem zugehört wird. Dies ist die Grundlage der Anerkennung, die wir doch alle suchen. Indem wir lernen, einander aufmerksam zuzuhören, tun wir zweierlei: Wir lernen, und zugleich bestätigen wir den anderen in seiner Persönlichkeit. Im Gegensatz zur Arbeitseinstellung der Griechen erweist sich unsere Arbeit als genauso bereichernd wie unsere Freizeit. Je besser wir begreifen, was es mit Arbeit als Dialog und innerem Zeitbewußtsein wirklich auf sich hat, desto größere Bedeutung kommt dem aktiven Lernen in unserem Alltagsleben zu.

7. Werte, Normen, Belohnungen und Beurteilungssysteme

Eine technische Vernetzungsinfrastruktur läßt sich in einem Unternehmen vergleichsweise leicht einrichten. Schwieriger ist die Gestaltung neuer Werte und Normen und ihre Unterstützung durch entsprechende Vergütungs- und Beurteilungssysteme. Wie bewältigen wir diesen Übergang?

- Das Industriezeitalter bediente sich der Handwerker, um Wachstum zu erzielen. Wir müssen auf „Gehirnarbeit" aufbauen.

- Im Industriezeitalter wurde die Vergangenheit beiseite geschoben. Im Zeitalter des Wissens ist die Vergangenheit eine uns ständig begleitende Quelle der Erkenntnis und des Wissens.

- Das Industriezeitalter ging davon aus, die Zukunft sei noch weit weg. Das Zeitalter des Wissens vergegenwärtigt die Zukunft durch unsere Aspirationen und unser aktives Vorstellungsvermögen.

- Im Industriezeitalter waren Vorstellungsvermögen und Umgang mit Wissen von untergeordneter Bedeutung. Im Zeitalter des Wissens geht es ausschließlich darum.

- Im Industriezeitalter war das mechanische „Maschinenmodell" vorherrschend. Heute steht ein biologisch-organisches Modell an seiner Stelle. Wir konzentrieren uns weniger auf das reibungslose Ineinandergreifen von Zahnrädern; unsere Aufmerksamkeit gilt geistigem Wachstum.

Da Frederic Taylor selbst in einer Maschinenfabrik gearbeitet hatte, wußte er, wie Arbeitsgruppen ihre Quoten festlegen. Er erkannte, daß die einzige Möglichkeit zur Durchbrechung dieses Prozesses die Einführung eines Planungsbüros war, das für eine gerechte Zuteilung der Tagesarbeit sorgen sollte. Diese Erfahrung führte zur Vorstellung von der Trennung zwischen Denken und Tun und fand schließlich Ausdruck in seiner Theorie der wissenschaftlichen Betriebsführung.

Doch wenn nach außen hin sichtbare Zuständigkeiten in das System eingebaut werden, sind Taylors Bedenken nicht mehr relevant. Im Gegenteil: Das Topmanagement vermag die Teams zu stimulieren, zu inspirieren und herauszufordern und dabei einen Großteil der aufgestauten Energie freizusetzen, die in so vielen unserer heutigen Unternehmen ungenutzt bleibt. Wir legen kein maschinenähnliches Organisationsmodell zugrunde; wir brauchen vielmehr einen flexiblen Ansatz, der die Wissensvernetzung auf der Basis unseres Vorstellungsvermögens und unseres Umgangs mit Wissen unterstützt.

Werte stellen eine besonders wichtige Komponente in unserem Vorstellungsvermögen dar. Werte lassen sich nicht in Schulungskursen oder durch Wand-Poster vermitteln, sondern entstehen und wachsen im Lauf der Zeit durch persönliche Interaktion. Vertrauen und Offenheit reflektieren die Einstellungen der Unternehmensleitung ebenso wie die aller anderen Mitarbeiter im Unternehmen. Solche Werte entfalten sich langsam, doch können sie gewissermaßen über Nacht zum Erliegen kommen. Die Tatsache, daß von den Mitarbeitern der *Digital Equipment Corporation* erwartet wird, daß sie „das Richtige tun", ist ein Zeichen dafür, daß den Mitarbeitern Vertrauen entgegengebracht wird – und ein Maßstab für die Integrität, Ehrlichkeit und Klugheit des Managements. Werte werden wie die Wörter einer Sprache mit Leben erfüllt, wenn sie angewendet werden. Deshalb ist es so wichtig, daß wir uns in unseren Unternehmen schnell von Kulturen des Mißtrauens und der gegenseitigen Geringschätzung zu Kulturen der Wertschätzung und des Vertrauens entwickeln. Wenn Mitarbeiter echte Wertschätzung erfahren, entfalten sie um so mehr Talente bei ihrer Arbeit – und um so stärker wachsen die Vermögenswerte des Unternehmens.

General Georges Doriot, dessen Risikokapitalunternehmen die 70000 Dollar Anfangskapital in Ken Olsens Idee zur Produktion des interaktiven Computers von *Digital* investierte, pflegte hervorzuheben, wie wichtig „Großzügigkeit" sei. Darunter verstand General Doriot die Bereitschaft, anderen Menschen „das Ihre" zu geben, ihnen Freiraum zur Selbstverwirklichung zu lassen und sorgfältig auf mögliche „Ideen-Saatkörner" in ihren Aussagen zu achten. Einstellungen wie diese schaffen Vertrauen, Offenheit und Integrität.

Jedes Unternehmen bestimmt die Konstellation der Werte, die es für wichtig erachtet; dafür gibt es keine Vorschriften. Doch beim Entstehen neuer Normen können wir erkennen, wer Integrität besitzt und wer Informationen mißbraucht. Wir wissen, wer zuhört und wer Gedanken abwürgt. Wir wissen, wer sein Wissen mit anderen teilt und wer sich hinter einer Machtposition versteckt. Wir wissen, wer Führungsbefugnisse zu teilen vermag und wer daran festhält. Gute Führung ist stets auch ein Zeichen hervorragender Lernfähigkeit. Die Führungspersönlichkeit der Zukunft wird sich darauf verstehen, ungewöhnliche Fragen zu stellen, um auf diese Weise die Bemühungen anderer zu vertiefen und auszurichten.

Entsprechend müssen wir unsere Belohnungen und Beurteilungssysteme neu orientieren, um mit solchen Entwicklungen Schritt halten zu können. Wenn wir an Belohnungen denken, kommt uns gewöhnlich als erstes die finanzielle Vergütung in den Sinn. Insoweit teilen wir die Einstellung der alten Griechen, derzufolge Arbeit als Strafe galt: Wenn wir unsere Zeit für etwas einsetzen, was uns keine Freude macht, dann sollten wir dafür zumindest hinreichend entlohnt werden.

Sicher werden solche *Ent*lohnungssysteme auch weiterhin eine Rolle spielen, aber es wird eine weitere Dimension der *Be*lohnung hinzukommen müssen: die Erfahrung einer qualitativ zufriedenstellenden zwischenmenschlichen Interaktion. Es kann geradezu begeistern, in einem dynamischen Team zu arbeiten, das inneres Wachstum fördert. Man empfindet es als Belohnung, wenn die Kollegen einem zuhören und anspruchsvolle Aufgaben zutrauen; schon die Freude an der eigenen Leistung ist Belohnung. All dies trägt dazu bei, daß wir unser Bestes leisten. Die Mitarbeit in einer kreativen „Kollaborative" bedeutet eine mächtige Motivation und Belohnung zugleich – einmal mehr, wenn wir von Sinn und Bedeutung der gesamten Unternehmung überzeugt sind. Aus diesem Grund erfährt der prinziporientierte Führungsansatz von Stephen Covey [1992] so viel Beachtung.

Bei unserer Arbeit in virtuellen Unternehmen oder dynamischen Teams ist unsere Interaktion eher durch kollegiale Beziehungen als durch eine *„Mitarbeiter/Vorgesetzter"*-Konstellation geprägt. Kollegiale Beziehungen fördern das Wachstum, während das Verhältnis zwischen Vorgesetzten und Untergebenen für Motivation und Inspiration eher tödlich ist. Vielleicht bleibt den Leitern der Leistungszentren das letzte Wort in bezug auf Vergütungen; dennoch wird einer Beurteilung durch die Kollegen im Rahmen des Vergütungsprozesses zunehmend Bedeutung zukommen. Dieser Prozeß wird gänzlich subjektiv bleiben, doch sein Erfolg steht und fällt mit der Integrität der eigenen Kollegen und den Leitern der Leistungszentren und hängt nicht vom eigenen „Chef" ab. Da vorrangig die Beitragsleistungen zum Teamerfolg und weniger die Feuerlöscharbeiten von Einzelgängern zu belohnen sind, gilt es die Leistungsvergütungssysteme entsprechend anzupassen. Die Kostenrechnung wird ihre Systeme verstärkt an Programmen und Projekten ausrichten, anstatt direkte Lohnkosten anzulasten. Auf diesem Gebiet bleibt noch viel zu tun.[1]

8. Team-Teamarbeit

Im Rhythmus der Unternehmensarbeit sind einige Produkte oder Dienstleistungen im Werden begriffen, andere befinden sich in der Reifephase, und wieder andere werden aus dem Programm genommen. Wenn verschiedene Teams ihre Ziele verfolgen, kommt es unweigerlich zu Überschneidungen; das ist natürlich und durchaus zuträglich. Wir sollten uns die Organisation nicht als gegeneinander abgegrenzte Exklusiv- Kästchen vorstellen, sondern überlappende Teams und überlappende Unternehmen – wie *Venn*-Diagramme – vor Augen haben. Dies trifft sowohl auf die Beziehungen zwischen den verschiedenen Funktionen innerhalb des Unternehmens als auch auf die Beziehungen zwischen verschiedenen Unternehmen zu (Abbildung 12.3).

Nachdem das Unternehmen erst einmal sein Netzwerk installiert hat und seine Vernetzung mit anderen Unternehmen direkt oder über das *Internet* in Angriff nimmt, kann es Teams auch über alle räumlichen Entfernungen und Zeitzonen hinweg zusammenbringen. Wir sind nicht länger auf die Nähe unserer Büroräume angewiesen; vielmehr können solche Teams bei erweiterten Netzwerken auch wichtige Mitarbeiter von Lieferanten- oder Kundenunternehmen einbeziehen. Die *Ingersoll Milling Machine* hat diese Fähigkeit in einem Großprojekt mit einem Automobilhersteller meisterhaft bewiesen [Stauffer 1988]. Zum Projektteam zählen auch Ingenieure des Autoherstellers, die bei Konstruktion und Produktion Seite an Seite mit den Mitarbeitern des Unternehmens arbeiten.

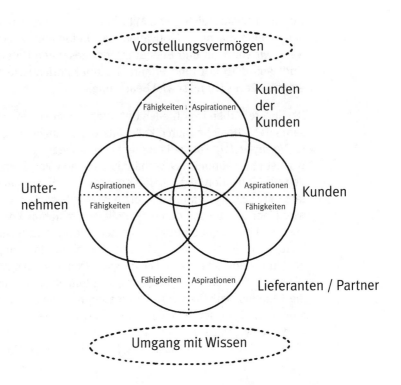

Abb. 12.3:
Virtuelles Unternehmertum und dynamische Teambildung unter Einbeziehung von Fähigkeiten und Aspirationen – auf der Basis von Vorstellungsvermögen und kollaborativem Umgang mit Wissen

Einige Unternehmen setzen ein „ereignisorientiertes Management" („*Management by event*") als wirkungsvolle Fokussiertechnik ein. Experten wachsen gern mit ihren Aufgaben; wenn sie Gelegenheit bekommen, ihren Wert unter Beweis zu stellen, sind sie zuweilen von ihrer Leistungsfähigkeit selbst überrascht. Das Unternehmen kann regelmäßig Ereignisse einleiten, aus deren Anlaß die Teams mit eigenständiger Aufgabenorientierung aufgefordert werden, die Unternehmensvision auf der Basis der geleisteten Arbeiten zu erweitern.

Unsere Herausforderung besteht darin, die Teamarbeit von Teams zu erleichtern. So wie jedes Aufgaben-Team einen eigenen Rhythmus hat, so verläuft auch die Arbeit zwischen Teams rhythmisch. Ein Team beispielsweise, dessen Aufgabe in der Entwicklung eines neuen Eisenreduktionsprozesses besteht, ist unter Umständen auf die Entwicklungen eines anderen Teams angewiesen, das auf dem Gebiet der Plasmabögen arbeitet. (Diese Idee ist nicht neu; der Erfolg der industriellen Revolution ist zurückzuführen auf all die gleichzeitig erfolgenden Entwicklungen in verschiedenen, aber miteinander zusammenhängenden Disziplinen – von der Dynamik der flüssigen Körper bis zur Metallurgie.) Eine technische Vernetzungsinfrastruktur und mehrbenutzbare Kerndaten tragen dazu bei, daß der Themenaustausch zwischen den Arbeitsteams erleichtert wird.

An früherer Stelle habe ich darauf hingewiesen, virtuelle Teams mit eigenständiger Aufgabenorientierung seien Jazz-Combos vergleichbar. Jede Band versteht es, Motive aufzugreifen und auf einmalige, individuelle Weise zu gestalten und zu bereichern. Sie kann einer anderen Band ein Motiv zuspielen, um zu hören, wie die anderen damit umgehen. Die einzigartige Motivgestaltung einer Gruppe in bezug auf Tempo, Rhythmus und Artikulation bedeutet Herausforderung und Inspiration für andere Bands beziehungsweise Aufgaben-Teams.

9. Fähigkeiten im Umgang mit Wissen

Vernetzende Unternehmen sind in ihrer Formgebung viel freier als steile Hierarchien. Sie werden nicht durch eine starre Bürokratie zuammengehalten, sondern durch gemeinsame Visionen und gemeinsame Wissensressourcen, von denen die wertvollsten in den Köpfen der Mitarbeiter lagern. Wir Menschen haben die wunderbare Begabung, einmal Erlerntes immer wieder neu zu kombinieren, um auf diese Weise neue Problemlösungen zu finden – zum Beispiel können wir unsere Kenntnisse in bezug auf Metallurgie, elektrische Ströme und Testresultate so kombinieren, daß wir herausfinden, warum ein bestimmter Laufwerk-Typ versagt. Wir sind in der Lage, eine Situation im größeren Kontext erfassen. Im Gegensatz zu Computern können wir mit vagen Hinweisen, unscharfen Mustern und mehrdeutigen Daten arbeiten.

Eine relationale und objektorientierte Datenbank-Technologie erleichtert die dynamische Rekonfiguration von Computer-Speicherkapazitäten, aber diese Technologie hat ihre Grenzen. Wenn ein Unternehmen hingegen 30 Prozent seines Kernwissens in konsistenter, mehrbenutzbarer Form und möglichst noch in verständlicher Daten-Architektur erfaßt, kann sich die Partnerschaft zwischen Menschen und Prozessoren als sehr wirkungsvoll erweisen. Die Gruppentechnologie hat uns mit Erfolg gezeigt, wie Zeichnungen und Prozesse zu klassifizieren und zu kodieren sind. Das *JIT*-Konzept erleichtert uns die Sondierung grundlegender Beziehungen sowohl innerhalb unserer Organisationen als auch zu unseren Lieferanten.

Wir müssen ungeheuer große Disziplin bei der Unterhaltung und Pflege unserer Wissensressourcen im Unternehmen aufbringen. Wir müssen bereit sein, die Kosten sowohl für den Erhalt unserer alten Systeme als auch für die Entwicklung neuer Systeme aufzubringen. Wenn die Lernerfahrungen von einzelnen Mitarbeitern wie von Teams in Konstruktionsstandards, Klassifikations- und Kodiersystemen, Betriebstechniken, Anwendungen, Daten-Wörterbüchern und Kundenprofilen kodifiziert werden, entsteht eine Ressource von unschätzbarem Wert. Was die Teams im einen Werk bei der erfolgreichen Anwendung von Aufschweißverfahren lernen, kommt möglicherweise auch anderen Werken desselben Unternehmens zugute. Wie Nonaka und Takeuchi [1995] hervorheben, ist eine solche Wissensbasis von entscheidender Bedeutung.

Selbst wenn die Finanzexperten Probleme haben, das in der Wissensbasis enthaltene *Know-how* zu bewerten, ist Wissen eine Schlüsselressource für das Unternehmen – und Quelle neuer unternehmerischer Visionen. Ein Unternehmen, das sich in einzigartiger Weise auf den Umgang mit Wissen versteht, hebt sich vom Markt ab. Deshalb sollte von den Aufgaben-Teams nicht nur die Lösung der anstehenden Aufgaben erwartet, sondern auch ein Beitrag zur Erweiterung der Wissensbasis und zur Bereicherung der gemeinsamen Unternehmensvision gefordert werden. Die Beurteilungs- und Belohnungssysteme sollten diesem zusätzlichen Beitrag Rechnung tragen.

10. Unternehmensübergreifende virtuelle Teams mit eigenständiger Aufgabenorientierung

Je mehr wir lernen, über unsere eigenen vier „Unternehmenswände" hinauszudenken, desto besser gelingt es uns, auch Vertreter von Lieferanten, Partnern, Händlern und Kunden in unsere Aufgaben-Teams einzubeziehen. Wie die internen Ressourcen stellen auch diese Leute virtuelle Ressourcen dar. Zum Beispiel können in einem Produktentwicklungsteam zwei Vertreter von einer Kundenorganisation mitwirken – ihre Anwesenheit verhilft dem Team zu einem besseren Verständnis der realen Kundenerwartungen. Dieser Ansatz erleichtert dem Unternehmen zugleich die Zusammenarbeit mit dem Kunden bei der Bereitstellung von Produkt oder Dienstleistung. Wenn automatische Bankschalter den Kunden direkt in den Bankbetrieb einbeziehen, so gewinnt die Bank in zweifacher Hinsicht: Sie erwirtschaftet Geld mit diesem erweiterten Service-Angebot, und sie reduziert den eigenen Personalbedarf.

Abschließende Gedanken

Wir haben die Wahl: Entweder bleiben wir bei unseren Organisationsdiagrammen, eingesperrt in Kästchen und Linien; oder wir erfahren die Herausforderung, in virtuellen Unternehmen, dynamischen Teams und durch Wissensvernetzung kreativ und kooperativ miteinander zu arbeiten – wie dies in Teil I geschildert wurde. Entweder leben wir weiterhin nach der Uhrzeit, gefangen in der Gegenwart; oder wir lassen uns durch unser inneres Zeitbewußtsein inspirieren und leiten, wenn wir unser Vorstellungsvermögen (vergegenwärtigte Zukunft) und unseren Umgang mit Wissen (vergegenwärtigte Vergangenheit) vernetzen. Entweder blicken wir zu unseren Chefs hoch und auf unsere Untergebenen herab; oder wir verstehen uns als kollegiale Partner im Dialog über all die bedeutungsvollen Themen, die unsere Unternehmen herausfordern.

Wir können uns mit der Trennung von Denken und Handeln abquälen; oder wir engagieren uns aktiv im integrativen Prozeß kontinuierlicher Kreativität. Wir können uns gegeneinander abschotten; oder wir suchen – als Individuen wie als Teams – gegenseitig nach unseren Fähigkeiten und Aspirationen, die uns bei unserer Arbeit weiterhelfen. Denken wir noch einmal an die historischen Epochen und an die Veränderungen, die sie uns gebracht haben. Der Übergang zu vernetzenden Unternehmen erfolgt nicht zwangsläufig; es liegt an uns, diesen Übergang zu vollziehen. Entweder verharren wir im Transaktionsmodus, lediglich darauf ausgerichtet, unsere Bedürfnisse zu befriedigen; oder wir gelangen zu einer Neubestimmung unserer Realitäten und lernen, die Möglichkeiten kreativer Kooperation aktiv zu nutzen.

Unsere neue Quelle des Reichtums ist eher eine *Fähigkeit* als ein *Besitz*. Der Umgang mit Wissen – unsere menschliche Fähigkeit, unaufhörlich Muster von Marktchancen zu entdecken, zueinander in Beziehung zu setzen und angemessen zu reagieren – verhilft uns zu neuem Zeitbewußtsein und verbessert unsere Zeitplanung. Durch gegenseitige Vernetzung und Teambildung sind wir in der Lage, entschieden zu handeln und die Fragmentierung des Industriezeitalters zu überwinden. Mit diesem Wandel erleben wir ein neues Verantwortlichkeitsgefühl füreinander, ein neues Gefühl von Anregung und ein neues Gefühl für „Ko-Kreativität".

Denken wir noch einmal an die vorangegangenen Kapitel zurück: Wir wollen die Wörter *Vision* und *Wissen* (als ein Besitz) durch die Konzepte *Vorstellungsvermögen* und *Umgang mit Wissen* (als Fähigkeiten) ersetzen. Diese Veränderungen unterstreichen die Signifikanz der Konzepte *Arbeit als Dialog* und *inneres Zeitbewußtsein und Zeitplanung* als Schlüsselfaktoren bei der Zusammenführung der Funktionen. Dieser Prozeß läßt sich niemals automatisieren oder computerisieren, wenngleich er durch Computer und Vernetzung sehr wohl unterstützt werden kann.

Kein System als solches vermag die Fragmentierung in unseren steilen Hierarchien zu überwinden. Nur dann, wenn Menschen den Anfang machen und gegenseitig Kontakt aufnehmen und sich untereinander vernetzen, ist diese Fragmentierung aufzuheben. Es wird nicht immer leicht sein, weil alte Einstellungen auf eigentümliche Weise fortbestehen. Wir müssen wohl davon ausgehen, daß wir noch so manche Rückschläge erleben. So werden Menschen, denen es schwerfällt, anderen zuzuhören und von ihnen zu lernen, Schwierigkeiten mit der Zusammenarbeit in funktionsübergreifenden Teams oder mit anderen Unternehmen haben. Die Unternehmensleitung könnte sich schwer tun, Vorschläge aus den unteren Rängen akzeptieren zu lernen. Teams werden sich unkoordiniert in verschiedenen Richtungen entwickeln, weil die Organisation ihren Rhythmus noch nicht gefunden hat. Ohne eine gewisse Anzahl von Sprossen auf der Karriereleiter mag so mancher Manager nicht wissen, wie denn Erfolg relativ zu bemessen ist. Viele Unternehmen werden wichtige Marktsignale verkennen, den technologischen Anschluß verpassen und Entwicklungen falsch deuten. Und wir werden auch weiterhin gegen die

„dunkleren Seiten" bei den Beteiligten ankämpfen müssen. All dies sind Elemente, die es auf die eine oder andere Weise zu bewältigen gilt. Werden derartige Hindernisse unüberwindbar sein? Wahrscheinlich nicht, wenn wir uns darüber im Klaren sind, wohin wir gehen und was zu tun ist; andernfalls gewinnen diejenigen die Oberhand, die zur Behaglichkeit der steilen Hierarchie (mit ihren gemütlich warmen Ofenrohren) zurückkehren möchten.

Andere Management-Herausforderungen betreffen Zuständigkeiten, Fokussierung und Koordinierung sowie kontinuierliches Lernen. Es sollte inzwischen deutlich geworden sein, daß die Frage nach der Zuständigkeit mit Vorstellungsvermögen verbunden ist. Vorstellungsvermögen und Umgang mit Wissen erleichtern den multiplen virtuellen, sich eigenständig an Aufgaben orientierenden Teams die Fokussierung und Koordinierung ihrer Bemühungen. Und wenn wir uns aus dem Netz der Konzepte und Prinzipien des Industriezeitalters befreit haben, sind wir auch imstande, die Praxis des kontinuierlichen Lernens in das Alltagsleben unserer Unternehmen einzubinden. So wie die Athleten gelernt haben, ihre Hochsprungtechnik zu überdenken, so können auch wir die Art und Weise unserer Zusammenarbeit neu definieren. Wir haben nur ein Leben; warum tolerieren wir eine Arbeitsweise, die unsere Fähigkeiten geringschätzt und unsere Aspirationen leugnet?

Dan Infante, früher stellvertretender Geschäftsführer bei *Digital Information Systems*, hat den Geist des Managements der fünften Generation erfaßt, wenn er schreibt [1989]: „Ein guter Arbeitsplatz ist dann gegeben, wenn er den ganzen Menschen mit all seinen Gedanken, Gefühlen und sogar seinen Erwartungen und Bestrebungen einbezieht. Es ist ein Arbeitsplatz, an dem Diversität geschätzt wird und die Individualität der Mitarbeiter als Saatgut für neue Ideen und Möglichkeiten gilt." Und weiter heißt es: „Ein guter Arbeitsplatz ist der, wo die Leute wie selbstverständlich funktionsübergreifend zusammenarbeiten und sich ermächtigt fühlen, richtige Entscheidungen im Sinne der Organisation zu treffen."

Ken Olsens Vision von der elegant einfachen Organisation ist realisierbar, zumal wir verstärkt Parallelarbeit in multiplen dynamischen Teams leisten. Wir können lernen, unsere Erziehung und Ausbildung sowie unser Wissen zur gegenseitigen Motivation und Inspiration einzusetzen – so wie dies den Mitarbeitern des Unternehmens *Custom Products and Services, Inc.* in Teil I gelungen ist. Management der fünften Generation ist nicht nur eine Möglichkeit – es ist eine Notwendigkeit, um den Grundstein für die nächste Wirtschaftsära zu legen, die auf *Wissen* als der neuen Quelle des Reichtums basiert. Je besser wir es lernen, durch aktive Wertschätzung der Fähigkeiten und Aspirationen unserer Kollegen und Partner *Mehrwert zu* schaffen, desto deutlicher werden wir erfahren, wie anregend und mitreißend virtuelles Unternehmertum, dynamische Teambildung und Wissensvernetzung sein kann. Wir sind auf dem richtigen Weg, wenn sich unsere Sprachgewohnheiten ändern und wir das Wörtchen *mit* häufiger verwenden als *für* und wenn wir nicht nur über die Bedeutung von Werten (Substantiven) reden, sondern uns gegenseitig wertschätzen (Verb). Bringen auch wir den Mut auf, den es Frank Giardelli und seine Kollegen gekostet haben mag, als sie das Risiko eingingen, ihr altes Organisationsmodell aufzugeben, um sich zu neuen Höhen des Verständnisses und der Kreativität aufzuschwingen!

Viel Glück auf Ihrer Reise zur Ganzheitlichkeit der Wissensvernetzung in elegant einfachen Unternehmen! Bitte führen Sie Buch über Ihre Erfahrungen, um andere daran teilhaben zu lassen; Lernen ist für uns alle ein kontinuierlicher Prozeß. Ich hoffe, daß die in diesem Buch zum Ausdruck gebrachten Visionen Ihnen auf Ihrem Weg weiterhelfen; und ich würde gern von Ihren Erfahrungen lernen – von Erfolgen wie von Mißerfolgen. Beides ist unserem gemeinsamen Lernprozeß dienlich. Bitte nehmen Sie Verbindung auf:

cms@kee-Inc.com.

Nachwort von Dan Burrus

In Wattersons Bildgeschichte *Calvin and Hobbes* wird gelegentlich „*Calvin-Ball*" gespielt. Dieses Spiel kennt nur eine Spielregel: Es darf auch nicht zweimal nach denselben Regeln gespielt werden! Überleben beim „*Calvin-Ball*" heißt, niemals an alten Regeln festhalten; Erfolg stellt sich ein durch die kontinuierliche kreative Kooperation in immer neuer Konstellation – ein Prozeß, den ich in *Technotrends* untersucht habe.

Warum ist so so schwer, Altbewährtes immer wieder hinter uns zu lassen und uns statt dessen auf Innovationen einzustellen? Das Vertraute ist so bequem, während uns Unerwartetes Angst macht. Und doch leben wir inmitten wirbelnder, pulsierender, chaotischer technologischer Entwicklungen, die auf ihre Weise die Spielregeln ständig neu bestimmen.

Warum begreifen Klein-Calvin und sein Spezi Hobbes dies so viel besser als die meisten von uns? Warum machen wir uns so viel Sorgen über „den Wandel" (Substantiv), wenn doch das Leben selbst ein kaleidoskopischer Prozeß eines kontinuierlichen „Sich-Wandelns" (Verb) ist?

In *Management der fünften Generation. Kreatives Kooperieren durch virtuelles Unternehmertum, dynamische Teambildung und Vernetzung von Wissen* bearbeitet Charles Savage viele Fragestellungen, wie ich sie auch in *Technotrends* aufgegriffen habe – wenngleich aus der Perspektive der Organisation. Vielleicht lege ich den Schwerpunkt mehr auf die Art und Weise, in der neue Technologien wie die Genforschung, digitale Elektronik und intelligente Netzwerke die Welt unserer Unternehmen neu gestalten, während Charles Savage vor allem am Wesen der Arbeit und innerem Zeitbewußtsein interessiert ist. Zwar haben wir unterschiedliche Ausgangspunkte gewählt, doch besteht zwischen uns ganz gewiß eine Geistesverwandtschaft in bezug auf die zugrunde liegenden Werte, von denen wir beide überzeugt sind: *Synergie*, *Kollaboration* und *Ko-Kreativität*.

Beide wollen wir nicht die Leinwand der Vergangenheit versiegeln; vielmehr sind wir leidenschaftlich daran interessiert, die Möglichkeiten der Zukunft auszumalen. Der größte Teil dessen, was Leben bedeuten kann, ist noch nicht gelebt worden. Wir sind herausgefordert, uns als Individuen wie auch als Unternehmen gegenseitig zur Freisetzung unserer kollaborativen Kreativität zu motivieren. Charles Savage zeigt uns, wie wir die Farbnuancen und Texturen unserer Vorstellungen durch virtuelles Unternehmertum, dynamische Teambildung und Wissensvernetzung ineinanderfügen können.

Wir ordnen Ideen und Vorstellungen keine Bilanzwerte zu, aber gerade diese „Rohideen" tragen wir mit feinen Pinselstrichen auf die Leinwand des Möglichen auf, um letztlich daraus immer neue Produkte und Dienstleistungen entstehen zu lassen. Heute ist unsere Sprache noch vorrangig auf Prozesse der Verarbeitung von Rohmaterialien zu Endprodukten ausgerichtet. Doch der eigentlich zugrunde liegende Prozeß ist die Verarbeitung von „Rohideen" zu erfolgreichen Produkten und marktgerechten Dienstleistungen. Charles Savage weist deutlich darauf hin: Das Industriezeitalter galt der Nutzung begrenzter natürlicher Ressourcen, während das Wissenszeitalter Möglichkeiten zur Nutzung unbegrenzter menschlicher Ressourcen – unseres Wissens – bereithält.

Das Industriezeitalter bot uns eine Wirtschaft der Ressourcen-Knappheit, in der es zu schützen und zu kontrollieren galt. Das Zeitalter des Wissens bietet uns die Möglichkeit zur Schaffung einer auf unerschöpflichen Ideen-Ressourcen beruhenden Wirtschaft des Überflusses; durch dynamisches Kollaborieren können diese Ideen zu motivierenden Arterien werden, die zu immer größerer Kreativität führen. War das Industriezeitalter auf eine gut geölte *Infra*struktur angewiesen, so ist das Wissenszeitalter durch eine pulsierende *„Info*struktur" geprägt.

Diese Infostruktur ist nicht nur von Fortschritten in der computergestützten Technologie – von Parallelarbeit zum *World Wide Web* im *Internet* – abhängig, sondern auch von einem Wandel in unseren Einstellungen und unserer Mentalität. In Teil I von *Management der fünften Generation* weist Charles Savage auf die Analogie zum Hochsprung hin: Man erreicht höhere Leistungen, weil man bereit ist, seine Geisteshaltung zu überdenken. Im *Internet* werden die Netz-Teilnehmer nicht wegen ihres phantastischen Titels oder ihres großen Wagens geschätzt, sondern aufgrund der Qualität ihrer Interaktion. Es geht nicht um Kommunikation oder Diskussion – was zählt, sind Gespräch und Dialog auf hohem Niveau. Fragen sind wertvoller als Feststellungen, weil sie zum Erkunden und Entdecken anregen.

Unsere Instrumente sind im Wandel begriffen. Im Industriezeitalter setzten wir schwere Hämmer ein, um die Erde zu spalten und und an ihre Reichtümer zu gelangen. Im Zeitalter des Wissens legen wir mit sondierenden Fragen die zugrunde liegenden Gedankenmuster – die neuen Reichtümer – frei. Das eine Zeitalter spaltet, das andere trägt dazu bei, die Fragmente winziger Ideen zu größeren aktionsfähigen Mustern zu verweben.

Nachwort von Dan Burrus

Das Industriezeitalter vermochte Komplexität tatsächlich nur durch Zerteilen zu bewältigen, und dies in einem Ausmaß, daß uns das Verständnis des Ganzen beziehungsweise des vorgegebenen Kontexts verloren ging. Demgegenüber können wir, wie Charles Savage betont, der Komplexität im Wissenszeitalter durchaus wieder gelassen begegnen: Wir sind in der Lage, die Teile und das Ganze zu überblicken. *Fraktale, Holonik, Agilität* und *Hypertext-Organisation* sind die Metaphern, die uns zu einem ersten Ansatz der Bewältigung des neuen Paradigmas – des dynamischen Wechselspiels zwischen dem Ganzen und seinen Teilen – verhilft. Wie Charles Savage herausstellt, gelingt uns damit der Übergang von der Wertschöpfungskette zum wertschöpfenden Cluster, wo unternehmerisches Handeln zum strategischen Dialog zwischen unseren Unternehmen, Lieferanten, Kunden und deren Kunden gerät – zu einem effektiven Prozeß kreativen Kooperierens.

Anstatt die Vergangenheit bewahren zu wollen, müssen wir die spielerische Freude von Calvin und Hobbes auf die Leinwand des Möglichen übertragen. Anstelle von vorgegebenen Spielregeln brauchen wir ein befreiendes Rollenspiel, in dessen Rahmen wir nicht nur Produkte und Dienstleistungen schaffen, sondern zugleich auch uns selbst und unsere Kulturen „ko-kreativ" gestalten. Charles Savage erleichtert uns den Übergang vom erstickenden „Kästchen/Linien"-Modell zur Synergie sich überlappender Kreise. Er verhilft uns zum Wiederentdecken des Wesens menschlicher Arbeit, spielerischer Arbeit, kreativer Arbeit und „ko-kreativer" Arbeit, die unsere Zukunft kontinuierlich formt und dennoch nie abgeschlossen ist. Das Saatgut für die Wirtschaft des Überflusses, die auf der Nutzung unserer Wissensressourcen, auf dem *Teaming* unserer Fähigkeiten und auf der Einbeziehung unserer Erwartungen und Bestrebungen beruht, ist bereits angelegt. Wie können wir sein Wachstum – unser Wachstum – fördern?

Die derzeitige technologische Entwicklung versetzt uns in die Lage, uns von unserem blinden Vertrauen in die Vorgehensweisen von gestern zu lösen. Wissen wir die Gunst der Stunde zu nutzen und die tiefe Resonanz von *Arbeit als Dialog* zu erfahren? Verstehen wir uns darauf, Möglichkeiten für effektiveres Engagement in der Gegenwart zu entdecken, weil es uns gegeben ist, an die Vergangenheit zurückzudenken und in die Zukunft vorauszudenken? Ganz sicher. Charles Savage hat uns dazu verholfen, eine neue, schlichte Sprache zu sprechen, die unserem Handeln und unserem Menschsein Mehrwert verleiht. Indem wir uns gegenseitig als Individuen und als Unternehmen aktiv wertschätzen, gelangen unsere natürlichen „ko-kreativen" Fähigkeiten zur vollen Entfaltung. Wir können das in unseren Unternehmen vorhandene intellektuelle Kapital nutzen – eine Ressource, die anzuzapfen wir gerade erst begonnen haben.

In der Tat: Wir befinden uns an der Schwelle zu einer neuen Infrastruktur des Verständnisses, das die entstehende Infostruktur zu einer reichhaltigen geistigen Ressource werden läßt: Auf dieser Basis gilt es letztlich die Wirtschaft des Wissenszeitalters aufzubauen. Und für diesen Wirtschaftsaufbau sind nicht etwa wenige Industriebarone maßgeblich, sondern wir alle – Sie und ich und unsere Kollegen in aller Welt: Wir haben unsere vergröberten Einstellungen zueinander überwunden und gelernt, die Fähigkeiten unserer Kollegen und Partner wertzuschätzen und ihren Aspirationen zuzuhören. Charles Savage hat uns die Richtung aufgezeigt, doch nun ist es an uns: Die Möglichkeiten sind vielversprechend – gelingt es uns, sie zu nutzen?

Dan Burrus

Autor von *Technotrends*

Nachwort von Dr. Arun Gairola

Organisatorische Strukturen unterliegen ständig - sowohl in ihrem Aufbau, als auch in dem Abläufen der Dynamik - den Veränderungen in den Absatzmärkten, im Kundenverhalten und in technologischen Entwicklungen, aber auch im sozialpolitischen Umfeld. Heute stehen wir an einer Schwelle, da sich die wesentlichen Parameter der Veränderungen zu einer kritischen Masse verdichtet haben, die uns zwingt, neue, noch nicht vertraute Wege einzuschlagen. Derzeit läßt sich die Verunsicherung weiter Führungskreise darüber feststellen, wie die Globalisierung der Märkte, die neue Werteorientierung im Kunden- und Mitarbeiterverhalten und die rasante Entwicklung und Verbreitung der Informations- und Kommunikationstechnologien die Gestaltung der innerbetrieblichen Strukturen und Abläufe beeinflussen.

Die Dynamik der Veränderungen und die Komplexität der Systeme hat ein Ausmaß erreicht, bei dem die inkrementelen Anpassungen und Verbesserungen der bisher bekannten Managementansätze, die überwiegend auf die Effizienzsteigerung von tayloristischen Organisationsformen fokussiert sind, nicht mehr zur Beherrschbarkeit dieser Veränderungen führen. Charles Savage zeigt eindrucksvoll die Grenzen der Managementlehren, die sich überwiegend mit der Optimierung der industriellen Materialtransformation beschäftigten. Er verkündet mit überzeugenden Argumenten das Ende des tayloristischen Zeitalters, plädiert für ein neues Managementkonzept, das die Optimierung der Wissenstransformation in den Vordergrund stellt und läutet damit den Beginn der Ära des Wissens ein.

Betrachten wir kritisch die Art und Weise, mit der wir bislang die Komplexität und Dynamik zu beherrschen versucht haben, so zeigt sie eindeutig auf eine systemische Arbeitsteilung und eine professionelle Spezialisierung. Bei der heutigen Veränderungsfrequenz, die eine globale Wissensvernetzung, schnelle Informationsbereitstellung und intuitive Entscheidungen erforderlich macht, stößt dieses Vorgehen an Grenzen. Flache Hierarchien, unbürokratische Entscheidungswege, ablauforientierte organisatorische Strukturen, Vernetzung von Wissensträgern zu selbststeuernden Teams, Werteorientierung zu Kunden statt Produktfokus und ein auf Vertrauen basierendes Verhalten der Organisation sind Gebot der Stunde.

Der konsequente Einsatz der Informations- und Kommunikationstechnologien macht die hierarchischen und organisatorischen Grenzen innerhalb des Unternehmens zunehmend durchlässig und damit nahezu bedeutungslos. Hierarchien verlieren ihre Rechtfertigung und formelle, funktionale Abgrenzungen werden sinnlos. Die Herausforderung für die Gestaltung der Unternehmensorganisation ist es daher, dieser Grenzenlosigkeit gerecht zu werden und sie zum eigenen Vorteil auszubauen.

In den kundenorientierten globalen Unternehmen wie ABB müssen Mitarbeiter und Teams weniger vertikal in der Hierarchie und mehr über organisatorische Grenzen hinweg horizontal mit den vor- und nachgelagerten Wertschöpfungsbereichen innerhalb der Geschäftsprozesse zusammenarbeiten. Konsequente Kundenorientierung zwingt uns, auf die individuellen Bedürfnisse der Kunden einzugehen. Dies bewirkt wiederum, daß jede Aufgabe zu einer prozeßorientierten Organisation und zu einem einzelnen Projekt wird. Die Routine mäßige Massenerledigung entfällt.

Denken in Prozessen setzt nicht bei der Kapazitätsausnutzung und Ressourcenausstattung der einzelnen Organisationseinheiten an, sondern an der möglichst reibungslosen Gestaltung der kritischen Leistungsprozesse, aus denen die erfolgskritischen Leistungen des Unternehmens hervorgehen. Die Mitarbeiter optimieren gemeinsam in Teams die Prozesse über ihre organisatorischen Grenzen hinaus in ihrer Gesamtheit nach Zeit, Qualität und Kosten.

Die Arbeit in Projektgruppen unterscheidet sich von einer Routine dadurch, daß die Projektaufgabe und die Zusammensetzung des Teams zeitlich bis zur Lösung der Aufgabe beschränkt ist. Im Gegensatz zu Routineaufgaben zeichnen sich die Teammitglieder in einem Projekt durch ergänzende Fähigkeiten und Fachkenntnisse aus. Sie müssen in interdisziplinären Teams mit hoher Selbstmotivierung und Selbststeuerung, in der Abwesenheit fester Strukturen, arbeiten können.

Die „Geisteskraft" der Mitarbeiter ist der kritische Treibstoff für das effiziente Funktionieren einer prozeßorientierten Projektorganisation. Die größte Herausforderung ist dabei, das Wissen anderer, die auf bestimmte Aufgaben spezialisiert sind, zielgerichtet und schnell zusammenzuführen. Die vertrauensvolle Zusammenarbeit und die Fähigkeit, die Stärken der anderen zu erkennen und sie mit eigenen Stärken zu vernetzen, bildet die Grundlage dafür. Dieses erfordert, sich von den traditionellen hierarchischen und bürokratischen Organisationsstrukturen zu verabschieden und sich zu einem neuen Organisationskonzept zu bewegen. Peter Drucker bezeichnet solche Konzepte als „networked organisation", Peter Senge schlägt „learning organisation" vor, Tom Peters beschreibt sie als „crazy organisation", D. Quinn Mills benennt sie als „cluster organisation" und für Michael Hammer und James Champy ist es eine „reengineered corporation". H. J. Warnecke hat in Deutschland das Konzept des „fraktalen Unternehmens" entwickelt, in Japan geht man ähnlich unter dem Titel „holonic management" vor. Allen diesen Ansätzen liegen vier wesentliche Gedanken zugrunde: dienende Leadership, horizontale Kommunikation, selbststeuernde Teams und Vertrauen in die Fähigkeiten und Absichten der Mitarbeiter.

In diesem Buch gelingt es Charles Savage in exzellenter Weise auf alle diese Aspekte praxisnah einzugehen und Ansätze zu ihrer Realisierung darzustellen.

Charles Savage hat die bekannten Ansätze zur Entwicklung neuer Organisationskonzepte unter der Berücksichtigung der Nutzung moderner Informationstechnologien weiterentwickelt und bezeichnet sein Konzept als „human networking". Er zeigt, wie ein Netzwerk von Wissensträgern zum höheren Grad des Wissens und der Kreativität führen kann. Die Fortschritte der Informationstechnologie dienen in seinem Konzept nicht nur der Wissensvernetzung, sondern auch als ein Werkzeug zur Unterstützung des Beziehungsmanagements. Dabei berücksichtigt das von Charles Savage vorgelegte Konzept nicht nur eigene Mitarbeiter im Unternehmen, sondern dehnt die Wertschöpfungskette auch auf Lieferanten, Kunden und Kunden des Kunden aus. Die Einbeziehung von eigenen Kunden, den Kunden von eigenen Kunden und den Lieferanten eröffnet Unternehmen ganz neue strategische Chancen und zukunftssichernde Perspektiven, die Kundenzufriedenheit und damit langfristige Kundenbeziehungen zu erreichen.

Das Beziehungsmanagement als „networking" ist meines Erachtens das wichtigste Thema des vorliegenden Buches von Charles Savage.

Die Aspekte „Vertrauen" und „Wertschätzung" haben in seinen Überlegungen eine zentrale Bedeutung. Er vertritt zurecht die Meinung, daß ohne den vertrauensvollen Umgang mit gegenseitiger Wertschätzung es kaum gelingen wird, Mitarbeiter zu Wissensvernetzung zu motivieren, echte Teams zu bilden, mit den Kunden und Lieferanten strategische Allianzen und mit den Wettbewerbern partnerschaften einzugehen. Er bezieht sich dabei auf die Rolle der Informationstechnologie als Werkzeug für die Entwicklung und Aufrechterhaltung von Beziehungen zwischen den Beteiligten als Wertschöpfungsprozeß. Zudem analysiert er alle wichtigen „menschlichen" Aspekten, die die Voraussetzung bilden, neue Technologien und Managementkonzepte erfolgreich zu nutzen.

Es gibt heute kaum ein Unternehmen, in dem das Management nicht von der Dringlichkeit überzeugt ist, ein fundamental neues Konzept, einen neuen Stil, eine neue Orientierung zur Bewältigung der Globalisierung des Wettbewerbs einzuführen. Trotzdem gibt es ein unterschwelliges Zögern, solche Konzepte hervorzubringen und sie tatsächlich umzusetzen. Einer der Gründe dafür ist das Fehlen eines praxisorientierten Konzeptes, das einerseits auf solider erkenntnistheoretischer Basis steht, aber anderseits in die Praxis umsetzbare Anleitung bietet. Mit der neuen Auflage des Buches "Generation Management" von Charles Savage liegt ein solches Managementkonzept vor. Das von ABB entwickelte Programm „Customer Focus" zur Gestaltung einer neuen Unternehmenskultur basiert zum größten Teil auf den Gedanken von Charles Savage und wird seit 1992 weltweit umgesetzt.

Seit vielen Jahren kenne und schätze ich Charles Savage und sein fundiertes Wissen der Manangementstrategien. Während unserer langjährigen Zusammenarbeit konnte ich immer wieder seine Kenntnisse und sein Geschick, diese Kenntnisse zu vermitteln, miterleben. Seine zahlreichen Seminarbeiträge innerhalb der ABB AG haben unser tägliches Geschäft in vielfältiger Weise beeinflußt und bereichert. Diese Beiträge sind inzwischen in unserem Unternehmen ein fester Bestandteil der weltweiten Fortbildungsmassnahmen im Rahmen des weltweiten „Focus"-Programms.

Diese überarbeitete Ausgabe des Fifth Generation Managements gibt uns einen tiefen Einblick in die komplexen Vorgänge des neuen Managements. Sie ist ein Meilenstein auf dem Weg zur Kulturänderung in unseren Unternehmen. Unbewußt ablaufende Vorgänge, unterschwellig brodelndes Unbehagen wird plötzlich klar erkannt und definiert. Die theoretischen Grundlagen werden in diesem Werk sichtbar und verständlich dargestellt. Alle Theorie wird greifbar und begreifbar.

Immer wieder bin ich beeindruckt von seinen umfassenden und fundierten Kenntnissen, seinen praktischen Erfahrungen, besonders während seine Beratertätigkeit in unserem Unternehmen und den weltweiten Kontakten zu anderen Experten und Praktikern, die Charles Savage in dieses Buch einfließen ließ. In unseren häufigen Diskussionen und unserer vielfältigen Zusammenarbeit konnte ich erleben, wie dieses Werk Gestalt annahm. Sein direkter praxisnaher Bezug zum „täglichen Geschäft" macht es zu einer wichtigen Lektüre des Managementwissens.

Wo immer auf diesem Globus ich seinen Beitrag und seine Unterstützung brauchte, konnte ich mich darauf verlassen, daß er bereit war, seine Botschaft in angemessener, verständlicher Form vorzutragen und somit den Fortschritt in unserem Unternehmen voranzutreiben. Durch ihn wurde die Zukunft schon heute möglich.

Ich erhoffe mir noch viele erfolgreiche und fruchtbare Jahre und erwarte voller Ungeduld die nächsten Erlebnissen und Erkenntnissen von Charles Savage zur erfolgreichen Implementierung der Gedanken des „Fifth Generation Management".

Anmerkungen

Kapitel 3. Mittwoch

1. Auf der Basis ihres Verständnisses von dem sich abzeichnenden neuen Modell der Teambildung und des Teameinsatzes hat Debra Rogers, Geschäftsführerin von *Entovation International, Inc.*, das Konzept *Innovating with Customers* mit einer Markenbezeichnung schützen lassen. *Boeing* hat bei der Entwicklung der 777 Vertreter von *United Airlines* und anderen Fluggesellschaften in das Konstruktionsteam einbezogen – ein Paradebeispiel für innovative Zusammenarbeit mit Kunden.

Kapitel 4. Donnerstag

1. Dr. Arun Gairola und Matthias Bellmann, Geschäftsführer *Technologie*, *ABB Holding*, Mannheim, Deutschland.

Kapitel 6. Vergangenheit und Zukunft

1. Nonaka/Takeuchi (1995) bieten eine hervorragende Beschreibung der projektbezogenen Teambildungs- und Lernprozesse. Die Autoren fügen den von Peter Senge (1990) begonnenen Arbeiten in *The Fifth Discipline* eine reichhaltige Perspektive hinzu.

2. Ich habe Beth Reuthe, Präsidentin von *Maine Tommow*, nach ihrem Managementansatz befragt. Schließlich hat sie sowohl für *Bendix* als auch für *Digital* selbst Produktionsanlagen geleitet. Sie erzählte mir, wie sie einmal einem ihrer Manager dazu verholfen hat, mit sich selbst ins Reine zu kom-

men. Der Betreffende war früher ein „*Workaholic*" gewesen, hatte dann aber gelernt, mehr Zeit mit seiner Familie und im Dienste der Gemeinschaft zu verbringen. Mit der Zeit stellte sie fest, daß er auch im Betrieb effektivere Leistungen erbrachte. Als ich über ihre Schilderung noch einmal nachdachte, erkannte ich, daß uns der vom Industriezeitalter geprägte Managementansatz nie darin ermutigt hat, daß wir uns eingehend mit uns selbst, unseren Gefühlen, unseren Gedanken und unseren Aspirationen auseinandersetzen. Statt dessen haben wir immer nur tun müssen, „was uns gesagt wurde". Wenn wir anderen auf einer tieferen Ebene zuhören wollen, müssen wir erst einmal selbst Ruhe finden und in uns hineinhorchen.

3. Siehe Erörterung der *A-B-C*-Triade in Kapitel 3.

4. Weitere Ausführungen zu dem Artikel sind nachzulesen in Drucker [1989: 173-252].

Kapitel 7. Computer und Management: Fünf Generationen

1. Gerhard Friedrich von der *Digital Equipment Corporation* hat in Zusammenarbeit mit dem *Industrial Liaison Program (MIT)* im Mai 1985 eine Konferenz zum Thema *„Managing the Transition to the Fifth Generation"* veranstaltet. Im Anschluß an die Konferenz entstand ein Videoband mit dem Titel *„Fifth-Generation Management"*.

2. Siehe Verweis auf John von Neumann in dem von Russell B. Adams und Donald Cantley 1985 herausgegebenen Buch *Computer Basics: Understanding Computers* (Alexandria, VA: Time-Life Books), Seiten 62-63.

3. Henri Fayol hat in seinem 1916 erschienenen Buch *Administration industrielle et générale* 14 Organisationsprinzipien aufgestellt, von den das vierte Prinzip – die Einheit der Auftragserteilung – als das wichtigste gilt (*Fayolismus*).

4. Leslie Berkes zufolge hat *Netmap International* mehr als 250 Studien durchgeführt, um die Realstruktur von Organisationen – die von den einzelnen Mitarbeitern in Wahrnehmung ihrer entscheidenden Aufgaben geschaffene Struktur – zu untersuchen. Diese Studien erfaßten internationale *Fortune-500*-Großunternehmen aus unterschiedlichen Branchen, große Privatunternehmen, Regierungsbehörden, nicht-gewinnorientierte Gruppen sowie Dienstleistungsunternehmen. Durchweg zeigte sich, daß weniger als 20 Prozent der formal bestimmten Führungskräfte für das Entstehen der Aufgabennetzwerke maßgeblich waren. Siehe auch: Galloway [1987]; Galloway/Gorman [1987]; und Livingston/Berkes [1989: 7-14].

5. Siehe auch: Guterl [1989: 32-38].

6. Die *Digital Equipment Corporation* hat in Anbetracht der wachsenden Kluft zwischen Technologie und Organisation Pionierarbeit bei der Entwicklung von Möglichkeiten zur Verknüpfung und Abstimmung von *Geschäftsabläufen*, *Technologie* und *Humanressourcen* im Unternehmen geleistet. Siehe O'Connor/Wilkerson [1985].

7. Stephen Covey hat in seinen Veröffentlichungen und Vorträgen nachdrücklich auf die Notwendigkeit eines prinzipienzentrierten Führungsstils aufmerksam gemacht.

8. William Bridges hat im *Fortune*-Leitartikel vom 19. September 1994 darauf hingewiesen, „Jobs" seien ein Artefakt des Industriezeitalters, das jeglichen Nutzen verloren habe. Näheres zu dieser Argumentation ist nachzulesen in seinem 1994 erschienenen Buch *Jobshift: How to Prosper in a Workplace without Jobs*.

9. Shoshana Zuboff [1988] hat der Diskussion über computerunterstützte Technologie zu einem höheren Verständnisniveau verholfen und hilfreiche Erkenntnisse zur Auswirkung von Computern in Fabrik, Bank und Büro vermittelt. Zuboff zufolge ist „informatisieren" etwas qualitativ anderes als „automatisieren". Die Automatisierung beseitigt die menschliche Komponente; die Informatisierung hingegen bezieht den Menschen auf neue, faszinierende Weise ein. Zwar ist „Informatisierung" als Prozeß zu verstehen, aber dieser Prozeß bezieht sich auf Information im Sinne eines bereits in der Vergangenheit gewußten Zusammenhangs. Demgegenüber verweist „Umgang mit Wissen" sowohl auf das bereits Gewußte als auch auf unsere Fähigkeit, uns etwas vorzustellen, was noch nicht eingetreten ist.

10. Weitere Auskünfte erteilt das *IMS Promotion Center*, Tokyo, Japan. Tel.: 81-3-5562-0331; Fax: 81-3-5562-0310.

11. In ähnlichem Zusammenhang habe ich bei der Untersuchung innovativer Unternehmen in den USA, Europa und Lateinamerika festgestellt, daß man bewußt von dem Wort *employee* (Angestellter) abgeht und statt dessen von „*co-worker*" (Oticon in Dänemark), „*associate*" (Wm. Gore & Associates in den USA sowie Semco in Brasilien) und „*member*" (Johnsonville Foods, USA) spricht. Siehe Lancourt/Savage [1995].

12. Diskussionen mit Len Allgaier (*General Motors*), Richard Engwall (*Westinghouse*), Rick Dover (*Paradigm Shift*) und Roger Nagel (*Lehigh University*).

13. Rick Dove hat seine Argumentation in einem Vortrag „*Lean & Agile: Synergy, Contrast and Emerging Structure*" anläßlich der *Defense Manufacturing Conference '93* (Dezember 1993) ausgeführt.

14. Präsentation von Ted Goranson auf dem *Agility Forum* in Atlanta, Georgia, im April 1995.

15. Margaret Wheatley [1992] bringt Organisationen ebenfalls in Zusammenhang mit der *Teilchen/Welle*-Metapher.

16. Zu den Teilnehmern des Juli 1995 stattgefundenen Treffens in Cambridge, MA, zählten Sherrin Bennett, Leif Edvinsson, David Isaacs, Karen Fox, David Marsing, Gordon Petrash, George Por, Hubert St. Onge, Adriana Triana, Eric Vogt, Alan Webber und ich.

Kapitel 8. Computerisierung steiler Hierarchien – und der Erfolg?

1. Dazu zählen: Dan Ciampa, *Manufacturing's New Mandate: The Tools for Leadership* (New York: John Wiley & Sons, 1988); Thomas G. Gunn, *Manufacturing for Competitive Advantage: Becoming a World Class Manufacturer* (Cambridge, MA: Ballinger, 1987); Robert W. Hall, *Attaining Manufacturing Excellence* (Homewood, IL: Dow Jones-Irwin, 19879; Robert H. Hayes/Steven C. Wheelwright, *Restoring Our Competitive Edge: Competing through Manufacturing* (New York: John Wiley & Sons, 1984); Rosabeth M. Kanter, *The Change Masters: Innovation and Entrepreneurship in the American Corporation* (New York: Simon & Schuster, 1983); Paul R. Lawrence/Davis Dyer, *Renewing American Industry: Organizing for Efficiency and Innovation* (New York: The Free Press, 1983); Raymond E. Miles/Charles C. Snow, „Organizations: New Concepts for New Forms", *California Management Review* 28, No. 3 (1986), 62-73; Tom Peters, *Thriving on Chaos: Handbook for a Management Revolution* (New York: Alfred A. Knopf, 1987); Robert B. Reich, The Next American Frontier (New York: Times Books, 1983); Robert H. Waterman, *The Renewal Factor: How the Best Get and Keep the Competitive Edge* (New York: Bantam Books, 1987); und Shoshana Zuboff, *In the Age of the Smart Machine: The Future of Work and Power* (New York: Basic Books, 1988).

2. David Stroll, private Mitteilung vom 27. Oktober 1989.

Kapitel 9. Ausbrechen aus den steilen Hierarchien

1. Lyndall Urwick, „Organization as a Technical Problem", in *Papers on the Science of Administration*, ed. Luther Gulick und Lyndall F. Urwick (New York: Columbia University, Institute of Public Administration, 1937), 51.

2. Jay Galbraith, *Organization Design* (Reading, MA: Addison-Wesley, 1977).

3. Aristotle, *The Politics of Aristotle*, Bk. I, Ch. IV, § 3, herausgegeben und übersetzt von Ernest Barker (New York: Oxford University Press, 1958).

4. Vortrag von Bill Lawrence vor dem *Automation Forum*, einer von der *National Electrical Manufacturers Association* unterstützten Arbeitsgruppe, anläßlich eines Besuchs in der *Sherman*-Anlage von *Texas Instruments*, Texas, 23. März 1988.

5. John Hall, Präsident von *Marshall Aluminum Products*, Cerna, CA, und ehemaliger Vorsitzender des *CASA/SME Technical Council*, in einem Telefongespräch mit dem Autor am 14. September 1989.

6. Nolan, Norton und Co., „Computer Integrated Manufacturing Payoff Working Group"; unveröffentlichter Bericht der Arbeitsgruppe vom 25./26. März 1987.

Kapitel 10. Wissensvernetzung

1. „Cords of Change", World (Chicago: Peat Marwick, 1988). Interview mit Alvin Toffler, Leslie Berkes und anderen.

2. Wie reichhaltig der Arbeitsprozeß ist, wurde mir zum ersten Mal bewußt, als ich einige Auszüge aus den noch stark von Hegel beeinflußten Schriften des jungen Marx las. Siehe Easton/Guddat [1967: 281].

3. Der Abschnitt über unser *inneres Zeitbewußtsein* ist eng angelehnt an das Gedankengut von Edmund Husserl [1913/1969]. Siehe auch James [1950, Bd. 1].

4. Aristoteles, *Physics*, 218b9, in *Selections*, herausgegeben von W.D. Ross (New York: Charles Scribner's Sons, 1955), 122.

5. Fortuna [1988: 49-45]. Siehe auch Eureka/Ryan [1988].

6. Siehe Kiefer/Stroh [1984].

7. Siehe Artikelserie über Parallelarbeit in *Manufacturing Engineer* 101, No. 3 (September 1988).

8. Jan Hopland von der *Digital Equipment Corporation* hat mich darauf aufmerksam gemacht, daß das Konzept vom virtuellen Arbeitsspeicher eine Analogie zuläßt – das virtuelle Unternehmen. Siehe auch Hopland/Savage [1989: 3-6] sowie „Digital Equipment Corporation: The Endpoint Model", Fallstudie der *Harvard Business School*, 1988. (In dieser Studie ist auch von „virtueller Integration" die Rede.)

9. Persönliche Korrespondenz des Autors mit Hayward Thomas vom 26. Januar 1989.

**Kapitel 11. Von verwirrend
komplexen zu elegant einfachen
Unternehmen**

1. Einer der Pioniere in dem Bemühen, die Fragmentierung unserer akademischen Institutionen zu überwinden, war Nathan Chiantella, der mehrere Jahre lang ein *IBM*-Stipendienprogramm zur Förderung effektiverer interdisziplinärer Veranstaltungen an technischen Hochschulen und Universitäten verwaltet hat. Er war auch maßgeblich an den Auszeichnungsprogrammen der *Society of Manufacturing Engineers' Industry and University Leadership and Excellence in the Application and Development of CIM (LEAD)* beteiligt. Der Vision und Leistung von Leuten wie Nathan Chiantella haben wir viel zu verdanken. Sie tragen dazu bei, daß die Menschen an den Universitäten und in der Wirtschaft Kontakt zueinander aufnehmen.

2. Welch, Jr. [1988]; siehe auch Sherman [1989: 38-50].

**Kapitel 12. Management der
Wissensvernetzung**

1. Tom Pryor, „Updating Cost Management: The CAM-I Cost Management System (CMS) Approach" (Arlington, TX: CAM-I, 1988 [unveröffentlichtes Manuskript].

Bibliographische Hinweise

Abernathy, William J., Kim B. Clark, and Alan M. Kantrow. *Industrial Renaissance: Producing a Competitive Future for America.* New York: Basic Books, 1983.

Abraham, Richard G. *Computer-Integrated Manufacturing.* Edited by Warren Shrensker. Dearborn, MI: Computer and Automated Systems Association, Society of Manufacturing Engineers, 1986.

Ackoff, R. *Creating the Corporate Future.* New York: John Wiley & Sons, 1981.

Appleton, Dan. *Introducing the New CIM Enterprise Wheel.* Dearborn, MI: CASA/SME, 1986.

Argyris, Chris. „How Learning and Reasoning Processes Affect Organizational Change." In *Change in Organizations,* Paul S. Goodman and Associates. San Francisco: Jossey-Bass, 1982, 47-86.

. *Integrating the Individual and the Organization.* John Wiley & Sons, 1964.

. „Single-Loop and Double-Loop Models in Research on Decision Making." *Administrative Science Quarterly* 21 (September 1976): 363-377.

.*Knowledge for Action: A Guide to Overcoming Barriers to Organizational Change.* San Francisco: Jossey-Bass, 1993.

Aristotle. *The Basic Works of Aristotle.* Edited by Richard McKeon. New York: Random House, 1941.

. *The Politics of Aristotle.* Edited and translatet by Ernest Barker. New York: Oxford University Press, 1958.

Ashton, T. S. *The Industrial Revolution, 1760-1830.* New York: Oxford University Press, 1964.

Augustine, St. *Confessions.* Translated by R. S. Pine-Coffin. Baltimore: Penguin Books, 1961.

Babbage, Charles. *On the Economy of Machinery and Manufacturers.* 1832. Reprint, New York: Augustus M. Kelley, 1963.

Badaracco, J. L. *The Knowledge Link: How Firms Compete through Strategic Alliances.* Boston: Harvard University Press, 1991.

Bacon, Francis. *Selected Writtings.* New York: The Modern Library, 1955.

Baker, Wayne. *Networking Smart: How to Build Relationships for Personal an Organizational Success.* New York: McGraw-Hill, 1994.

Barker, Joel A. *Future Edge: Discovering the New Paradigms of Success.* New York: William Morrow, 1992.

Barnard, Chester. *Functions of the Executive.* Cambridge, MA: Harvard University Press, 1938.

Barrentine, Pat, ed. *When the Canary Stops Singing: Women's Perspectives on Transforming Business.* San Francisco: Berrett-Koehler, 1993.

Bartlett, Christopher, and Sumantra Ghoshal. *Managing Across Borders: The Transnational Solution.* Boston: Harvard Business School Press, 1972.

Beer, Stafford. *The Brain of the Firm.* New York: Herder & Herder, 1972.

———. *The Heart of the Enterprise.* New York: John Wiley & Sons, 1979.

Bell, Daniel. *The Coming of Post-Industrial Society: A Venture in Social Forecasting.* New York: Basic Books, 1973.

Belasco, James, and Ralph Stayer. *Flight of the Buffalo: Soaring to Excellence: Learning to Let Employees Lead.* New York: Warner Books, 1993.

Bennett, Sherrin, and Juanita Brown. „Mindshift: Strategic Dialogue for Breakthrough Thinking." In *Learning Organizations: Developing Cultures for Tomorrow's Workplace.* Edited by Sarita Chawla and John Renesch. Portland, OR: Productivity Press, 1995.

Bergson, Henri. *Duration and Simultaneity.* Translated by Leon Jacobson. New York: Library ob Liberal Arts, 1965.

Berle, Adolf A., and Gardiner C. Means. *The Modern Corporation and Private Property.* New York: Harcourt, Brace & World, 1932.

Block, Peter. *The Empowered Manager: Positive Political Skills at Work.* San Francisco: Jossey-Bass, 1991.

Bolman, Lee, and Terrence Deal. *Leading with Soul: An Uncommon Journey of Spirit*. New York: Jossey-Bass, 1995.

Bradford, D. L., and A. R. Cohen. *Managing for Excellence: The Guide to Developing High Performance in Contemporary Organizations*. New York: John Wiley & Sons, 1984.

Bradshaw, Pete. *The Management of SelfEsteem: How People Can Feel Good about Themselves & Better about Their Organizations*. Englewood Cliffs, NJ: Prentice-Hall, 1981.

Bridges, William. „The End of the Job." *Fortune,* 19. September 1994.

. *Jobshift: How to Prosper in a Workplace without Jobs*. Reading, MA: Addison-Wesley, 1994.

Briggs, John, and F. David Peat. *Turbulent Mirror: An Illustrated Guide to Chaos Theory and the Science of Wholeness*. New York: Harper & Row, 1989.

Bucher, Karl. *Arbeit und Rhythmus* [Work and rhythm]. Leipzig, 1924.

Burckhardt, Werner, ed. *Schlank, intelligent und schnell* [Lean, intelligent and fast]. Wiesbaden, Gabler, 1992.

Burrus, Daniel, with Roger Gittines. *Technotrends: Twenty-four Technologies That Will Revolutionize Our Lives*. New York: Harper Business, 1993.

Carlson, Howard. „The Parallel Organization Structure at General Motors." *Personnel* (September-October 1978): 64-69.

Carlzon, Jan. *Moments of Truth*. Cambridge, MA: Ballinger, 1987.

Carse, James P. *Finite and Infinite Games: A Vision of Life as Play and Possibility.* New York: Free Press, 1986.

Chakraborty, S. K. *Managerial Effectiveness and the Quality of Worklife: Indian Insights*. New Delhi: Tata McGraw-Hill, 1990.

. *Managerial Transformation by Values: A Corporate Pilgrimage*. London: Sage Publications, 1993.

. *Ethics in Management: Vadantic Perspectives*. Delhi: Oxford University Press, 1995.

Chandler, Alfred D. *Strategy and Structure*. Cambridge, MA: MIT Press, 1962.

. *The Visible Hand: The Managerial Revolution in American Business*. Cambridge, MA: Harvard University Press, 1977.

Chandler, Alfred D., an Herman Daems. *Managerial Hierarchies: Comparative Perspectives on the Rise of the Modern Industrial Enterprise.* Cambridge, MA: Harvard University Press, 1980.

Chawla, Sarita, and John Renesch, eds. *Learning Organizations: Developing Cultures for Tomorrow's Workplace.* Portland, OR: Productivity Press, 1995.

Chiantella, Nathan A., ed. *Management Guide for CIM.* Dearborn, MI: Society of Manufacturing Enginieers, 1986.

Chrystal, Keith. „*Holonic Management Systems.*" Alberta: Alberta Research Council, 1994. [Avaible at http://www.ncms.org.].

Collins, James, and Jerry Porras. *Built to Last: Successful Habits of Visionary Companies.* New York: Harper Business, 1994.

Cousins, Steven A. *Integrating the Automated Factory.* Dearborn, MI: Society of Manufacutring Engineers, 1988.

Covey, Stephen. *The Seven Habits of Highly Effective People.* New York: Simon & Schuster, 1990.

———. *Principle-Centered Leadership.* New York: Simon & Schuster, 1992.

Crawford, Richard. *The Era of Human Capital: The Emergence of Talent, Intelligence, and Knowledge as the Worldwide Economic Force and What It Means to Managers and Investors.* New York: Harper Business, 1991.

Davidow, William, and Michael Malone. *The Virtual Corporation: Structuring and Revitalizing the Corporation for the 21st Century.* New York: Harper Collins, 1992.

Davis, Stanley M. *Future Perfect.* Reading, MA: Addison-Wesley, 1987.

Davis, Stanley, M., and Paul R. Lawrence. *Matrix.* Reading, MA: Addison-Wesley, 1977.

Deal, Terrence E., and Allan A. Kennedy. *Corporate Cultures: The Rites an Rituals of Corporate Life.* Reading, MA: Addison-Wesley, 1982.

Deming, W. Edward. *Out of the Crisis.* Cambridge, MA: MIT-Center for Advanced Engineering Study, 1986.

Dertouzos, Michael L., et al. *Made in America: Regaining the Productive Edge.* Cambridge, MA: MIT Press, 1988.

Drucker, Peter. „The Coming of the New Organization." *Harvard Business Review 66, no. 1* (January-February 1988).

. „Management and the World's Work." *Harvard Business Review* 66, no. 5 (September-October 1988): 65-76.

. *The Frontiers of Management*. New York: Dutton, 1986.

. *Managing in Turbulent Times*. New York: Harper & Row, 1980.

. *The New Realities: In Government and Politics/In Economics and Business/In Society an World View*. New York: Harper & Row, 1989.

Durkheim, Emile. *The Division of Labor in Society*. Translated by G. Simpson. New York: The Free Press, 1969.

Easton, Loyd, and Kurt Guddat, eds. And trans. *Writings of the Young Marx on Philosophy and Society*. New York: Anchor Books, 1967.

Eccles, Robert G., and Dwight, B. Crane. *Doing Deals: Investment Banks at Work*. Boston: Harvard Business School Press, 1988.

Eccles, Robert, and Nitin Nohria. *Beyond the Hype: Rediscovering the Essence of Management*. Boston: Harvard Busness Schjool Press, 1992.

Eliot, T. S. *The Complete Poems and Plays, 1909-1950*. New York: Harcourt, Brace & Co., 1952.

Emery, Fred, ed. *Systems Thinking*. New York: Penguin Books, 1969.

Esprit, Project No 688, CIM/OSA. *A Primer on Key Concepts and Purpose*. Brussels, Belgium, 1987.

Etzioni, Amitai. *A Comparative Analysis of Complex Organizations*. New York: The Free Press of Glencoe, 1961.

. *A Sociological Reader on Complex Organizations*. 2nd ed. New York: Holt, Rinehart and Winston, 1969.

Eureka, William, and Nancy Ryan. *The Customer-Driven Company: Managerial Perspectives on QFD* [Quality Function Deployment]. Dearborn, MI: ASI Press, 1988.

Fayol, Henri. *General and Industrial Management*. Translated by Constance Storrs. London: Pitman, 1949.

Feigenbaum, A. V. *Total Quality Control: Engineering and Management*. New York: McGraw-Hill, 1961.

Feigenbaum, Edward A., and Pamela McCorduck. *The Fifth Generation: Artificial Intelligenxe and Japan's Computer Challenge to the World*. Reading, MA: Addison-Wesley, 1983.

Fortuna, Raymond M. „A Primer on Quality Function Deployment." *CIM Reviev* (The Journal of Computer-Integrated Manufacturing Management) 5, no. 1 (fall 1988): 49-54.

Fritz, R. *The Path of Least Resistance*. Salem, MA: DMA, Inc., 1984.

Fukuda, Ryuji. *Managerial Engineering: Techniques for Improving Quality and Productivity in the Workplace*. Stamford, CT: Productivity, Inc., 1983.

Galbraith, Jay. *Designing Complex Organizations*. Reading, MA: Addison-Wesley, 1979.

———. *Designing Organizations: An Executive Briefing on Strategy, Structure, and Process*. New York: Jossey-Bass, 1995.

Galbraith, Jay, et al. *Organizing for the Future: The New Logic for Managing Complex Organizations*. San Francisco: Jossey-Bass, 1993.

Gale, Richard M., ed. *The Philosophy of Time: A Collection of Essays*. New York: Anchor Books, 1967.

Galloway, John J. „Revealing Organizational Networks." Annual Conference of Australian Communications Association, Sydney (July 1987).

Galloway, John J., and Anne Gorman. *Going Places: How to Network Your Way to Personal Succes*. Sydney: Allen and Unwin, 1987.

Garfield, Charles. *Second to None: How Our Smartest Companies Put People First*. Homewood, IL: Business One Irwin, 1992.

George, Claude S., Jr. *The History of Management Thought*. 2nd ed. Engelwood Cliffs, NJ: Prentice-Hall, 1972.

Gide, Charles, and Charles Rist. *A History of Economic Doctrines: From the Time of the Psyiocrates to the Present Day*. Translated by R. Richards. Boston: D. C. Heath, 1948.

Gilbreth, Frank B. *Motion Study: A Method for Increasing the Efficiency of the Workman*. New York: D. van Nostrand, 1910.

———. *Primer on Scientific Management*. New York: D. van Nostrand, 1912.

Gleick, James. *Chaos: Making a New Science*. New York: Viking Penguin, 1987.

Goldman, Steven, Roger Nagel, and Kenneth Preiss. *Agile Competitors and Virtual Organizations: Strategies for Enriching the Customer*. New York: Van Nostrand Reinhold, 1994.

Goldstein, Jeffrey. *The Unshackled Organization: Facing the Challenge of Unpredictability through Sponaneous Reorganization*. Portland, OR: Productivity Press, 1994.

Gouldner, Alvin. *Patterns of Industrial Bureaucracy.* Glencoe, IL: The Free Press, 1954.

Gozdz, Kazimierz, ed. *Community Building, Renewing Spirit & Learning.* San Francisci: New Leaders Press, 1995.

Grossberg, Stephen. „Nonlinear Neural Networks: Principles, Mechanisms and Architectures." *Neural Networks* 1, No. 1 (1988): 17-61.

, ed. *Neural Networks and Natural Intelligence.* Cambridge, MA: MIT Press, 1988.

Guntern, Gottlieb. *Im Zeichen des Schmetterlings: Von powerplay zum sanften spiel der kräfte, leadership in der metamorphose* [Under the sign of the butterfly: from powerplay to the soft play of energy, ledership in the metamorphosis]. Bern: Scherz Verlag, 1993.

Gustavsson, Bengt. *The Transcendent Organization: A Treatise on Consciousness in Organizations, Theoretical Discussions, Conceptual Development and Empirical Studies.* Edsbruk, Sweden: Akademitryck AB, 1992.

Guterl, Fred V. „Goodbye, Old Matrix." *Business Month* (February 1989):3238.

Haglund, Thommy, and Leiff Ögard. *Livs Langt Lärande: En Arbetsmodell för kompetensutveckling och för att Skapa en Lärande Organisation* [Life long learning: a working model for competency development and for reating a learning organization]. Uppsala: Konsultförtaget AB, 1995.

Hall, Robert, and the AIM Study Group on Functional Organization. „Organizational Renewal-Tearing Down the Functional Silos." AME (Association for Manufacturing Excellence) *Target* (AME's periodical news service) 4, No. 2 (Summer 1988).

Hall, Robert W. *Attaining Manufacturing Excellence.* Homewood, IL: Dow Jones-Irin, 1987.

. *The Soul of the Enterprise: Creating a Dynamic Vision for American Manufacturing.* New York: Harper Business, 1993.

Hammer, Michael, and Steven, Stanton. *The Reengineering Revolution: A Handbook.* New York: Harper Business, 1995.

Hampden-Turner, Fharles, and Fons Trompernaars. *The Seven Cultures of Capitalism: Value Systems for Creating Wealth in the United States, Japan, Germany, France, Britain, Sweden, and the Netherlands.* New York: Doubledey Currency, 1993.

Handy, Charles. *The Age of Unreason.* Boston: Harvard Business School Press, 1989.

. *The Age of Paradox*. Harvard Business School Press, 1994.

Haney, Lewis H. *History of Economic Thought: A Critical Account of the Origin and Development of the Economic Theories of the Leading Thinkers in the Leading Nations.* 4th ed. New York: Macmillan Co., 1949.

Harbison, F., and C. Myers. *Management in the Industrial World*. New York: McGraw-Hill, 1959.

Harrington, Joseph, Jr. *Computer Integrated Manufacturing*. 1973. Reprint, New York: Robert E. Krieger Publishing Co., 1979.

. *Understanding the Manufacturing Process*. New York: Marcel Dekker, 1984.

Heyes, Robert H., and Ramchandran Jaikumar. „Manufacturing's Crisis: New Technologies, Obsolete Organizations." *Harvard Business Review 66*, Nr. 5 (September-October 1988): 77-85.

Hayes, Robert H., and Roger W. Schumenner. „How Should You Organize Manufacturing?" *Harvard Business Review 57*, No. 1 (January-February 1979): 105-118.

Hayes, Robert H., and Steven C. Wheelwright. *Restoring Our Competitive Edge: Competing Through Manufacturing*. New York: John Wiley & Sons, 1984.

Hayes, Robert H., Steven C. Wheelwright, and Kim B. Clark. *Dynamic Manufacturing: Creating the Learning Organization*. New York: The Free Press, 1988.

Hegel, G. W. F. *The Phenomenology of Mind*. Translated by J. B. Baillie. New York: Harper Torchbooks, 1967.

Helgesen, Sally. *The Female Advantage: Women's Ways of Leadership*. New York: Doubleday Currency, 1995.

. *The Web of Inclusion: A New Architecture for Building Great Organizations*. New York: Doubleday Currency, 1995.

Hess, George J. „Computer Integrated Manufacturing-How to Get Started." Presentation at AUTOFACT Conference, Detroit, MI (November 1983) [unpublished].

. „1982 Industrial LEAD Award Winner-Revisited in 1986." Presentation at AUTOFACT Conference (12 November 1986). Dearborn, MI: Society of Manufacturing Engineers, 1986.

Hirschborn, Larry. *Beyond Mechanization*. Cambridge, MA: MIT Press, 1984.

Hock, Dee W. „The Chaordic Organization: Out of Control and Into Order." In *World Business Academy Perspectives.* Washington, DC: World Business Academy, 1994.

Homans, George C. *The Human Group.* New York: Harcourt Brace Jovanovich, 1950.

Hopland, Jan, and Charles M. Savage. „Charting New Directions." *Digital Enterprise 3,* no. 1 (spring 1989): 8-12.

. „Virtual Teams and Flexible Enterprises." *Digital Technical Management Education Program News 3* (July 1989: 3-6.

Husserl, Edmund. *The Phenomenology of Internal Time-Consciousness.* Edited by M. Heidegger and translated by J. S. Churchill. Bloomington: Indiana University Press, 1969.

Imaii, Masaaki. *Kaizen: The Key of Japan's Competitive Success.* New York: Random House, 1986.

Infante, Donato. „The Last Word: A Good Place to Work ... Works for Everyone." *Manufacturing Engineering* (July 1989): 104.

Ishikawa, Akira. *Future Computer and Information Systems: The Uses of the Next Generation Computer and Information Systems.* New York: Praeger, 1986.

James, William. *Principles of Psychology.* 2 vols. New York: Dover Publications, 1950.

Janov, Jill. *The Inventive Organization: Hope and Daring at Work.* San Francisco: Jossey-Bass, 1994.

Jaques, Elliott. *Requisite Organization: The CEO's Guide to Creative Structure and Leadership.* New York: Cason Hill and Co., 1989.

Johansen, Bruce. *Forgotten Founders: How the American Indian Helped Shape Democracy.* Boston: The Harvard Common Press, 1982.

Johansen, Robert. *Groupware: Computer Support for Business Teams.* New York: The Free Press, 1988.

Johansen, Robert, and Rob Swigart. *Upsizing the Individual in the Downsized Organization: Managing in the Wake of Reengineering, Globalization, and Overwhelming Technological Change.* Reading, MA: Addison-Wesley, 1994.

Johnson, Barry. *Polarity Management: Identifying and Managing Unsolvable Problems.* Amherst, MA: HRD Press, 1992.

Johnson, H. Thomas, and Anders Broems. „The Spirit in the Walls: A Pattern for High Performance at Scania." AME (Association for Manufacturing Excellence) *Target* (AME's periodical news service), May/June 1995.

Johnson, H. Thomas, and Robert S. Kaplan. *Relevance Lost: The Rise and Fall of Management Accounting.* Boston: Harvard Business School Press, 1987.

Johnston, Russel, and Paul R. Lawrence. „Beyond Vertical Integration-The Rise of the Value-Adding Partnership." *Harvard Business Review 66,* no. 4 (July-August 1988): 94-101.

Joiner, Brian L. *Fourth Generation Management: The New Business Consciousness.* New York: McGraw-Hill, 1994.

„Kaiser Aluminum Flattens Its Layers of Brass." *Business Week* (24 February 1973): 8-14.

Kanter, Rosabeth Moss. *The Change Masters: Innovation and Entrepreneurship in the American Corporation.* New York: Simon & Schuster, 1983.

. „How Strategic Partnerships Are Reshaping American Businesses." In *Business in the Contemporary World.* Edited by Herbert Sawyer. Washington, DC: University Press of America, 1988.

. *When Giants Learn to Dance: Mastering the Challenges of Strategy Management, and Careers in the 1990s.* New York: Simon & Schuster, 1989.

Kanter, Rosabeth Moss, and Barry Stein. „Building the Parallel Organization: Toward Mechanism for Permanent Quality of Work Life." *Journal of Applied Behavioral Science 16* (summer 1980). Report on the „Chestnut Ridge" project.

Kaplan, Robert S. „Must CIM Be Justifiel by faith Alone?" *Harvard Business Review* (March-April 1986).

Katz, Daniel, and Robert Kahn. *The Social Psychology of Organizations.* New York: John Wiley & Sons, 1978.

Keen Peter G. W., and Michael S. Scott Morton. *Decision Support Systems: An Organizational Perspective.* Reading, MA: Addison-Wesley, 1978.

Kidd, Paul. „Technology and Engineering Design: Shaping a Better Future or Repeating the Mistakes of the Past?" *IEEE Proceedings 135,* no. 5 (May 1988): 297-302.

Kidd, Paul, and J. M. Corbett. „Towards the Joint Social and Technical Design of Advanced Manufacturing Systems." *International Journal of Industrial Ergonomics 2* (Amsterdam: Elsevier Science Publishers, 1988): 305-313.

Kidd, Paul. *Agile Manufacturing: Forging New Frontiers.* London: Addison-Wesley, 1994.

Kiefer, Charles F., and Peter Stroh. „A New Paradigm for Developing Organizations." In *Transforming Work.* Edited by John D. Adams. Alexandria, VA: Miles River Press, 1984.

Koestenbaum, Peter. *The Heart of Business: Ethics, Power and Philosophy.* New York: Saybrook Publishing Co., 1987.

. *Leadership: The Inner Side of Greatness.* San Francisco: Jossey-Bass, 1991.

Koestler, Arthur. *The Ghost in the Machine.* London: Hutchinson, 1967.

Kolind, Lars. „Thinking the Unthinkable: The Oticon Revolution." *Focus on Change Management* (April 1994).

Kotter, John P. *A Force for Change: How Leadership Differs from Management.* New York: The Free Press, 1990.

Kotter, John P., and James Heskett. *Corporate Culture and Performance.* New York: The Free Press, 1992.

Kouzes, James M., and Barry Posner. *The Leadership Challenge: How to Get Extraordinary Things Done in Organizations.* San Francisco: Jossey-Bass, 1991.

Kuhn, Thomas S. *The Structure of Scientific Revolutions.* 2nd ed. Chicago: University of Chicago Press, 1970.

La Barre, Polly. „The Dis-Organization of Oticon." *Industry Week* (18 July 1994): 22-28.

LaMarsh, Jeanenne. *Changing the Way We Change: Gaining Control of Major Operational Change.* Reading, MA: Addison-Wesley, 1995.

Lancourt, Joan. „Human Resource Leadership in Reengineering the Organizational Culture and Infrastructure." *Compensation and Benefits Management* (autumn 1994).

Lancourt, Joan, and Charles M. Savage. „Organizational Transformation and the Changing Role of the Human Resource Function." *Compensation and Benefits Management,* Volume 11, Number 4, Autumn, 1995.

Land, George, and Beth Jarman. *Breakpoint and Beyond: Mastering the Future Today.* New York: Harper Business, 1992.

Lardner, James. „Integration and Information in an automated Factory." *Proceedings of the AUTOFACT 1984.* Anaheim, CA. Dearborn, MI: Society of Manufacturing Engineers, 1984.

Lawler, Edward E., III. *High-Involvement Management: Participative Strategies for Improving Organizational Performance*. San Francisco: Jossey-Bass, 1986.

Lawrence, Paul R., and Davis Dyer. *Renewing American Industry: Organizing for Efficiency and Innovation*. New York: The Free Press, 1983.

Lawrence, Paul R., and Jay Lorsch. *Organization and Its Environment*. Cambridge, MA: Harvard University Press, 1967.

Leavitt, Harold, ed. *Handbook of Organizations*. Chicago: Rand McNally, 1965.

Likert, Rensis. *New Patterns of Management*. New York: McGraw-Hill, 1961.

Lipnak, Jessica, and Jeffrey Stamps. *How Groups Think*. Waltham, MA: Networking Institute, 1988 [unpublished].

. „A Network Model." *The Futurist 21*, no. 4 (July-August 1987).

. *The Networking Book: People Connecting with People*. New York: Routledge & Kegan Paul, 1986.

. *The Team Net Factor: Bringing the Power of Boudary-Crossing into the Heart of Your Business*. Essex Junction, VT: Oliver Wight, 1993.

. *The Age of the Network: Organizing Principles for the 21stCentury*. New York: John Wiley & Sons, 1994.

Livingston, Donald G., and Leslie J. Berkes. „Netmap: An Innovative Diagnostic Tool." *Journal of Managerial Psychology 4*, no. 4 (1989).

Lukas, Andreas. *Abschied von der Reparaturkultur: Selbsterneuerung durch ein neues Miteinander* [Goodbye to the Culture of repair: self-renewal through a new spirit of collaboration]. Wiesbaden: Gabler, 1995.

Majchrzak, Ann. *The Human Side of Factory Automation: Managerial and Human Resource Strategies for Making Automation Succeed*. San Francisco: Jossey-Bass, 1988.

Mandeville, Bernard. *The Fable of the Bees*. Edited by Phillip Harth. Baltimore, MD: Penguin Books, 1970.

Marca, David A., and Clement L. McGowan. *SADT: Structured Analysis and Design Technique*. With a Foreword by Douglas T. Ross. New York: McGraw-Hill, 1988.

Marks, Peter, and Kathleen Riley. *Aligning Technolgy: A Guide for Selecting and Implementing Computer-aided Design and Manufacturing Tools*. Los Gatos, CA: Design Insight, 1995.

Marsh, James, ed. *Handbook of Organizations*. Chicago: Rand McNally, 1965.

Marshall, Edward. *Transforming the Way We Work: The Power of the Collaborative Workplace.* New York: American Management Association, 1995.

Maslow, Abraham. *Toward a Psychology of Being.* Princeton, NJ: D. van Nostrand, 1968.

Mason, Edward. *The Corporation in Modern Society.* New York: Atheneum, 1970.

Masuda, Yoneji. *The Information Society as Post-Industrial Society.* Tokyo: Insitute for the Information Society, 1980. Reprint, World Future Society, Bethesda, MD, 1981.

Maturana, Humberto, and Francisco Varela. *The Tree of Knowledge: The Biological Rootsof Human Understanding.* Boston: Shambhala Publications, 1987.

McGregor, Douglas. *The Human Side of Enterprise.* New York: McGraw-Hill, 1960.

McMaster, Michael D. *The Intelligence Advantage: Organising for Complexity.* Newton, MA: Butterworth-Heinemann, 1996.

Mellander, Klas. *Länge leve lärandet* [Long live learning]. Malmö, Sweden: Learning Methods International, 1991.

Miles, Raymond E., and Charles C. Snow. „Organizations: New Concepts for New Forms." *California Management Review 28,* no. 3 (spring 1986).

Mills, D. Quinn. *Rebirth of the Corporation.* New York: Wiley & Sons, 1991.

Minkowski, Eugene. *Lived Time: Phenomenological and Psychopathological Studies.* Translated by Nancy Metzel. Evanston, IL: Northwestern University Press, 1970.

Mintzberg, Henry. *The Nature of Managerial Work.* New York: Harper & Row, 1973.

Mohri, Shunji, and Kenji Tokunaga. „Holonic Manufacturing Systems." *Journal of Robotics and Mechantronics 6,* no. 6 (1994).

Monden, Yasuhiro. „Adaptable Kanban Systems Help Toyota Maintain Just-in-Time Production." *Industrial Engineering* (May 1981): 29-46.

Moody, Patricia. „Take Down the Walls! Building World-Class Customer, Supplier Partnerships." AME (Association for Manufacturing Excellence) *Target* (AME's periodical News Service) (September 1992).

Mooney, James D., and Allen C. Reiley. *Onward Industry!* New York: Harper and Brothers, 1931.

Mohrman, Susan Albers, Susan Cohen, and Allan Mohrman. *Designing Team-Based Organizations: New Forms for Knowledge Work*. New York: Jossey-Bass, 1995.

Morgan, Gareth. *Ride the Waves of Change: Developing Managerial Competencies for a Turbulent World*. New York: Jossey-Bass, 1989.

Morton, Michael S. Scott. *The Corporation of the 1990s: Information Technology and Organizational Transformation*. New York: Oxford University Press, 1991.

Moto-oka, Tohru, ed. *Fifth Generation Computer Systems: Proceedings of the International Conference on Fifth Generation Computer Systems*. Amsterdam: North-Holland, 1982.

Moto-oka, Tohru, and Masuru Kitsuregawa. *The Fifth Generation Computer: The Japanese Challenge*. New York: John Wiley & Sons, 1985.

Mullin, Tom, ed. *The Nature of Chaos*. Oxford: Clarendon Press, 1993.

Naisbett, John. *Megatrends*. New York: Warner Books, 1982.

Nadler, Gerald, and Shozo Hibino. *Breakthrough Thinking: The Seven Principles of Creative Problem Solving*. Rocklin, CA: Prima Publishing, 1994.

Nolan, Richard, Alex J. Pollock, and James P. Ware. „Creating the 21st Century Organization." *Stage by Stage 8*, no. 4 (Lexington, MA: Nolan, Norton and Co., fall 1988a): 1-11.

. „Toward the Design of Network Organizations." *Stage by Stage 9*, no. 1 (Lexington, MA: Nolan, Norton and Co., fall 1988b): 1-12.

Nolan, Richard, and David Croson. *Creative Destruction: A Six-Stage Process for Transforming the Organization*. Boston: Harvard Business School Press, 1995.

Nonaka, Ikujiro, and Hirotaka Takeuchi. *The Knowledge Creating Company: How Japanese Companies Create the Dynamics of Innovation*. New York: Oxford University Press, 1995.

O'Connor, Dennis, and Wendy Wilkerson. *Guide to Expert Systems Program Management, Artificial Intelligence Guide Series*. Intelligent Systems Technologies Group. Maynard, MA: Digital Equipment Corp., 1985.

Ohmae, Kenichi. *The Mind of the Strategist*. New York: McGraw-Hill, 1982.

Olsen, Ken. „Presentation at the Annual Meeting of Digital Equipment Corporation, Boston, November 6, 1986." In *Digital Equipment Corporation Second Quarter Report 1987*. Maynard, MA: Digital Equipment Corp., 1097.

O'Toole, James. *Leading Change: Overcoming the Ideology of Comfort and the Tyranny of Custom*. New York: Jossey-Bass, 1995.

Ouchi, William G. *Theory Z: How American Business Can Meet the Japanese Challenge*. Reading, MA: Addison-Wesley, 1981.

Palgrave, R. H. I. *Dictionary of Political Economy*. 3 vols. London: Macmillan and Co., 1894.

Pascale, Richard T., and Anthony G. Athos. *The Art of Japanese Management: Applications for American Executives*. New York: Simon & Schuster, 1981.

Pedler, Mike, John Burgoyne, and Tom Boydell. *The Learning Company: A Strategy for Sustainable Development*. London: McGraw-Hill, 1991.

Peters, Tom. *Thriving on Chaos: Handbook for a Management Revolution*. New York: Alfred A. Knopf, 1987.

Peters, Tom, and Nancy Austin. *A Passion for Excellence*. New York: Random House, 1985.

Peters, Tom, and R. H. Waterman. *In Search of Excellence*. New York: Harper & Row, 1982.

Peters, Tom. *Liberation Management: Necessary Disorganization for the Nanosecond Nineties*. New York: Macmillan, 1992.

. *The Tom Peters Seminar: Crazy Times Call for Crazy Organizations*. New York: Vintage Books, 1994.

. *The Pursuit of Wow: Every Person's Guide to Topsy-Turvy Times*. New York: Vintage, 1994.

Pinchot, Gifford, and Elizabeth Pinchot. *The End of Bureaucracy and the Rise of the Intelligent Organization*. San Francisco: Berret-Koehler, 1993.

Polanyi, Michael. *Personal Knowledge*. Chicago: University of Chicago Press, 1958.

Por, George. „The Quest for Collective Intelligence." In *Community Building: Renewing Spirit and Learning in Business*. Edited by Kazimierc Gozdz. San Francisco: New Leaders Press, 1995.

Porter, Michael E. *Competitive Advantage: Techniques for Analyzing Industries and Competitors*. New York: The Free Press, 1985.

Prahalad, C. K., and Gary Hamel. „The Core Competence of the Corporation." *Harvard Business Review* (May-June, 1991).

———. *Competing for the Future: Breakthrough Strategies for Seizing Control of Your Industry and Creating the Markets of Tomorrow.* Boston: Harvard Business School Press, 1994.

Prigogine, I., and I. Stengers. *Order Out of Chaos: Man's New Dialogue with Nature.* New York: Bantam Books, 1984.

Quinn, James Brian. *Intelligent Enterpreises: A New Paradigm for a New Era.* New York: The Free Press, 1992.

Ranky, Paul G. *Computer Integrated Manufacturing: An Introduction with Case Studies.* Englewood Cliffs, NJ: Prentice-Hall International, 1986.

Rasmussen, Jens. „Models for Design of Computer Integrated Manufacturing Systems." Paper presented at First International Conference on Ergonomics of Advanced Manufacturing and Hybrid Automated Systems, Louisville, KY, 17 August 1988.

Ray, Michael, and John Renesch, eds. *The New Entrepreneurs: Business Visionaries for the 21st Century.* San Francisco: New Leaders Press, 1994.

Reich, Robert B. *The Next American Frontier.* New York: Times Books, 1983.

Renesch, John, ed. *The New Traditions in Business, Spirit and Leadership in the 21st Century.* San Francisco: New Leaders Press, 1991.

Rheingold, Howard. *Virtual Reality.* New York: Summit Books, 1991.

Richards, Dick. *Artful Work: Awakening Joy, Meaning and Commitment in the Workplace.* San Francisco: Berret-Koehler, 1995.

Richta, Radovan. *Civilization of the Crossroads: Social and Human Implications of the Scientific and Technological Revolution.* Translated by Marian Slingova. Prague: International Arts and Sciences Press, 1968.

Rockart, John F., and Christine V. Bullen. *The Rise of Managerial Computing: The Best of the Center for Information Systems Research.* Homewood, IL: Dow Jones-Irwin, 1986.

Roitman, David B., and Manoj K. Sinha. „CIM as a Process of Organizational Change." Presentation at AUTOFACT Conference, 9 November 1987. Dearborn, MI: Society of Manufacturing Engineers, 1987.

Rothlisberger, Fritz J., and William J. Dickson. *Management and the Worker: An Account of Research Conducted by the Western Electric Company, Hawthorne Works, Chicago.* Cambridge, MA: Harvard University Press, 1967.

Rummler, Geary, and Alan Brache. *Improving Performance: How to Manage the White Space on the Organizational Chart.* 2nd ed. San Francisco: Jossey-Bass, 1995.

Sakaiya, Taichi. *The Knowledge-Value Revolution, or a History of the Future.* Tokyo: Kodansha International, 1991.

Savage, Charles M. „The Challenge of CIM: 80 % Organizational?" *CIM Reviev* (The Journal of Computer-Integrated Manufacturing Management) 4, no. 2 (spring 1988).

. „CIM and Fifth Generation Mangement." In *Tool & Manufacturing Engineer Handbook.* Vol. 5. Dearborn, MI: SME Press, 1988.

. „Fifth Generation Management." Workshop at AUTOFACT 86, Detroit, MI, November 1986.

. *Fifth Generation Management: 1986 Round Table Summary Document.* Dearborn, MI: Society of Manufacturing Engineers, 1987.

. *Fifth Generation Management for Fifth Generation Technology.* Dearborn, MI: Society of Manufacturing Engineers, 1987.

. „The Generation Gap: Between the Fifth Generation Technology and Second Generation Organizations." Yankee Group's Factory Systems Summit Conference, Chicago, 16 May 1984.

. „Organizational Integration: Open Windows of Opportunity," *CIM Review* (The Journal of Computer-Integrated Manufacturing Management) 1, no. 1 (fall 1984).

. „Organizational Integration: Renovating the Organizational Architecture." *CIM Review* (The Journal of Computer-Integrated Manufacturing Management) 1, no. 3 (spring 1985).

. „Preparing for the Factory of the Future." *Modern Machine Shop* (January 1983).

. *Work and Meaning: A Phenomenological Inquiry.* Unpublished Ph. D. thesis, Boston College, 1973.

, ed. *A Program Guide for CIM Implementation.* Dearborn, MI: Society of Manufacturing Engineers, 1987.

. „The Dawn of the Knowledge Era." *OR/MS Today* December 1994).

Schein, Edgar. *Organizational Psychology.* Englewood Cliffs, NJ: Prentice-Hall, 1961.

. *Process Consultation.* Reading, MA: Addison-Wesley, 1969.

Schrage, Michael. *Shared Minds: The New Technologies of Collaboration.* New York: Random House, 1990.

Scott-Morgan, Peter. *The Unwritten Rules of the Game: Master Them, Shatter Them, and Break Through the Barriers to Organizational Change.* New York: McGraw-Hill, 1994.

Semler, Ricardo. *Maverick: The Success Story Behind the World's Most Unusual Workplace.* New York: Warner Books, 1993.

. „Why My Former Employees Still Work for Me." *Harvard Business Review* (January-February 1994).

Senge, Peter. *Fifth Discipline: The Art an Practice of the Learning Organization.* New York: Doubleday, 1990.

Shaiken, Harley. *Work Transformed: Automation and Labor in the Computer Age.* New York: Holt, Rinehard and Winston, 1984.

Sherman, Stratford P. „The Mind of Jack Welch." *Fortune* (27 March 1989): 38-50.

Shonberger, Richard J. *Japanese Manufacturing Techniques: Nine Hidden Lessons in Simplicity.* New York: The Free Press, 1982.

Shrensker, Warren. „Fifth Generation Management: Round Table Straw-Person Organization." In *Fifth Generation Management for Fifth Generation Technology.* Edited by Charles M. Savage. Dearborn, MI: Society of Manufacturing Engineers, 1987.

Simon, Herbert. *Administrative Behavior.* 3rd ed. New York: The Free Press, 1976.

. *The New Science of Management Decision.* New York: Harper & Row, 1960.

Skirl, Stefan, and Ulrich Schwalb, eds. *Das Ende der Hierarchien: Wie Sie schnell-lebige Organisationen erfolgreich managen* [The End of the Hierarchy: how you can successfully manage fast and lively organizations]. Wiesbaden: Gabler, 1994.

Smith, Adam. *The Wealth of Nations.* London: Penguin Classics, 1987.

Stamps, Jeffrey. *Holonomy: A Human System Theory.* Seaside, CA: Intersystem Publications, 1980.

Stauffer, Robert N. „Converting Customers to Partners at Intersoll." *Manufacturing Engineering* (September 1988): 41-44.

Stayer, Ralph, and James Belasco. *Flight of the Buffalo: Soaring to Excellence: Learning to Let Employees Lead.* New York: Warner Books, 1993.

Stevens, H. Chandler. *The Network Notebook.* Washington, DC: National Science Foundation, 1978.

Stewart, Thomas. „Your Company's Most Valuable Asset: Intellectual Capital: New Ways to Build It an Measure I." *Fortune* (3 October 1994).

Strassmann, Paul. *Information Payoff: The Transformation of Work in the Electronic Age.* New York: The Free Press, 1985.

Sveiby, Karl-Erik. *Toward a Knowledge Perspective on Organization.* Endsbruk, Sweden: Akademitryck AB, 1994.

Taguchi, Genichi. *On-Line Quality Control During Production.* Tokyo: Japanese Standards Association, 1981.

Tateisi, Kazuma. *The Eternal Venture Spirit: An Executive's Practical Philosophy.* Cambridge, MA: Productivity Press, 1989. (Contains and early reference to the „holonic Nineties.")

Taylor, David. *Business Engineering with Object Technology.* New York: John Wiley & Sons, 1995.

Taylor, Frederick Winslow. *Scientific Management* (comprising „Shop Management," „Principles of Scientific Management," and „Testimony Before the Special House Committee"). New York: Harper and Brothers, 1947.

Teichholz, Eric, and Joel N. Orr. *Computer Integrated Manufacturing Handbook.* New York: McGraw-Hill, 1987.

Thompson, J. *Organizations in Action.* New York: McGraw-Hill, 1967.

Tichy, Noel, and S. Stratford. *Control Your Destiny or Someone Else Will.* New York: Doubleday, 1993.

Tilgher, Adriano. *Homo Faber: Work through the Ages.* Translated by D. Fisher. Chicago: Regency, 1965.

Toffler, Alvin. *The Adaptive Corporation.* New York: McGraw-Hill, 1985.

. *Powershift: Knowledge, Wealth, and Violence at the Edge of the Twentyfirst Century.* New York: Bantam, 1990.

Togino, Kazuto. „A Global Programming Language and Orchestration of the Execution of Jobs and Tasks." National Research Council Canada, Symposium on Manufacturing Application Languages, June 20-21, 1988, Winnipeg, Manitoba.

Treacy, Michael, and Fred Wiersema. *The Discipline of Market Leaders: Choose Your Customers, Narrow Your Focus, Dominate Your Market.* Reading, MA: Addison-Wesley, 1995.

Trevor, Malcolm. *The Japanese Management Development System.* Wolfeboro, NH: Frances Printer Ltd., 1986.

Trist, Eric. „The Evolution of Sociotechnical Systems: A Conceptual Framework and an Action Research Program." Toronto: Ontario Quality of Working Life Center, Occasional Paper No. 2, June 1981.

Trompernaars, Fons. *Riding the Waves of Culture: Understanding Cultural Diversity in Business.* London: The Economist Books, 1993.

Ulich, Eberhard. *Arbeitspsychologie* [Work psychology]. Stuttgart: Schaeffer-Poeschel, 1992.

Urwick, Lyndall. *The Elements of Administration.* New York: Harper, 1943.

U.S. Air Force, Integrated Computer Aided Manufacturing. *ICAM Program Prospectus.* Dayton, OH: Air Force Materials Laboratory, Wright-Patterson Air Force Base, 1979.

Vaill, Peter B. *Managing as a Performing Art: New Ideas for a World of Chaotic Change.* San Francisco: Jossey-Bass, 1989.

Veltrop, Bill. „The Evolutionary Times: A Fable." In *The New Entrepreneuers: Business Visionaries for the 21st Century.* Edited by Michael Ray and John Renesch. San Francisco: New Leaders Press, 1994.

Vogel, Ezra F. *Japan as Number One: Lessons for America.* New York: Harper & Row, 1979.

Vogt, Eric Edwards. „Learning Out of Context." In *Learning Organizations: Developing Cultures for Tomorrow's Workplace.* Edited by Sarita Chawla and John Renesch. Portland, OR: Productivity Press, 1995.

von Neumann, John, and Oskar Morganstern. *The Theory of Games and Economic Behavior.* Princeton University Press, 1944

Waitley, Denis. *Empires of the Mind: Lessons to Lead and Succeed in a Knowledge-Based World.* London: Nicholas Brealey, 1995..

Waldrop, M. Mitchelll. *Complexity: The Emerging Science at the Edge of Order and Chaos.* New York: Simon & Schuster, 1992.

Walton, Richard E. *Innovating to Compete.* San Francisco: Jossey-Bass, 1988.

. *Up and Running: Integrative Information Technology and the Organization.* Boston: Harvard Business School Press, 1989.

Walz, Hartmut, and Thomas Bertels. *Das Intelligente Unternehmen: Schneller lernen als der Wettbewerb* [The Intelligent Enterprise: fast learning as a competitive advantage]. Landsberg: Verlag Moderne Industrie, 1995.

Ward, John T. *The Factury System.* 2 vols. New York: Barnes & Noble, 1970.

Warfield, John. *A Science of Generic Design: Managing Complexity through Systems Design*. Des Moines: Iowa State University Press, 1994.

Warnecke, Hans-Jorgen (mit Manfred Hüser). *Revolution der Unternehmenskultur. Das Fraktale Unternehmen*. [The Fractal Company: A Revolution in Corporate Culture]. (Germany: 1992; reprint, New York: Springer-Verlag, 1993.)

Warnecke, Hans-Jürgen. *Aufbruch zum Fraktalen Unternehmen: Praxisbeispiele für neues Denken und Handeln* [Breakthrough to the fractal enterprise: practical examples for new thought and action]. Berlin: Springer-Verlag, 1995.

Waterman, Robert H. *The Renewal Factor: How the Best Get and Keep the Competitive Edge*. New York: Bantam Books, 1987.

Webber, Alan. „What's So New About the New Economy?" *Harvard Business Review* (January-February) 1993.

Weber, Max. *The Theory of Social and Economic Organizations*. Translated by A. M. Henderson. New York: The Free Press, 1969.

Weick, Karl E. „Organization Design: Organizations as Self-Designing Systems." *Organizational Dynamics* (autumn 1977): 31-32.

. *The Psychology of Organizing*. 2nd ed. Reading, MA: Addison-Wesley, 1979.

Weisbord, Marvin R. *Organizational Diagnosis: A Workbook of Theory and Practice*. Reading, MA: Addison-Wesley, 1978.

. *Productive Workplaces: Organizing and Managing for Dignity, Meaning, and Community*. San Francisco: Jossey-Bass, 1987.

Weisbord, Marvin R., and Sandra Janoff. *Future Search: An Action Guide to Finding Common Ground in Organizations & Communities*. San Francisco: Berret-Koehler, 1995.

Welch, Jack, Jr. „Managing for the Nineties." Presentation at the General Electric annual meeting of share owners, Waukeska, WI, 27 April 1988.

Wellins, Richard, William Byham, and Jeanne Wilson. *Empowered Teams: Creating Self-Directed Work Groups that Improve Quality, Productivity, and Participation*. San Francisco: Jossey-Bass, 1991.

Wheatley, Margaret. *Leadership and the New Science: Learning About Organization from an Orderly Universe*. San Francisco: Berret-Koehler, 1992.

Whiteley, Richard. *The Customer Driven Company: Moving from Talk to Action*. Reading, MA: Addison-Wesley, 1991.

Whitney, John O. *The Trust Factor: Liberating Profits and Restoring Corporate Vitality.* New York: McGraw-Hill, 1994.

Wiener, Norbert. *God and Golem, Inc.: A Comment on Certain Points Where Cybernetics Impinges on Religon.* Cambridge, MA: MIT Press, 1964.

. *The Human Use of Human Beings: Cybernetics and Society.* Garden City: Doubleday Anchor, 1954.

Wikstroem, Solveig, et al. *Knowledge and Value: A New Perspective on Corporate Transformation.* New York: Routledge, 1994.

Winograd, Terry, and Fernando Flores. *Understanding Computers and Cognition: A New Foundation for Design.* Reading, MA: Addison-Wesley, 1987.

Womack, James, Daniel Jones, and Daniel Roos. *The Machine That Changed the World.* New York: Rawson Associates, 1990.

Wycoff, Joyce. *Transformation Thinking: Tools and Techniques that Open the Door to Powerful New Thinking for Every Member of Your Organization.* New York: Berkley Books, 1995.

Zuboff, Shoshana. „Automate/Informate: The Two Faces of Intelligent Technology." *Organizational Dynamics* 14, no. 2 (autumn 1985): 5-18.

. *In the Age of the Smart Machine: The Future of Work and Power.* New York: Basic Books, 1988.

Stichwortverzeichnis

Numerics
3M 134

A
ABB 58, 131, 139, 247
Abwerten 68
Abwertung 39, 40, 46, 57
Adam Smith 58, 112, 144, 160, 208, 209
Agilität 100, 104, 123, 130–134, 135, 137, 138, 140, 198, 224, 245
Aktives Ideenmanagement 118, 128
Alcan 146
Alex Pollock 122
Alfred Chandler 145
Allan-Bradley 134
Alvin Toffler 193
Anerkennung 9, 43
Anixter Inc. 136
Apple 69
Arbeit 61–62, 63–64, 86, 87, 98, 100, 116, 119, 121, 175, 198, 200, 200–209, 212, 221, 225, 226, 228, 229, 232, 253, 264, 265, 266, 268
Arbeit als Dialog 258, 266, 273
Arbeitsfreude 7
Arbeitsplatz 105, 117, 124, 131, 152, 170, 177, 186, 189, 193, 204, 246, 252, 274
Arbeitsplatzbeschreibung 9, 95, 147, 167, 225, 262
Arbeitsplätze 45–46, 61
Arbeitsteilung 96, 112, 144, 145, 146, 148, 149, 159, 160, 161, 162, 163, 172, 201, 204, 210, 236, 242
Aristoteles 173, 175, 177, 211
Arthur Koestler 125

Aspiration 17, 20–21, 27, 28, 31, 32, 57, 58, 59, 61, 63, 71, 75, 80, 85, 87, 90, 96, 102, 137, 189, 193, 217–223, 234, 248, 257, 259, 260, 261, 267, 273, 274
Aspirationsmuster 18
Augustinus 211
Automatisierung 119, 154, 159, 173–180, 190, 191, 200, 201, 236, 237, 242, 247, 251, 273
Autonomie 126, 127

B
Babbage 170
Baldrige-Preis 57
Bedeutung 47, 263, 266
Bedeutungskalkül 112, 244
Bell 121
Belohnung 268
Belohnungssystem 22, 242
Benchmarking 135
Berater 41, 46, 48, 257, 261
Bernard Mandevilles 161
Besitzstandsdenken 9, 159, 266
Bestrebung 17, 20, 21, 24, 29, 33, 67, 71, 118, 219
Beth Israel Hospital 136
Beziehung 97
Boeing 133, 139, 182
Brainstorming 135
Broken Hill Properties 134
Bürokratie 95, 112, 118, 123, 167, 168, 201, 225, 242, 271
bürokratisch 12

C

CAD 4, 5, 20, 80, 174, 177, 182
Canadian Imperial Bank of Commerce 118, 140
Canon 134
Chance 20–21, 30, 47–48, 59, 75, 91, 101
Chaos-Theorie 118, 127, 201, 239
Charles Babbage 163, 176
Chester Barnard 172
CIE 100, 106, 143, 144, 177, 187
CIM 100, 104, 120, 123, 127, 143, 144, 151, 154, 174, 177, 177–180, 183, 184–188, 201, 251
Computer-Generationen 109–111
Computerisierung 141, 143–157, 173, 178, 237, 247, 251, 263, 273
Corporate-Wide-Web 79, 115
Cyberspace 137

D

Dan Burrus 134, 219, 243
Daniel Bell 120
Davis 140, 150, 243
Dee Hock 139
Deere 153
Delco-Remy 241
Denken 25, 159, 161, 164, 178, 273
Denken und Tun 267
Descartes 201
Design for Assembly 129
Dialog 24, 25, 27, 29, 30, 31, 32, 34, 47, 59, 61, 62, 63, 69, 72, 74, 76, 86, 87, 95, 115, 129, 200, 204, 205, 212, 221, 225, 226, 227, 228, 229, 232, 238, 249, 253, 254, 258, 272
Dialogführung 127
Digital Equipment Corporation 103, 156, 186, 223, 240, 244, 250, 268
Direktvertrieb 7
Diskontinuität 116, 187
Diskussion 24, 25, 35, 48, 87
Dow Chemical 140, 247
Downsizing 97, 253
Drucker 140, 150, 201, 223, 226, 242, 243
Du Pont 147, 148

E

Eastman Chemical 8, 9, 42, 51, 136, 190, 195
Eastman Kodak 146, 147
Effect Analysis 129
Eigeninteresse 145, 159, 160, 161, 163, 238, 242
Eigentumsverhältnis 111, 116, 145, 167
Eigenverantwortung 121, 126, 127, 130, 131
Einheit der Auftragserteilung 112, 113
Einstein 201
Einstellung
–, mentale Einstellung 27
Empowerment 21, 137, 198, 202, 230
Entlöhnung eng definierter Aufgaben 163
Entlohnungssystem 6, 9, 26, 37, 40, 43, 46, 59–60, 64, 78, 80, 86, 268
Entweder/oder 28, 34, 35–48, 49, 60, 67, 73, 209, 234, 236, 256
Erfahrung 24, 25, 40, 42, 48, 52, 59, 75, 80, 189, 192, 212, 214, 216
Erwartetes 36, 44
Erwartung 17, 21, 24, 26, 29, 30, 33, 42, 48, 50, 55, 57, 60, 62, 63, 67, 68, 70, 71, 75, 78, 81, 82, 83, 84, 88, 118, 135, 212, 219

F

Fähigkeit 9, 12, 14, 21–22, 23, 26, 29, 30, 31, 32, 39, 42, 43, 46, 50, 55, 57, 58, 59, 60, 68, 69, 70, 71, 75, 78, 81, 82, 84, 86, 88, 90, 115, 117, 120, 129, 131, 137, 140, 187, 189, 192, 216, 222, 248, 260, 261, 273, 274
–, Aspiration 21
–, Bestrebung 21
–, Erwartung 21
–, funktionsübergreifende Teamarbeit 21
–, Kundenbedürfnisse 21
–, Muster 21
Failure Mode 129
Fayol 115, 171, 172, 255
Fayols 113
Feedback 206, 233
Feudalsystem 116, 131
Ford 190
Form der Organisation 116
Fortune-Magazin 12
Fraktale 123, 127, 133, 135, 137, 138, 140, 198, 199, 239
Fraktale Unternehmen 126–130
Fraunhofer-Gesellschaft 56, 118, 126, 128
Frederic Taylor 163, 267
Frederic Winslow Taylor 112, 168, 176
Frigidaire 230
Führungsebene 12, 148, 168, 177, 180, 245, 246, 248, 252
Führungsstil 100, 115
funktionsübergreifende Teams 49

G

General Electric 10, 56, 86, 147, 168, 182, 190, 252
General Motors 147, 148, 171, 230
George Hess 143, 172
George Por 140

H

Handeln 25, 48, 159, 209, 222, 228, 257, 273
Händler 105, 258
Hans-Jürgen Warnecke 126–130
Heinz 230
Heisenberg 201
Helgesen 138
Henri Fayol 112, 170, 243
Herbert Simon 172
Hesiod 175
Hewlett-Packard 223, 250, 263
Hierachie
–, Steile Hierarchie 96, 102, 103–105, 107, 111, 112, 113, 119, 123, 143, 159–188, 190–194, 224, 231, 245, 246, 253, 255, 263, 264, 273
Hierarchie 9, 12, 23, 37, 43, 48, 60, 64, 87, 90, 91, 97, 102, 113, 123, 129, 136
hierarchische Modell 12
hierarchische Organisation 8
Hierarchisches Modell 113
Hirotaka Takeuchi 119, 134–136
Historische Epochen 116–120
Hitachi 134
Holonik 118, 123, 124–138, 140, 198
Home Page 7, 11, 79
Homer 175
Honda 134
Hypertext-Organisation 136

I

IBM 69, 223
Ikujiro Nonaka 134–136
Industriezeitalter 37, 44, 47, 48, 58, 67, 68, 78, 83, 96, 96–98, 102, 106, 107, 109, 111, 112, 113, 115, 116, 117, 119, 120, 128, 130, 134, 143, 149, 157, 159, 160, 160–177, 178, 186, 189, 194, 195, 201, 203, 204, 208, 225, 233, 237–239, 252, 256, 267, 273
Informationssystem 4
Ingersoll Milling Machine 111, 143, 264, 269
Inklusionsnetz 136–138
Inneres Zeitbewußtsein 194, 209–214, 215, 221, 225, 226, 229, 233, 237, 256, 258, 266, 272, 273
Innovation 36–37, 123, 134, 137, 149, 173, 186, 187
Inspiration 137, 274
Integration 68, 96, 100, 101, 102, 114, 115, 120, 146, 147, 151, 159, 160, 168, 171, 177, 178, 180–183, 199, 237, 242, 250, 263, 264
Integrierte Produktentwicklung 36, 49
Integrität 105, 156, 238, 250, 260, 268
Intel 136, 140
Intellektuelle Kapitalressourcen 247
Intellektuelles Kapital 78, 86, 118, 123, 138, 139, 140
Intelligente Unternehmen 138–141
Intelligentes Unternehmertum 140
Interaktion 16, 20, 23, 26, 30, 32, 64, 105, 106, 110, 116, 129, 137, 138, 156, 162, 164, 175, 187, 221, 245, 251, 257, 267, 268
Interface 101, 110
Interfaces 231, 262
Interfacing 178, 195, 264
Internet 4, 7, 11, 53, 55, 97, 106, 111, 137, 138, 143, 153, 155, 237, 262, 269
ISO 9000 6

J

James Ware 122
Jay Galbraith 120, 172
Jensen Industries 230
JIT 251, 271
Joe Harrington 180
John Deere 147
John Deere and Company 153, 251
John von Neumann 110
Joseph Harrington 120, 185
Just-in-Time 106, 154, 178

K

Kapitalvermögen 73, 87, 140
Kazuto Togino 125
Kenneth Preiss 130–134
Kernkompetenz 8, 21, 22, 41, 192, 216
Ko-Kreativität 196, 273
Kollaboration 246
Kollaborative 269
Kollaborative Intelligenz 118, 139, 246
Kollaborativen 138, 246
Komatsu Metals 125
Kommando/Kontroll-Modell 121, 139, 244, 255
Kommunikation 24, 25, 27
Kompetenz 21, 22, 23, 39, 47, 58, 120, 137, 197, 234, 238, 257
Komplexität 118, 154, 156, 164, 198, 220, 231, 239–240, 246, 251, 253
Konnektivität 101, 180, 199, 262
Konstellation 170
Kontinuierliches Lernen 137, 139, 257, 274
Kooperation 46, 90, 96, 100, 138, 183, 197, 273
Kooperieren 229
Koordination 126, 127, 168, 246
Koordinierung 221, 274
Kopernikus 194
Kostenrechnungssystem 64, 146, 200
Kostenrechnungsverfahren 156
Kraft General Foods 134
Kreativität 95, 100, 111, 123, 134, 137, 140, 186, 187, 208, 217, 222, 239, 242, 246, 253, 256, 273, 275

kujiro Nonaka 119
Kunde oder Lieferant 63
Kunde/Lieferant-Beziehung 22
Kunden 26, 28, 31, 36–37, 47, 51, 52, 54, 56, 57, 61, 62, 63, 64, 67, 69, 77, 84, 87, 88, 90, 95, 96, 102, 105, 111, 131, 135, 183, 193, 224, 249, 258, 260, 272
–, Kunden und deren Kunden 32
Kunden der Kunden 20, 25, 26, 75, 77, 102, 249
Kunden dieser Kunden 31
Kunden ihrer Kunden 69
Kunden und deren Kunden 57, 67, 70, 71, 95, 105
Kunden und ihren Kunden 82
Kunden unserer Kunden 83, 88, 90
Kundenbedürfnis 221
Kundenbedürfnisse 16, 19, 20, 21, 29, 34, 50, 246

L

Lean Production 131
Leistungsanreize 73
Leistungsspanne 99
Lenkungsspanne 112
Lernbereitschaft 24, 255
Lernen 123
Lernende Organisation 80, 118, 135
lernende Organisation 7
Lernerfahrung 64, 99, 189, 196, 225, 245, 266
Lieferanten 19, 20, 23, 26, 28, 30, 31, 32, 36, 47, 51, 52, 54, 56, 57, 64, 68, 69, 70, 71, 77, 82, 84, 87, 88, 90, 95, 96, 102, 105, 111, 131, 135, 193, 224, 249, 258, 260, 272
Linie 22–23, 59, 64, 68, 80–81, 83, 90
Lyndall Urwick 171

M

Maekawa 125
Management-Generationen 111–115, 117
Managementinformationssystem 5, 7, 152
Management-Reichweiten 105–106
Manfred Hüser 126
Margaret Wheatley 138, 201
Marktchance 32, 34, 48, 57, 59, 69, 75, 76, 79, 88, 95, 100, 120, 130, 137, 138, 192, 193, 197, 199, 209, 218, 220, 227, 238, 246, 253, 257, 259, 266, 273
Marktchancen 23–26
Matrixorganisation 111, 113, 121, 123
Max-Planck-Gesellschaft 127
McMaster 243
Mehrwert 26–30, 47, 64, 68, 71, 113, 246, 250, 257, 274
Mentale Einstellung 11, 12, 13, 30, 35, 42, 60, 62, 68
Mentor 41, 46, 48, 257, 261
Merkantilismus 160

Mettler-Toledo 129, 130, 133, 134
Miami Herald 136
Michael Polanyi 134
Mißtrauen 39, 40, 46, 57, 58, 67, 104, 248, 250, 268
Mitarbeiter/Vorgesetzter - Konstellation 170–173, 194, 195, 269
Mitarbeitereinbeziehung 189
Mooney 171
Motivation 23, 34, 103, 118, 239, 246, 269, 274
Motivator 84
Motorola 69
Muster 9, 18, 20, 21, 27, 30, 31, 32, 47, 52, 77, 82, 83, 102, 117, 118, 119, 136, 197, 198, 199, 200, 202, 204, 209, 213, 214, 216, 218, 219, 221, 222, 225, 226, 227, 237, 239, 249, 255, 257, 266, 271, 273

N

NBS 182
NEC 134
Netzwerkorganisation 168
Netzwerkunternehmen 96, 97, 98, 104, 157, 192, 193, 200, 245
neutrale Einstellung 18
Newton 98, 194, 201
Nicht-Routine 36, 44
Nickelodeon 136
Nokia 146
Nolan 140, 243
Nonaka 140, 215, 243

O

Offenheit 240
Organigramm 3, 7, 9, 25, 30, 37, 42, 49, 57, 60, 61, 67, 81, 84, 86, 87, 90, 103, 255
Organisationsdiagramm 154, 156, 167, 170, 225, 233, 242, 272
Organisationsform 114, 122, 123, 124, 143, 164, 178
Organisationsmodell 42–43, 47, 51, 84, 88, 155, 275
Organisationsprinzipien 112
Organisationsstruktur 8, 57, 99, 114, 123, 147, 156, 193, 202, 224
Organisatorische Intelligenz 118
Oticon 54, 55, 56, 80, 139

P

Paradigmawechseln 242
Parallelarbeit 6, 99, 100, 112, 122, 153, 155, 168, 181, 221, 230, 240–242, 261, 274
Paralleltechnik 129, 132
Parallelverarbeitung 110
Partizipation 238
Partner 71, 83, 90, 96, 105, 106, 193, 258, 272
Paul Kidd 131

Paul Lawrence 113
Pennsylvania Railroad 147
Peter Drucker 121, 121–122, 172
Peter Senge 7, 24, 135, 140
Peters 243
Physiokraten 160, 161
Pillsbury 146
Procter & Gamble 146, 230

Q
QFD 219, 225
Qualität 7, 22, 30, 57, 135, 251
Qualitätsdialog 24, 26, 57, 63, 64, 69, 74, 87, 124
Qualitätsdialoge 47
Quality Function Deployment 129, 219
Quelle des Reichtums 116, 117
Quellen des Reichtums 106

R
Reengineering 6, 7, 22, 55, 57, 70, 111, 114, 123, 135, 139, 155, 189, 190
Reiley 171
Rentabilität 73
Richard Nolan 121, 122, 123
Rick Dove 131
Robert Reich 172
Roger Nagel 130–134, 182
Rohideen 30–32, 59, 62, 63, 68, 71, 86, 118, 128
Rohmaterial 30–32, 63, 68, 71, 118, 128
Routine 36, 44
Roxanne Emmerich 137

S
S.K. Chakraborty 135
Sally Helgesen 136–138, 195
Selbstähnlichkeit 127, 130
Selbstorganisation 55, 132, 138–141, 199
Shoshana Zuboff 119
Siemens 54, 146
Signifikanz 47, 273
Skandia 118, 140, 247
Smith 115, 145, 146, 160, 161, 162, 170, 172, 255
Sony 146
Sowohl/als auch 28, 34, 36, 43, 44–45, 46, 47, 49, 67, 73, 236, 256
Stab 22–23, 59, 60, 64, 68, 70, 77–80, 83, 90
Stanley Davis 113, 121, 122, 173
Steve Goldman 130–134
Strategische Dialogführung 62
Strategische Planung 33, 52, 52–53, 62, 100, 169, 210
strategische Planung 15
Systemtheorie 118

T
Taguchi-Methoden 129
Takeuchi 140, 215
Taylor 115, 170, 172, 243, 255
Taylors 170
Team 19, 36, 42, 46, 63, 69, 74, 90, 97, 99, 103, 112, 114, 115, 120, 121, 122, 123, 129, 130, 132, 134, 138, 193, 196, 197, 222, 224, 226, 227, 228, 230, 245, 246, 247, 250, 253, 255, 257, 258, 259, 261, 264–265, 269, 270, 272, 273
–, Dynamische Teams 227, 269
–, funktionsübergreifend 19
Teamarbeit 13, 50, 55, 74, 75, 115, 120, 131, 183, 195, 196, 229, 257, 265, 269
–, Innovative Teamarbeit 48
Teambildung 6, 13, 42, 45–46, 55, 59, 75, 77, 79, 84, 96, 199, 234, 273
–, Dynamische Teambildung 68, 72, 77, 79, 102, 114, 115, 194, 196, 223, 254, 258, 274
–, dynamische Teambildung 95
–, Dynamischen Teambildung 91
–, Eigenverantwortliche Teambildung 55
–, Teambildungsansatz 56
Teameinsatz 77, 189
Teaming 69, 83
Teams 19
Ted Goranson 132
Texas Instruments 131, 134, 178
Thomas Kuhn 242
Time-sharing-Konzept 152
Tom Peters xi, 41, 139, 173, 186, 239, 246
Total Quality 106, 154
Total Quality Management, ISO 9000 57
Total-Quality 251
Toyota 131
TQM 6, 19, 69
Trennung von Denken und Tun 168–170

U
Uhrenzeit 209, 211, 213, 232, 233, 256, 272
Umgang mit Wissen 85, 86, 88, 117, 118, 205, 222
Unerwartetes 36, 44, 57
United Airlines 133
Untergebener 97, 105
Unternehmen
–, Elegant einfache Unternehmen 231–254, 275
–, elegant einfache Unternehmen 104
Unternehmenskultur 43, 54, 55, 57, 58–59, 60, 68, 77, 90, 95, 128, 130, 135, 140, 197, 240, 244, 249
Urwick 171

V

Vergütungssystem 113, 147, 156, 164, 200, 242, 267
Verhaltensmuster 18, 25
Verkaufstransaktion 16, 17–18, 19, 21, 22, 34, 57
–, Aspiration 17, 28
–, Aspirationsmuster 18
–, Bestrebung 17, 28
–, Erwartung 17, 28
–, Muster 18
–, Rohideen 28
–, Rohmaterial 28
–, Transaktion 28
–, Transaktionsmodell 28
–, Verhaltensmuster 18
–, Vorstellung 17
–, Vorstellungswelt 17
–, Zuhören 17
Verkaufstransaktionen 19
Vermögenswert 73–74, 156, 189, 216
Vermögenswerte 40, 78, 238, 268
Vernetzung 4, 91, 97, 102, 115, 136, 173, 177, 178, 195, 206, 221, 227
Vertrauen 42, 46, 86, 105, 128, 129, 133, 137, 156, 178, 203, 204, 238, 250, 255, 267, 268
Virtuelle Unternehmen 227, 269
Virtuelle Unternehmung 82, 91, 134
Virtuelles Unternehmertum 69–70, 77, 79, 80, 95, 102, 115, 130, 135, 194, 223, 234, 254, 258, 274
VISA 139
Vision 25, 31, 43, 47, 52, 64, 84, 85, 88, 98, 100, 102, 104, 106, 120, 121, 122, 174, 176, 189, 201, 205, 209, 212, 217, 219, 222, 226, 227, 228, 229, 232, 237, 238, 245, 257, 261, 265, 271, 273
Volvo 146
von-Neumann 155
Vorgesetzten/Untergebenen -Verhältniss 105
Vorgesetzter 97
–, Untergebener-Beziehung 113
Vorstellung 17, 20, 23, 27, 42, 43, 119, 134, 202, 205, 217, 221, 222, 230
Vorstellungsvermögen 27, 86, 88, 107, 119, 149, 196, 197, 205, 207, 208, 217, 220, 222, 228, 232, 234, 253, 256, 257, 258, 259–261, 266, 267, 272, 273, 274
Vorstellungswelt 16, 17

W

Wachstum 10
Wandel 10, 11, 13, 27, 42, 51, 55, 56, 60, 68, 78, 80–81, 85, 87, 88, 100, 103, 107, 123, 128, 129, 139, 148, 157, 160, 185, 192, 195, 200, 230, 236, 240, 251, 273

Wertschätzung 42, 43, 58–59, 60, 64, 68, 77, 90, 95, 113, 137, 138, 140, 197, 268
Wertschöpfung 26–30, 47, 68, 246
Wertschöpfungscluster 29, 31, 68, 69
Wertschöpfungskette 18–19, 20, 26, 29, 31, 33, 43, 68
–, Kundenbedürfnisse 19
–, TQM 19
–, Verkaufstransaktion 19
Western Union 147
Wettbewerbssituation 38, 39
Wettbewerbsvorteil 53–56, 58
Wilfried Sihn 128
Wirtschaftsoskar 130
Wissen 24, 39, 40, 48, 68, 73–74, 78, 79, 80, 85, 88, 96, 98, 100, 102, 104, 107, 115, 117, 118, 119, 121, 123, 132, 134, 135, 137, 164, 187, 189, 195, 196, 197, 199, 200, 202, 205, 207, 208, 209, 212, 214, 216, 218, 220, 222, 224, 227, 228, 229, 230, 232, 237, 239, 240, 244, 246, 247, 248, 255, 261, 265, 266, 273, 274
–, Umgang mit unserem Wissen 215, 233
–, Umgang mit Wissen 119, 197, 199, 202, 207, 208, 214–216, 220, 228, 234, 253, 256, 257, 267, 271–272, 273, 274
Wissensaustausch 157
Wissensbasis 73, 229, 234, 245, 258, 265
Wissensbestand 198
Wissensbestände 218, 238, 257
Wissenschaftliche Betriebsführung 112, 168, 243, 267
Wissensgenerierung 134, 140
Wissensgüter 65, 139, 140, 216
Wissenspotential 91
Wissensquelle 195, 244
Wissensressourcen 106, 242, 244, 247, 249, 271
Wissensumschlag 248
Wissensumschlagsquote 78
Wissensvermögen 73, 87, 91, 140
Wissensvernetzung 55, 74, 77, 95, 102, 103–105, 115, 189–230, 231, 234, 252, 254, 255, 256, 267, 272, 274
Wissenszeitalter 48, 91, 98, 99, 106, 107, 115, 116, 117, 119, 120, 128, 164, 187, 192, 194, 194–226, 232, 233, 237–239, 250, 251, 253, 256, 258, 267
World Wide Web 4, 11, 30, 53, 97, 102, 136, 153, 237, 262

X

Xerox 56, 86

Z

Zeit 100, 104, 122, 173, 201, 209, 210, 212, 218, 233–234
Zeitauffassung 211
Zeitbewußtsein 213, 273
Zeitdimension 209
Zeitperiode 173
Zeitplanung 173, 194, 209–214, 221, 233, 234, 258, 260, 273
Zeitpunkt 104, 173, 204, 213, 226, 237, 239
Zuboff 187, 243
Zuhören 17, 19, 20, 24, 26, 27, 28, 31, 59, 62, 64, 67, 80, 83, 86, 87, 105, 135, 137, 198, 202, 204, 214, 217, 244, 266, 268, 273
–, Dialoge 28
Zusammenarbeit 40, 41, 43, 47, 60, 68, 84, 111, 156, 168, 177, 192, 273
Zuständigkeit 113, 130, 147, 148, 157, 167, 267, 274

Mensch – Technik – Organisation

Schriftenreihe herausgegeben von Eberhard Ulich

Band 1:
G. Cyranek, E. Ulich (Hrsg.)
CIM – Herausforderung an Mensch, Technik, Organisation
1993, 428 Seiten, ISBN 3 7281 1907 5

Band 2:
G. Grote
Schneller, besser, anders kommunizieren?
1993, 148 Seiten, ISBN 3 7281 1833 8

Band 3:
M. Rauterberg et al.
Benutzerorientierte Software-Entwicklung
1994, 236 Seiten, ISBN 3 7281 1959 8

Band 4:
H. Schüpbach
Prozessregulation in rechner-unterstützten Fertigungssystemen
1994, 304 Seiten, ISBN 3 7281 1960 1

Band 5:
H. Dunckel et al.
Kontrastive Aufgabenanalyse im Büro
Band 5a: **Grundlagen und Manual**
1993, 386 Seiten, ISBN 3 7281 1975 X
Band 5b: **Arbeitsblätter**
1993, 80 Seiten, ISBN 3 7281 1981 4
Band 5a/5b: ISBN 3 7281 1982 2

Band 6:
W.G. Weber et al.
Arbeit an CNC-Werkzeugmaschinen
1994, 268 Seiten, inkl. Diskette,
ISBN 3 7281 2049 9

Band 7:
W. Hacker et al.
Tätigkeitsbewertungssystem TBS
1995, 344 Seiten, inkl. Diskette,
ISBN 3 7281 2079 0

Band 8:
I. Sattes et al. (Hrsg.)
Erfolg in kleinen und mittleren Unternehmen
1995, 252 Seiten, ISBN 3 7281 2089 8

Band 9:
W. Hacker (Hrsg.)
Erwerbsarbeit der Zukunft – auch für Ältere?
1996, 212 Seiten, ISBN 3 7281 2215 7

Band 10:
O. Strohm, E. Ulich (Hrsg.)
Unternehmen arbeitspsychologisch bewerten
1997, 464 Seiten, inkl. CD-ROM,
ISBN 3 7281 2171 1

Band 13:
K. Sonntag, N. Schaper (Hrsg.)
Störungsmanagement und Diagnosekompetenz
1997, 348 Seiten, ISBN 3 7281 2228 9

Band 14:
H. Dunckel (Hrsg.)
Handbuch psychologischer Arbeitsanalyseverfahren
1997, ca. 400 Seiten, ISBN 3 7281 2238 6
erscheint im 2. Quartal

Band 15:
O. Strohm
Produktionsplanung und -steuerung im Industrieunternehmen aus arbeitspsychologischer Sicht
1996, 250 Seiten, ISBN 3 7281 2338 2

Band 16:
G. Grote
Autonomie und Kontrolle
1997, 380 Seiten, ISBN 3 7281 2388 9